陰陽師

安倍晴明の秘伝占法

六《りく》壬《じん》神《しん》課《か》

東海林秀樹

はじめに

本書は、六壬易《りくじんえき》（神課《しんか》）の入門手引きを目的として書きました（この本の表題は六壬神課占法要義としています）。ただし、入門といっても、最低限の占的《せんてき》（占う目的）を設定しています。巷《ちまた》の一部に見られるような固定式の十二支関係のみの判断ではなく、天地盤《てんちばん》、四課《しか》、三伝《さんでん》の相剋旺衰《そうこくおうすい》をある程度考慮した内容を含んでいます。

さて、説明が遅れましたが、六壬易（神課）とはどのような位置付けの占術なのでしょうか。

生年月日時から宿命を読み取る四柱推命《しちゅうすいめい》、紫微斗数推命《しびとすうすいめい》、ホロスコープなどの命《めい》理占《りせん》と、偶発する事件や一事一占を考察する有名な文王易《ぶんおうえき》（周易《しゅうえき》）、断易《だんえき》（五行易《ごぎょうえき》）などに分類される卜占《ぼくせん》とに大別されます。六壬易（神課）はさしずめ卜占に属するでしょう。

この六壬易（神課）は、困難にぶつかったり、人生において迷いを生じたりした時に、その解決や選択の一助になることは疑いありません。筆者も命理占の四柱推命、紫微斗数推命などとともに、周易および断易、時として六壬易（神課）を併用し、活用しています。

筆者は占術の研究や資料を得るため、中華民国台湾にたびたび出かけています。台湾には行くのですが、どういうわけか、本土大陸や香港には一度も足を踏み入れたことがありません。台湾にはそれだけ占術を取り巻く環境が多肢に富んでいるからでしょう。そうはいっても、台北で時々会う大陸の八字《パーツー》（四柱推命のこと）の達人は、親戚が台湾にいる関係で、年に一度だけ入国できる機会を利用して台湾に来ることからみても、現在の共産化された大陸、中華人民共和国でもかなりの術士が存在していると思われます。かの悪名高い文化大革命でかなりの打撃を受けたとの証言を直接耳にしています。全く命懸けですね。

残念なことに、日本人から入門秘伝伝授料と称して平均数百万円から1千万円ほどの法外な金額を受け取っているという話を聞くたびに胸が痛みます。例えば大陸での話ですが、地方の農村では1年の収入が日本円で一番低くて数万円からよくて数十万円といわれているのに、占術における法外な費用は一体どういうことでしょうか。

筆者も台湾でそのような経験を少なからずした者の一人です。もちろん、中には稚拙な知識しか持たない私に、根気よく解説していただいた先輩や老師の方もおりました。そのような方には一生の恩義を深く感じるものです。これは費用の問題ではありません。それは需要と供給、各自の満足度の問題ですから、それはそれなりに構わないのです。困るのは○○流派の何代目とかいう輩であったり、論語の作者であるといわれている孔子の子孫と称する者など、まるでおとぎ話のような話のことなのです。孔さんという名前の人は一体、何人存在するのでしょうか。心ある中国の人は笑っています。台湾の知人や中国大陸の方から、「東海林さん、その手の話に乗らないでね」という忠告を多く受けました。きっと私も騙《だま》されそうな間抜けな雰囲気を漂わせていたのでしょう。少し過激な言葉になってしまいました。

さて、六壬易（神課）について面白い話があります。それは数年前のことになりますが、うだるような暑さの台北に一人で出かけた時の話です。ある紫微斗数の先生に八字（四柱推命）の先生を紹介されたときのことです。一通り鑑定面談が終わった時でした。私が占術を生業としていることを事前に話していたので、そのような話になったと思うのですが。

「あなたは六壬易（神課）という占術をご存知ですか」と尋ねられたのです。そこで私は、「初歩的な概念や中級のとば口程度の知識はあります」と答えたら、「六壬易（神課）はあまり深く研究したり、鑑定に用いることはしない方がよいのです」と言うではありませんか。

最初は何故そのようなことを言うのか理解に苦しみました。その理由を尋ねると、「六壬易（神課）はある壁を越えた段階で使うと、あまりにも的中率が高く、例えば、今日どのような客が来るのか、その雰囲気や顔形までわかることがたびたびで、その確度の高さは他の卜占の追従を許さないほどの術占であるから、これを操る術士は分不相応な金銭が入ったり、天狗になる傾向がある」と言うのです。

そこで私は、「その結果、どのようなことが起きるのでしょうか」と尋ねたところ、先生がおもむろに言うには、「術士は家族縁に薄くなる、突然の事故や病気になるといった不測の事態に襲われる」のだそうです。つまり洩天《えいてん》、人が知り得てはいけない天の機密を事前に情報として察知してしまう、という意味となるのです。

話半分としても面白い話です。術の世界では優れた術士ほど貧（貧しさ）、孤独（家庭）、夭折《ようせつ》（短命）を経験するといわれています。私などはそれほど優れた術士ではないので、その心配は少ないでしょうが……。これはええかっこしいではなく、それから陰徳ではありませんが、この六壬易（神課）を自他占を問わず鑑定に使用する時は、ある種の簡便な作法、金銭を布施することにしています。このように自慢げに書いてしまうと、その効験も薄れてしまう恐れもありますね。

前置きが長くなってしまいましたが、本書を刊行するに当たり、次の方々に大変な労をとっていただきました。

拙い原稿に根気よく目を通していただき、資料などを丹念に整理してくださった水沢有先生、占術研究家の宗像登吉先生、特に東洋書院にスタッフの方々には多大な恩恵をいただきました。ここに深く謝意を表します。

平成19年3月吉日　東海林秀樹

復刊に当たって

以前、東洋書院さまから『陰陽道千里眼　六壬神課占法要義　招吉避凶の必勝占法』という書名で２００７年、約10年前に出版させていただきました。

今回、新たに説話社さまから若干の手直しをして出版の運びとなりました。

六壬を占いに活用する上で、霊符の書き方と祝詞のあげ方の簡便な方法を記載しました。故阿部泰山先生が活用していた術法です。本来は、九天玄女を祭るのが正式なものですが、わが国では、道教自体があまり馴染みがないので、みなさまがそれぞれお持ちのご祭神をその代理として用いてもよいかと思います。

又聞きですが、京都のある寺の住職は、愛染明王をそれに見立てていたそうです。そこの住職さまは、故阿部泰山先生の直弟子だったそうです。六壬を用いて百発百中に近い鑑定をなさっていたと評判でした。もちろん、私などは全くその域に達していないのはいうまでもありません。

さて、六壬易（神課）に関していえば、ここ38年くらいの間に長短を入れて、50数回の台湾詣での間に、年々、六壬関係の書籍の新刊が減る傾向にあり、寂しい限りです。わが国でも状況は同様です。特に流通している本は少ないでしょう。

ただし、これは通常の六壬、つまり、大六壬についての話で、金口訣《きんくけつ》や若干類似している本はぼちぼち見られます。これは少し光明です。

話は長くなりましたが、本書のコンセプトは六壬易（神課）の初歩的概念です。ぜひ、本書をスタートとして、六壬易（神課）の奥に入られることを望みます。

本書を復刊するに当たり、説話社酒井文人社長、編集の高木利幸さまには大変お世話になりました。感謝に堪えません。

最後に、読者の方の幸福を祈ります。

平成29年11月吉日

目次

本書は『陰陽道千里眼　六壬神課占法要義　招吉避凶の必勝占法』（東洋書院）に加筆修正を加えて再編集したものです。

第1章

六壬神課盤作成と基礎判断

1 六壬易（神課）とは？

1―六壬易（神課）とはどのような占術なのか？

六壬易《りくじんえき》（神課《しんか》）は、もしあなたなり、私なりが人生について何か選択に困った時や、出処進退に窮した時、判断の基準となるものを導き出す占術といえましょう。さしずめ卜占法《ぼくせんほう》の一種です。

よく巷《ちまた》では、九星気学だの四柱推命だのと騒がれていますす。しかし読者の方によく考えていただきたいのです。九星気学を操る場合、生まれた年の九星と生まれた月の九星を導き出し、傾斜盤《けいしゃばん》と呼ばれている一種の気学命理で判断しています。

四柱推命では、元命《げんめい》という先天的な人生傾向を考察したり、大運《たいうん》や流年《りゅうねん》と呼ばれている十年間および毎年の運気の盛衰を判断したりして、先天と後天の吉凶をつぶさに考察する方法です。熟練した術士になると、かなり深く微細なところまで判断可能といわれています。

しかし問題がないわけではありません。それらの占術の判断の拠り所となっているものは何でしょうか？　その多くは、生まれた時点における生年、生月、生日、生時（わが国では生時が不明な人が多い）がすべての判断の基本となります。

ここで一考してみます。人生は選択の連続です。職業選択における吉凶、人間関係における吉凶、旅行運の吉凶、この取引はどうなるのかの吉凶、急な病気の吉凶、人物を採用することの吉凶、マンション購入における吉凶、その他取り上げたらきりがありません。つまり、人生航路において偶発する事柄を割合詳しく読み取れるのです。もちろん、先に挙げた命理占でも読み取れないことはありませんが、やや判断に甘さが出てきます。その原因は、それらの占術は人が誕生した時点から導き出す星や干支に問題があるのです。そこには、その後に経験する偶発する事柄は刻印されにくいという特徴があるのです。

ここで誤解していただきたくないのは、それらの占術が決して劣っているわけではなく、役割分担というか、守備範囲の違いによるということです。宿命の部分では、その個人の持っている思考や行動は驚くほど的確に判断でき、マクロ的な運気の流れや吉凶禍福が正確に読み取れます。

熟練した術士の鑑定は時として神業と思うような答えを導き出すものです。要は大きな宿命傾向や人生の流れについては命理占を駆使し、一事一占《いちじいっせん》つまり偶発する細かい事柄を占う場合などには、本書のような卜占の予知方法である六壬易（神課）の出番となるのです。

　ここでもう少しわかりやすく説明しましょう。漁業を思い浮かべてください。最初に大きな投網で魚を獲り、後に細かい手綱ですくいあげて、取りこぼしのないようにするのが本来の正しい活用方法だといえます。

　さて、歴史についてはどうでしょうか。占術というものは実用度の問題であり、歴史が深いから占術的に優れているとか、歴史が浅いから駄目とかいう問題ではないと思うのです。東洋においては、その長い歴史の中でさまざまな予知技術が考案されています。四柱推命（八字）、断易（五行易）、人相や手相、紫微斗数、姓名判断、八門遁甲方位《はちもんとんこうほうい》術《じゅつ》、文王易（周易）、七政四余《しちせいしよ》、宿曜占星法《しゅくようせんせいほう》その他、その種類は大変多岐にわたっています。特に、歴史の古さにおいては、周易などはその代表選手といえましょう。ただし、わが国で盛んに活用されている九星気学などは現在のかたちに確立されたのはごく近代になってからです。江戸時代に創始された密教天源術《みっきょうてんげんじゅつ》は一部の術士のみが操り、戦前戦中までにほぼ淘汰《とうた》されています。つまり、現在活用されている占術は、それなりに存在意義が認められます。

2―歴史的背景は？

　さて、本書で説き明かす六壬易（神課）の歴史的背景はどうなっているのか、本書はその歴史的考証が目的ではないので簡潔に話を進めます。つまり結論はというと、よくわからないのです。このようなことを書くと、「お前は何といい加減な奴」と思われるかもしれませんが、それがやや真実に近いと思われます。

　日本の数少ない六壬易関係の書籍において、その中で紹介されている歴史的縁起は、荒唐無稽《こうとうむけい》なおとぎ話のようなものが多いのです。ある書では、中華古代の王である黄帝が徳の高い霊狐の玄女から授けられたとか、またある書では、有名な三国史おいて、軍師であった諸葛孔明が八門遁甲の法とともに駆使した占術といわれている話などです。これらの話は大変ロマンチックで夢があり、これはこれで真偽のほどは別として、筆者は面白く感じます。

　では、わが国にはいつ頃に渡来したのでしょうか？

私自身も手に入る書物や資料を調べましたが、結論としてよくわかりませんでした。

平安時代のスーパースターである安倍晴明公がさまざまな場面において活用したといわれています。今では写本しか現存していないそうですが、『占事略決《せんじりゃくけつ》』という晴明公が書いたと思われる書籍は、彼が活用した六壬易（神課）についてのテキストとなっています。晴明公は天文地理に詳しく、当時としては大変な知識人といえます。位の高い霊狐稲荷大明神の化身とも思われています。余談ですが、「葛の葉」という彼の母親も、霊狐だそうです。この六壬易（神課）には何となくそちらの影がつきまといます。私など稲荷参りは嫌いではないのですが、それだけさまざまな伝承や伝説がいわれるのは歴史の古さを物語っているからでしょう。

本書では歴史上のことには深く触れません。その手のことをあまり書くと、マニアックな歴史考証にうるさい方々にお叱りを受けそうなので、やめておきます。その方面に詳しい方はぜひ今度ご教授ください。

さて、いよいよ六壬易（神課）の本題に入ります。他の占術と違い、初歩の段階では作盤《さくばん》、つまりチャートの作成にかなりの手間と時間を要します。しかし、馴れてくると、さほど面倒ではありません。特に、作盤作成の中途における三伝を導き出すのにかなり難解なところがあるので、本書では一課《いっか》の干上神《かんじょうしん》と日干支《にっかんし》によって簡単に算出可能な三伝表を巻末に添付しましたので、読者の方は難なくクリアできると思います。

ただし、六壬易（神課）はこの三伝の仕組みそのものに大切な判断要素の秘密があるので、算出方法は別として、答えのみはお知らせいたします。

これよりチャートの作成の段階に入りますが、この占術を使いこなす上においてのいくつかの約束事を列挙いたします。

2 十干について

十干《じっかん》は、空間を表す記号です。

甲……こうぼく……陽木
乙……おつぼく……陰木
丙……へいか………陽火
丁……ていか………陰火
戊……ぼど…………陽土
己……きど…………陰土
庚……こうきん……陽金
辛……しんきん……陰金
壬……じんすい……陽水
癸……きすい………陰水

3 十二支について

十《じゅう》二《に》支《し》は、時の推移（年月日、時間の流れ）を表す記号です。

子《ね》……陽水
丑《うし》……陰土
寅《とら》……陽木
卯《う》……陰木
辰《たつ》……陽土
巳《み》……陰火
午《うま》……陽火
未《ひつじ》……陰土
申《さる》……陽金
酉《とり》……陰金
戌《いぬ》……陽土
亥《い》……陰水

4 流年（太歳）について

各人の生まれた年の十二支である本命とは違います。流《りゅう》年《ねん》とは、その年の干支のことです。例えば、平成18年は丙戌年、平成19年は丁亥年となります。ただし、新暦（グレゴリオ暦）の1月1日から始まるのではありません。2月4日前後の立春から、その年がスタートします。これは二十四節気《にじゅうしせっき》の最初の部分です。

六壬易（神課）のチャート作成においては中気《ちゅうき》の節気を主に活用します。これを専門用語で月将《げっしょう》と呼んでいます。また、プロの術士の方でも、この二十四節気暦のことを旧暦と解釈している書籍が見受けられましたが、全くの間違いですから注意してください。

本書では行年を加えています。

5 月将について

月将《げっしょう》の解説の前に、節気暦の解説をいたしましょう。通常の東洋の占術である四柱推命、八門遁甲方位術、九星気学ではほとんどの場合、各月の初めの節を起点としています。

この六壬易（神課）では、中気から次の中気の手前までを算出の区分とします。構造や理論的に解説をすると繁雑になりますから、次のように覚えていただければよいでしょう。

2月19日頃〜3月19日頃	月将／亥
3月20日頃〜4月19日頃	月将／戌
4月20日頃〜5月20日頃	月将／酉
5月21日頃〜6月20日頃	月将／申
6月21日頃〜7月22日頃	月将／未
7月23日頃〜8月22日頃	月将／午
8月23日頃〜9月22日頃	月将／巳
9月23日頃〜10月22日頃	月将／辰

10月23日頃〜11月21日頃	月将／	**卯**
11月22日頃〜12月21日頃	月将／	**寅**
12月22日頃〜1月20日頃	月将／	**丑**
1月21日頃〜2月18日頃	月将／	**子**

※この月将理論は支合となる十二支の関係になっています。春分点が一種の起源となっていますので、占星術におけるホラリーと共通する部分があるかもしれません。

6 占う時刻について

この六壬易（神課）においては、先に解説した月将の十二支と占う時刻の十二支がとても大切な要素となります。

午後11時〜午前1時	**子時**
午前1時〜午前3時	**丑時**
午前3時〜午前5時	**寅時**
午前5時〜午前7時	**卯時**
午前7時〜午前9時	**辰時**
午前9時〜午前11時	**巳時**
午前11時〜午後1時	**午時**
午後1時〜午後3時	**未時**
午後3時〜午後5時	**申時**
午後5時〜午後7時	**酉時**
午後7時〜午後9時	**戌時**
午後9時〜午後11時	**亥時**

以上が各時間帯の十二支の区分けです。現行では1日の時間は24区分されていますが、本占断では1日の区分けは12区分、つまり1刻は2時間となるのです。

この占時は六壬易（神課）においては判断の要になりますから、間違いのないように算出してください。この占時にはさまざまな導き方が存在します。通常は占いを依頼された日の何々の時間とかでチャートを作成するのですが、夜の夜中に鑑定を依頼されることは稀だと思います。もちろんチャートは入れ替わりますが。

私は、卜占という位置付けは偶然と必然が織り成すところに占機《せんき》が存在すると考えていますので、あまり固定概念にとらわれない方がよいのではないでしょうか？　このようなことを書くとまたお叱りを受けそうですが、占時の算出法をいくつか列挙してみましょう。

①通常に十二支を算出する方法です。例えば、夜の6時に鑑定依頼があった場合、占時は酉時というように見ます。

②霊竹《れいちく》を使う方法です。適当な長さの竹を12本用意します。それぞれの竹に子から亥までの十二支を書き、竹の筒に入れます。鑑定依頼者に12本の竹のうち1本を引いてもらい、その引いた竹に書かれている十二支を占時と見立てます。

③サイコロを使う方法です。ただし、周易で使用する八面のサイコロではありません。八卦を出すのではなく、六壬易（神課）の場合はあくまで十二支ですから、十二面のサイコロを使います。1を子として12の亥までを十二支に見立てます。私は時としてこの方法を活用しています。現在のところ結果として問題はないようです。余計なことですが、ちなみに十二面のサイコロは、渋谷の東急ハンズのゲーム・パーティ用品の売り場で購入しました。

7 同時間において複数を占う場合

この方法を創始したのは誰なのか、また根拠についても不明なのですが、同時間に二人とか三人とかを占う場合に活用する約束事です。

同時間の最初の鑑定依頼者を占う時間が陽干支の場合は、次の鑑定依頼者は四位順向（時間の十二支から順に数えます）とし、陰干支の場合には六位逆向（時間の十二支から逆に数えます）させます。

具体的には、占時が丑ならば陰干支なので六位逆行で、丑から十二支を逆に子、亥、戌、酉、申、未と数え未となります。占時が午ならば陽干支なので四位順行となり、未、申、酉、戌で戌となります。

8 地盤について

巳	午	未	申
辰	地盤（不変）		酉
卯			戌
寅	丑	子	亥

それではこれより実際に六壬神課盤を作成していきます。本書の巻末に、みなさまが使いやすいようにオリジナルの「六壬神課盤」のフォーマットを掲載しておりますが、別段こちらを用いなくても、お好きな用紙に記入するかたちでも何ら構いません。四課と三伝がはっきりとわかれば、それでよろしいのです。

また、作成方法の手順は巻末資料の冒頭にもまとめておりますので、そちらもご確認ください。

なお、例題として、平成18年（2006年）5月14日12時（正午）で作成してみたいと思います。詳細は後ほど説明しますが、癸卯日で占時は午、月将は酉となります。

「地盤《ちばん》」とは、子から亥までの各十二支の指定席となる盤のことです。これは今後の作盤において大変重要な約束事ですから、ぜひ覚えてください。

また地盤の十二支の位置関係は一切変化することはありません。これは紫微斗数における地盤と同様の配置です。

9 天盤について

「天盤《てんばん》」とは、占時の十二支を地盤に探し、その上に月《げっ》将《しょう》の十二支を重ねて作成します。つまり、地盤で探した占時の十二支と同じ位置です（左図参照）。

例題では占時は午です。これを地盤から探し、その同じ場所に月将の酉を配置し、以下、十二支順に時計回りに配置します。地盤の十二支の位置関係は変化しませんが、天盤は占時に応じて変化します。

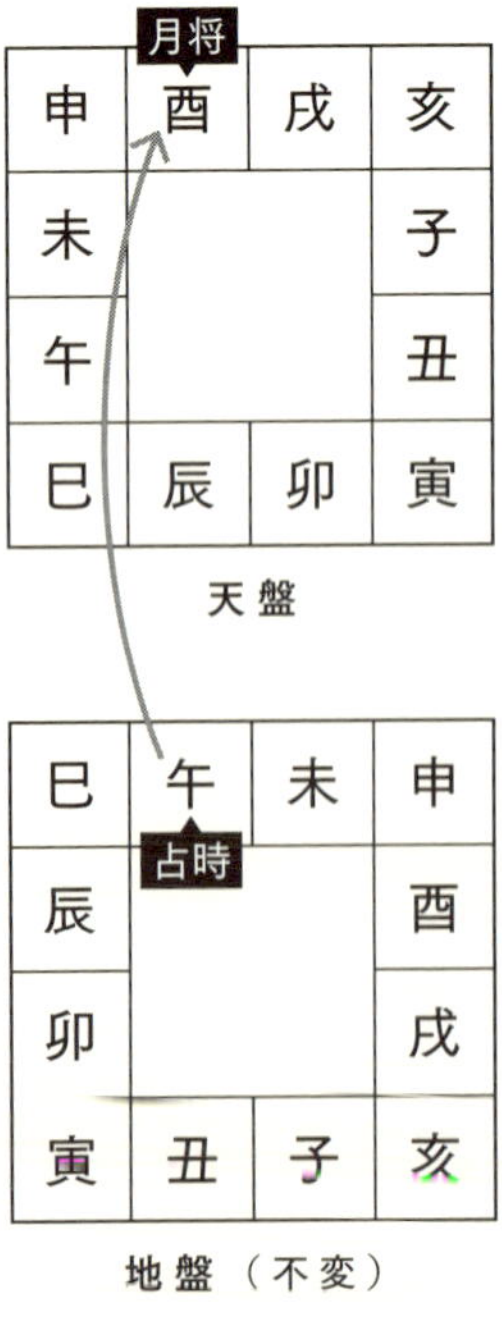

天盤

地盤（不変）

10 四課について

「四課《しか》」は、次に解説する三伝とともに、六壬易（神課）において判断の大切な要素となりますから、焦らずゆっくりと読み進んでください。

四課を算出するには寄宮《ききゅう》を出さなければなりません。寄宮は占った日（占断日）の日干から導き出します。以下に列挙いたします。

日干	甲	乙	丙	丁	戊	己	庚	辛	壬	癸
寄宮	寅	辰	巳	未	巳	未	申	戌	亥	丑

寄宮表

例題では、占った日干支が癸卯日なので、丑が寄宮となります。

四課完成図

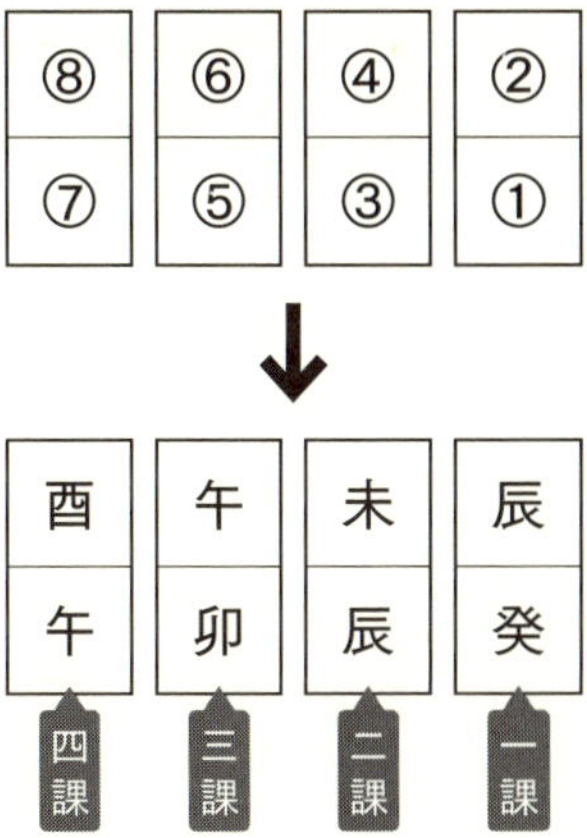

※ここでは四課を算出するに当たり、その配置をわかりやすくするために番号を付記しました。その順番に記入をしてください。

1―第一課の算出

まず①番は日干の癸を記入します。

次に②番は先ほど解説した寄宮の十二支を地盤より探し、地盤と同じ位置の十二支が天盤ではいずれの十二支になっているかを求めます。例題では、寄宮は丑ですから、地盤の丑と同じ位置にある天盤の十二支は辰となります。これを①番の日干の上に記入します。これを「干上神《かんじょうしん》」と呼称します。

これで第一課《だいいっか》の算出ができました。

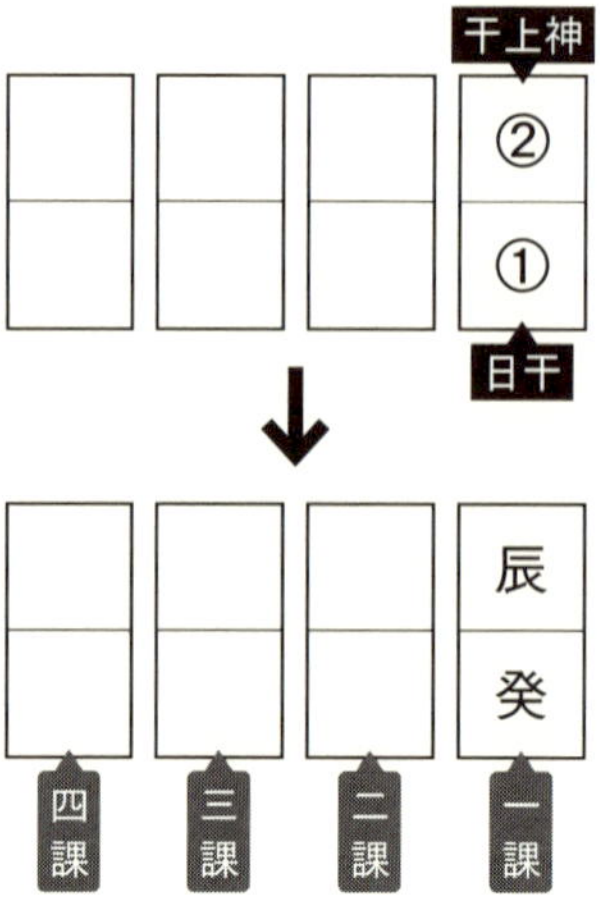

①番の日干と、②番の干上神を記入しました。

2 — 第二課の算出

③番は、②番の干上神となる十二支の辰を①番の日干の左隣りに記入します。さらに④番は、地盤より②番の干上神の十二支を探し、地盤の十二支と同じ位置にある天盤の十二支を求めて、②番の干上神の左隣りに記入します。

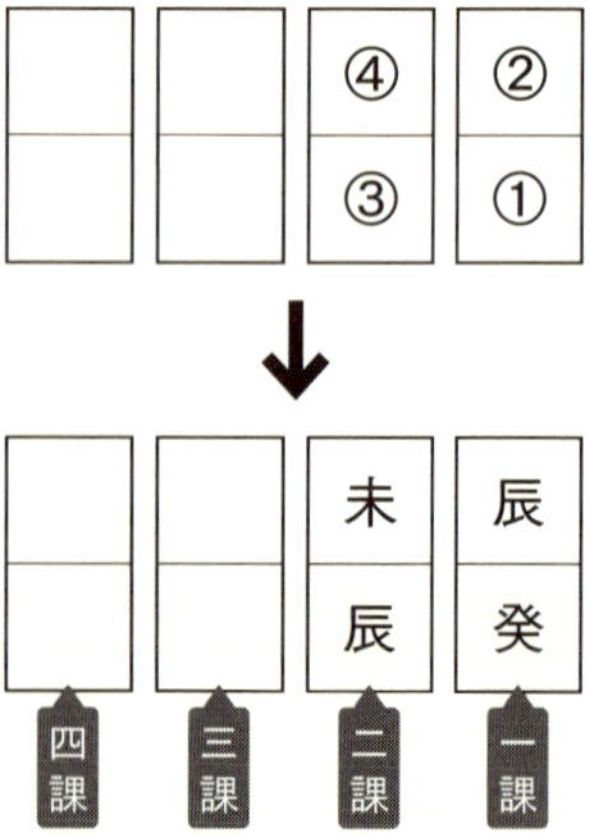

③番は、②番の干上神と同じ十二支ですから、辰を記入します。④番は、②番の干上神の十二支は辰ですから、天盤で同じ位置にある十二支を探し、未を記入します。

3 — 第三課の算出

ここで日干支をもう一度確認してください。占う日は発卯日ですから、⑤番は占う日の十二支を第二課の④番の左下に記入します。⑥番は、地盤より⑤番の占う日の十二支を探し、その上に乗っている天盤の十二支を求めて、④番の左隣りに⑥番に当たる支上神《しじょうしん》を記入します。

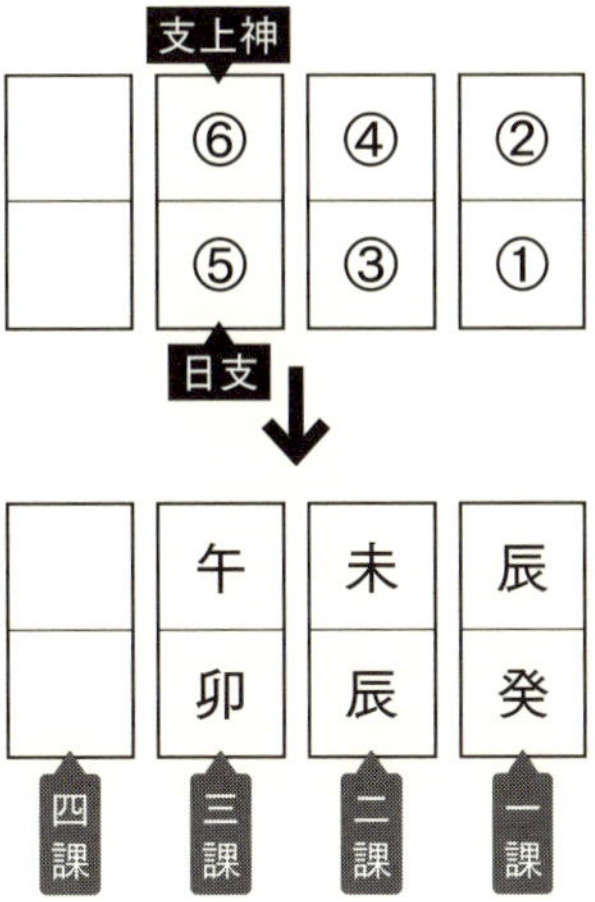

⑤番は、占う日の十二支となりますから、卯を記入します。⑥番は、日支の十二支（卯）を地盤で探し、その上に乗っている、つまり同じ位置にある天盤の十二支となりますから、午を記入します。

4 — 第四課の算出

⑦番は、⑥番の支上神を⑤番の左隣りに記入します。次に、⑥番の支上神の十二支を地盤より探し、その上に乗っている天盤の十二支が最後の⑧番となるのです。

以上で四課の作成は終了です。

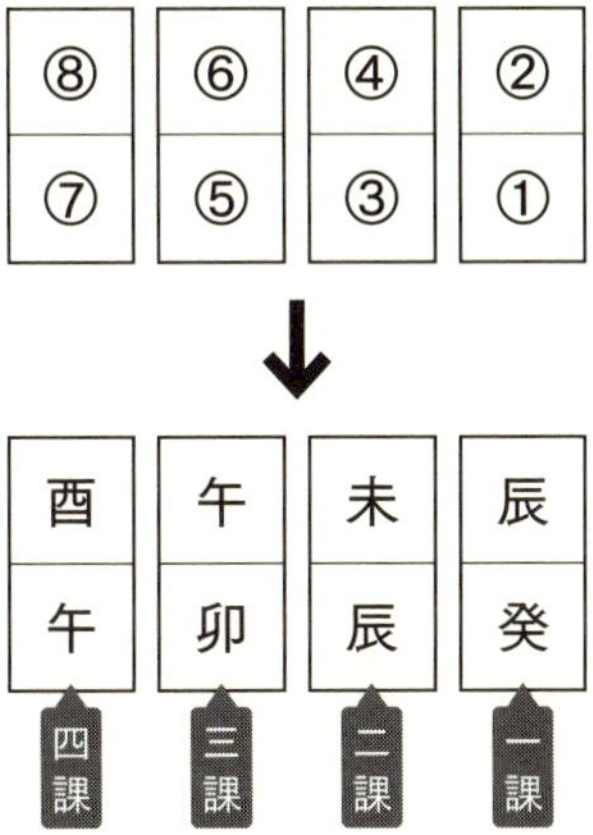

⑦番は、⑥番の支上神と同じ十二支である午を記入し、③番は、⑥番の支上神である午を地盤より探し、その上に乗っている、つまり同じ位置にある天盤の十二支の酉となります。

以上の四課の動きを天地盤で図示してみます。すべて同様の作成となりますから、焦らず何回も練習してください。

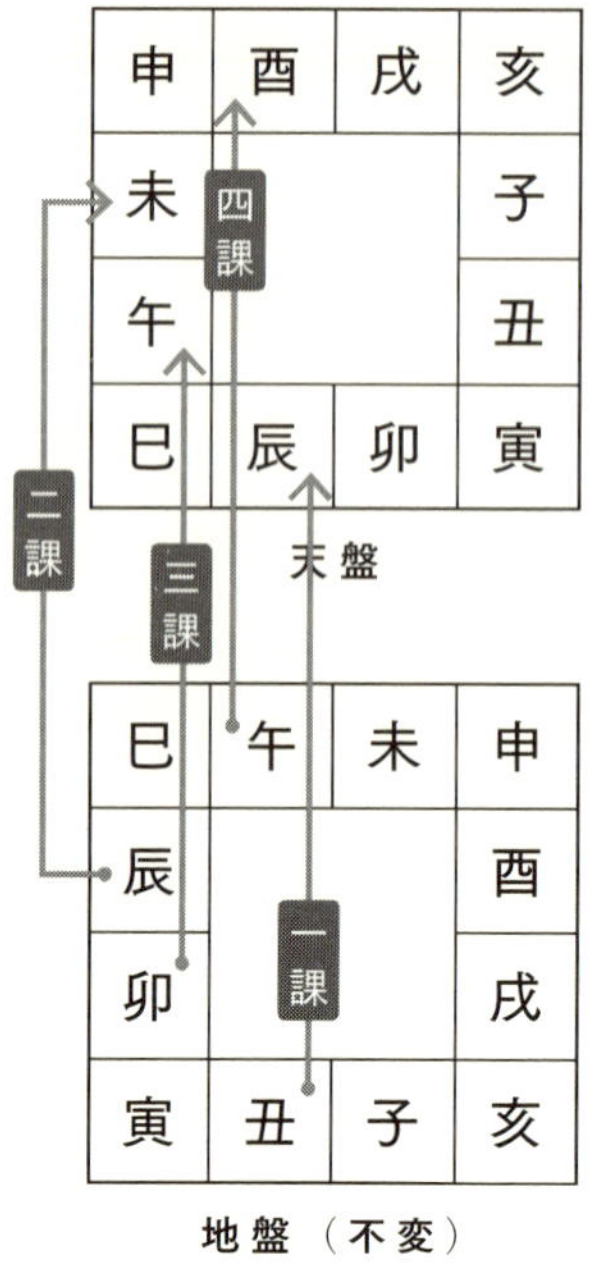

11 三伝について

「三伝《さんでん》」とは、六壬易（神課）において判断の大切な要素となり、応期《おうき》（応気《おうき》とも呼ばれています。本書では応期で統一します）を示します。

初伝《しょでん》は物事のきっかけ、中伝《ちゅうでん》はそのプロセス、末伝《まつでん》はその帰着点を表します。

三伝の算出法は大変難解といわれており、初心者には六壬易（神課）を学ぶ上で大きな妨げとなります。

本書では読者の方の便宜をはかり、先に四課のところで算出した一課の干上神と占う日の日干支により即座に導き出す三伝表を添付しております。

応期とは別に、この三伝は物事を占った時、吉凶に大きな影響を与えます。本書は六壬易（神課）の専門書の中の初伝の位置付けを目指していますから、その構造にはあえて触れませんが、各9種類に区別される三伝の吉凶を簡単に述べていきたいと考えています。一応、名称を列記します。

① 剋《こく》（元首課、重審課）
② 比用課《ひようか》（知一課）
③ 渉害課《しょうがいか》
④ 遥剋課《ようこくか》
⑤ 昴星課《ぼうせいか》
⑥ 伏吟課《ふくぎんか》
⑦ 返吟課《はんぎんか》
⑧ 別責課《べっせきか》
⑨ 八専課《はっせんか》

課式の累計として流派により違いはありますが、知一課について少し補足いたします。この課式は、上から下を剋し、下から上を剋しません。やや、元首課と類似しています。吉凶として、他との競争が多い、また選択に迷いが起きやすいなどがあります。他の吉凶については、比用課を読んでください。

以上の9（知一課を入れると10）種類が存在ます。

この九課における判断は本書では枝葉であり、幹ではありません。定義上の法則とし、直に占的別判断に入っても何ら問題となりません。

では、先の例題で算出してみましょう。

占う日は癸卯日ですから、三伝表より癸卯日を探してみてください。占う日の日干支は癸卯で、干上神は辰です。該当する所が三伝となります。

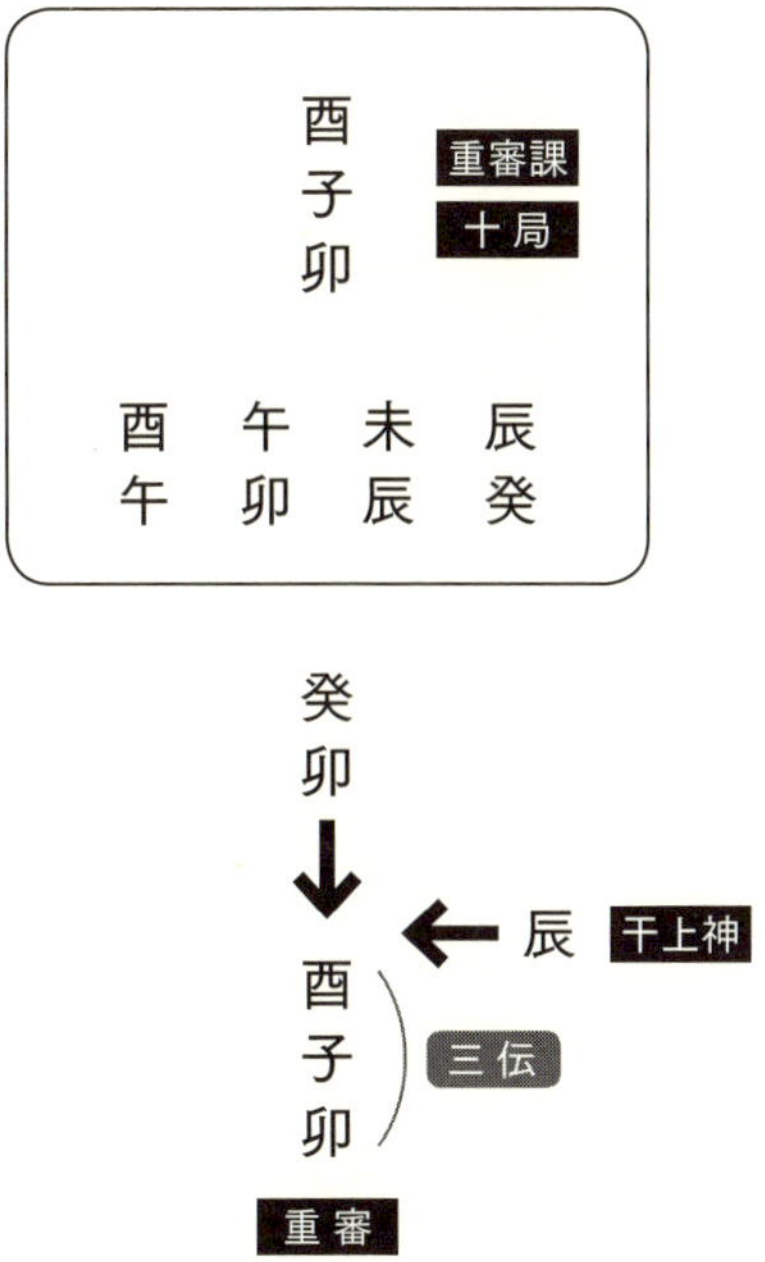

1 — 局数とは

この算出法は簡単です。これは天盤の子と同じ位置の地盤の十二支の数が局数となります。十二支の数は次の通りです。

一＝子	七＝午
二＝丑	八＝未
三＝寅	九＝申
四＝卯	十＝酉
五＝辰	十一＝戌
六＝巳	十二＝亥

例題は天盤の子と同じ位置の地盤の十二支は酉ですから、十局となるのです。本書では局数は定義のみで活用はしません。

12 遁干について

「遁干《とんかん》」とは四課、三伝に十干を付すことですが、本書では主に三伝に配布します。三伝の十干と日干の関係を見て判断しますが、複雑で多岐にわたるため、本書では算出のみで判断には使用しません。

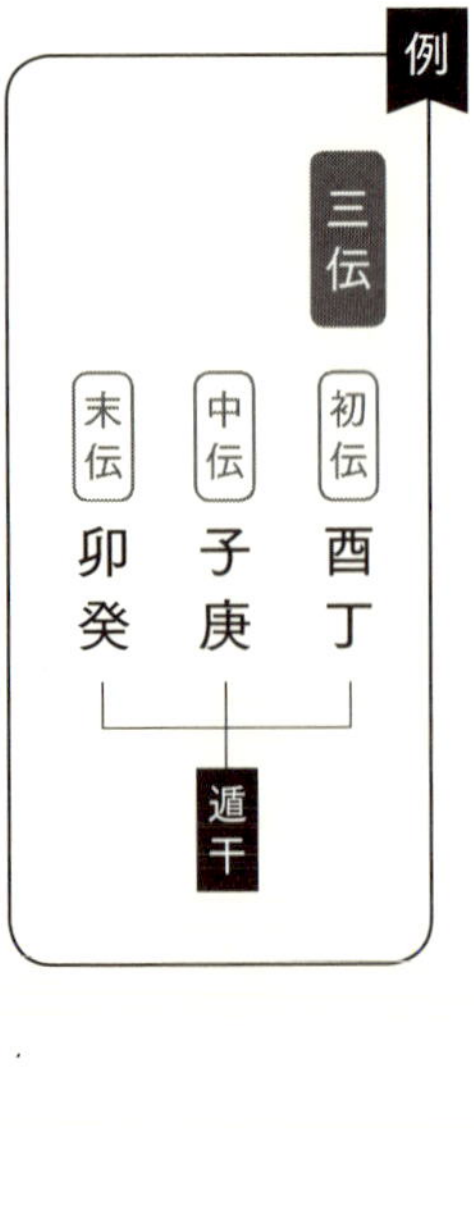

まず占う日の干支を見ます。先ほどの例題では、占う日の干支は癸卯です。次に六十干支表から占う日の干支を探します。表を見ると、癸卯日は甲午日から癸卯日までの旬《じゅん》柱《ちゅう》（六十干支表の甲午〜癸卯までの柱のこと）です。

まず、三伝の初伝は酉です。旬柱を見ると丁酉となっており酉には丁が付いています。そのため初伝酉は丁となることがわかります。以下、同じように見ていきますが、中伝は子です。旬柱では庚子となっており、子には庚が付いています。中伝子は庚とわかります。最後の末伝は卯です。旬柱では癸卯となっており、卯には癸が付いています。末伝卯は癸とわかります。

13 十二天将星について

「十二天将星《じゅうにてんしょうせい》」は六壬易（神課）において判断の要素となります。四課三伝、十二支関係、各星の中で、この十二天将星と四課三伝のそれぞれの十二支関係は特に重要なものです。星の名称を書いてみます。

① 貴人《きじん》	⑦ 天空《てんくう》
② 螣蛇《とうだ》	⑧ 白虎《びゃっこ》
③ 朱雀《すじゃく》	⑨ 太常《たいじょう》
④ 六合《りくごう》	⑩ 玄武《げんぶ》
⑤ 勾陳《こうちん》	⑪ 太陰《たいいん》
⑥ 青龍《せいりゅう》	⑫ 天后《てんごう》

天将星の算出には時間帯によって昼と夜とで区別があり、昼貴人《ひるきじん》と夜貴人《よるきじん》に区別されます。

1—十二天将星の昼と夜

占時によって分かれます。

	占時					
昼時	卯	辰	巳	午	未	申
夜時	酉	戌	亥	子	丑	寅

2—昼貴人に夜貴人

日干	甲	乙	丙	丁	戊	己	庚	辛	壬	癸
昼貴人	未	申	酉	亥	丑	子	丑	寅	卯	巳
夜貴人	丑	子	亥	酉	未	申	未	午	巳	卯

例題で解説します。占う日が癸卯日で、占時が午時です。占時は昼で、すなわち癸日の昼貴人は巳にあります（この巳は天盤で見ます）。その下、つまり天盤と同じ位置の地盤の十二支が亥、子、丑、寅、卯、辰の場合は、十二天将星は順（時計回り）に進みます。巳、午、未、申、酉、戌の場合は、天将星は逆（反時計回り）に進みます。

例題では天盤巳は地盤寅に当たり、寅の場合、十二天将が順に進むことがわかります。

以上の天盤に配した十二天将星を四課三伝にも同様に配布します。

例題では、三伝の初伝酉には勾陳、中伝子には白虎、末伝卯には太陰、四課の第一課辰には天后、第二課未には朱雀、第三課午には螣蛇、第四課酉には勾陳がそれぞれ配布されます。

例

酉	勾陳
子	白虎
卯	太陰

勾陳	螣蛇	朱雀	天后
酉	午	未	辰

さて、いよいよ判断における基本的な約束事と基本を解説いたしましょう。

14 流年と本命について

本来、六壬易（神課）では、単に四課三伝のみの判断ではなく、流年《りゅうねん》を算出し、干上神（一課）、支上神（三課）、三伝との生剋変化を詳しく見て、個人差による判断に活用します。しかし本書は専門書の中の初伝の位置付けを目的としていますので、ここでは算出法を紹介し、後半の占的別の判断編において、どうしても必要な場合に限って解説を加えます。

まず本命ですが、これは各人の生まれた年の十二支のことで、万年暦から簡単に算出可能です。

流年は、別名「太歳《たいさい》」ともいい、その占う年の十二支のことです。本書ではあまり判断には活用しませんが、定義は以上の通りです。

15 六親星について

六壬易（神課）では、十二支関係と十二天将星が判断の主となり、兄弟、子孫、妻財、官鬼、父母と呼ばれている六親星《りくしんせい》が従となります。この主と従をきちっとしておかないと、時として判断に迷いが生じます。

断易（五行易）における六親、八字（四柱推命）における通変星とほぼ同様な作用と考えてよいと思います。六壬易（神課）ではすべて占う日の十干より算出いたします。

日干	五行	六親星
木	木	兄弟
	火	子孫
	土	妻財
	金	官鬼
	水	父母
火	火	兄弟
	土	子孫
	金	妻財
	水	官鬼
	木	父母

日干	五行	六親星
土	土	兄弟
	金	子孫
	水	妻財
	木	官鬼
	火	父母
金	金	兄弟
	水	子孫
	木	妻財
	火	官鬼
	土	父母
水	水	兄弟
	木	子孫
	火	妻財
	土	官鬼
	金	父母

以上のようになります。この六親星を四課と三伝に主に書き込みます。

例を示して図示してみます。わかりやすくするため、番号を付けておきます。

占う日の十干は癸です。

例

初伝	酉	⑤
中伝	子	⑥
末伝	卯	⑦

四課	三課	二課	一課
酉	午	未	辰
④	③	②	①

- 癸は五行に直すと水です。一課①の干上神は辰の土ですから土剋水となり、官鬼となります。
- 二課②は未の土ですから土剋水となり、官鬼となります。
- 三課③の支上神は午の火ですから日干の癸水が水剋火となり、妻財となります。
- 四課④は酉の金ですから金生水となり、父母となります。
- 三伝初伝⑤は酉の金ですから金生水となり、父母となります。
- 三伝中伝⑥は子の水で比和となり、兄弟となります。
- 三伝末伝⑦は卯の木で水生木となり、子孫となります。

以上を図示してみましょう。

例

酉	⑤	父母
子	⑥	兄弟
卯	⑦	子孫

酉	午	未	辰
④	③	②	①
父母	妻財	官鬼	官鬼

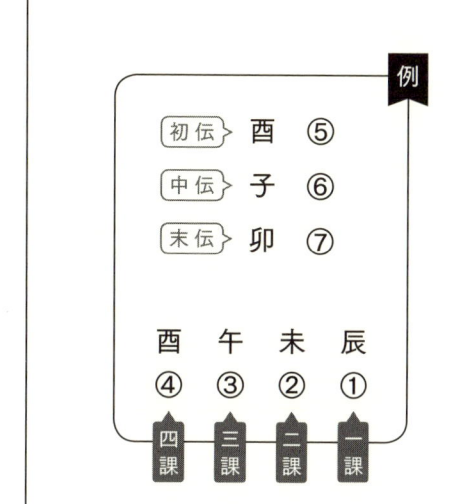

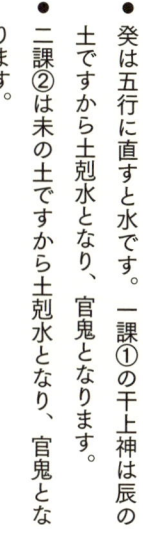

六親星については例えば、資金繰りの件で六壬易（神課）に問うとしましょう。財を強く剋す兄弟が三伝や四課に多く見られると、その資金繰りはなかなか厳しいなどと判断します。本書は専門書の中の初伝の位置付けを目指しておりますから、この六親星について、必要がある時は、本書の判断編で補足的に解説します。

六親星の意味合いを簡単に列挙いたします。

兄弟
兄弟身内、焦り、出費損失、同僚、友人知人、同業、競争相手など。

子孫
子供、吉事、弟子、生徒、医療、目下、宗教関連、祈祷、可愛がるもの、凶を避ける、平和、幸せ感など。

妻財
妻、財貨、愛人、部下、財産、株価、有価証券、高価なもの、事業、豊作、家畜、女性、やりがい感など。

官鬼
勤務（勤め人に対して）、名誉、社長、上司、公的機関、裁判、夫、病気、霊障害、不可思議な現象、天災人災、男性、反抗、苦労など。

父母
父母、目上、上司、文章、師匠、先生、家屋、電話電信、パソコン、土地、学問、書籍、公的文章、手紙、苦労感など。

六親星とは別枠として、次のものがあります。

干上神（一課）
自分、占断依頼者。

支上神（三課）
相手、場所、彼我の関係のすべての占的としての意味合いがあります。

16 十二天将星の意味合いについて

六壬易（神課）において各十二支の意味合いとさまざまな象意類神についてはあまりにも多岐にわたり複雑になるので、本書では四課と三伝における十二支関係の吉凶に重点を置くことにいたします。

先に判断の最も重要な十二天将星の解説をいたします。十二天将星の意味合いをランダムに書いてみます。無理に暗記しようとせず、各天将星の雰囲気をおおまかに把握してください。

貴人星

吉星、五行は土性。気品、優雅、目上（良い意味で使えます）、貴い人、貴重品、慈悲、黄色、8（数）、高級官吏、重役、会長、社長、上位の人。

【補足】空亡に会うことが螣蛇、勾陳とは相性が悪く、辰と戌の天羅地網も吉祥を現しにくくなります。

螣蛇星

凶星、五行は火性。困苦、驚き、恐怖、怪異（怪しい出来事）、慢性疾患、亢進性の病気、悪賢い小人、思考行動の悪い人物、烈火、爛《ただ》れ腫れ物、死体、邪霊、口舌、火災、腹に一物、固執し迷いの多い人、紫色、4（数）、軍人、警察、公的機関、裁判行政、肉類。

【補足】日に旺じたり、空亡に会うと凶意は薄らぎます。

朱雀星

やや凶星、五行は火性。無邪気で冷たい、知識、華美、派手、風流文学、教育、裁判、女性は美人、馬、文章、郵便物、通信、伝達、書類、訴訟、著作、占術（占いは伝達）、試験へ功名、呼吸器、肺、一見人あたりがよい、外美内毒、調子がよい、赤色、9（数）、司法公務、学者、文化的。

【補足】日に旺じたり、火地の十二支に乗ると火災に注意。これは災い占いの場合にいえることです。

六合星

吉星、五行は土性。交際、和睦、交流、「合」という字から結婚、友人仲介という意味から仲人、技工、術関連（占術や霊術など）、資源材料、共同事業、秘密、プライベートな事柄、正直で人がよい、八方美人的な人、外交、交通や流通、新聞や書籍雑誌、6（数）、青色。

【補足】日に衰えたり、剋したり空亡に会うと法螺《ほら》吹き、虚舌、欺瞞《ぎまん》となりやすいでしょう。

勾陳星

凶星、五行は土性。愚者、遅れ、停滞、葬儀、闘争を好む、表裏の心、貧卑、胃虚、闘い、争議喧嘩《けんか》、短慮、5（数）、黄色、大衆的、商売、農工業務、やぼったい人。

【補足】四庫（土性の十二支、丑辰未戌）に乗ると災厄に注意すべきです。

青龍星

吉星、五行は土性。活動力、繁栄、権威、酒や桃花（色情）の災い、富む人、貴男、田畑、竜、貨幣や紙幣、高貴なもの、商売、金融、収穫、豊かな衣類、男女を問わず陽的（男性的）、元気、緑色、7（数）、実業家、肝臓、下痢。

【補足】一課（干上神）に官鬼が付くと、吉は減退します。

天空星

凶星、五行は土性。空虚、詐欺、動くと凶意を増す、虚花実無し、財的損失、徒労、卑しさ、醜い人、婚姻は孤独になりやすい、継承の没落、空しい、精神的苦労、不誠実、黄色、5（数）、雑役、ようやくの生活。

【補足】やや空亡と同じような作用があります。

白虎星

凶星、五行は金性。争い、病魔、酷薄、病人、冷たく残酷な人、金属、血、栗色、7（数）、交通機関従事者、重工業、機械工作。

【補足】通常は、空亡となることを凶星は逆に喜びますが、白虎は災厄を招きます。

太常星 吉星、五行は土性。忍耐、冠（名誉）、飲食関連、手足、頭の病気、酒類、黄色、8（数）、放蕩《ほうとう》、衣食住関連。

【補足】地支土気に乗るのは悪くありません。

玄武星 凶星、五行は水性。盗詐の神、陰邪、私的秘密（北の神で暗い）、滅亡、損失、陰気、陰険で固執する、度量の小さい人、裏の商売、邪心、暗い、盗品、腎経、血液、闇取引、陰謀、褐色、4（数）、医療関連、実行力、強さ。

【補足】十二支関係がよいとか他の条件が揃うと、よい象意に取ることもあります。

太陰星 吉星、五行は金性。精練、積極的ではない、隠居、静か、すっきりしている人、徳分、正直さ、純粋で一本気、融通性がない、白色、6（数）、九流の術士（精神世界、哲学、霊学、占術、宗教）。

【補足】一課（干上神）と三課（支上神）の関係が悪いか、申酉の金地に乗る場合は家庭内に波乱、他からの厄難に注意と古典に書かれています。

天后星 吉星、五行は水性。女性的な気品や優雅さ、愛人、妻、高貴、凶の条件だと桃花（色情）問題、悪い秘密、曖昧模糊《あいまいもこ》、色っぽい装飾品、女性に関連する事柄、水商売、おとなしい人、気虚（元気が倦怠）、黒色、9（数）。

【補足】天后の乗る十二支が地盤の支から剋されると面白くありません。

巻末にある六壬神課フォーマットで、各十二天将星の隣に○と×を付しておりますが、これは○が六吉星、×が六凶星ということです。

なお、吉星は十二支関係が悪いと吉が減り、凶星ではさらに悪くなると見ます。

17 判断に入る前に

六壬易（神課）においての作盤、基礎的な判断の前の約束事をとりあえず解説しました。

さて、これからいよいよ判断に入りますが、各占う項目別の雑占の前段階としてのいくつかの約束事と全体的な流れを解説いたします。

六壬易（神課）の全体像と細部の説明を文章化するのはかなり難しいとつくづく感じています。これは文章能力のなさがすべての原因ですが、なるべくわかりやすく解説を試みるつもりです。

18 陰神について

十二天将星に対する陰（裏）神というものを求める方法です。

> ①天盤の十二天将星の十二支を調べます。
> ②その十二支が地盤ではどこにあるかを調べます。
> ③②で調べた十二支と同じ位置にある天盤の十二支が何になっているかを調べ、その十二支を陰（裏）神とします。

例を挙げて説明いたします。

1 — 巳の貴人星の場合

巳を天盤から見つけます。地盤にその巳を探し、その同じ位置にある天盤の十二支である申が貴人星の陰（裏）神となります。

　本書では算出法のみ紹介します。本書は初伝の位置付けですから、このような判断法が存在するとお知りになれば十分です。また中伝、奥伝で書く機会があるでしょう。

19 丁神について

　これは占う日の日干支から算出します。例題の癸卯日の場合、六十干支表によると、甲午日から癸卯日までの旬柱となり、丁は酉の上にあり、この酉が丁神となります。

　次に作成した盤から四課や三伝の中に酉があるかないかを探します。例ですと、三伝の初伝と四課に酉があります。

　本書では詳しい解説は割愛しますが、六壬易（神課）の奥義鑑定において活用する占技です。十二天将星、占的、四課、日干別の丁神の活用法が存在します。

20 類神について

類神とは十二支、十干、六親星、十二天将星などにおける各象意と定義します。特に十二天将星の意味合いは既に述べていますので、あらためて説明する必要はないでしょう。

以上の他に、さまざまな約束事や判断法がありますが、これは鑑定における八法の項で詳しく説明いたします。

ではその前に、十二支関係は六壬易（神課）で最も大切な判断要素となりますから、まずそのあたりから入っていきましょう。

21 十二支関係について

十二支同士の関係は、支合、三合、半会、刑、冲、破、害、剋の関係が存在します。

1 ― 支合

子－丑		**剋合**
寅－亥		**合**
卯－戌		**剋合**
辰－酉		**合**
巳－申		**剋合**
午－未		**合**

支合は本来、和合、協力、くっつく、結び付く、離れないなどの意味が存在しますが、剋合は融和の中にも波乱を含んでいるようです（剋合は支合でも剋の関係になっています）。

子と丑
剋合です。夫婦和合の意味があります。

寅と亥
生合です。木を育てる雨で、父母という意味があります。

卯と戌
剋合です。規約、約束の意味となり、断易における兄弟爻と同様にやや損失の意があります。

辰と酉
生合です。離合、友人という意味もあります。

巳と申
剋合です。信と疑という意味があります。何事も過度となりやすいです。親類として僧道象（僧侶のこと）とします。

午と未
生合です。明と暗、君臣、上下という意味があります。

2 ― 半会、三合

半会と三合を理解するには、次の組み合わせを理解しなければなりません。

申	子	辰		**三合**
巳	酉	丑		**三合**
寅	午	戌		**三合**
亥	卯	未		**三合**

一つの結び付きと解釈してください。また三支が揃わなくても旺支（子、酉、午、卯）があれば半会という一種の準三合とみなします。

基本的には先に解説した支合と同様に、平和、和合、協力などという意味が存在します。

いずれにしても、いくらかの扶助や応援が期待できます。

3 — 刑について

争い、トラブル、物事の停滞現象を意味します。

自刑

辰－辰
午－午
酉－酉
亥－亥

物事をなかなか実行に移せず、進退ともに窮します。災いも多くなります。

旺気刑

子－卯

不和で内外ともに妨害が多くなります。

生気刑

寅－巳
【補足】害の条件も考慮します。

闘争、トラブル、憂い、災いを経験します。

巳－申
【補足】支合の条件も考慮します。

離合集約です。先に離れ、後に合します。人から仇《あだ》をされたりします。

墓気刑

戌－未
丑－戌

公的機関とのトラブル（官災）、部下や目下との争いなどを経験します。丑と戌の刑は目上との争いやトラブル、財の損失を防がなければなりません。

4 ― 冲について

「冲《ちゅう》」は衝撃の神です。当初はよくても後に乱れます。十二天将星が凶神で、その支が冲となると凶意が強く働きます。それはすべて損耗の現象となります。

一例

冲に玄武が乗ると、物事から逃避して結局は解決できなくなることが多いのです。恋愛、男女間の占いにおいて太陰や天后が乗ると動揺衝撃、桃花（色情）のことを経験します。時として改革を伴いますが、それの答えは他の条件にもよります。

愚息の神の勾陳が乗ると、我欲からくる争いに注意を要します。

子と午	男女関係の争い。
卯と酉	家庭、夫婦関係の争い。
寅と申	男女不和、刑剋、人情沙汰。
巳と亥	強く求めても効は少ない。
辰と戌	時として占的により吉凶喜悲が交錯する。物事に時間がかかる。
丑と未	辰と戌とほぼ同様の作用となる。

【補足】空亡支は冲がかえって空亡を軽減します。これは断易法とほぼ同様の解釈です。

5 ― 破について

子－酉
丑－辰
卯－午
未－戌

現代の四柱推命などにおいて、「破《は》」は取るに足りない関係とみなしますが、本書の六壬易（神課）では判断基準の一つとなります。その判断の一端を示してみます。

①一課（干上神）と三伝、特に支上神（三課）との関係は、周囲の裏切りや欺きに注意を要します。この関係は占的にもよりますが、何事も成就しづらい傾向です。

②（例えば、一課（干上神）に子で三課（支上神）に酉という破の関係があり、それが）六親星の妻財に付くと、財物の損失を意味します。なお、③以降も同様の見方となります。

③吉将に付くと、周囲の扶助、引立ても期待薄となるでしょう。

④螣蛇に付くと、かえって物事が過剰行動となり、目的を達するのは難しいのです。

⑤朱雀に付くと、トラブル、争い、文章上の不手際に注意です。

⑥六合に付くと、恋愛、婚姻、土地や品物を問わず、成功は望み薄となります。

⑦勾陳に付くと、家屋や土地についての争いが発生しやすくなりますから、占的がこの要件の場合は注意を要します。

⑧青龍に付くと、婚姻は破れやすく、財は損耗します。

⑨天空に付くと、部下や目下、文章上の不手際、試験などは不利でしょう。

⑩白虎に付くと、権益の争いへ駆け引きにおいて面白くありません。

⑪太常に付くと、婚姻へ他からの推挙などは上手く運びません。依頼も同様です。また日運などでは飲食に注意です。

⑫玄武に付くと、師に教えを請うたり、学問芸事を求めても事が上手く推移しません。人の陰謀にあったり、足元をすくわれたり、物の損失も起きるでしょう。

⑬太陰に付くと、金銭的損失、陰で人から画策されたりします。

⑭天后に付くと、物事を破りやすく婚姻もはかどりません。

⑮初伝、中伝、末伝の三伝に付くと、問題が噴出し、

特に末伝に付く時には何事も結果は成就しづらいものです。

6 ― 害について

酉	戌
申	亥
未	子
午	丑
巳	寅
辰	卯

害は病気、停滞現象、人の妨害、裏切りなどに注意です。

7 ― 生剋について

生剋についてはあまり難しく考えることはありません。

生についてては事に及んでスムーズにいきやすく、剋の関係ですと物事に停滞現象や和睦しづらくなるのです。

例
子と寅は水生木で、生の関係と見ます。
子と巳は水剋火で、剋の関係と見ます。

8 ― 空亡について

「空亡《くうぼう》」については六壬易（神課）を操る術士の中でも、全く無視するか、判断において、非常に重要視するかのどちらかです。

さて、本書での空亡についての考え方をここで述べてみることにします。少し他の占術の話になりますが、わが国においては周易が盛んで、いわゆる断易法（五行易とも呼ばれる）は一部の術士に熱心に活用されている卜占法です。その中の納甲表に、その占う日の干支から見て空亡になっているかどうかが重要な判断の要素となるのですが、数少ない巷《ちまた》の六壬易（神課）の書籍の中でこの空亡を論じているのは、故阿部泰山先生の本か、そのお弟子や孫弟子の方々の書籍や資料にしかあまり述べられておりません。

では、全く無視してよいかどうかですが、拙い筆者の経験ですが、何となく作用があるような気がするのです。少し無責任な表現ですが、何しろ形而上の問題ですから、絶対とは言い切れないでしょう。

ですから、最小限に活用に値するであろう定義を述べてみます。

①吉将星（貴人、六合、青龍、太常、太陰、天后）が空亡すると吉が減退し、凶将星（螣蛇、朱雀、勾陳、天空、白虎、玄武）が空亡すると凶が減退するといわれています。

②干上神（一課）が空亡すると、体と用の関係で体が空亡することとなり、何事を行うにも力不足や気力の不足となります。または容易に実行に移せないなどの意味が出てきます。

③三伝において初伝支が空亡すると、事に及んで当初は苦労を経験します。結果はその帰着点を示す末伝をよく考慮します。

④三伝において中伝支が空亡すると、事が容易に進みません。十二支関係や十二天将星、六親星の条件が悪い場合には、事の中止の憂き目に遭うかもしれません。結果については末伝をよく考慮します。

⑤三伝において末伝支が空亡すると、吉凶ともに結果を得にくい傾向が出てきます。占的によって差異が出ます。杞憂《きゆう》、争い、トラブル、訴訟などは帰着点に満足が得られにくく、疾病占は急病で凶星が乗る時には死亡も覚悟すべきです。何事によらず、とにかく三伝の末伝が凶意を帯びる時にはひとまず退き、事を避けるのが得策です。

22 鑑定における八法

八法とは、六壬易（神課）における鑑定の順序というべき概念ですが、もちろん各占的によって個々の鑑定法に差異が見られます。それは後ほど解説いたします。

本書ではあまり繁雑になるのを避けるため、簡便な解説を試みたいと思います。

①先鋒《せんぽう》
②直事《ちょくじ》
③外事《がいじ》
④内事《ないじ》
⑤発端《ほったん》
⑥移易《いえき》
⑦帰計《きけい》
⑧変化《へんか》

これを四課三伝で図示してみます。

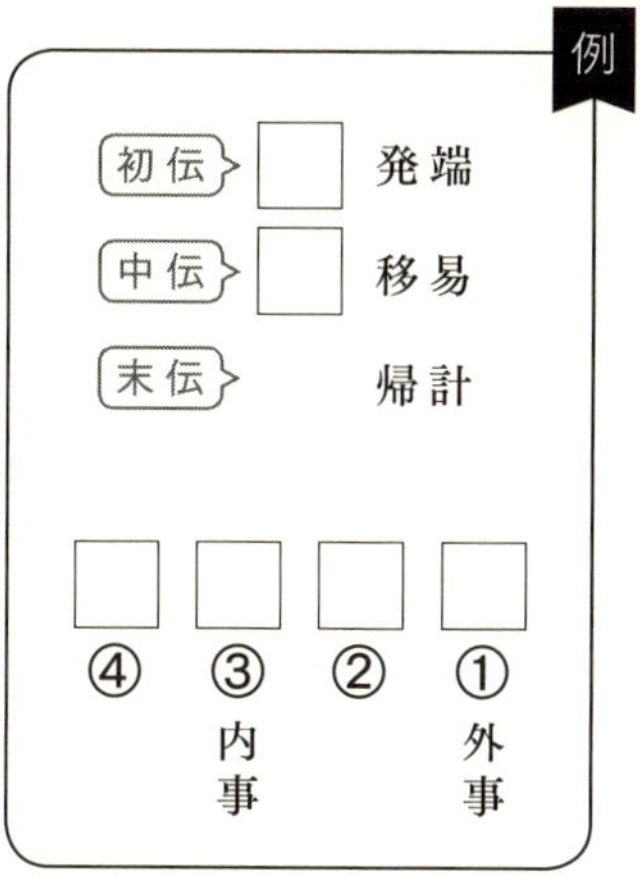

以上に、月将（直事）、占時、日干支（先鋒）、年命（変化）をもって八法とします。

1 — 先鋒門（以降、各法に門とつけます）

鑑定をする時のことです。占断する日の干支と時間の支の関係を四課、三伝より先に考察することを、先鋒といいます。

日の干支と時間の支の相生、相剋の関係を見て判断する方法ですが、筆者はその支の関係における生剋と刑、冲、破、害の位相のみの判断に止めています。

例えば、寅の日で時間の支が申ですと、対冲の関係などと見ていく方法です。

2 ― 直事門

月将と占時によって天地盤を作成します。これを直事といいます。単に作盤のスタートという意味です。そこから四課、三伝を組織します。

すべての鑑定用件の基礎となります。金銭、婚姻、仕事、旅行、引っ越しなどすべてです。

3 ― 外事門

干上神（一課）のことです。六壬易（神課）においては重要な部分です。ほとんど主になる方を一課とします。自分と仕事、原告と被告、自分と疾病、人とペットなどです。

4 ― 内事門

支上神（三課）のことです。六壬易（神課）においては重要な部分です。ほとんどの占的における目的となります。仕事、家や土地、逃げたペット、車、来客などです。

5 ― 発端門

三伝の初伝のことです。物事にはすべてきっかけが存在します。つまり出発点となるのです。凶星や十二支関係が悪い場合、最初に坐礁《ざしょう》し進めないことが往々に発生します。また遅滞の原因です。

6 ― 移易門

三伝の中伝のことです。物事が推移するプロセスを意味します。物事のスタートを表す初伝および帰着点となる末伝との間における部分です。

7 — 帰計門

三伝の末伝のことで、物事の帰着点となります。六壬易（神課）においては一課の干上神、三課の支上神とともに、とても大切な判断要素となります。

8 — 変化門

主体となる四課三伝と、物事の推移を示す三伝と個人の干支と行運干支（後天運）との五行の生剋を考察する概念ですが、本書では詳しく追求するのはやめて割愛いたします。

23 旺相休因死について

旺相休因死は東洋五行哲学の根幹をなす考え方です。物事には循環性が存在し、すべての事物は強くなったり弱くなったりを繰り返すのです。

この考え方を四課三伝の中で探り、その力関係を読み取っていくテクニックです。本書では必要最小限に活用します。

後に各占的別の箇所で必要であれば簡潔に解説する予定です。

その定義は次の通りになります。

	旺	相	休	因	死
木	木	水	火	土	金
火	火	木	土	金	水
土	土	火	金	水	木
金	金	土	水	木	火
水	水	金	木	火	土

【補足】この旺相休因死については一部通常の考え方と違いがありますが、これは著者の考え方が入っていますのでご了承願います。

第2章

実践的判断

1　各種判断をする前の確認事項

さて、いよいよ実践的判断に入ります。それぞれの占う目的別の解説の前に、先に三伝を導き出しました。その三伝表にある重審課とか比用課とかの名称を見てください。

これは六壬易（神課）にとってとても大切な判断の要素となります。漁業でいえば最初に大きな投網で魚を獲る役目をするのです。推命における格局のようなものでしょうか、本書では詳細を論じるスペースが少ないのですが、正式な六壬易（神課）の格については別の細かい定義があります。

ここでいう各課は四課三伝における大きな特徴と考えていただければわかりやすいかもしれません。できるだけわかりやすく簡潔に説明いたします。

1―元首課

定義

上から下を剋する場合。

解説

和合、協力、平和、睦まじいなどの意味があります。

判断

①**一般的**／物事は思いのほか、順調にいきます。
②**婚姻**／成立しやすいです。
③**職業**（商売も同様）／吉を誘引します。
④**試験**／合格しやすいです。
⑤**旅行**／やや妨げが考えられます。
⑥**疾病**／養生すれば快方に向かいます。

2―重審課

定義

下より上を剋する場合。

解説

目下は上に逆らう。妻は夫に、夫は妻に逆らう。詳《つまび》らか、凶的要素などの意味があります。

判断

①**一般的**／何事も最初は辛苦が多く、後にようやく見通しがつきます。

【補足】吉神が多く、十二天将星が順巡りの時は凶意が減少します。三伝の末伝に吉の要素が多いと、憂いは少なくなります。

②**婚姻**／諸条件により差異があります。細かい判断は後の占的別の箇所を参照してください。

③**職業**（商売も同様）／当初は苦労しますが、後に小さく成功しやすいでしょう。

④**試験**／ミスをしやすいので万全の対策をとってください。

⑤**旅行**／中止をすることが安全です。

⑥**疾病**／長引いて治療しづらいです。よくなっても再発しやすいでしょう。

3 — 比用課・知一課

定義

二か所上から剋すか、下から弧すかの場合。

解説

吉凶善悪が交錯します。複数の事態に見舞われます。迷いも多くなります。

判断

①**一般的**／初めはよさそうにみえても後に乱れます。早めに対処することが吉。物事が近くに起こりやすいでしょう。

②**婚姻**／和合しづらく、和合しても争いが多くなります。

③**職業**（商売も同様）／すべてにおいて自分に利がありません。

④**試験**／難しいが志望校を2校にすることです。

⑤**旅行**／身体を消耗し、財的損失し、中途に停滞現

象が起こりやすくなります。
⑥疾病／不摂生が多くの原因となり、思った以上に治癒しづらいでしょう。

4 — 渉害課

定義

さまざまで繁雑な定義が存在しますが、本書では四課の中に剋が多いとのみお知らせします。

解説

何事も困難が伴います。字のごとく物事が滞ることが多いのです。努力の末に吉の条件が多いと吉。ただし、三伝の末伝が凶ですと、その限りではありません。

判断

①一般的／物事の初めは何事も艱難辛苦《かんなんしんく》を経験します。大きな努力があれば、末はどうにか形になるでしょう。

②婚姻／中途で滞るか、中傷が入ったりします。
③職業（商売も同様）／初めは苦労しますが、後に成功するでしょう。
【補足】三伝との兼ね合いが大切です。特に末伝との関係をよく見てください。
④試験／勉強する環境に邪魔が入ります。合格しにくいと判断します。この課は困苦ですから、日頃の勉強を怠らないことです。
⑤旅行／旅先の病気に注意、通常は中止して安泰でしょう。
⑥疾病／完全に治癒しづらく、たえず再発の危険があり、気質障害、つまりストレスやノイローゼから身体を痛めやすくなります。

5 — 遥剋課

定義

四課の中の上下に剋はなく、支上神より日干を剋す場合を定義とします。

解説　小事はかないますが、大事は調いません。当初は驚き事や凶意が多いのですが、次第にその凶意も薄らぎます。虚花（外見ほど内容はない）になりやすいでしょう。

判断

①一般的／相手がある場合、自分に利がほとんどありません（条件による）。驚くわりには実害はありません。

②婚姻／不良。

③職業（商売も同様）／目上を味方につけるとよく、影の援助者が期待できます。事をなすのに辛苦を伴います。

④試験／干上神（一課）と支上神（三課）が凶だと、合格は難しいでしょう。

⑤旅行／遠方への旅行は避けた方が安全。特に寅卯（2月と3月）は危険です。

【補足】月についての理論的背景は筆者には不明です。

⑥疾病／手当てが早いと治癒しやすくなりますが、遅れると治りにくく、特に肺や気管支、呼吸器の疾患には注意が必要です。

6　昴星課

定義　四課の中の上下に剋はなく、天地盤、陰日酉を探り初伝とします。昴は二十八宿星の名称です。

解説　進退が窮まり、内部に問題が発生しやすいでしょう。近くにいる者に問題があります。凶害に強く、静かにして逃れる方がよいでしょう。

判断

①一般的／恐れることが起こりやすく、厄難を逃れるには静かにしている方が得策です。すべてが滞り、世話苦労が多くなります。

②**婚姻**／大凶となりやすいでしょう。
【補足】占的別の婚姻についてを参照してください。
③**職業**（商売も同様）／現在は動かないようにして、時期を待つか、現状の仕事に精勤し、変化を求めてはなりません。
④**試験**／目標を下げます。合格の可能性は少ないでしょう。
⑤**旅行**／遠出は中止することが安泰で、近隣でも停滞や凶意が強いので注意が必要です。
⑥**疾病**／体力が低下し、治癒しづらくなります。
【補足】占的別の疾病についてを参照してください。

7 — 別責課

定義

四課の中の上下に剋はなく、合神を取って初伝とします。

解説

思った以上に進展しづらい状況で、なりゆき任せ、希望することと食い違いになりやすいでしょう。

判断

①**一般的**／物事が思った以上に進みにくく、他からの問題が多く、変化改革も難しいといえます。
②**婚姻**／桃花（不倫や三角関係その他の色情）に注意が必要で、何となく不吉。
③**職業**（商売も同様）／初めは苦労が多くても、三伝の末伝に吉将か干上神（一課）と吉関係であれば、後に調います。
④**試験**／レベルを下げないと厳しいでしょう。
⑤**旅行**／不吉で災難に遭遇しやすいでしょう。
⑥**疾病**／すべての病気に凶です。末病（末期）は危険です。

8―**八専課**

定義 干支同気で刺がなく、二課より成り立ちます。

解説 盟友、協力、盟約などの意味があります。

判断

① **一般的**／二害神人（良いことと悪いことの同時進行）の上下関係に相反現象が見られます。和解して吉。

② **婚姻**／とかくトラブルが多く喧嘩も多くなります。甚だしい時には離婚の危険性があります。吉星が付くと、それほど悪くはなりません。

③ **職業**（商売も同様）／最初に描いた状態より違う結果になりやすく、自己の思いと反する結果となります。

④ **試験**／初伝との条件が良好だと合格しやすいでしょう。他は厳しいです。

⑤ **旅行**／停滞現象があり、中止して安全です。

⑥ **疾病**／消化器官を患うことが多いでしょう。

9―**返吟課**

定義 四課内が上下対冲の関係になっています。

解説 この課は何事も希望することと反対の現象が出やすいでしょう。

判断

① **一般的**／落ち着かないとか、物事が思いと反対になったりします。この課を得たら、速やかに対策を練るべきです。

② **婚姻**／家同士の争いや問題が出ます。夫婦の間も喧嘩から離別しやすくなります。

③ **職業**（商売も同様）／迷うことが多く、特に転職には

注意が必要です。

④試験／レベルを下げるのも一つの方法です。

⑤旅行／長期の旅行でなければよいです。寅、午、戌の月は遠行（距離の長い旅）は危険があります。

⑥疾病／二病にまたがりやすくなります。三伝の特に末伝に吉将が付くと治癒しやすくなりますが、凶将が付くと長引いて治癒しづらくなります。

10 — 伏吟課

定義

この課は厳密にはさらに細分化されますが、本書では繁雑になるので論じません。上下同様で動きが少ないです。

解説

動中の静、静中の動、新旧交錯します。ただし、ほとんどの場合は動きたい情動を抑えて安泰を得ます。

判断

①一般的／何事も計画なく進むと失敗の憂いを招きます。

②婚姻／小吉。他にも相手の選択肢があれば考慮してもよいでしょう。よく相手を観察することです。

③職業（商売も同様）／高い給料や地位の望みは薄いでしょう。そこそこで手を打つのが得策です。

④試験／身分相応なレベルなら大丈夫です。

⑤旅行／期待した旅にならないでしょう。

⑥疾病／腎臓、消化器などに注意。官鬼や十二支関係が凶だと長引きます。

2 占的1 婚姻について

定義として、干上神（一課）を男性とします。支上神（三課）を女性とします。これは間違いのないようにしてください。この定義は不変となります。

六壬易（神課）は通常、干上神（一課）が本人で、支上神（三課）は目的となりますが、男女の関係はすべて同様の設定となります。断易（五行易）の世爻と応爻とはやや趣きに違いがあります。

日は男性となり、支は女性とします。

青龍が季節に旺じれば気質のよい男性で、天后が季節に旺じれば気質のよい女性です（これは四課三伝天盤の支を活用します）。青龍の陰神天盤に吉将が乗れば、その男性は常識を備えています。

天后の陰神天盤に吉将が乗れば、その女性は常識を備えています。

青龍が乗る支より天后を生じたり比和となると、その男性はよく女性を助けます。

干上神（一課）に吉将が乗り、十二支関係が剋や刑、冲、破、害、空亡がなく、相生、比和、支合、半会などする場合には男性に吉となり、支上神（三課）に吉将が乗り、十二支関係が剋や刑、冲、破、害、空亡がなく、相生、比和、支合、半会などする場合には女性に吉となります。

干上神（一課）に貴人が乗る時の性格は品のある人となりますが、支上神（三課）に太常が干上神（一課）に貴人が乗る時の性格は常識人となります。

干上神（一課）が支上神（三課）を生じたり、よい十二支関係になっていると、その男性は女性と気が合うものです。その逆も全く同様の判断となります。

干上神（一課）と支上神（三課）に凶星が乗り、十二支関係が剋、刑、冲、破、害したり、空亡すると円満な夫婦とはなりにくいのです。

【補足】ほぼ同様な判断となりますが、恋愛と結婚を若干、区別します。

1　成否について

1 干上神（一課）と支上神（三課）がよい関係で、三伝と半会したり三合会局したり、また支合するのも悪くありません。

【補足】三伝は帰着点を示す末伝との関係が判断の要素となります。

2 二課は男性側の家や周囲の人間を示し、干上神（一課）と剋、刑、冲、破、害、吉星の空亡になっていると、反対や邪魔が入りやすくなります。

3 男性は天后のある天盤の支と支上神（三課）、女性は青龍のある天盤の支と干上神（一課）との十二支関係が剋、刑、冲、破、害になっていると不利となります。

4 三伝、特に末伝に吉将が乗り、青龍、六合、太常があって四課との十二支関係が吉であれば成立しやすくなります。

2　応期について

六壬易（神課）、断易（五行易）は周易と違い、応期が正確に把握できるといわれておりますが、実際に断易（五行易）などにおいても判断の材料が多岐にわたり、ずばり適占とばかりにはいきません。もちろん筆者の技量不足も大きな原因かもしれません。

では六壬易（神課）はどうでしょうか。

三伝という考え方が存在し、物事のスタート（初伝）、プロセス（中伝）、ゴール（末伝）と比較的推理しやすい構造となっています。三伝の十二支が時期を表しますが、例えば子ですと、子の年、子の月、子の日となります。

では実際にどのように考えるかというと、婚姻や恋愛に対して年や月単位で動くことが多く、日単位の短いスパンで考えることはまずないでしょう。どの占術でもそうですが、そのあたりは常識的な考察が必要となります。

いくつか列挙してみましょう。

①男性は天盤において青龍の乗ってる陰神を天盤で

求め、女性は天后の乗っている陰神を天盤で求め、その十二支が応期となりやすいのです。その支を年、月、日に類推するのです。

②三伝の末伝は帰着点を示します。その十二支がよく結末の時期を知らせるものです。

では、婚姻の成否を続けたいと思います。

5 干上神（一課）と支上神（三課）の十二支関係が悪く、三伝との十二支関係が悪いと思わしく運びません。さらに三伝の初伝と末伝に白虎、天空、空亡があると成立しないものです。

6 男性から見た場合、六親星の妻財が空亡したり、女性から見た場合、六親星の官鬼が空亡したりすると、婚姻は成立しにくくなります。

3 — 男性から見て相手の性情を知るには

1 支上神（三課）に吉将が乗り、それが三伝との十二支関係が吉ですと、多くは貞節（今は少ない）で、社会常識のある女性です。

2 女性の本命（生まれた年）の支が（一度生まれた年の支を地盤から天盤に戻し）占う日の日干から見て六親星の妻財になり、支上神（三課）に吉将が乗るのもよい女性といえます。

3 女性の本命（生まれた年）の支が天盤で子に当たり凶将が乗ると、桃花（色情）を帯びて邪淫《じゃいん》の傾向が見られます。

4 — 婚姻の形態について

1 干上神（一課）に天后が乗り、支上神（三課）に六合が乗ると、恋愛結婚の可能性が高くなります。

2 占う日の日干より三伝や支上神（三課）に六親星の子孫が多く見られると、再婚する人に連れ子がいるか、出来ちゃった婚の可能性も考えられます。

3 干上神（一課）を算出するのに寄宮を求めましたが、支上神（三課）と寄宮の十二支が同支の時には、女性はよく男性の家に赴くものです。

4 六合の乗っている支と本命（女性の生まれた年）の十二支が（一度生まれた年の支を地盤から天盤に戻し）相生の関係の場合は問題ありませんが、剋となっていると子供ができにくいか問題が多くなるものです。

【補足】これだけで即断してはなりません。

5 天盤子、地盤申または天盤酉、地盤寅の男性は複数の女性がいるといわれています。

6 天盤申、地盤申、地盤子または天盤寅、地盤戌の女性は複数の男性がいるといわれています。

7 初伝に巳と亥の時には、婚姻に際して打算や二心があると原典に記されていますが、筆者はこれに対してのデータがありません。

8 天盤子に六合が乗ると、妻を剋し酷薄になるといわれています。

ここで一言！

幾多の原典には婚姻編において、相手の女性の子供の云々が書いてありますが、封建的色彩が強く、現代においては医学的知識や経験も当時とは比べることができないくらい進歩していますので、あえて本書では割愛いたします。婚姻においてよけいな固定観念が入るのを防ぐために、そうさせていただきました。

【補足】婚姻編は、香港の推命家、故韋千里《いせんり》先生の六壬占卜関係の著作を一部参考にしています。

3 占的2 子供と妊娠について

占的1の婚姻編の末尾に書いたように、子供に対してどうのこうのと占術によって先入観に陥るのを筆者はあまりお勧めしません。

子供縁などは自然界の神のなせることですから、本書では出産に対しての注意や、その他の必要な項目についてのみ解説いたします。少しでも六壬易（神課）で凶意を避け、吉に赴くことができれば幸いです。

特に注意すべきことのみ詳述します。

---

1 基本的に干上神（一課）を母親、支上神（三課）を胎児とします。

2 干上神（一課）と支上神（三課）の十二支関係が剋、刑、冲、破、害の関係になっているとやや心配です。

さらに三伝の末伝と先の十二支が剋、刑、冲、破、害の関係になっている時には、細心の注意をすることで凶の結果を避けてください。

3 三伝の初伝に螣蛇か白虎と六親星の官鬼が付き、官鬼が支上神（三課）に付き、干上神（一課）と剋、刑、冲、破、害の十二支関係になっていると、死産や流産に注意です。

【補足】時として空亡も参考にします。

4 干上神（一課）、支上神（三課）が辰で、支上神（三課）に玄武や天空が乗り、三伝に官鬼が付いて十二支関係が悪いと、難産や流産、その他（中絶など）が心配です。

【補足】男女の区別、子供の賢愚を知る方法などが存在しますが、その判断に固執し後の影響を危惧しますので割愛いたします。

産気とその他の注意事項は次の通りです。

---

1 生月を類推するには、三伝の初伝と半会および三合する十二支の月に生まれやすいのです。

2 全体が伏吟課となり、玄武が支上神（三課）に乗ると身体に問題が出やすいか、傷が残りやすくなります。
3 生日を類推するには、三伝の初伝と刑、冲の関係に当たる日に生まれやすいのです。
4 初伝が空亡し、昴星課か伏吟課となって、天空が初伝に乗ると遅れる傾向となります。
【補足】子供と妊娠については、香港の推命家、故韋千里先生の六壬関係の著作を一部参考にしています。

4 占的3 家宅と土地について

これは家宅の吉凶はもちろんですが、その家に居住する人に与える影響を考慮し判断していきます。

まず設定として、干上神（一課）を居住者とし、支上神（三課）を家宅とします。その十二支関係が吉でなければなりません。

1 支上神（三課）に貴人が乗り空亡しないのは、陽宅（俗にいう風水）が吉といえます。六合、青龍、太常も悪くありません。さらに初伝に吉神が乗るのもよいでしょう。
2 干上神（一課）と支上神（三課）が剋、刑、冲、破、害になったり、凶神が付くのは家庭内がごたごたしたり、滞るものです。三伝全体が思わしくなく、初伝が空亡したりするのは凶的な家宅です。
3 干上神（一課）あるいは支上神（三課）に玄武、螣蛇、白虎、勾陳が乗り、初伝に凶神が乗るのは災難の多い家でしょう。

1 ― 家宅の影響について

これは支上神（三課）に乗る十二天将星を考察します。

貴人／子供によい影響を与え、その家に住む人々の運気を向上させます。
螣蛇／女性には不利です。また不可思議な事に遭遇しやすいです。
【補足】霊祟占は、六壬易（神課）は比較的に適格といわれています。
六合／慶び事の多い家です。
勾陳／土地家屋に品位がないか、費用がかかる修復を絶えず要するために貧乏します。
青龍／財禄が豊かになり、子孫も繁栄しやすいです。
天空／何事にも損失が多くなります。
白虎／トラブル、舌禍《ぜっか》、疾病に悩みます。
太常／円満になります。
玄武／盗難に注意。内も外も憂いが多くなります。
太陰／精神性が高く、居住者に品位が備わります。
天后／慶び事が多い家です。
【補足】干上神（一課）との十二支関係も重要ですが、吉星が空亡すると吉が減退し、凶星が空亡すると凶も逆に減退します。なお丁神と十二天将星の十二支関係により、購入後や居住によって将来の吉凶の推移を考察しますが、判断が複雑となるので本書では触れません。家宅と土地については、故韋千里氏の『六壬占卜講義』の占家宅編を一部参考にしています。また一部占技として、二課と三課を隣宅とし、干上神（一課）との関係を考察します。

5 占的4 疾病について

この占的はかなり用心して考察する必要があります。我々占者は無闇《むやみ》に病気の有無、生死の問題、悲観的な答えなどについては注意して扱うべきでしょう。西洋医学、東洋医学を問わず、適切な治療が先決です。

六壬易（神課）の本来の目的は凶を避け、吉を誘因することですから、本占法が病気その他を問わず、災いを未然に防ぐことができたら占術の目的は達成されます。また本来、中華の地では証（体質的）が重視され、西洋医学のように病名を区分けするような症の区分けはありません。病占は少し分けて考えるべきです。

ここで少し断易（五行易）について述べます。断易においては、病勢は六親星の官鬼とし、それを癒すクスリや医師は子孫で、病人本人の抵抗力については世爻を参考にします。

本占法の六壬易（神課）では分占をせず、すべて一度の占いによる課式で判断いたします。

1―病証について

さまざまな考察法が存在します。十二天将星による方法もありますが、本書では十二支を見てみましょう。

子／腎臓、泌尿器関連。
丑／身体へのダメージが大きく、傷が残ります。
寅／腹部、眼、肝臓。
卯／熱、胸部、肝臓。
辰／循環器（血圧、脳梗塞《のうこうそく》など）、脾臓。
巳／骨、歯、吐血。
午／眼、循環器。
未／消化器、脾臓。
申／肺、口、骨、皮膚、腫れ物。
酉／呼吸器、肺。
戌／脾臓、胃腸、手足。
亥／腎臓、体熱、自律神経。

2 — 病因について

次に病因を十二天将星によって類推します。主に干上神（一課）で判断します。

貴人／心労、ストレス。
螣蛇／恐怖や過度なストレス。
朱雀／トラブル、争う、心配事。
六合／生活習慣の乱れ、夜更かしなど。
勾陳／桃花（色事）、健康に対する無知、霊的災い。
青龍／現実や物質を追いすぎる、財の心配、人間関係。
天空／心配のしすぎ、精神的なことが原因。
白虎／感染、流行病、霊的災い。
太常／酒食が原因。
玄武／霊的災い、栄養の偏り。
太陰／原因は特定しづらい、桃花（色事）が原因となることが多い。
天后／酒食、性生活が過度。

3 — どのような方法で治癒するかについて

これは六壬易（神課）が中華の地で発達したものですから、その地の伝統医学が元になっているのは当然のことです。

東洋医学はわが国では漢方といわれています。近代科学が大幅に進んだ現代においては、これを主に判断して手遅れになってはなりません。主に対して従の立場で活用してください。予防医学や養生として活用するのは悪くはありません。

まずその方法ですが、支上神（三課）が病証ですので、その十二支を剋す五行を治療方法とします。

支上神（三課）の五行を剋す五行が木の場合
＝植物性の薬（ハーブ、漢方薬）、エキス剤。
支上神（三課）の五行を剋す五行が火の場合
＝灸、温熱療法、温泉（湯治）。
支上神（三課）の五行を剋す五行が土の場合
＝ほぼ五行が木の場合と同様になります。
支上神（三課）の五行を剋す五行が金の場合＝鍼。

支上神（三課）の五行を剋す五行が水の場合

＝温泉（湯治）、水薬、煎じ薬。

4　死期について

香港の故韋千里先生はその著作『六壬占卜講義』の中でかなり詳しく論じていますが、人の寿命の長短については軽々しく口にすべきではありません。

本書、六壬易（神課）においても定義は示しますが、くれぐれも注意して活用願います。

1 この方法は四課の中での判断要素となります。日干を病気にかかっている人とします。日支を病気そのものとします。まず一課（干上神）が日支を剋すのは治癒しやすく、三課（支上）が日干を刺す場合には、病人には良好となりません。例えば治癒しても相当に長引くものです。

2 一課（干上神）または三課（支上神）に白虎が乗り、それから日干が剋されるのはなかなか治癒しません。

3 これは天盤の十二支に着目します。白虎の乗っている天盤の支が日干を剋すのは面白くありません。ただし、一課（干上神）に当たる支より天盤の白虎の乗っている支を剋すと、助かる可能性が高くなります。

4 次に応期を説明しましょう。つまり、いつ治癒に向かうか、危険なのかを考察します。手順として、例えば占う日の十干が甲とします。この日干甲から生じる丙または丁の年、月、日を治癒しやすい時期と推測します。その期間の長短は疾病の程度により類推します。

日干甲（木）→丙、丁（火）

5 特に危険な時期を予知するには、日干の絶神に当たる支を地盤に求めます。その上に乗っている天盤の支が危険な時期を示すことが多いのです。

【補足】 ここで日干の絶神に当たる十二支を算出します。それは次の表で簡単に検索できます。

日干	絶神
甲	申
乙	酉
丙	亥
丁	子
戊	亥
己	子
庚	寅
辛	卯
壬	巳
癸	午

例として、甲の日に占った場合、甲からの絶神は申です。その支を地盤で探し、その上に乗っている天盤の支が何になっているかで危険な時期を探ります。その天盤の支が危険な時期の応期となるのです。

ただし、活用に当たっては無闇に決めつけるのはよくありません。一応の目安としてご参考願います。

6 占的5 願望について

この判断には少しコツが存在します。単に願望といっても多岐に及びます。断易（五行易）などにおいては、六親五類という概念から占的（占う目的）によって用神を求め、それに対する条件により吉凶を判断します。

六壬易（神課）では通常の判断とやや異なったロジックとなります。

基本的には干上神（一課）を願望を抱く者、支上神（三課）をその目的となる願望を表します。

その二つの十二支関係と三伝（応期）との関係が大切なのは他の占的と同様ですが、占う目的によって先に解説した六親星を活用するのです。その方法を順番に解説いたします。

1 まず成否として、例えば、資料としてよい書籍が手に入るかどうかを判断してみます。書籍は六親星では父母に該当します。もし四課三伝の中にこの父母がない場合には、成否のみの判断では否となりやすいのです。また、儲かるかどうかの占いでは妻財に該当します。もし四課三伝の中にこの妻財が存在していたら財を誘因しやすく、可否の判断においては可の可能性が高くなります。しかし、これだけでは最終判断となりません。

2 干上神（一課）と支上神（三課）の十二支関係が剋、冲、破、害、空亡せず、三伝との関係、特に初伝に吉将が乗れば目的を達成するのは容易でしょう。

3 干上神（一課）と支上神（三課）の十二支関係が剋、冲、破、害、空亡となり、三伝との関係、特に初伝に凶将が乗れば目的を達成するのは難しいでしょう。

4 干上神（一課）と支上神（三課）のみの十二支関係がよくても、空亡したり、三伝との関係、特に初伝と末伝との関係が凶ですと、目的を達成するのは難しいでしょう。

1 ― 応期について

周易に比べ、断易（五行易）、この六壬易（神課）は比較的吉凶の現れる時期が正確に把握できるといわれています。ではそのコツを解説いたしましょう。

1 三伝の初伝は物事のきっかけやスタートを示します。しかし既に物事が推移し、今後の吉凶を判断したい場合にはあまり参考になりません。

2 中伝は物事の途中経過、つまりプロセスを示します。中伝の条件が悪いと思い通りには物事は進みません。

3 末伝は物事のゴール、つまり帰着点を示し、ここの判断が最も大切となります。末伝が他の三伝や四課（特に干上神と支上神）との関係で吉だと、事は成就しやすいでしょう。応期断法のコツは、例えば、卯が末伝にある場合、卯の年、卯の月、卯の日などと推測します。このあたりは常識を持たなければなりません。まさか風邪をひいて卯年まで治癒しないとは考えないでしょう。

7 占的6 地位や名誉および試験について

この三者はほぼ同様の判断となります。一部、選挙占にも応用可能です。干上神（一課）を占う本人または占断依頼者とし、支上神（三課）をそれぞれの目的とします。

占的別に解説してみます。

1 試験の場合は、干上神（一課）を受験する人、支上神（三課）を試験の答案用紙とします。

【補足】支上神（三課）を学校なり会社とすべきではありません。学校なり会社は四課をもって判断します。

2 選挙の場合は、干上神（一課）を候補となる人、支上神（三課）を有権者とします。二課は候補となる人への付帯条件、つまり周囲の人脈や資金とします。ただし、六親星の妻財が四課三伝に乗らないと資金不足になります。干上神（一課）や二課に兄弟が付く時は、多くの場合は資金不足となります。空亡しても掛け声だけで、真の協力は得られません。

3 まず試験（合格すると地位や名誉も伴う）や選挙を問わず、干上神（一課）、支上神（三課）、物事の帰着点を示す末伝の三か所が吉の十二支関係がよく、剋、冲、破、害、空亡、凶神などの条件では結果を出すことは難しくなるでしょう。二か所が吉の関係で、一か所が凶の関係となる場合にはかなり難しいのですが、選挙なら次点になるか、最下位当選も考えられ、これはうがった考えですが、候補者が病気になったり、辞職したりして繰り上げ当選も期待できます。試験の場合は何とか推薦を得られたり、補欠あるいは会社などではどうにか採用にこぎつけるかもしれません。

4 干上神（一課）、支上神（三課）、末伝に乗る十二天将星が重要な判断の要素となります。

吉の場合＝貴人、青龍、六合、螣蛇（本来は凶将）、朱雀（本来は凶将ですが、伝達の神なので選挙や面接には良好）、太常、また六親星の父母も悪くありません。

凶の場合＝勾陳、白虎、玄武、天空、太陰（吉将ですが、勝負強さに欠ける）、天后（本来は吉将ですが、太陰と同様）、空亡、十二支関係では刑、害、冲では難しいでしょう。

5 三伝（初伝、中伝、末伝）の十二支関係が良好で、吉将が乗るのも悪くありません。

6 帰結として要は、干上神（一課）、支上神（三課）、三伝（特に末伝）との十二支関係が最終判断の決め手となります。

8 占的7 財運について

まず財的要素を占う場合のコツとして、六壬易（神課）の判断の要となる十二天将星を見るのは当然です。ただし、先に解説した六親星にまず着目します。

四課や三伝の中に財を表す妻財の有無を調べます。故韋千里先生は『六壬占卜講義』の中で、本命や流年、四課、三伝の中にこの妻財が存在すると財的希望は成就すると書いておられますが、単にそれのみの条件では事はならないように思われます。

では財運について列挙してみます。

1 六親星の妻財が本命、流年、四課、三伝の中にない場合でも、特に三伝に財を誘因しやすい子孫が存在すると、財的希望は成就できる可能性が出てきます。

2 原典には日干五行と同様のという書き方をしています。断易（五行易）を知らない方には何のことかわかりにくいのですが、つまり六親星の兄弟のことで、三伝にこの兄弟が入ると財の損耗となり、事は成就しづらくなります。

3 財運を占う場合、青龍は最も希望の持てる星でしょう。この青龍が干上神（一課）、支上神（三課）、三伝のいずれかに乗ると財的希望は通りやすくなります。

4 たとえ吉将星や六親星の妻財、子孫の各星が乗っていても空亡する場合には、財的希望は成就しづらくなります。

5 故韋千里先生は特に、三伝ことごとく財的要素の星が入る場合にはかえって財的希望は調いにくい、と書いておられます。財的要素の星とは、十二天将星の青龍、六親星の妻財、十二支においては財貨を表す酉などのことです。筆者の経験では、他の条件も詳しく見るべきと思われます。

では、**1**から**5**で成否を見て、財運の取得の難易度を見ます。

列挙してみましょう。

1 占う日の支または支上神（三課）より日干を生じるのは吉となり、剋すると難しくなります。

2 青龍、六親星の妻財が酉か午の天盤になった上に乗っているのも悪くありません。

3 三伝の中で財神の青龍、六親星の妻財が初伝に乗ると財を誘因することは楽ですが、逆に末伝に乗るのは吉となりません。

4 干上神（一課）と支上神（三課）の十二支関係が支合や半会すると財を誘因することは楽ですが、刑、冲、破、害などの場合には思った以上に苦労し難しいです。

5 先の区分けの中で伏吟課、返吟課になるのは面白くありません。ただし、この二者の条件のみで即断してはなりません。他の吉凶条件ももちろん考慮し最終判断とします。

6 三伝に着目します。物事のきっかけである初伝に凶将が乗ったり、六親星の兄弟が乗ったりすると、先に困苦を伴います。また初伝の支から日干を剋し、その日干から三伝の中伝、末伝に妻財が付く時には、初めは苦労を伴いますが、後に財運が開けます。

7 三伝の初伝に青龍や六親星の妻財が乗り、中伝、末伝から日干を剋す場合、上手くいきそうでも時間がかかると成就しづらくなります。

8 まず、干上神（一課）と支上神（三課）の十二支関係に注目します。次に、その二者と三伝の関係に注目します。その関係が刑、冲、破、害、剋の関係ですと財的思惑は上手くいきません。支合、半会、相生の関係ですと、財的思惑は成就しやすくなります。もちろん、そこに乗る十二天将星や六親星の条件も調べて判断します。空亡の有無も大切な要素です。

【補足】各人の本命（生まれた年の十二支を天盤に戻す）に吉将が乗ったり、六親星の妻財や子孫が乗ると財を誘因する能力が高い人が多く、凶将や兄弟が乗るとその逆となります。なお、本命の出し方は、まず生まれ年の十二支を地盤で探し、次にその同位置のものを天盤で見ることでわかります。

1 — 財運の器について

一生涯における各個人の財運の器の大小について、筆者の考え方を少し述べたいと思います。

命理占の紫微斗数推命や子平八字（いわゆる四柱推命）などで審査し、紫微斗数推命では命宮や財吊宮（十二宮の言葉）の吉凶条件、子平八字においては通変星の財星が喜神になっているかどうかを調べます。

財的要素が吉になる人は財を誘因する能力が比較的高く、つまり財の器のある程度大きい人といえます。逆にそれらの占術で財運が悪い場合は、財の器は小さいと見ます。

もし、財の器が小さい場合は、その器を超えて物質運が上がってしまった時にかえって問題が起きやすくなるのです。

つまり、我々人間の生涯における米櫃《こめびつ》の量は、ある程度決定されていると思われます。一時に大きな物質や財貨を取り入れてしまった時に器の破壊が起きて、本人が病気になったり、家族に問題が出たりと、とにかく何かが発生します。何事も人間は適量がよいのです。

こんなことがありました。ずいぶん前のことですが、繁華街で1億円を拾った人がいて、その後の報道では、その人は60歳くらいで死亡しています。昔ならいざしらず、今の世では短命の部類に入るでしょう。

また、これも前の話ですが、占術関連の書籍で空前のベストセラーを出し、印税だけでも数億といわれていた占い師がやはりその後、比較的短命に終わっています。

このような話は他にも多く見受けられます。ですから財に限らず、すべてのことにいえるのでしょう。過ぎたるは猶及ばざるが如しの喩《たと》えがそれを端的に表しているのです。

高度な運命学、四柱推命、紫微斗数推命、八門遁甲、本書で紹介する六壬易（神課）などを駆使すると、財的要素はかなり調節可能といわれています。

筆者の昔の例で恐縮ですが、易卦を利用した特殊な方位術（筆者は別名「周易遁甲」と呼んでいます）で、思い切って最大吉方位に移転したことがあります。

その方位術は未公開で、少し扱い方を誤ると身体にいくらか問題が出やすいのですが、仕事運や金銭運が上昇するといわれている方位を活用してみたのです。

平成８年の12月に西北へ移転しました。応期という吉凶ともに効果の出やすい時期になると、不思議なほど仕事運の増加がみられました。それまで地味に鑑定業務を生業としてきたのですが、急に教室の話が来るは、雑誌原稿の依頼が来るは、出版の話が来るはと、ややできすぎかと思われるほどでした。

もちろん、本書の主題である六壬易（神課）も利用したのはいうまでもありません。

もともと財の器は大きい方ではないので、そこにはおのずと限界は存在します。では、何が私に起きたのでしょうか？　元来、身体は丈夫ではなく、持病も抱えていましたので、俗にいう稼いだ分がほとんど健康維持や、やれ医者だ漢方だと消費消耗してしまったのです。人間の欲望を絶つのは思いのほか難しいものです。

ですから、繰り返しになりますが何事も中和中庸が肝要ではないでしょうか。

9

占的8

トラベルについて

これはいくらか一考を必要とします。現代は交通手段の発達に伴い、国内はもちろん、海外へも気軽に簡単に移動可能な時代といえましょう。それだけ地球は狭くなったのです。

しかし古代や中世期においては、遠方へ移動するのも大変な困苦を伴いました。途中で追い剥ぎに遭うかもしれません。旅行者自身が旅路で病気になったり、極端になると志し半ばで死亡することも多かったでしょう。

では現代の旅行は完全に安全でしょうか？　そうとばかりいえないのです。アマゾン川下りとか、エベレスト登山などは別ですが、航空機の墜落事故は確率は低くても、もし事故に遭遇したら、まず助かることは難しいと思われます。家族のドライブも同様です。

やはり完全ではありませんが、この六壬易（神課）を活用し、なるべく安全に旅程を過ごしていただきたいものです。

中華の地の原典などでは、現代においていくぶん古色蒼然のきらいがありますから、現代風にアレンジして解説してまいります。

【補足】細部にわたっての判断は本来占う日の干支を一部参照しますが、本書では四課と三伝を中心に解説します。

1 干上神（一課）が支上神（三課）より剋されていると、旅行の目的を達するのは難しくなります。時としては中止になるかもしれません。また、その関係が刑、冲、破、害になっていても同様の判断となります。どちらかが空亡すると気が乗らなくなったり、満足する状態にならないのです。

2 支上神（三課）が干上神（一課）を生じたり、その関係が支合、半会になる時は旅行の目的を遂げるでしょう。

3 原典には、干上神（一課）に吉の十二天将星が乗るとよい旅行と定義していますが、支上神（三課）に吉の十二天将星が乗る場合には海路、つまり船で行くのも安全としています。しかし、当時の中華の地はジャンク船ですから、とても不安定でした。現在の旅客船はまずめったに沈没しませんから、この定義にこだわる必要はないでしょう。

4 三伝の特に初伝に螣蛇、白虎、玄武、六親星の官鬼が乗ると事故、盗難、病気に注意です。故韋千里先生の著作に三伝の特に初伝に卯を見て、螣蛇、白虎が乗ると交通手段の事故に遭う、と書かれておりますが、真偽のほどはまだ研究中です。

1 ― ホテル、旅館その他の宿泊施設について

1 支上神（三課）を宿泊施設とします。干上神（一課）と十二支関係が悪いか、凶の十二天将星が乗ると、満足できる宿泊施設ではありません。また六親星の父母が空亡したりするのは感心しません。（父母の十二支から）日干を剋するのも凶です。

2 支上神（三課）に凶星、特に螣蛇、白虎が乗ると、その宿泊施設には泊まらない方がよいのです。その十二支が戌もよくないと書かれていますが、真偽のほどはまだ研究中です。

3 支上神（三課）が酉、午または各人の本命に天后が付く時には、その宿泊施設はよくないといわれています。

4 支上神（三課）が亥（これは天盤の支）で、そこに天空が乗ると、これもよくありません。

2 ― 留守宅の安全について

これは、よほどのことがない限り、あまり心配ないでしょう。夜盗や盗賊の徘徊《はいかい》した中世の時代ならともかく、現在では地震や火事、盗難が心配事でしょうか。とはいえ、これらはセキュリティとカードでかなり防げます。

六壬易（神課）で見ることは十分可能ですが、今回は割愛いたします。また詳述できる機会に述べましょう。

なお原典には、旅程で道に迷った時の六壬易（神課）による探索法が解説してありますが、現代においては、通常そのようなことはないでしょう。

故韋千里先生の著作に、旅行中に出会う人との吉凶を述べている項目がありますが、これはある程度参考になると

思われますので解説してみます。

1作成した天盤の子と同じ位置の地盤の十二支が寅、申、巳、亥の時には災いとはなりません。
2作成した天盤の子と同じ位置の地盤の十二支が子、午、卯、酉の時には、その人は善的な要素が強いのです。
3作成した天盤の子と同じ位置の地盤の十二支が辰、戌、丑、未の時には、要注意の人物の可能性が高くなります。

10 占的9 家出について

これも少々説明が必要かもしれません。

六壬易（神課）の原典などには、奴僕《ぬぼく》、つまり使用人が逃亡したなどとの記載が多く見られますが、現代においては横領して逃亡したなどの話なら別ですが、これは犯罪であり、術士の領域ではありません。ましてや占術で犯人探しなど絶対にしてはなりません。

本書では、純粋に家出人の探索のみに絞ります。

1まず、どちら方面に家出したかを探ります。原典には身分の高い人はどうだとかなどが書いてありますが、これは現代においてあまり用をなしません。単に人物の区分けとして六親星を使うのが、一番確率が高いように思われます。
①兄弟姉妹、同僚、友人は兄弟とします。
②子供、ペット、孫などは子孫とします。
③妻、愛人、人物の特定が可能で多額の金銭など

を持ち逃げした人は妻財とします。

④夫、男の愛人は官鬼とします。

⑤上司、目上、父母や祖父、祖母は父母とします。

2 それらの六親星に当たる天盤の五行支を探し、さらにそれが地盤ではどの十二支かを探ります。例として、子供が家出した場合、子孫に当たる五行支が寅で、その同じ位置の地盤の十二支が子の時には、北の方に行っている可能性が高いとみます。

次に、やや伝統的な技法によるテクニックも解説しておきます。

①太常は目上。
②六合は兄弟、同僚、友人や知人。
③母は天后。
④妻は子、孫やペットは子孫（十二支の類神を使う方法もありますが、本書では割愛いたします）。
⑤姉妹は太陰。
⑥部下は、男性であれば辰、女性であれば酉。

【補足】十二天将星の場合には、天盤で各星を探し、その同じ位置の地盤の十二支の方向となり、十二支の場合も天盤でその十二支を探し、その同じ位置の地盤の十二支の方向となります。

1 — 結論

干上神（一課）と支上神（三課）の十二支関係が刑、冲、破、害、剋、空亡ですと、戻りたくない何らかの事情がある可能性が高くなります。

支上神（三課）と三伝の末伝の関係が刑、冲、破、害、剋、空亡ですと、帰る可能性が低くなります。危険かどうかを考察するには、三伝の末伝との関係を重視します。

その条件として、十二天将星の凶星が付く場合、螣蛇、朱雀（やや軽い）、勾陳（やや軽い）、天空（非常に危険）、白虎（危険）、玄武などです。六親星では厄難を表す官鬼も危険です。

その場合、支上神（三課）に子孫が付くと助かる可能性が出てきます。空亡もよくない条件の一つです。

11 占的10 裁判について

刑事事件は別として、民事の場合は、なるべく落とし所を見つけて和解するのがよいのですが、時としてそうもいってはいられない場合もあるでしょう。

このような時に、六壬易（神課）は十分に役に立つと思われます。

古典にはさまざまな方法が説かれていますが、本書では割合と確率の高いものを紹介いたします。また、本書で多く参考にしている故韋千里先生の著作の内容ともいくぶん考察方法が一部異なっています。

いくつかの条件をまず解説いたします。

1 干上神（一課）を訴える側、つまり原告とします。
2 支上神（三課）を訴えられる側、つまり被告とします。
3 二課は原告側の弁護士を司ります。
4 四課は被告側の弁護士を司ります。
5 三伝は物事の推移を示します。初伝は提訴した当初の状態を示します。中伝はそのプロセスを示します。末伝は多くの場合は帰着点、つまり結論を示唆《しさ》します。

6 裁判占の場合には、干上神（一課）と支上神（三課）の十二支関係が勝負に強く影響します。その関係が刑、冲、破、害、剋の時には和解するのはなかなか難しいです。多くは剋を伴い、剋された方が敗訴します。

7 公的機関との争いでは、主客（自分と相手または物事の関係）は逆になります。支上神（三課）が自分、もしくは自分達とします。判断は**6**と同様となります。

8 空亡している方が不利となりやすいのです。三伝の特に中伝が空亡している時には、弁護士を変えない方がよい場合が多いのです。

9 十二支関係が比和の場合には、和解することが得策です。

10 二課は多くの場合、弁護士を表します。干上神（一課）との十二支関係が悪く、凶の十二天将星が付く場合、原告にとってそれほど助けになる弁護士とはいえません。また、二課が空亡しても同様です。

■11 四課は多くの場合、弁護士を表します。支上神（三課）との十二支関係が悪く、凶の十二天将星が付く場合、被告にとってそれほど助けになる弁護士とはいえません。また、四課が空亡しても同様です。

最終的な結論として、まず干上神（一課）と支上神（三課）の十二支関係は剋している方が有利となり、剋されている方が不利となります。

三伝は帰着点となる末伝との関係が大切です。

12 占的11 陰宅（墓）について

この占的は、わが国においては初公開と思われます。関西における四柱推命の大家といわれていた故阿部泰山先生が生前、この六壬易（神課）を活用し判断の一助とされていたと、その古いお弟子筋から以前聞いたことがあったような記憶があります。現在流布されている書籍ではあまり見られないようです。筆者もすべての書籍に目を通したわけではないので、もし間違いであればご勘弁願います。

本書の元になっている陰宅（墓）の部分は、故韋千里先生の著作『六壬占卜講義』を参考にしています。それにいくらか手を加えて解説します。

もちろん、正式な陰宅を考察するには風水陰宅を正式に見るべきでしょう。筆者はその方面の専門家ではないので、その方面の術士の方に聞いてください。

■1 干上神（一課）をこの世の人とします。支上神（三課）を墓地またはあの世の人とします。

2 支上神（三課）が干上神（一課）を生じるのは大変吉となります。

3 干上神（一課）が支上神（三課）を生じるのは凶となります。

4 既に埋葬した墓地は平和に保たれているのが一番好ましいのです。干上神（一課）と支上神（三課）の十二支関係が刑、冲、破、害、剋、空亡は不適切な環境と見ます。

5 主に吉凶は支上神（三課）に吉の十二天将星が乗るのが吉となります。

【補足】他に子孫の身内眷族に与える影響や一種の霊祟占の記述がありますが、あまりにも複雑になるため本書では割愛いたします。

13 占的12 失せ物について

失せ物占のコツはいくつかありますが、番号順に解説してみましょう。

1 干上神（一課）を失せ物をした当人とします。支上神（三課）を紛失した物とします。

2 本来は十二支の類神でもって品物としますが、本書では、十二天将星および六親星で探る方法を解説します。一例として、書類文章類などは六親星の父母とします。他は先に解説した六親星の箇所を参照してください。

3 失せ物占の場合、十二天将星の玄武は判断において一つのポイントとなります。

1 ― 判断について

1 玄武が四課三伝の中に現れていると、特に三伝、支上神（三課）のいずれかに乗っている時にはあまりよい判断とはなりません。時には盗難も十分に考えられます。

2 一例として、六親星の父母を天盤で探し、その同じ位置の地盤の十二支で、その方向や場所を示します。例えば午であったなら、その方向（南）の方位を探せば戻る可能性が大です。ただし、玄武が乗っていたり空亡となっていたりしていると、まず探しても無駄でしょう。

3 支上神（三課）に空亡が付くと、探し出すのは難しくなります。

4 支上神（三課）が空亡したり天空星が付いていたりする場合には、一応、条件としては盗難を疑いますが、玄武が乗っていなければ家族が隠したおそれが大となります。ただし、決して犯人探しをしてはなりません。玄武が乗っている時には内側（身内や家族）ではなく、他の人の可能性があるといえます。

5 干上神（一課）に吉将が乗り、十二支関係が三合、支合、相生すると出てくる可能性が高くなります。特に太陰や六合と失った品物の類神が三合、半会、支合、相生になっていると、ほとんどの場合は発見可能です。

6 物を示す類神が本命（生まれた年の十二支）、干上神（一課）、支上神（三課）に存在する時には勘違いであり、紛失でない可能性が高くなります。

7 逆貴人、つまり逆行の貴人で、三伝の初伝、中伝、末伝に玄武が乗った場合は、盗難の可能性が出てきます。

8 順貴人、つまり順行の貴人で、三伝の初伝、中伝、末伝に玄武が乗っていない場合は、本人の確認違いとか、自分が直接紛失することが多くなります。

9 支上神（三課）が太陰か六合で、紛失した品物を表わす類神のある支と半会、支合する時には、よく探し尋ねると発見可能です。

貴人／宝石、貴金属、飾り物、貴重品（本人にとって）、書類。
螣蛇／食品が多い（特に肉類）。
朱雀／羽毛布団、書類、郵便物、電子機器、証券類、書籍。
六合／細工したもの（木工、象牙）、工芸工具。
勾陳／日常の安価なもの。
青龍／金銭、紙幣。
天空／虚の神ですから形のないもの。例えば、楽器や音響製品（現代ならｉＰｏｄか）。他には歯ブラシなど。
白虎／金属製品。
太常／酒類。
玄武／穀類。
太陰／白いもの、きれいでスッキリとしたもの。
天后／女性もの飾りもの、アクセサリー。

14 占的13 来訪について

多くの六壬易（神課）の原典では交易占となっていますが、要は人を訪ねて交渉がまとまるか、利益になるかを占うのです。

1 定義上は占う日の日干を自分と見ます。日支を相手側と見ます。また多くは、干上神（一課）を自分とし、支上神（三課）を相手とみなします。
2 干上神（一課）が空亡すると、中止になったり、気が乗らなかったりします。支上神（三課）が空亡すると、相手は留守だったり、こちらの話に真剣に耳を貸さなかったりしやすいものです。
3 占う日の日支から日干を生じると、有利になることが多いのです。
4 占う日の日支から日干を剋すると、不利になることが多いのです。
5 次に方位を活用します。訪問する相手の家の方角と、三伝の初伝が支合、半会する時には相手と面談することが可能となります。

【補足】この方法は十二支を使いますので、相手の家の方角をあらかじめ調べておかなければなりませんので、活用しづらいと思われます。

6 これは、いくらか活用がしづらいかもしれません。十二天将星の意味合いを使う方法です。まず三伝の初伝、干上神（一課）、支上神（三課）に相手の雰囲気の類神が当てはまる時には、割合スムーズに相手に会えるものです。

7 干上神（一課）が亥、支上神（三課）が未の時には、会うことが可能です。

【補足】なぜ亥や未なのかは意味不明です。故韋千里先生の原文でもそのようになっていますが、関西の故阿部泰山先生の著作『初学詳解』、訪問および来訪の鑑定にも触れられています。

8 課式の中で伏吟課、昴星課になる時にも、会見は可能となります。

次に十二天将星の貴人に着目します。なぜ貴人なのかは、位の高い人に会うという意味からきているのかもしれません。

では、次に子から亥までの貴人の吉凶を述べることにしましょう。

もし故阿部泰山先生の『初学詳解』をお持ちの方は、他の部分も六壬易（神課）における秘伝の宝庫ですから、よく読まれることをお勧めいたします。

子／会うことは可能です。

丑／酷い時には居留守を使われます。

寅／会うことも可能で、利を伴います。

卯／外出して留守が多いでしょう。

辰／原典には病気中が多いと書かれていますが、現代では突然訪ねることは少ないので、面会できにくいと判断する方が、無理がないと思われます。

巳／相手が近隣に出かけた時には速やかに会うことが可能で、遠方へ出かけた場合には明日か後の日に会うことが可能です。

午／相手が用事を足している状態が多く、遅れて会うことが多いのです。
未／会食を伴います（つまり会えます）。
申／相手は不在です。
酉／会うことは可能です。
戌／相手は不在です。
亥／待たされても会えるでしょう。

15 占的14 部下を雇うことについて

この占的も一考を要します。原典には奴僕または奉公人の善悪鑑定となっています。奴とは奴隷を意味します。当時の中華の地ではまさにそのような感覚で使用人や部下を使っていたのでしょう。

当時の記載のままでは問題があるので、本書では現代風に解釈してみます。

1 占う日の日干を自分とします。日支を部下とします。

2 雇用主側を干上神（一課）とします。雇われる人を支上神（三課）とします。

3 干上神（一課）と支上神（三課）の十二支関係は雇用占における非常に大切な要素となります。その関係が相生、支合、半会などの吉条件になっていて、支上神（三課）に吉の十二天将星が乗る時には力になってくれる部下です。吉の条件の星は貴人、六合、青龍、太常、太陰、天后などです。

【補足】占う日の日干と日支の関係も考慮します。日支から日干を生じるのはよい条件の一つです。ただし、干上神（一課）と支上神（三課）の十二支関係が相剋、刑、冲、破、害になっている時は、その限りではありません。

4 干上神（一課）と支上神（三課）の十二支関係が相剋、刑、冲、破、害の凶条件になっていて、さらに螣蛇、勾陳、白虎、朱雀、玄武など凶星が支上神（三課）に乗っているのも、力にならないばかりか、逆に居着きません。仕事ができないなどの意味合いが出てきます。

【補足】占う日の日支から日干を剋すのは悪い条件の一つです。さらに以上の悪い条件の場合、会社や商店の大小を問わず利益となりません。

5 次に三伝に着目します。初伝が干上神（一課）や支上神（三課）と相剋、刑、冲、破、害などの関係になっていると、力を得られる使用人や部下ではありません。また、初伝が空亡するのも忠実な部下とはなりません。

6 酉と戌の十二支に着目します。男性を戌とし、女性を酉とします。

【補足】なぜ酉と戌を活用するかは、現在の筆者には理解不能ですが、まあそのようなものだと思ってください。方法として、男性でしたら戌を地盤に探し、その同じ位置の天盤にどのような十二天将星が乗っているかを調べます。吉将が乗っているとよい条件となり、凶将が乗っていると悪い条件となります。女性の酉も同様に考察します。

7 支上神（三課）が占日の日支を剋するのも部下として雇うのは考えものです。

16 占的15 六壬易（神課）命理応用

これは他の占的と目的が異なる方法です。六壬易（神課）は本来卜占に属し、人生上の困難や物事の選択に迷いを生じた時に、偶然と必然の狭間に存在する占機をとらえ、六壬盤を作成し、その吉凶善悪を判断していく術です。その便法として、命理占にある程度の応用が可能です。

命理占とは、人が生まれた時を起点として、その人の人生上の傾向や巡りくる行運と呼ばれる年、月の運気を考察することだといえます。六壬易（神課）のチャートを占おうとする人の生年月日時を起点として作成し、その人の宿命上の特徴や運気を考察していく方法です。

ただし、これは命理占の代表である子平八字（四柱推命）、やはり命理占の一種で香港や台湾などで爆発的ブームになっている紫微斗数推命などと比較すると、判断にやや甘さが存在するのは否めません。六壬易（神課）は卜占にその威力を発揮しますから、命理占に本来の目的があるわけではありません。

本来の目的である卜占としての六壬易（神課）を主とし、その副次的鑑定を従として、ある程度は命理占を参考にするという態度なら、かなり参考になると思われます。ですから、六壬易（神課）を単独として命理占に使用することは全くお勧めできません。

でも、そんなことばかりいっていたのでは面白くもなく、実も蓋もないので、その活用の一端を解説いたします。

故阿部泰山先生はその著作『天文易学六壬神課初学詳解』の末尾に、この六壬易（神課）を応用した推命の法を解説されています。また昭和60年に、関西在住の中井瑛祐先生が『大六壬占術』の中で同じように推命の法を説かれています。中井瑛祐先生の著作は推測ですが、故阿部泰山先生の方法および故韋千里先生の法にかなり準拠されているように思われます。

前書きが長くなりましたが、早速、その方法をご紹介しましょう。今回は平易に解説したいので、なるべく専門用語を避けます。

1 鑑定したい人の生年月日時から六壬易（神課）の盤を作成します。

2 干上神（一課）に吉の十二天将星が乗るのはよい傾向です。特に貴人や青龍が乗るのはよいです。

3 身宮を算出します。これは日干の寄宮の支を指します。次に生まれた年の十二支を算出します。これを本命といいます。

4 干上神（一課）の支、身宮（寄宮の支）、本命の支が生まれた季節から旺と相になっていると割合とよい生まれで、何となく衣食に不自由しません。

推命の法の補足として、季節と十二支の関係を再び紹介しておきます。

	木	火	土	金	水
春	旺	相	死	囚	休
夏	休	旺	相	死	囚
秋	死	囚	休	旺	相
冬	相	死	囚	休	旺
土	囚	休	旺	相	死

【補足】土は各土用月のことです。

5 干上神（一課）に墓神、絶神が付き、身宮（寄宮の支）、本命（生まれた年の支）に凶の十二天将星が乗らず、吉星の貴人、六合、青龍、太常、太陰、天后が乗る時には、小さな発展や成功する可能性はありますが、大きな発展や成功は無理となります。

	絶神	墓神
甲	申	未
乙	酉	戌
丙	亥	戌
丁	子	丑
戊	亥	戌
己	子	丑
庚	寅	丑
辛	卯	辰
壬	巳	辰
癸	午	未

6 干上神（一課）に凶神、凶の十二天将星の螣蛇、朱雀、勾陳、天空、白虎、玄武が乗ると身体が弱い傾向があります。

7 干上神（一課）に吉の十二天将星の貴人、六合、青龍、太常、太陰、天后が乗って、身宮（寄宮の支）、本命（生まれた年の支）に凶神、凶の十二天将星の螣蛇、朱雀、勾陳、天空、白虎、玄武が乗る人はある程度発達しますが、何か持病が残るなど、人生が七合目となり、幸せの中でも不満足になりやすいです。

ただし、人格はよい人が多いのです。

【補足】コツとして干上神（一課）、身宮（寄宮の支）、本命（生まれた年の支、地盤に年の支・天盤で見る）の吉凶を見るのです。

17 占的16 妻子を論じる

六壬易（神課）は古代や中世を通じて中華の地で連綿と受け継がれてきましたが、21世紀に入るとその考察方法にいくらか色褪《あ》せた部分が存在するのは否めない感じがします。

この妻子論もその一つです。干上神（一課）を男性本人とし、支上神（三課）を妻とし、断易法（五行易）の六親星と同様に、六壬易（神課）も同様に男命にとっては官鬼星を子供の星とします。

この論理については、はっきり妻の六親星の妻財星から生み出される官鬼星を子供の星と見ているからです。

これは、占術上は全く正しいと思われますが、六壬易（神課）の多くの書籍を見ても同様で、女性からの論理や定義に考察が欠けているような気がします。女性の場合は、干上神（一課）を相手の男性とし、子孫星をもって子供の星とします。

では配偶者の見方を解説いたします。

1 支上神（三課）を妻の定位とします。

【補足】男性は干上神（一課）を定位とします。

2 干上神（一課）と支上神（三課）の十二支関係が支合、半会、相生の関係になっている場合は、夫婦の仲は比較的円満な傾向があります。もし、その関係が刑、冲、破、害、相剋の関係になると、お互い反発したりして和することが難しくなります。また片方が空亡すると、思いや気持ちが一方通行となります。

3 支上神（三課）に吉の十二天将星の貴人、六合、青龍、太常、太陰、天后が乗り、神殺星の吉星が乗ると、よき妻を得て、妻からの助けも期待できます。凶の十二天将星の朱雀、螣蛇、勾陳、天空、白虎、玄武が乗り、神殺星の凶星が乗ると、よき妻を得ることは難しいでしょう。また空亡するのもよくありません。

【補足】女性から見た夫運は干上神（一課）を同様に見ていけば判断可能です。なお神殺星については繁雑になるので、今回は省きます。

4 ここでは人生における仕事の地位としての考察、財的要素を調べます。原典には財官用神と呼んでいますが、何となくそれではわかりにくく感じます。四課（特に干上神と支上神を考察します）と三伝、身宮（寄宮の支）、本命（生まれた年の支）に吉の十二天将星の貴人、六合、青龍、太常、太陰、天后が乗ると、発展の兆しがあり、さらに吉の神殺星の扶助があると、一層良好となります。四課（特に干上神と支上神を考察します）を大切にします。

18 占的17 寿命について

六壬易（神課）の原典などにおいては、この寿命の長短についてかなり極端な解説が載っています。これは無理もありません。つい最近、戦前まで60歳まで活躍することはなかなか難しかったようです。

しかし現代では医学の進歩、栄養学が日常生活まで入り込んだために、日本人の平均寿命は飛躍的に伸びました。

六壬易（神課）を活用する場合、常識の範囲で判断すべきでしょう。

1 本命（生まれた年の支）に着目します。本命の支と同じ位置に乗っている天盤の支が旺相していると、長命の傾向です。

2 **1**で算出した支が干上神（一課）、日支などと剋、刑、冲、破、害すると、いくらか長命の条件は減退します。

3 三伝の初伝、中伝、末伝が生まれた日の干および本命（生まれた年の支）を生じる場合には、思いのほか長命の傾向です。

4 生まれた日の干支および本命（生まれた年の支）から三伝を生じるのは長命とはいえないでしょう。

5 干上神（一課）から生まれた日の干を生じる場合には、思いのほか長命の傾向です。

6 支上神（三課）から生まれた日の干を生じる場合には、思いのほか健康に恵まれます。

7 三伝は大きな人生の流れを意味します。初伝を初年期の運気、中伝を中年期の運気、末伝を晩年期の運気とします。主に干上神（一課）と支上神（三課）との十二支関係が剋、刑、冲、破、害の関係になると、その期間は運気が停滞気味となり、吉の十二天将星が乗るのも悪くありません。なお空亡すると、その時期は人生が空転しやすく、たとえ成功しても七合目止まりでしょう。

19 占的18 流年運について

流年法とは、その年の運気を判断する方法です。流派により、行年と呼んだり年命法と呼んだりします。

私自身を事例として取り上げて解説してみたいと思います。例えば、平成30年は数え年62才です。平成30年は丁卯です。1才を男命は丙寅から数えていいき、60歳（還暦）を過ぎたら、また丙寅に戻ります。なお、女命は1歳を壬申から数えます。

私の場合、数えていきますと、丁卯になります。

なぜ、男命は順に干支を数え、女命を逆に数えるのかについては話が複雑になるので割愛いたしますが、四柱推命の大運や紫微斗数の大限にもやはり順逆があります。

六壬神課は原則として、四課と三伝をそのままにして、十二支を活用し、行年は地盤にその年の干支を見て、同位置を天盤から探して判断します。

相生、支合、半会の場合は、比較的吉の要素が強い年回りです。逆に剋、刑、冲、破、害する場合は、比較的凶の要素が強い年回りです。

そのことを踏まえて私の命理を見ていきましょう。

1 — 例題考察

例　昭和32年2月9日　申時　男性

未勾官　身宮＝亥
亥常兄　寅卯空亡
卯貴子　本命＝酉　天空

申　酉　未　卯
龍　蛇　勾　貴
父　官　官　子

酉	戌	亥	子
申			丑
未			寅
午	巳	辰	卯

天盤の配置

月将＝子　壬子日

【補足】十二天将星、六親星は略して書いております。

母親は料理屋を営む家で、父親はある政党の議会人でした。

干上神（一課）は貴人星が乗り、六親星は子孫が付きます。基本的には悪くありません。ただし旬空（空亡）するので、何となく人生全体が満足できず、富士山でいうと五合目止まりです。

空亡すると、身体が弱い、物事が中途で挫折しやすい、気力が不足する、などの意味合いが出てきます。最悪の事態は何とか回避できるものです。

実際、その後に家は没落しましたが、生活は普通に困窮することはなく生きてこれました。

初年期を表す初伝には凶星の勾陳星が乗り、災いの星の官鬼星が付きます。十代には呼吸器の疾患で入退院を繰り返しました。

昭和47年は、行年だと数え年16才で辛巳の年です。この年の十二支を地盤で探し、同位置を天盤で見ると酉で天空とわかり、これは干上神（一課）の卯とは激しい冲剋となり最悪の時期です。天空は体力が低下し、気力もなくすなどの意味合いがあります。六親星では父母星となり、心労の多い年でした。この年に起こったこととして腎盂炎《じんうえん》となり、さらに腎臓をやや壊し、持病であった喘息発作も併発しました。

では配偶者との関係を見てみましょう（この場合、私の六壬命理内での考察であり、相手の六壬命理を見ることはまた別の問題であることに注意してください）。これは支上神（三課）の螣蛇星と干上神（一課）との関係は冲となり、配偶者の善悪ではなく、何となく互いに力になれないか、和することが少なくなる傾向です。しかし、二課は男性の実家、四課は女性の実家を示しており、私の場合は未と申の関係でさほど悪くはありません。女性の場合は、二課が自分の実家、四課は相手の実家となります。占的別で解説した課を男性、三課を女性とした判断法は六壬命理では何らクロスしませんので、注意してください。

では中年期に目を向けてみます。干上神（一課）との関係は半会となり、吉星の太常星が乗っています。これは基本的には悪くはありません。難をいえば、六親星に兄弟が付いて、財的にはさほどよさはなく、取りこぼしが多くなります（今現在まだ現役で、何となく今でも中年期だと思います）。

さて晩年はどうでしょうか？　晩年は干上神（一課）と卯と卯で比和の関係となり、吉星の貴人星が乗って、さらに子孫が付くので、一見、よいようですが、よく見ると旬空（空亡）となっているので要注意の晩年期です。身体が弱くなるか、力が衰えるか、孤独になることが大いに考えられます。

それでは最後に本書が出版される平成30年の流年を考察してみたいと思います。巻末にあります行年表を見ると、数え年62才は丁卯です。地盤で卯を探し、天盤での同位置を見ると未になります。十二天将は勾陳で、六親星は官鬼です。

一課の卯と未は半会です。これはあまり問題がありません。ただし、勾陳は発展性がありません。官鬼が付くのでバタバタするのですが、そのわりに実利は少ない傾向となりそうです。十二支関係が最悪ではないので、何とかなるでしょう。

勾陳と官鬼は、病気の場合、慢性化しやすいか、持病のある人は注意が必要です。

20 本命星について

少し高度な判断となりますが、この方法は占的別の卜の部分で私は活用しています。本項では簡便なやり方を紹介します。

まず生まれた年の十二支を使います。次に占った時の地盤に生まれた年の十二支がどこにあるかを探し、天盤での同位置にどの十二支が入るか、さらには十二天将星や六親星は何かなどを見ることで、その占的に対する本人なり、鑑定依頼者の才能や能力、吉凶を判断します。一課と三課との十二支関係や星の意味合い、つまり象意を瞬時に判断しなければなりません。入門者には難しいものですので、このような方法があるのだとご理解いただければと思います。

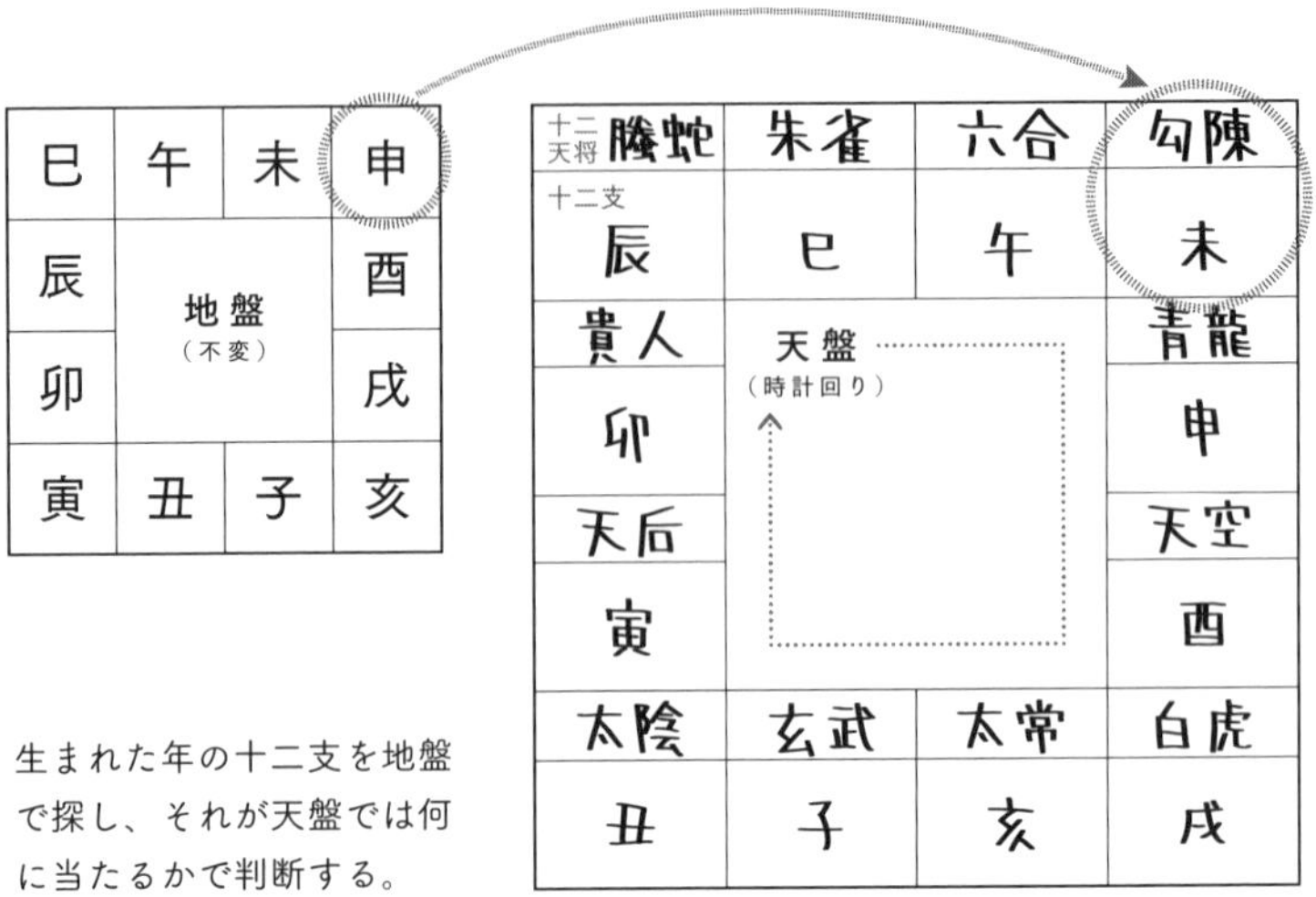

生まれた年の十二支を地盤で探し、それが天盤では何に当たるかで判断する。

21 占的19 霊祟占について

当初、この占的は省こうかと考えました。私はその方面の専門家ではなく門外漢ですので、したり顔でこのようなことを論じるのはいささか厚顔かと思うのです。

しかし、実際多くの鑑定を経験すると、常識ではなかなか割り切れない経験を少なからずしたのです。過去のつたない鑑定から比較的確率があったと思われる方法を論じてみます。

私見と故韋千里先生、その他の原典類、故阿部泰山先生の著作も一部参考にしました。

1 干上神（一課）を、そのような話を持ってきた本人または依頼者とします。

2 支上神（三課）を、そのような怪異現象の現象としての本体とします。

3 干上神（一課）と支上神（三課）の十二支関係が剋、刑、冲、破、害になり、特に支上神（三課）から干上神（一課）が強く剋されている時には、その被害や影響が強いと思われます。干上神（一課）が空亡するとことさらに恐れ、仮想不安現象となりやすいものです。つまり、自分の心が不安定になり恐れてしまうのですが、実際の被害や影響は大きくないものです。特に剋や凶の十二支関係になっていなければ、あまり心配はない傾向です。

4 十二支関係における現象を少し類推してみます。

刑＝刃傷沙汰が原因の怪異現象。

冲＝自殺者や横変死（突然）が原因の怪異現象。

破＝影響は比較的軽いです。人生苦で思いが残った、つまり、残留思念の強い霊体の障りが感じられます。よく供養することで障害は除けるでしょう。

害＝裏切られたり、裏切ったりの思いが強い霊体だったり、病気で失意のうちに亡くなったりした障りです。また時として生霊の影響も見られます。

5 干上神（一課）と支上神（三課）の十二支関係が悪く、螣蛇、朱雀、勾陳、天空、白虎、玄武が支上神（三課）に乗ると、凶現象を招きます。特に螣蛇は強く影響します。

6 地盤に着目します。地盤の子と同じ位置の天盤の十二支と、占う日の十二支の関係が相生、支合、半会するとその凶は少なく、剋、刑、冲、破、害になっていると、その凶意は大きいです。また三伝の中に螣蛇が乗ると、かなり深刻な場合が多いようです。もし、三伝の中に螣蛇がない時には、凶害はないか少ないと考察できます。

7 四課、三伝の中に六親星の官鬼が二現（二つ以上）すると、祟鬼占（中国では鬼という言葉がいわゆるオバケを指します。言葉の意味としては霊祟占と同様です）の可能性が高くなりますが、やはり六親星の子孫が現れていると、その凶害はしかるべき神社の神官や寺の祈祷僧に依頼すれば、その凶害は比較的排除が可能でしょう。この時、子孫が乗っている十二支の方角や日に供養や祈祷を行うと効果が出るといわれています。ただし、この考え方はどちらかというと、断易（五行易）の考え方に準拠し、本来の六壬易（神課）の活用法は十二天将星の貴人星の乗っている十二支の方角や日を使う方がよいと思われます。

例

2018年2月25日戌時

三伝

	初伝	中伝	末伝
天将	青龍	勾陳	六合
支	寅	卯	辰

	一課	二課	三課	四課
上	午	未	丑	寅
下	戌	午	子	丑
	螣蛇・父母	貴人・兄弟	天空・兄弟	青龍・官鬼

午	未	申	酉
巳			戌
辰			亥
卯	寅	丑	子

天盤

複雑になるので理論は省きます。簡潔に判断してまいります。

例題は私自身の体調です。２０１８年1月後半にインフルエンザになり、4日間くらいで回復し、軽くすみました。もともと、持病があり、体力のない方なので、何となくその後の身体に力なく、自信が湧かないので、ふと、六壬をやってみようと思いました。

占的は病占として判断します。

1干上神は螣蛇で本人、支上神を病症とします。

相性の関係となっていますが、干上神は空亡しています。これは病占の場合、多くは体力の低下、今風にいうと免疫力のなさでしょう。螣蛇は怯えているとも判断できます。

2支上神の天空は精神的ストレス、または体のダメージが大きいとします。二課は空亡し、貴人でよい医師ですが、特に今はぴったりの治療法は見つかりそうはありません。四課、三伝の中に医薬を示す子孫が見当たりません。

病気の星である官鬼が四課、初伝、中伝に散見されています。これもよい判断とはなりません。

では、座して待つのみでしょうか。それでは六壬を見る意味がありません。

3今回は支上神を剋す医神法を活用しました。丑は土ですから、これを剋す木を使います。木は漢方、ハーブ、野菜を多く摂取するなどです。もちろん、既存の西洋医学的治療も引き続き行うのはいうまでもありません。

また、応期ですが、三伝中伝卯に官鬼が付きますので3月も要注意です。

他に、遁干という応期法もありますが、今回はわかりやすい十二支法で判断しました。

23 三門供養術について

この方法は、今から40年近く前に、山下訓弘氏という方が『六壬神課学講義』と『六壬神課学入門』という本を出版され、その中で、「祟鬼占」という項目を書いておられ、その軽減と解除の一助として「三門法位術」を紹介しています。ただし、その方法には触れておられません。

私は占術家で僧侶であられた故田口真堂先生から概略を聞いておりましたので、その方法を少しアレンジしてお伝えしようと思います。これは、以前に出版した奇門遁甲の書籍の中で書いたものを再掲したものでもあります。

早速、説明していきましょう。

まず、半紙または和紙を用意します。

半紙または和紙にタテ1・5センチ、ヨコ1センチでヨコ30字、タテ20字でマス目を鉛筆と定規で作成します。この紙に「観音経」を筆ペンで書いていきます。題字は別枠に記します。30字×20字ですから600文字に収まります。

写経した観音経をどうするかですが、本来のやり方は、稲荷を祀っている神社などに埋めるという方法です。しかしこれは現在では難しいでしょう。

そこで、私の場合は、奇門遁甲の術遁甲を活用します。まず、植木鉢にきれいな砂を半分ほど入れます。そして、稲荷を祀っている神社からやはりきれいな砂をいただき、先ほどの半分ほど入れた鉢に写経したものを折りたたんで入れ、その上からきれいな砂を入れて終わりです。

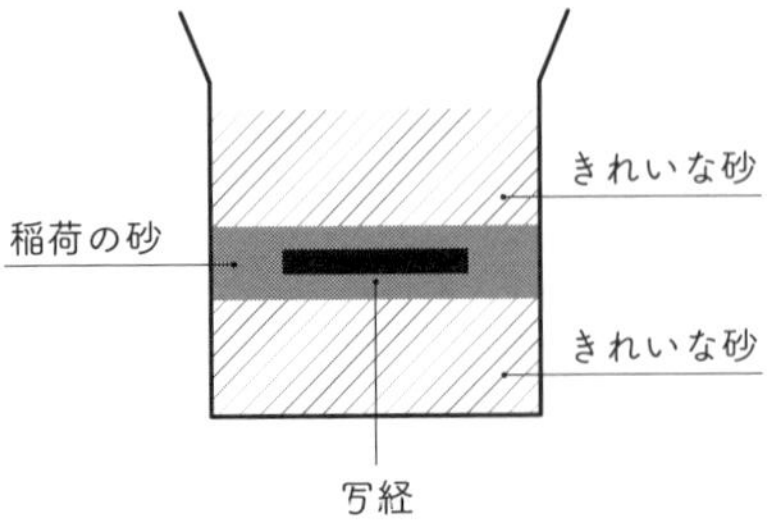

植木鉢は玄関先に置きます。私は奇門遁甲の瞬間移動の法を使いますが、単に設置するだけでもそれなりの効果は期待できるでしょう。

なお、本書の巻末に写経見本としての「観音経」と用紙を掲載しておりますので、各自ご判断のうえ、自由にお使いください。

また、補足としてこの術をいつ行うべきか、ですが、本来は奇門遁甲で日にちを見ますが、そこまでせずとも、行いたいと思う時に行っていただいて構いません。

写経した観音経も神社に埋めたいところですが、現在ではそれは問題になることでしょうから、植木鉢で玄関先に置くという便法で紹介させていただきました。

24 不可思議現象に対する「切り」について

この方法は、本来、奇門遁甲の中の術遁甲で活用するものですが、六壬神課の中にも同様に護身法というものがありますので、紹介します。

言葉自体は九字切りと同じですが、やや違いがあります。

唱え方

「臨《りん》、兵《びょう》、闘《とう》、者《しゃ》、皆《かい》、陣《じん》、烈《れつ》、在《ざい》、前《ぜん》」と唱えます。

切り方は次の通りです。

①から順番に唱えて自分の胸の前で切ります。⑨の「前」は下に向けます。

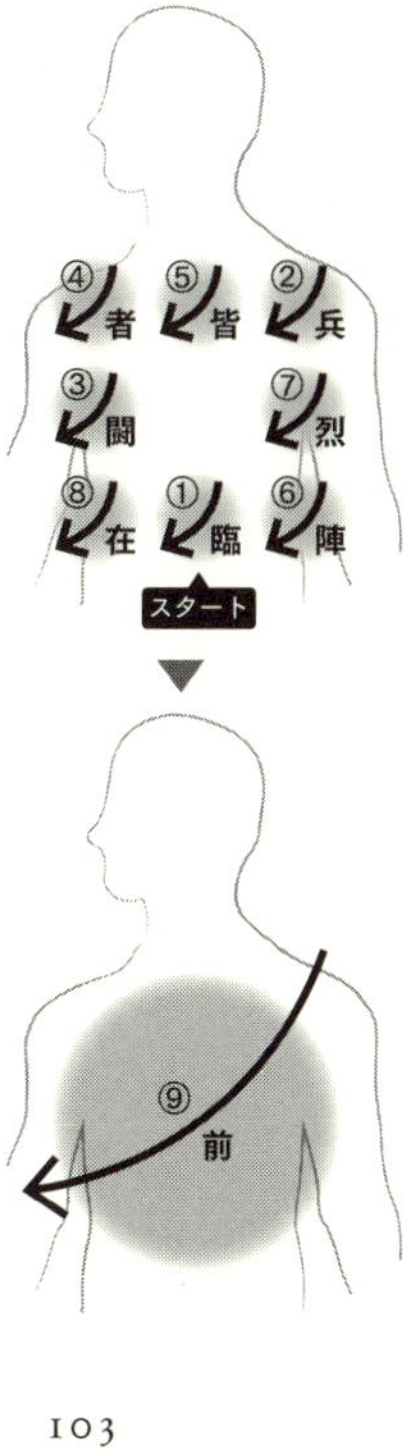

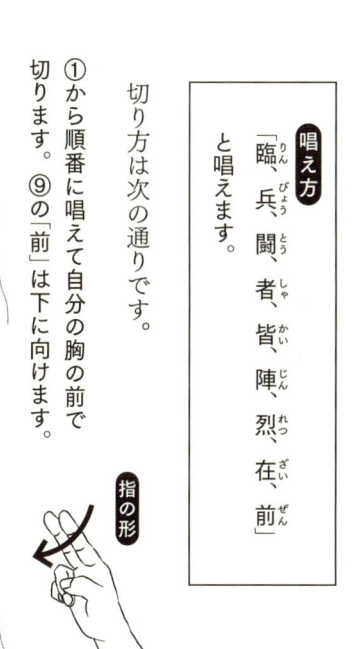

本来は桃の木の刀剣でやるのが正式ですが、便法として手刀でもよいでしょう。ただし、どちらもスタートは鞘から抜く所作をし、最後には鞘に収める所作をしてください。

守護する人物や神仏（自分が信じる神仏でもよいです）については、前述した山下訓弘氏は、二課と四課の関係で守護神という表現で書いておられます。私は少しアレンジして、二課と四課が刑、冲、破、害、剋、空亡の関係でしたら、守護や神仏の加護を得られにくいと判断しています。

なお、四課の十二天将星で神仏その他を類推します。

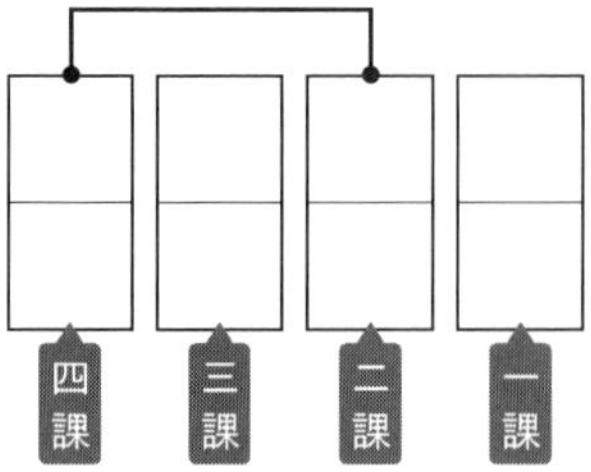

二課と四課から神仏を推測する。

25 六壬易の祝詞について

六壬は台湾などにおいては、占術を昼と夜、陰と陽に区別する考え方が一部存在します。紙数の関係で詳しくは述べられませんが、六壬は陰、つまり夜に区分けされる占術です。

蛇足ですが、東洋占の代表としては周易（本来は商易《しょうえき》）と四柱推命（台湾では多く八字《パーツ》と呼ばれています）が挙げられます。断易、つまり五行易はその中間あたりでしょう。

話が逸れましたが、本来、六壬易には護身法という概念があり、一種の呪術的要素が絡んでいます。私の知り得ている知識は初歩的ですが、台湾などでは、以前ほどではありませんが専門店に行くとその手の書籍が散見されます。かなり以前に、わが国でも私家本として目にしたことがあります。

護身法は基本的には道教がベースとなっています。私も、過去、九天玄女を神像（台湾では仏像とはいいません）として祀り、拝していたことがあります。祀り拝していると、さまざまな奇怪なことが連続して起きたので、その神像は中国文学を研究している方のところへ移り渡り、現在ではそこでご機嫌に過ごしているようです。

六壬における九天玄女法は、故阿部泰山先生が『天門易学六壬神課』という書の中に「神授、観占霊法」という一種の呪術として紹介しております。本格的に行うととても煩雑です。18日間、霊符を書き、九天玄女の神呪《しんじゅ》を唱え、霊符を燃やし、その灰を乳香（フランキンセンス）の入った湯に入れて飲むという、とても大変な儀式なのです。

私は以前に正式に行いましたが、今、これを行うことはとても難儀ですので、本書では簡便な方法を紹介いたします。

まず、甲子の日から18日間、霊符を書きます。甲子の日には甲子の霊符を書き、翌日の乙丑の日には乙丑の霊符を書いていくわけです。私の経験上、筆ペンでも構わないと思います。1日1校が原則です。甲子の日は60日間に1日で戻ってきますから、気をつけてください。

1校目の霊符を書く前に、「九天玄女《きゅうてんげんにょ》聖《せい》祖《そ》道《どう》母《ぼ》元君《げんくん》、自《し》然《ぜん》心《しん》霊《れい》過《か》去《こ》現《げん》在《ざい》未《み》来《らい》、吉《きっ》凶《きょう》事《じ》務《む》一々《いちいち》皆《みな》明《めい》通《つう》達《たつ》、百《ひゃく》邪《じゃ》閉《へい》戸《こ》急々如律令勅《きゅうきゅうじょりつりょうちょく》」と唱えます（本来、もう少し複雑な神呪がありますが、本書では割愛いたします）。

また、霊符を書く前後に以前に紹介した神呪をあげてください。

18校書き終わった年の暮れに、寺社仏閣でお焚き上げに出してください。

九天玄女に奏上する祝詞

伏犠《ふくぎ》　神農《しんのう》　文王《ぶんおう》　周公《しゅうこう》　孔子聖人《こうしせいじん》および鬼谷先生《きこくせんせい》　九天玄女《きゅうてんげんにょ》　翻卦童子《ほんかどうじ》　翻卦童朗《ほんかどうろう》および空中《くうちゅう》通過《つうか》の一切《いっさい》の神祇《じんぎ》　いまわたくし○○の地（自分の住所）　○○○○（氏名）　○年の○月の○日に生まれしは慎んで避凶招吉《ひきょうしょうきち》を祈願いたします　報応分明急々如律令《ほうおうぶんめいきゅうきゅうにょりつりょう》

参考　神授、観占霊法

参考までに故阿部泰山先生の『天文易学六壬神課吉凶正断法』より、「神授、観占霊法」を引用しておきます。なお、原典は旧字体ですが読者の方が読みやすくなるよう、一部新字体と平仮名表記、ならびにルビを付しております。

本法は四柱推命学はもちろん六壬神課を修得なす者が等しく擧行《きょぎょう》なすべき秘法であります。これを試む時は頭脳は明晰となりよく斯学《しがく》に通暁《つうぎょう》し人に先んじて上達いたします。

吉凶成敗を弁じ得るはすべて善悪の行為によって決定をなすことは理の当然で神は公明正大です。ゆえに善なる者は百祥《ひゃくしょう》を降《こう》し、不善の者は百殃《ひゃくおう》を下すは天理の然《しか》らしむところです。聖人の学は徳行と天地の理法に合致なす者であります。

およそ人事百般の機を正断なすに当たり我に関与の事件はとにかく他人の件を正断なすにはその人によって行使なすがゆえに精心誠意をもって神に問わねばなりません。およそ神示を受くるは至誠《しせい》ならざれば眞を得ざるのです。積善《せきぜん》は名を成し積悪は身を滅すの諺《ことわざ》に通じます。前条のごとく必修を要することはもちろんであると同時に他人によって神示を受くべき重大責務の学術なれば自然の心霊によって既往《きおう》、現在、未来の吉凶を通暁し得る霊法を修することを熱意ある学徒のために伝えんとなすのであります。

この霊法とは玄女より授かりた霊符を用いるのであります。かくの如き法を修行なすことは迷信の行動なりと一笑に付するおそれがあります。しかし今日科学をもって推理し得ざる神秘的の法術は世間に幾多あることは否定できない事実です。ここに伝えんとなす霊法もまた神秘に属するもので神示明達を得ることが切実です。私達は本秘法を信ずると同時に進んで本霊法の実行を推挙なす所以《ゆえん》であります。

本霊法は左記の作り方によって霊符を作製して一霊符宛を毎日焼いて灰とし、清水または乳香湯をもって飲み下します。そして十八日間にて行事を終わります。乳香は邪気を除き精および賢気を補い不眠症を治す薬物であります。

1 ― 霊符の作り方

甲子日に心身を清めまして、西方に向かって端座《たんざ》し天地陰陽五行の神を祈り歯を叩くこと七遍、気を閉して書き下します。

2 ― 行事法

甲子日より向こう十八日間一霊符毎に焼いて灰とし乳香湯または清水を用いて飲み下します。そうしてその前後に左記の霊呪を稱《とな》えるのです。

神呪

九天玄女《きゅうてんげんじょ》聖祖《せいそ》道母君《どうぼくん》、自然《しぜん》心霊《しんれい》過去《かこ》現在《げんざい》未来《みらい》
吉凶《きっきょう》事務《じむ》一々《いちいち》皆明《かいめい》通達《つうたつ》、百邪《ひゃくじゃ》閉戸《へいこ》急々《きゅうきゅう》如律令《じょりつりょう》 勅《ちょく》

と呪《とな》えるのです。誠意をもって本法を行う時は必ず霊験《れいげん》あることを断言いたします。

3 ― 霊符

霊符書式は別記の如く十八道あり。これを見本とし誠意をもって作製します。本法を修験なすことはとりも直さず正断に忠実なる所以であります。

本秘修は私達同志諸彦《しょげん》が平素忠実に試みておりその効果の偉大なることは既に実験ずみですから正断に熱心なる学者は信仰を篤《あつ》くし是非実行を切望いたします。

イ ― 正断の祈祷神呪

左記神霊符を飲用なすことは壬学研究の上達を得るべくかつ人事鑑定の正確を期すべき秘法でありますからここに自己はもちろん、他人の吉凶を正断なすに先立ち天示を得べく神に祈る神呪があります。四課造式を終り正断なす以前に左の秘文を口呪《こうじゅ》なすことを忘れぬよう実行せられたいのです。推命学や六壬神課は神に問う神道趨避《すうひ》の学術であります。神仏に仕えるには日夜経文を唱和《しょうわ》なすと同一であ

ります。決して迷信の業なりと思わず実行せねばなりません。

祈祷文

聖課の妙道は宇宙の気運と天地神霊に合す。誠意をもって観占正断すればよく神明に感応すべし。天《てん》乙《いつ》は太古の神なり六壬の宗祖《そうそ》、雷光玄女軒轅帝尊《けんえんていそん》並に歴代の賢聖儒者先師に感謝す。今日《こんにち》ただいま正断の事件、神験霊示あらしめ給えと謹んで祈りを捧ぐ。九天玄女聖祖道母君萬福集百邪閉戸急々如律令。

以上の祈祷文を唱和なす時はよく百占百応なすことは断言いたします。

ロ―正断の心構

壬学を研究に入るべき以前正断に対する心得ともいうべき心の構えを述べることは多少順序を異になすが如きも本法研究の諸彦《しょげん》は既に推命学も体得せられた方なれば決して無駄な試みではありません。六壬占課は百発百中であって一失だもありません。しかれども斯道《しどう》の堂奥《へやおく》入神の業《わざ》があるとも観《み》るべき人と観《み》らるる両人の心がともに誠ならざれば占験を得る者ではありません。ことに雑談中みだりに占断なすが如きは自他ともに誠ならざるが故に的中なすべきはずはありません。いやしくも利害の密接に関係を有する被占者は行動すべきか止むべきか、これを天に聴き神示を受くる者なれば、私はこれを天文易と称したのであります。

神とは幽冥《ゆうめい》の神ではなく、すなわち我の心は自ら神です。神には正邪あり心正しからざれば神は正しきを告げざることは理の当然であります。眼前に物を見ての善悪を判断なすに非《あら》ずして上は九天に徹し、下は重淵《じゅうえん》を透視し得るのです。すなわち未見の見、声なき声を聞くも皆な我が神霊の発露でありますから正断に臨《のぞ》んでは静坐凝神し心中に六壬の祈祷文を呪読《じゅどく》し欲念を去り、無我の心境に入りそうして四課三伝を造式いたします。

およそ物なき時は形を見ることはできません。日月陰陽五行の理法によって物であり形であるところの課体《かたい》を定めます。課格を通じて隠微《いんび》の義を探りて至誠《しせい》一心透徹《とうてつ》して正断なすべきです。かくしてここに神示の霊験を得るや論ずるまでもありません。上述の心構えをもって人心教化の任務をまっとうせねばなりません。前にも述べた如く六壬学は支那黄帝の世に九天玄女より神式三種を授かり伝わりたるもので一は太乙、二は奇門、三は六壬であり、太乙は天道を明《あきら》かにし奇門は地理を詳《つまび》らかにし、六壬学は人事の変化測り難きを察し天機を探り占断をなす時は一占にしてよく霊験があります。

太乙および奇門はやや幽幻《ゆうげん》にわたり後生に至りて芸術の学としてもっぱら数理を論じて理に通じませんのでこれが活用を誤れば千里の謬《あやま》りを生じ、よって賢者はこれを尚《とうと》びません。これに反し六壬学は五行の生剋を推して吉凶消長の道を明らかにする理義の精明なることは古今第一の正断法であります。ゆえに学者賢聖はもちろん実務家も常に玩《がん》占《せん》して自己ましかつ人を教化したのです。研修の学徒はよろしく数千年における玄女の源を尋ねもって堂に入り奥に達せられたいのであります。

かくの如き神聖な占断学術なれば、正断に臨みては至誠をもって占断すべく誠とは一心です。精神を集中し誠意をもって正断なす時は神はこれを示すに呈祥《ていじょう》を教え、不誠実をもってなせば神は殃《わざわい》を教えます。事に遇《あ》って正断を求むるに神はその人の善悪によりその吉凶を示すのであります。

六壬占課の法は神聖なるものなれば遊戯的に占断しましたは怠慢なる気持ちをもって占う時は百占なすとも一験だもありません。他人より依頼を受けて正断なす時、礼金謝儀を受けるに際し決して貪ることは慎ましねばなりません。これに反し人が来って占断を乞うて礼を失することも占者をして懈怠《けたい》となります。然《しか》る時は精神集中せずして霊験はないのであります。占者も被占者も互《たがい》に精神誠意を欠く時は神霊を得ないことは理の当然です。

鑑定に対し一事はただ一占をもって決するので再三占うことは冒瀆《ぼうとく》となり神霊を得ません。もし正断せる件が後に至って応験なくあるいは変化を成す時も再占せず前の占課造式を用い心を尽して正断をなす時は神霊感応いたします。正断は一事一占でありますが、疾病、あるいは危急災害が逼迫《ひっぱく》の際あるいは相場の高下等事に応じては数次占断してもよろしいです。すなわち神明の仁恕《じんじょ》を受けて霊験を得るのであります。

甲子

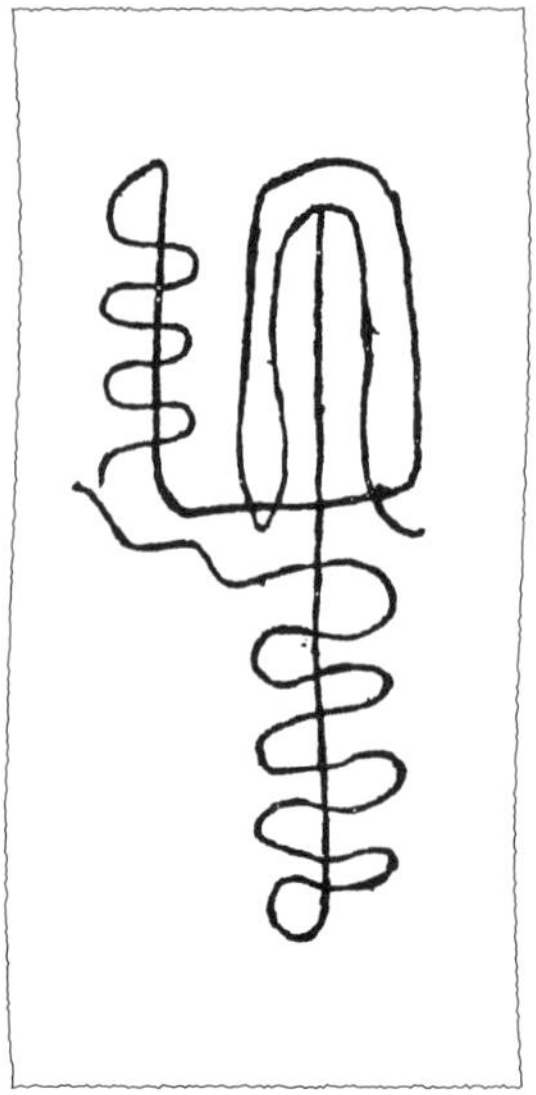

乙丑

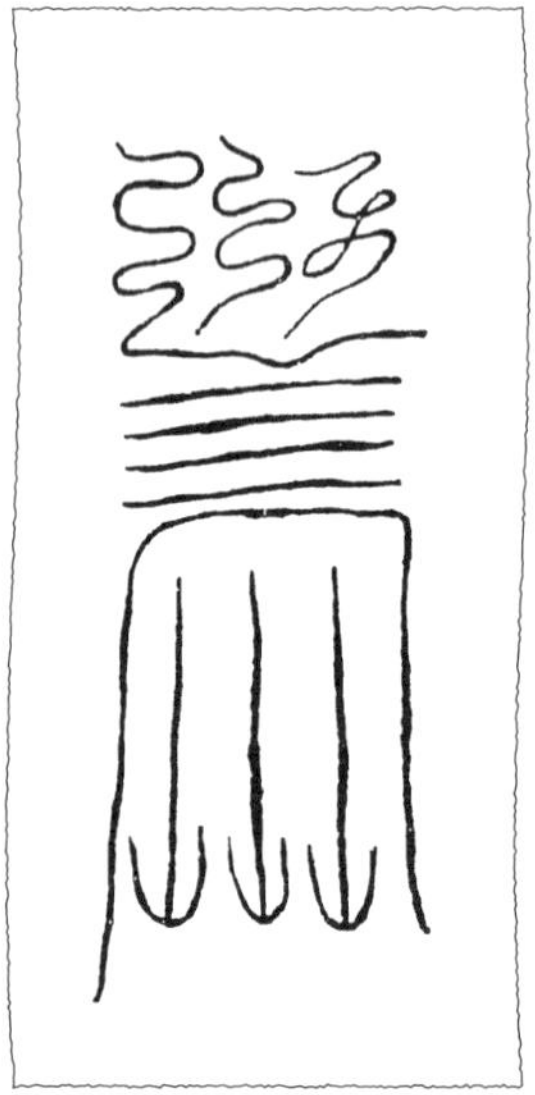

丙寅

丁卯

戊辰

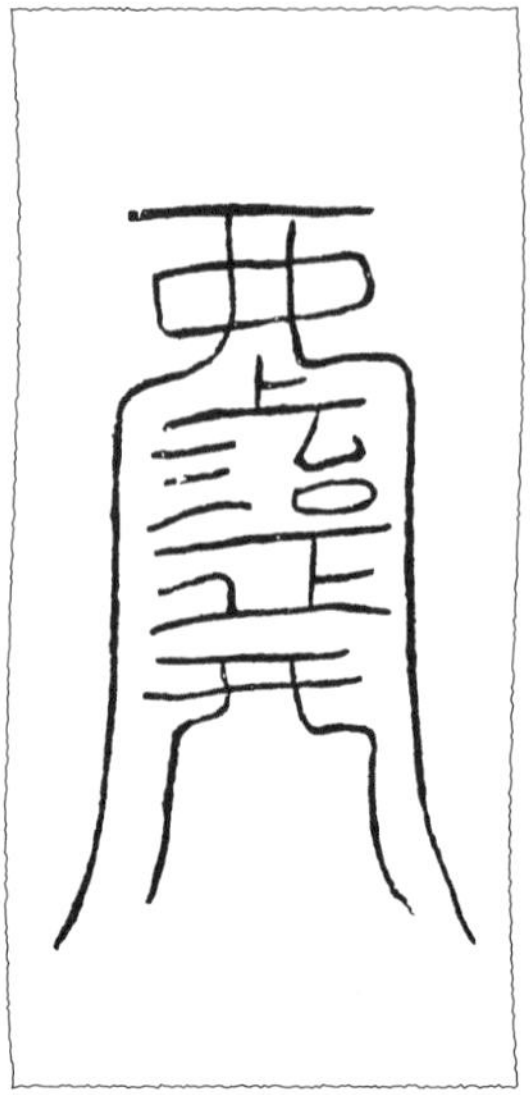

己巳

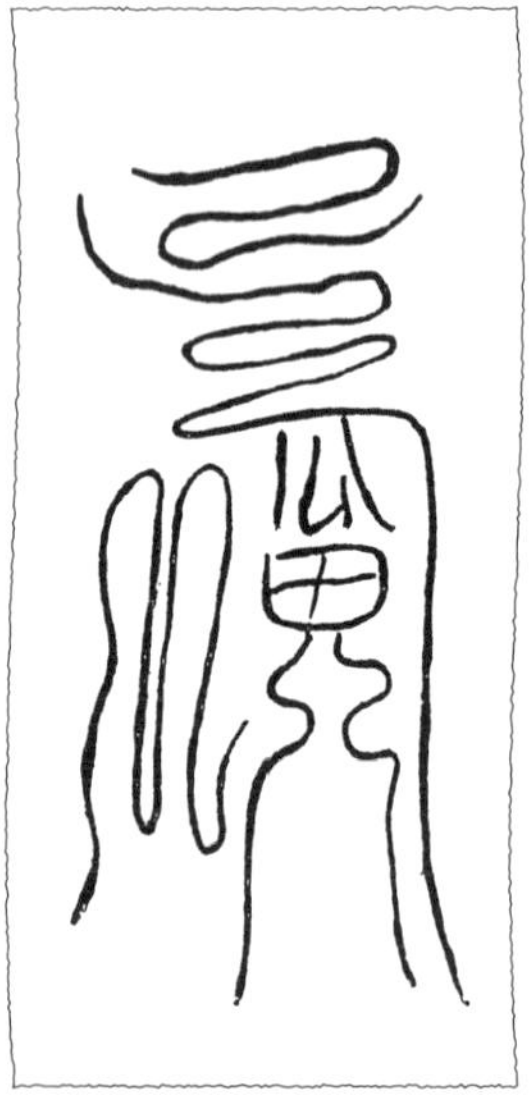

庚午

壬申

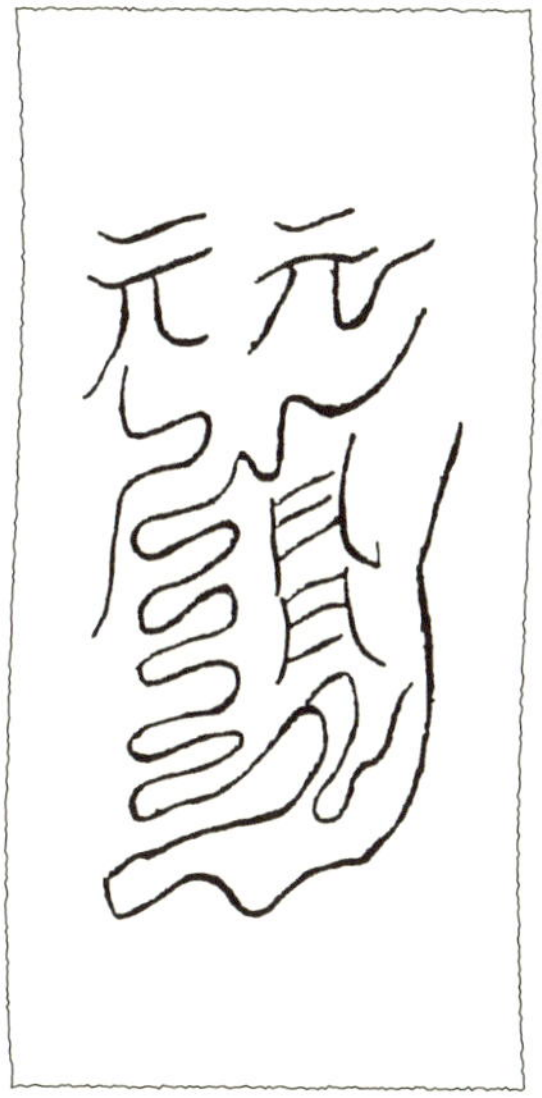

甲戌

辛未

癸酉

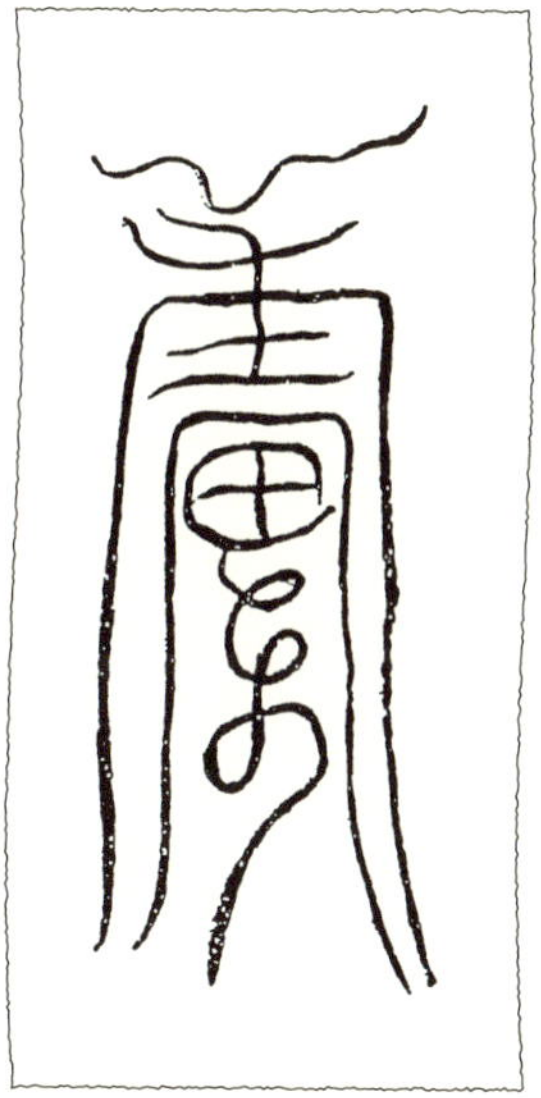

乙亥

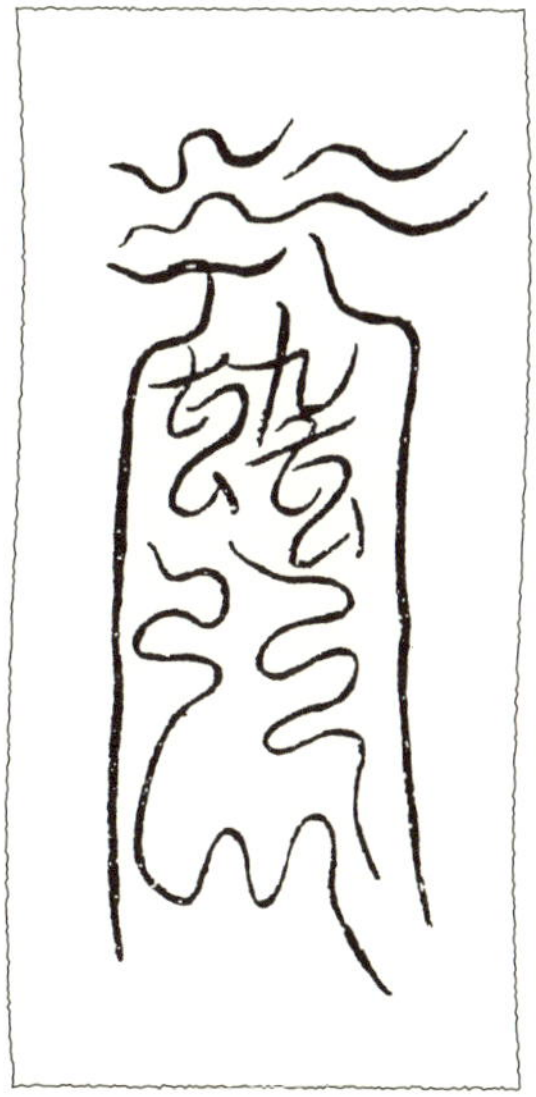

丙子

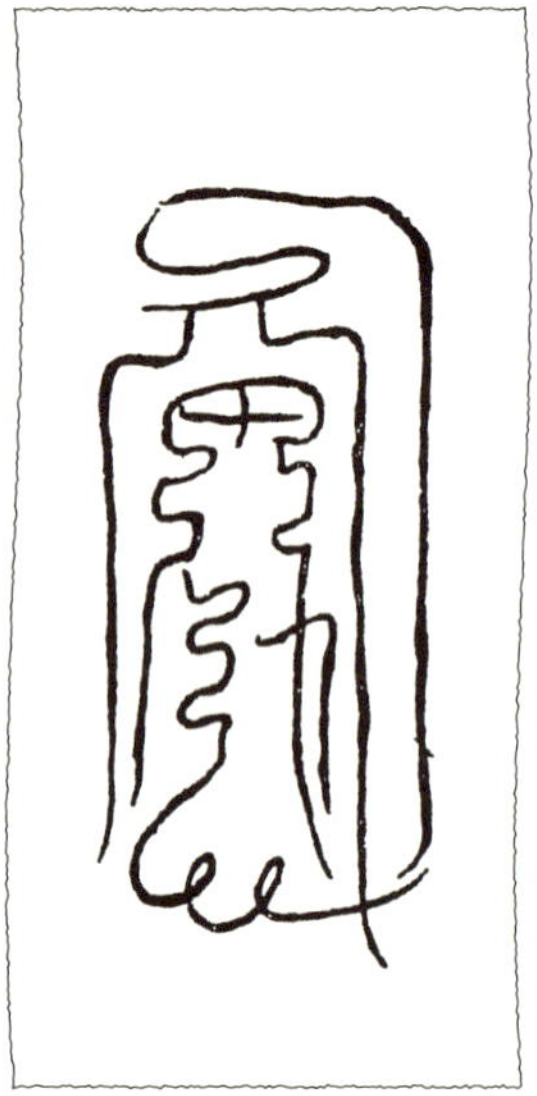

丁丑

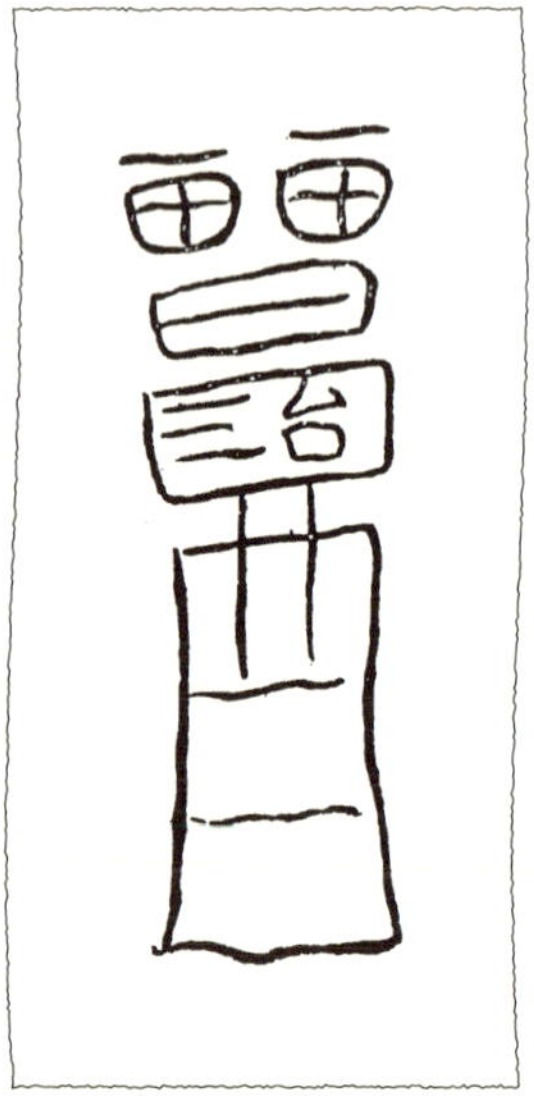

戊寅

己卯

庚辰

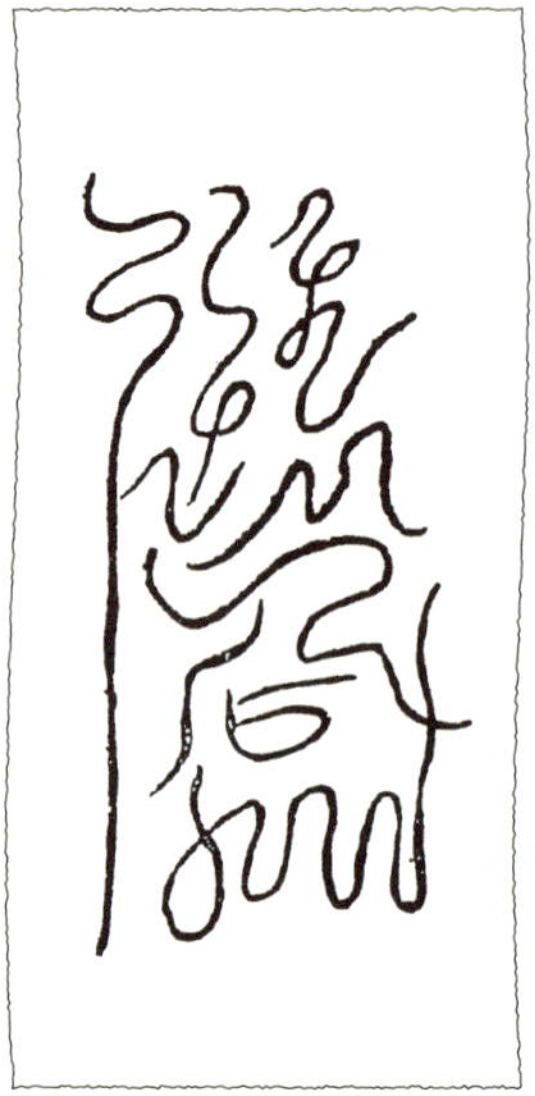

辛巳

巻末資料

六壬神課盤の作成方法

2018年3月9日12時（東京）を例として
六壬神課盤を作成します。
巻末（330ページ）にもあります六壬神課盤フォーマットを
コピーのうえ、記入してください。

課

遁干	三伝		
	十二天将 / 六親星		初伝
			中伝
			末伝

四課	三課	二課	一課
8	6 支上神	4	2 干上神
7	5 日支	3	1 日干
			十二天将
			六親星

十二天将			
十二支			
	天盤（時計回り）		

年	月	日	時

中節

寄宮	月将	空亡	局数

夜貴人	昼貴人

↑順（時計回り）
逆（反時計回り）↓

- ①貴人 ○
- ②螣蛇 ×
- ③朱雀 ×
- ④六合 ○
- ⑤勾陳 ×
- ⑥青龍 ○
- ⑦天空 ×
- ⑧白虎 ×
- ⑨太常 ○
- ⑩玄武 ×
- ⑪太陰 ○
- ⑫天后 ○

巳	午	未	申
辰	地盤（不変）		酉
卯			戌
寅	丑	子	亥

説話 太郎　（男）　女

2018 年 3 月 9 日 12 時

場所　東京

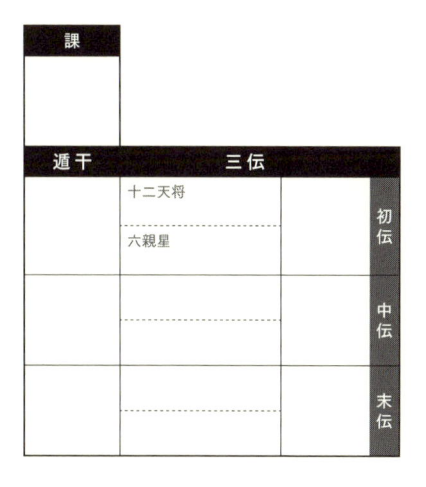

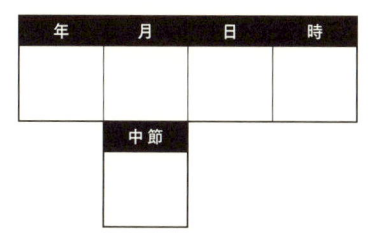

STEP 1

月の区切りを確認する／中気節気表で確認する

205ページから始まる万年暦より
2018年の表を探すと、234ページにあり、
2018年は戊戌の年で、3月は「21日1時15分」とある。
つまり、3月21日1時14分までは2月で、3月21日1時15分より3月となる。
これにより、3月9日午後12時は2月（甲寅）であるとわかる。
つまり、甲寅の月となる。

課

遁干	三伝		
	十二天将 六親星		初伝
			中伝
			末伝

四課	三課	二課	一課
8	6 支上神	4	2 干上神
7	5 日支	3	1 日干
			十二天将
			六親星

十二天将			
十二支			

天盤
（時計回り）

年	月	日	時
戊戌	2 甲寅		

中節
21日

寄宮	月将	空亡	局数

夜貴人	昼貴人

↑ 順（時計回り）
逆（反時計回り）↓

① 貴人 ○
② 騰蛇 ×
③ 朱雀 ×
④ 六合 ○
⑤ 勾陳 ×
⑥ 青龍 ○
⑦ 天空 ×
⑧ 白虎 ×
⑨ 太常 ○
⑩ 玄武 ×
⑪ 太陰 ○
⑫ 天后 ○

巳	午	未	申
辰	地盤（不変）		酉
卯			戌
寅	丑	子	亥

説話 太郎 男 女
2018 年 3 月 9 日 12 時
場所 東京

STEP 2

万年暦より西暦年月日を六十干支表記に直す

ステップ1と同様に万年暦で該当箇所を探す（234ページ）と、2018年3月9日は庚子日であることがわかる。

STEP 2

課

遁干	三伝		
	十二天将 / 六親星		初伝
			中伝
			末伝

	四課	三課	二課	一課
	8	6 支上神	4	2 干上神
	7	5 日支	3	1 日干
十二天将				
六親星				

十二天将			
十二支			

天盤（時計回り）

年	月	日	時
戊戌	2 甲寅	庚子	

中節
21日

寄宮	月将	空亡	局数

夜貴人	昼貴人

順（時計回り）↑ 逆（反時計回り）↓

① 貴人 ○
② 螣蛇 ×
③ 朱雀 ×
④ 六合 ○
⑤ 勾陳 ×
⑥ 青龍 ○
⑦ 天空 ×
⑧ 白虎 ×
⑨ 太常 ○
⑩ 玄武 ×
⑪ 太陰 ○
⑫ 天后 ○

巳	午	未	申
辰	地盤（不変）		酉
卯			戌
寅	丑	子	亥

説話 太郎　（男）・女

2018 年 3 月 9 日 12 時

場所 東京

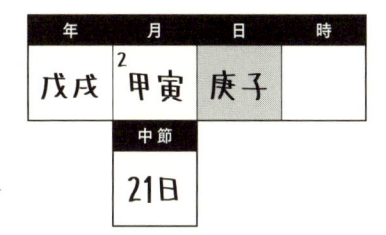

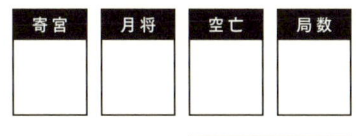

STEP 3

時支表より十二支表記に直す

１６６ページの時支表を見ると午後12時は子時であるとわかる。

課

遁干	三伝		
	十二天将 / 六親星		初伝
			中伝
			末伝

四課	三課	二課	一課
8	6 支上神	4	2 干上神
7	5 日支	3	1 日干
			十二天将
			六親星

十二天将			
十二支			
	天盤（時計回り）		

年	月	日	時
戊戌	2 甲寅	庚子	子

中節
21日

寄宮	月将	空亡	局数

夜貴人	昼貴人

↑ 順（時計回り）

- ①貴人 ○
- ②螣蛇 ×
- ③朱雀 ×
- ④六合 ○
- ⑤勾陳 ×
- ⑥青龍 ○
- ⑦天空 ×
- ⑧白虎 ×
- ⑨太常 ○
- ⑩玄武 ×
- ⑪太陰 ○
- ⑫天后 ○

逆（反時計回り）↓

巳	午	未	申
辰	地盤（不変）		酉
卯			戌
寅	丑	子	亥

説話 太郎　男　女

2018 年 3 月 9 日 12 時

場所 東京

STEP 4

月将を調べる

ステップ1で2018年3月の中気入りは3月21日と判明。
3月9日は2月となり、
それを踏まえて168ページの月将表を見ると、
2月は月支寅、月将は亥とわかる。

課

遁干	三伝			
	十二天将 / 六親星		初伝
			中伝
			末伝

四課	三課	二課	一課	
8	6 支上神	4	2 干上神	
7	5 日支	3	1 日干	
				十二天将
				六親星

十二天将			
十二支			

天盤（時計回り）

年	月	日	時
戊戌	2 甲寅	庚子	子

中節
21日

寄宮	月将	空亡	局数
	亥		

夜貴人	昼貴人

順（時計回り）↑ 逆（反時計回り）↓

① 貴人 ○
② 朧蛇 ×
③ 朱雀 ×
④ 六合 ○
⑤ 勾陳 ×
⑥ 青龍 ○
⑦ 天空 ×
⑧ 白虎 ×
⑨ 太常 ○
⑩ 玄武 ×
⑪ 太陰 ○
⑫ 天后 ○

巳	午	未	申
辰	地盤（不変）		酉
卯			戌
寅	丑	子	亥

説話 太郎　男（○）　女

2018 年 3 月 9 日 12 時

場所　東京

STEP

5-1

天盤を作成する

【占時の十二支を地盤より探す】

占時は子（地盤において）。

STEP 5-1

課

遁干	三伝		
	十二天将 六親星		初伝
			中伝
			末伝

四課	三課	二課	一課
8	6 支上神	4	2 干上神
7	5 日支	3	1 日干
			十二天将
			六親星

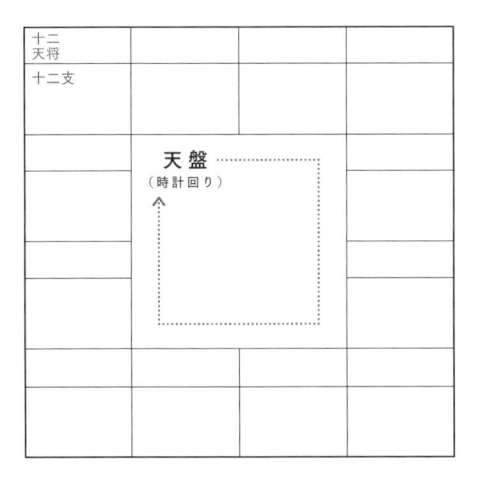

十二天将			
十二支			

天盤（時計回り）

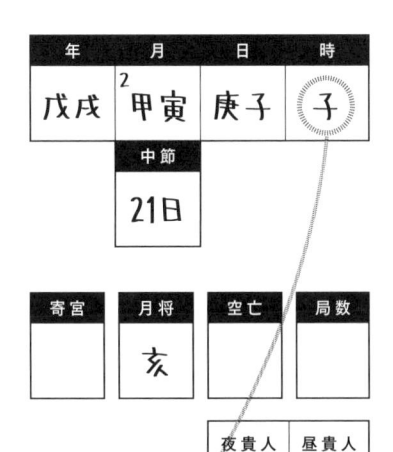

年	月	日	時
戊戌	2 甲寅	庚子	子

中節
21日

寄宮	月将	空亡	局数
	亥		

夜貴人	昼貴人

↑ 順（時計回り）
逆（反時計回り）↓

①貴人 ○
②螣蛇 ×
③朱雀 ×
④六合 ○
⑤勾陳 ×
⑥青龍 ○
⑦天空 ×
⑧白虎 ×
⑨太常 ○
⑩玄武 ×
⑪太陰 ○
⑫天后 ○

巳	午	未	申
辰	地盤（不変）		酉
卯			戌
寅	丑	子	亥

説話 太郎 男 女

2018 年 3 月 9 日 12 時

場所 東京

STEP

5-2

天盤を作成する

月将の十二支を地盤の占時の十二支に当てはめ、
そこから天盤上で十二支を配していく。

月将は亥。
地盤の子の位置が天盤の亥となり、
そこから時計回りに十二支を配する。

課

遁干	三伝		
	十二天将 六親星		初伝
			中伝
			末伝

四課	三課	二課	一課
8	6 支上神	4	2 干上神
7	5 日支	3	1 日干
			十二天将
			六親星

十二天将			
十二支 辰	巳	午	未
	天盤（時計回り）		
卯			申
寅			酉
丑	子	亥	戌

年	月	日	時
戊戌	2 甲寅	庚子	子

中節
21日

寄宮	月将	空亡	局数
	亥		

夜貴人	昼貴人

↑ 順（時計回り）
↓ 逆（反時計回り）

① 貴人 ○
② 螣蛇 ×
③ 朱雀 ×
④ 六合 ○
⑤ 勾陳 ×
⑥ 青龍 ○
⑦ 天空 ×
⑧ 白虎 ×
⑨ 太常 ○
⑩ 玄武 ×
⑪ 太陰 ○
⑫ 天后 ○

巳	午	未	申
辰	地盤（不変）		酉
卯			戌
寅	丑	子	亥

説話 太郎　男（○）　女

2018 年 3 月 9 日 12 時

場所 東京

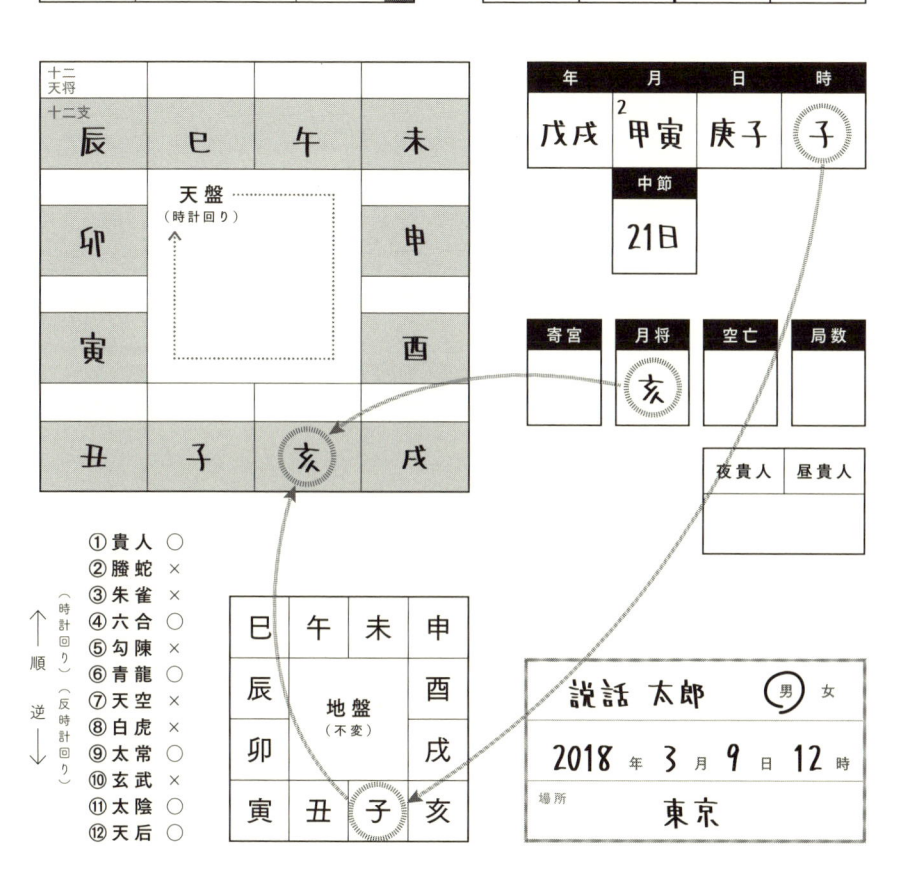

STEP 6

寄宮を求める

日干支のうち、

日干が169ページの十干寄宮表ではどの十二支に当たるかを調べる。

日干支は庚子、日干は庚、寄宮表より申とわかる。

課

遁干	三伝		
	十二天将 / 六親星		初伝
			中伝
			末伝

四課	三課	二課	一課
8	6 支上神	4	2 干上神
7	5 日支	3	1 日干
			十二天将
			六親星

十二天将			
十二支 辰	巳	午	未
	天盤（時計回り）		
卯			申
寅			酉
丑	子	亥	戌

年	月	日	時
戊戌	2 甲寅	庚子	子

中節
21日

寄宮	月将	空亡	局数
申	亥		

夜貴人	昼貴人

↑順（時計回り）
逆（反時計回り）↓

①貴人 ○
②螣蛇 ×
③朱雀 ×
④六合 ○
⑤勾陳 ×
⑥青龍 ○
⑦天空 ×
⑧白虎 ×
⑨太常 ○
⑩玄武 ×
⑪太陰 ○
⑫天后 ○

巳	午	未	申
辰	地盤（不変）		酉
卯			戌
寅	丑	子	亥

説話 太郎　（男）　女

2018年 3月 9日 12時

場所　東京

STEP 7-1

四課を算出する／一課を求める（日干と干上神）

【日干を❶に記入する】

日干支は庚子のため、❶に庚を記入。

課

遁干	三伝		
	十二天将 / 六親星		初伝
			中伝
			末伝

四課	三課	二課	一課
8	6 支上神	4	2 干上神
7	5 日支	3	1 日干 庚
			十二天将
			六親星

年	月	日	時
戊戌	2 甲寅	庚子	子

中節
21日

寄宮	月将	空亡	局数
申	亥		

夜貴人	昼貴人

十二天将 / 十二支

辰	巳	午	未
卯	天盤（時計回り）		申
寅			酉
丑	子	亥	戌

①貴人 ○
②朧蛇 ×
③朱雀 ×
④六合 ○
⑤勾陳 ×
⑥青龍 ○
⑦天空 ×
⑧白虎 ×
⑨太常 ○
⑩玄武 ×
⑪太陰 ○
⑫天后 ○

↑順（時計回り）
逆（反時計回り）↓

巳	午	未	申
辰	地盤（不変）		酉
卯			戌
寅	丑	子	亥

説話 太郎　男　女

2018年 3月 9日 12時

場所　東京

STEP 7-2

【寄宮より❷に記入する／十二支を求める】

寄宮の十二支を地盤から探し、
天盤でその地盤と同じ位置にある十二支を調べる。
寄宮は申、天盤で地盤の申と同じ位置にあるのは未とわかる。
❷に未を記入。

課

遁干	三伝		
	十二天将 / 六親星		初伝
			中伝
			末伝

四課	三課	二課	一課
8	6 支上神	4	未 2 干上神
7	5 日支	3	庚 1 日干
			十二天将
			六親星

十二天将			
十二支 辰	巳	午	未
卯	天盤（時計回り）		申
寅			酉
丑	子	亥	戌

年	月	日	時
戊戌	2 甲寅	庚子	子

中節
21日

寄宮	月将	空亡	局数
申	亥		

夜貴人	昼貴人

↑ 順（時計回り）

逆（反時計回り）↓

- ① 貴人 ○
- ② 螣蛇 ×
- ③ 朱雀 ×
- ④ 六合 ○
- ⑤ 勾陳 ×
- ⑥ 青龍 ○
- ⑦ 天空 ×
- ⑧ 白虎 ×
- ⑨ 太常 ○
- ⑩ 玄武 ×
- ⑪ 太陰 ○
- ⑫ 天后 ○

巳	午	未	申
辰	地盤（不変）		酉
卯			戌
寅	丑	子	亥

説話 太郎　男（○）　女

2018 年 3 月 9 日 12 時

場所　東京

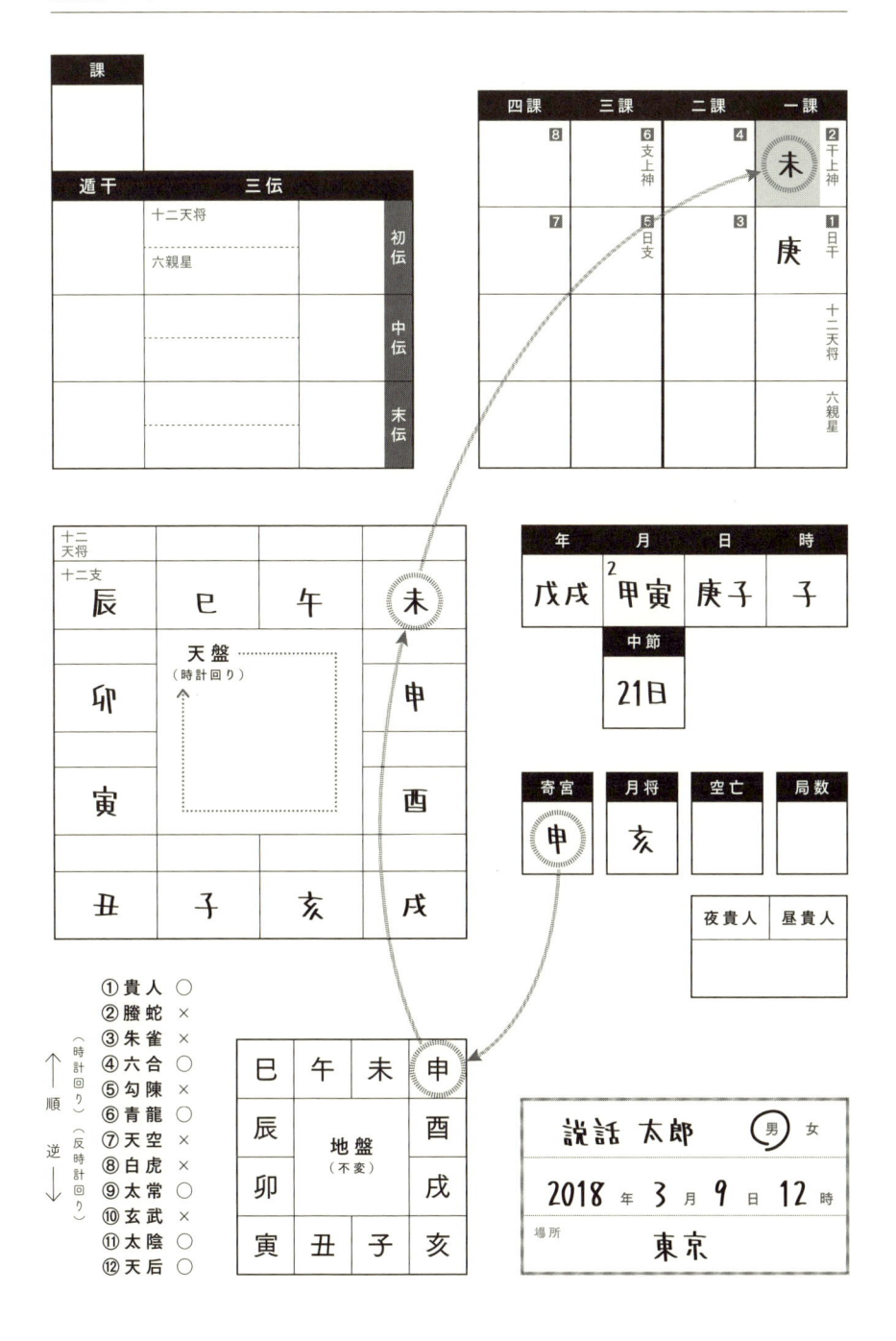

STEP 8-1

四課を算出する／二課を求める

【2に記入した干上神を3に記入する】

2は未のため、3にも未を記入。

STEP 8-1

課

遁干	三伝		
	十二天将 六親星		初伝
			中伝
			末伝

	四課	三課	二課	一課
	8	6 支上神	4	2 干上神 未
	7	5 日支	3 未	1 日干 庚
十二天将				
六親星				

十二天将			
十二支 辰	巳	午	未
卯	天盤（時計回り）		申
寅			酉
丑	子	亥	戌

年	月	日	時
戊戌	2 甲寅	庚子	子

中節
21日

寄宮	月将	空亡	局数
申	亥		

夜貴人	昼貴人

↑順（時計回り）
逆（反時計回り）↓

①貴人 ○
②騰蛇 ×
③朱雀 ×
④六合 ○
⑤勾陳 ×
⑥青龍 ○
⑦天空 ×
⑧白虎 ×
⑨太常 ○
⑩玄武 ×
⑪太陰 ○
⑫天后 ○

巳	午	未	申
辰	地盤（不変）		酉
卯			戌
寅	丑	子	亥

説話 太郎　男（○）　女

2018 年 3 月 9 日 12 時

場所　東京

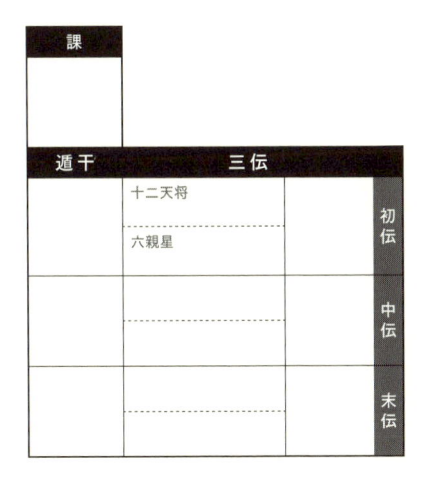

STEP

8-2

【3に記入した十二支を地盤より探し、天盤で同じ位置にある十二支を4に記入する】

3は未で、地盤未は天盤では午に当たることがわかる。

4に午を記入。

課

遁干	三伝			
	十二天将 / 六親星			初伝
				中伝
				末伝

四課	三課	二課	一課
8	6 支上神	4 午	2 未 干上神
7	5 日支	3 未	1 庚 日干
			十二天将
			六親星

十二天将			
十二支 辰	巳	午	未
	天盤（時計回り）		
卯			申
寅			酉
丑	子	亥	戌

年	月	日	時
戊戌	2 甲寅	庚子	子

中節
21日

寄宮	月将	空亡	局数
申	亥		

夜貴人	昼貴人

順（時計回り）↑　逆（反時計回り）↓

- ① 貴人 ○
- ② 螣蛇 ×
- ③ 朱雀 ×
- ④ 六合 ○
- ⑤ 勾陳 ×
- ⑥ 青龍 ○
- ⑦ 天空 ×
- ⑧ 白虎 ×
- ⑨ 太常 ○
- ⑩ 玄武 ×
- ⑪ 太陰 ○
- ⑫ 天后 ○

巳	午	未	申
辰	地盤（不変）		酉
卯			戌
寅	丑	子	亥

説話 太郎　男（○）・女

2018 年 3 月 9 日 12 時

場所　東京

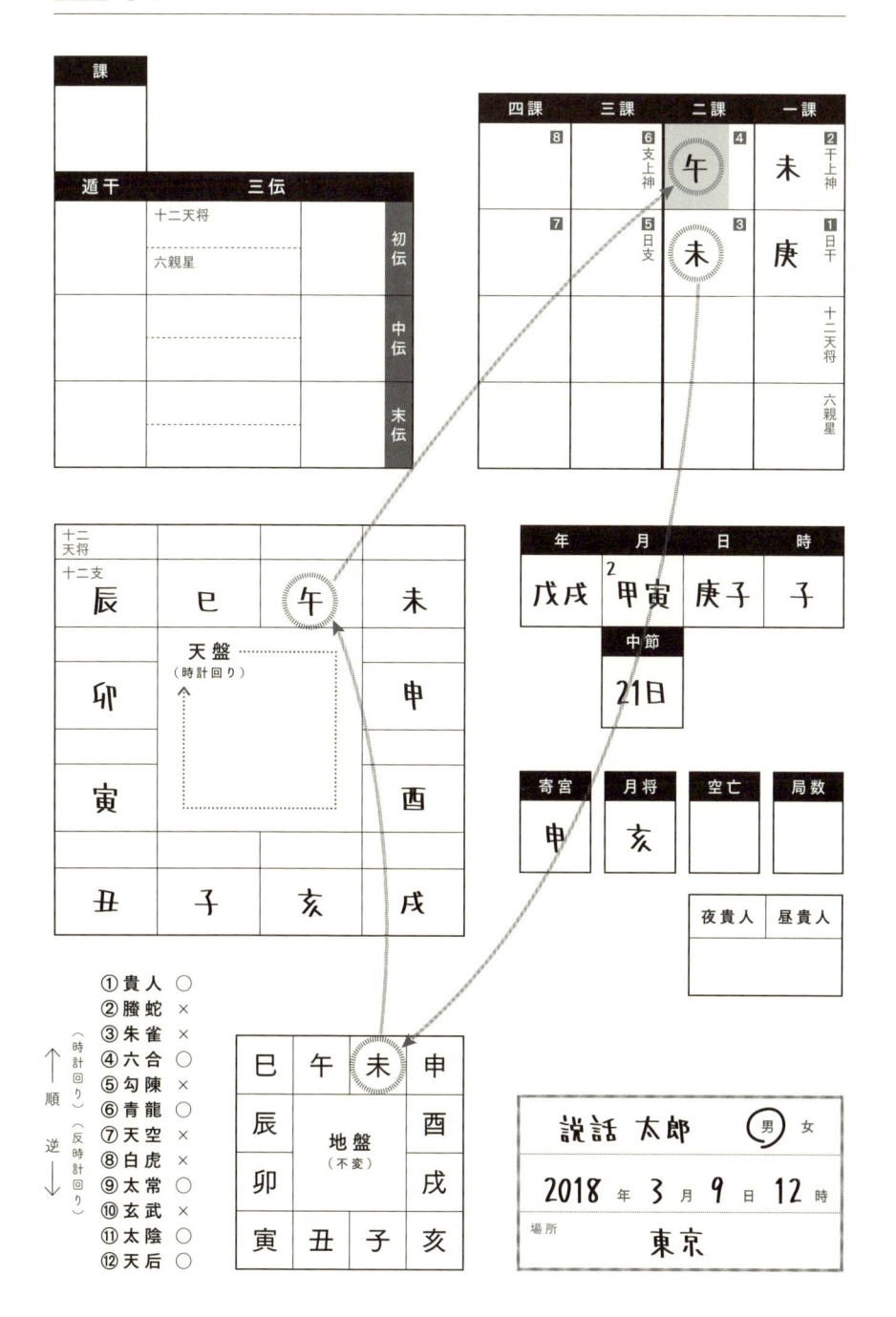

STEP 9-1

四課を算出する／三課を求める（日支と支上神）

【5に日干支のうちの日支を記入する】

日干支は庚子で日支は子のため、5に子を記入。

課

遁干	三伝		
	十二天将 六親星		初伝
			中伝
			末伝

四課	三課	二課	一課
8	6 支上神	4 午	2 干上神 未
7	5 日支 子	3 未	1 日干 庚
			十二天将
			六親星

十二天将			
十二支 辰	巳	午	未
	天盤（時計回り）		
卯			申
寅			酉
丑	子	亥	戌

年	月	日	時
戊戌	2 甲寅	庚子	子

中節
21日

寄宮	月将	空亡	局数
申	亥		

夜貴人	昼貴人

↑ 順（時計回り）　逆（反時計回り）↓

①貴人 ○
②螣蛇 ×
③朱雀 ×
④六合 ○
⑤勾陳 ×
⑥青龍 ○
⑦天空 ×
⑧白虎 ×
⑨太常 ○
⑩玄武 ×
⑪太陰 ○
⑫天后 ○

巳	午	未	申
辰	地盤（不変）		酉
卯			戌
寅	丑	子	亥

説話 太郎　男　女

2018年 3月 9日 12時

場所　東京

STEP

9-2

【5で記入した日支を地盤より探し、天盤で同じ位置にある十二支を6に記入する】

日支は子。

地盤子は天盤では亥に当たるため、6に亥を記入。

課

遁干	三伝		
	十二天将 六親星		初伝
			中伝
			末伝

四課	三課	二課	一課
8	6 亥 支上神	4 午	2 未 干上神
7	5 子 日支	3 未	1 庚 日干
			十二天将
			六親星

十二天将			
十二支 辰	巳	午	未
	天盤（時計回り）		
卯			申
寅			酉
丑	子	亥	戌

年	月	日	時
戊戌	2 甲寅	庚子	子

中節
21日

寄宮	月将	空亡	局数
申	亥		

夜貴人	昼貴人

↑順（時計回り）
逆（反時計回り）↓

①貴人 ○
②螣蛇 ×
③朱雀 ×
④六合 ○
⑤勾陳 ×
⑥青龍 ○
⑦天空 ×
⑧白虎 ×
⑨太常 ○
⑩玄武 ×
⑪太陰 ○
⑫天后 ○

巳	午	未	申
辰	地盤（不変）		酉
卯			戌
寅	丑	子	亥

説話 太郎 　男（○） 女
2018 年 3 月 9 日 12 時
場所 東京

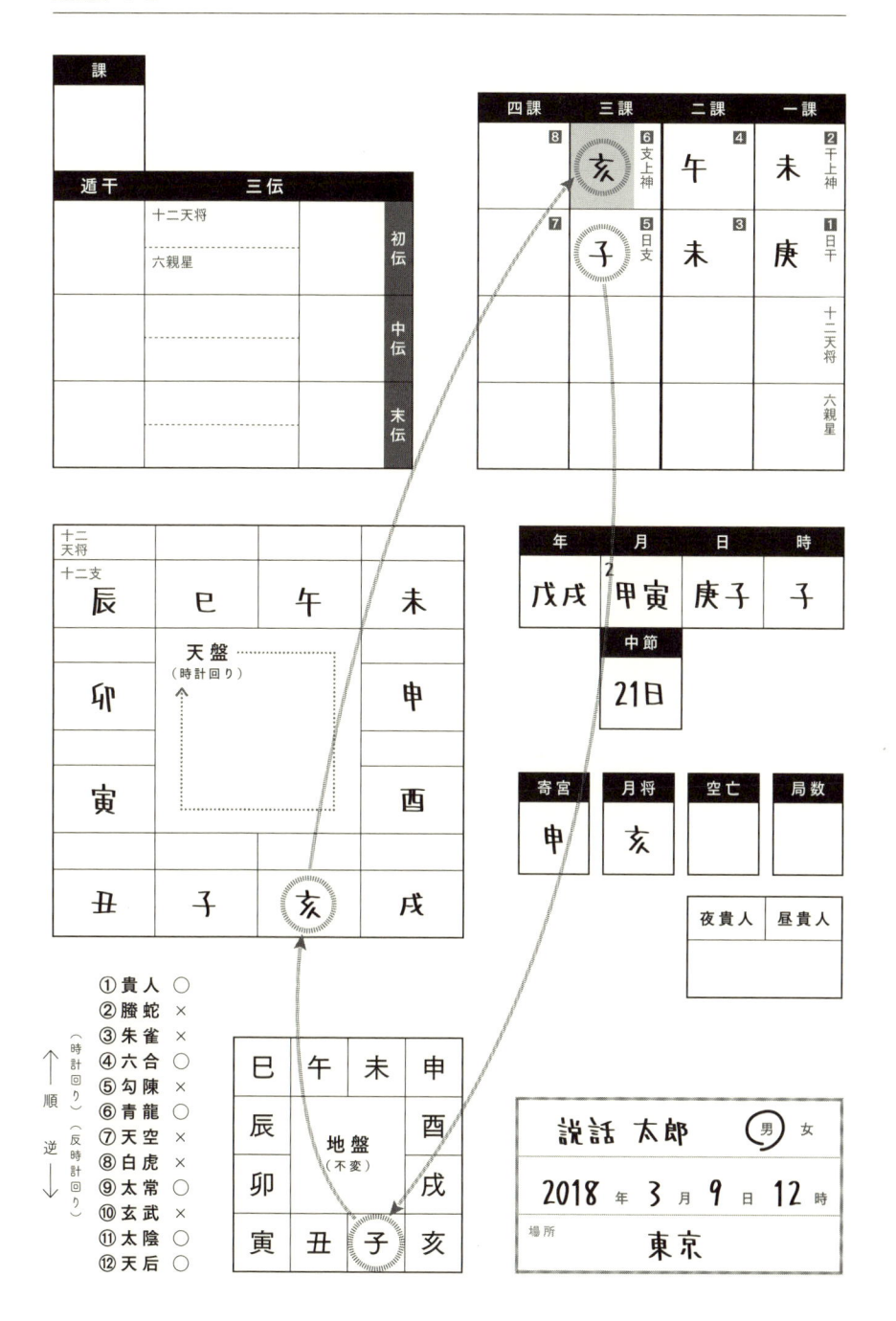

STEP
10-1

四課を算出する／四課を求める

【7には6と同じ支上神を記入する】

支上神は亥のため、7にも亥を記入。

課

遁干	三伝		
	十二天将 六親星		初伝
			中伝
			末伝

	四課	三課	二課	一課	
	8	6 亥	4 午	2 未	干上神
		支上神			
	7 亥	5 子	3 未	1 庚	日干
		日支			
					十二天将
					六親星

十二天将			
十二支 辰	巳	午	未
	天盤（時計回り）		
卯			申
寅			酉
丑	子	亥	戌

年	月	日	時
戊戌	2 甲寅	庚子	子

中節
21日

寄宮	月将	空亡	局数
申	亥		

夜貴人	昼貴人

↑順（時計回り）　逆（反時計回り）↓

① 貴人 ○
② 螣蛇 ×
③ 朱雀 ×
④ 六合 ○
⑤ 勾陳 ×
⑥ 青龍 ○
⑦ 天空 ×
⑧ 白虎 ×
⑨ 太常 ○
⑩ 玄武 ×
⑪ 太陰 ○
⑫ 天后 ○

巳	午	未	申
辰	地盤（不変）		酉
卯			戌
寅	丑	子	亥

説話 太郎	男（○）　女
2018 年 3 月 9 日 12 時	
場所 東京	

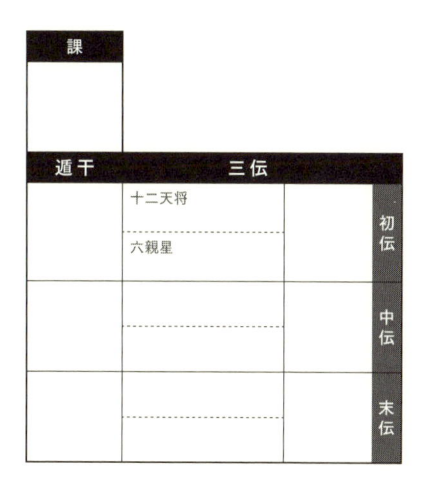

STEP

10-2

【7の十二支を地盤より探し、天盤で同じ位置にある十二支を8に記入する】

7は亥、地盤亥は天盤では戌に当たるため、8に戌を記入。

課

遁干	三伝		
	十二天将 六親星		初伝
			中伝
			末伝

四課	三課	二課	一課
8 戌	6 支上神 亥	4 午	2 干上神 未
7 亥	5 日支 子	3 未	1 日干 庚
			十二天将
			六親星

年	月	日	時
戊戌	2 甲寅	庚子	子

中節
21日

寄宮	月将	空亡	局数
申	亥		

夜貴人	昼貴人

十二天将			
十二支 辰	巳	午	未
卯	天盤（時計回り）		申
寅			酉
丑	子	亥	戌

①貴人 ○
②螣蛇 ×
③朱雀 ×
④六合 ○
⑤勾陳 ×
⑥青龍 ○
⑦天空 ×
⑧白虎 ×
⑨太常 ○
⑩玄武 ×
⑪太陰 ○
⑫天后 ○

↑順（時計回り）
逆（反時計回り）↓

巳	午	未	申
辰	地盤（不変）		酉
卯			戌
寅	丑	子	亥

説話 太郎　男　女
2018年 3月 9日 12時
場所 東京

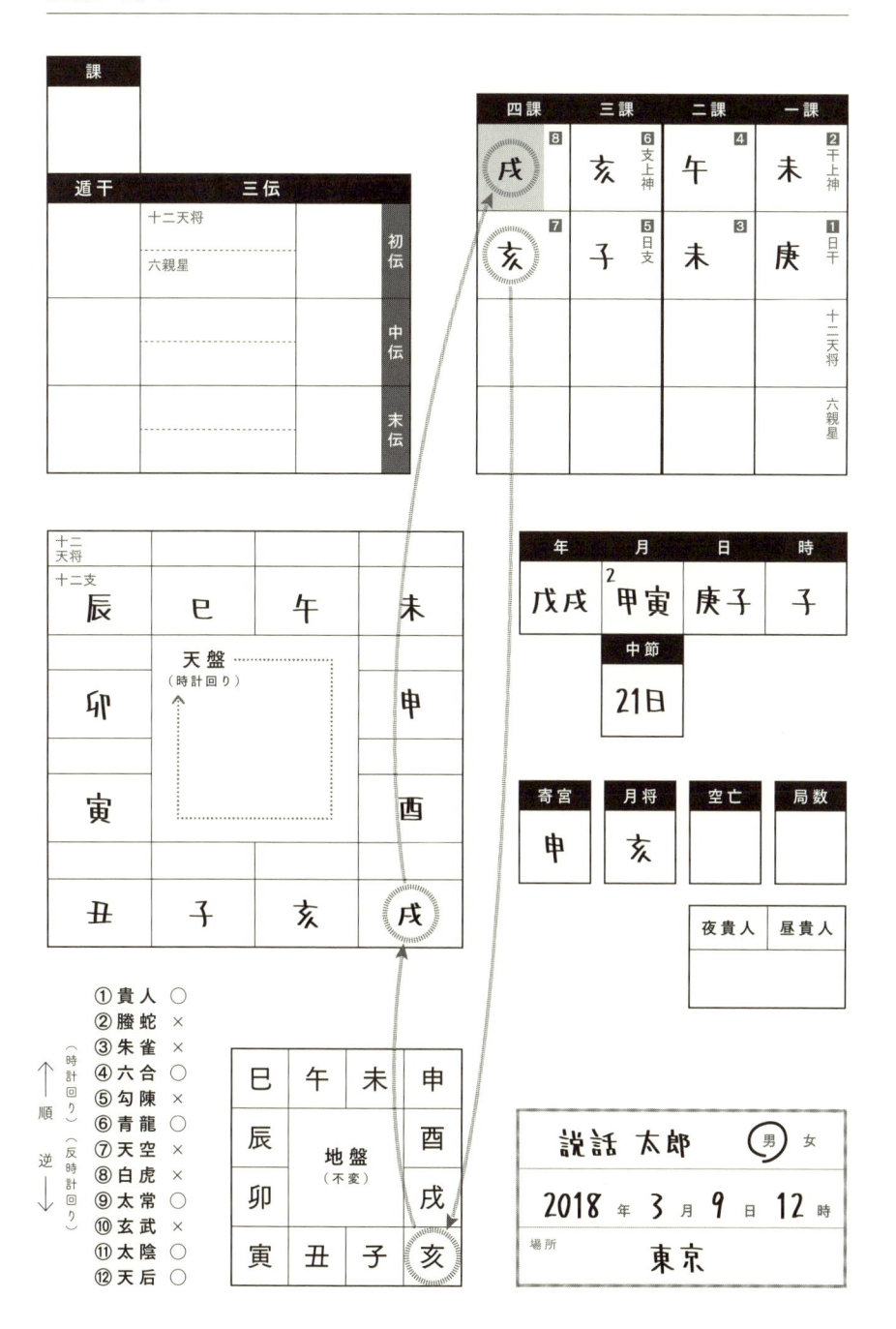

STEP 11

三伝を算出する

277ページからの三伝表より
日干支と干上神から該当する三伝を求める。
日干支は庚子、干上神は未。
295ページより、庚子日の干上神未は戌酉申、元首であるとわかる。
初伝に戌、中伝に酉、末伝に申、課の名称に元首を記入。

課
元首

遁干	三伝		
	十二天将 / 六親星	戌	初伝
		酉	中伝
		申	末伝

四課	三課	二課	一課
8 戌	6 亥 支上神	4 午	2 未 干上神
7 亥	5 子 日支	3 未	1 庚 日干
			十二天将
			六親星

十二天将			
十二支 辰	巳	午	未
	天盤（時計回り）		
卯			申
寅			酉
丑	子	亥	戌

年	月	日	時
戊戌	2 甲寅	庚子	子

中節
21日

寄宮	月将	空亡	局数
申	亥		

夜貴人	昼貴人

↑順（時計回り）　逆（反時計回り）↓

①貴人 ○
②騰蛇 ×
③朱雀 ×
④六合 ○
⑤勾陳 ×
⑥青龍 ○
⑦天空 ×
⑧白虎 ×
⑨太常 ○
⑩玄武 ×
⑪太陰 ○
⑫天后 ○

巳	午	未	申
辰	地盤（不変）		酉
卯			戌
寅	丑	子	亥

説話 太郎　男（○）　女

2018年 3月 9日 12時

場所　東京

STEP 12

局数を算出する

天盤の子より地盤で同じ位置にある十二支を見つけ、そこに該当する数を求める。
天盤子は地盤では丑。
171ページの局数表より丑は二局であるとわかる。
(本書では局数での判断は使用しません)

課
元首

遁干	三伝		
	十二天将 / 六親星	戌	初伝
		酉	中伝
		申	末伝

	四課	三課	二課	一課
	8 戌	6 亥 支上神	4 午	2 未 干上神
	7 亥	5 子 日支	3 未	1 庚 日干
十二天将				
六親星				

十二天将			
十二支 辰	巳	午	未
卯	天盤（時計回り）		申
寅			酉
丑	子	亥	戌

年	月	日	時
戊戌	2 甲寅	庚子	子

中節
21日

寄宮	月将	空亡	局数
申	亥		二

夜貴人	昼貴人

①貴人 ○
②螣蛇 ×
③朱雀 ×
④六合 ○
⑤勾陳 ×
⑥青龍 ○
⑦天空 ×
⑧白虎 ×
⑨太常 ○
⑩玄武 ×
⑪太陰 ○
⑫天后 ○

↑順（時計回り）
逆（反時計回り）↓

巳	午	未	申
辰	地盤（不変）		酉
卯			戌
寅	丑	子	亥

説話 太郎　男　女

2018年 3月 9日 12時

場所 東京

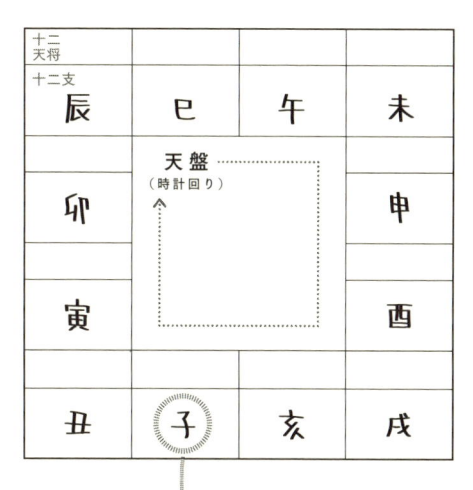

STEP 13

遁干を算出する

170ページの六十干支表より日干支から該当する旬柱を求める。
日干支は庚子、六十干支表より甲午から癸卯までの旬柱とわかる。
該当する旬柱より三伝につく十干を求める。
初伝戌は戊戌より戊、中伝酉は丁酉より丁、
末伝申は丙申より丙とわかり、遁干に戊、丁、丙を記入する。
（本書では遁干での判断は使用しません）

課
元首

遁干	三伝		
戊	十二天将 六親星	戌	初伝
丁		酉	中伝
丙		申	末伝

四課	三課	二課	一課
8 戌	6 亥 支上神	4 午	2 未 干上神
7 亥	5 子 日支	3 未	1 庚 日干
			十二天将
			六親星

十二天将			
十二支 辰	巳	午	未
	天盤（時計回り）		
卯			申
寅			酉
丑	子	亥	戌

年	月	日	時
戊戌	2 甲寅	庚子	子

中節
21日

寄宮	月将	空亡	局数
申	亥		二

夜貴人	昼貴人

↑順（時計回り）
逆（反時計回り）↓

①貴人 ○
②螣蛇 ×
③朱雀 ×
④六合 ○
⑤勾陳 ×
⑥青龍 ○
⑦天空 ×
⑧白虎 ×
⑨太常 ○
⑩玄武 ×
⑪太陰 ○
⑫天后 ○

巳	午	未	申
辰	地盤（不変）		酉
卯			戌
寅	丑	子	亥

説話 太郎　（男）　女

2018 年 3 月 9 日 12 時

場所　東京

STEP

14

昼貴人か夜貴人かを調べる

占時の十二支より判断する。
172ページの昼貴人・夜貴人表を見ると、
占時は子のため夜貴人で陰とわかる。
夜貴人を丸囲みして、陰と記入する。

課
元首

遁干	三伝		
戊	十二天将 六親星	戌	初伝
丁		酉	中伝
丙		申	末伝

四課	三課	二課	一課	
8 戌	6 亥 支上神	4 午	2 未 干上神	
7 亥	5 子 日支	3 未	1 庚 日干	
				十二天将
				六親星

十二天将			
十二支 辰	巳	午	未
	天盤（時計回り）		
卯			申
寅			酉
丑	子	亥	戌

年	月	日	時
戊戌	2 甲寅	庚子	子

中節
21日

寄宮	月将	空亡	局数
申	亥		二

夜貴人	昼貴人
陰	

↑順（時計回り）
逆（反時計回り）↓

①貴人 ○
②螣蛇 ×
③朱雀 ×
④六合 ○
⑤勾陳 ×
⑥青龍 ○
⑦天空 ×
⑧白虎 ×
⑨太常 ○
⑩玄武 ×
⑪太陰 ○
⑫天后 ○

巳	午	未	申
辰	地盤（不変）		酉
卯			戌
寅	丑	子	亥

説話 太郎　男　女

2018 年 3 月 9 日 12 時

場所　東京

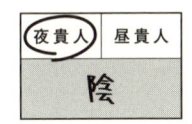

STEP 15

十二天将の順逆を調べる

日干と昼貴人または夜貴人より、十二支を出す。

172ページの昼貴人・夜貴人表を見ると、日干は庚で夜貴人のため、未となる。

出した十二支の位置を天盤で探し、地盤と同じ位置にある十二支を見つける。

天盤未は地盤申となり、

173ページの十二天将星の順逆表を見ると、申では十二天将は逆に進むことがわかる。

逆を丸囲みする。

課
元首

遁干	三伝		
戊	十二天将 六親星	戌	初伝
丁		酉	中伝
丙		申	末伝

	四課	三課	二課	一課
	8 戌	6 亥 支上神	4 午	2 未 干上神
	7 亥	5 子 日支	3 未	1 庚 日干
十二天将				
六親星				

十二天将 / 十二支			
辰	巳	午	未
卯	天盤（時計回り）		申
寅			酉
丑	子	亥	戌

年	月	日	時
戊戌	2 甲寅	庚子	子

中節
21日

寄宮	月将	空亡	局数
申	亥		二

夜貴人	昼貴人
陰	

①貴人 ○
②螣蛇 ×
③朱雀 ×
④六合 ○
⑤勾陳 ×
⑥青龍 ○
⑦天空 ×
⑧白虎 ×
⑨太常 ○
⑩玄武 ×
⑪太陰 ○
⑫天后 ○

↑順（時計回り）
逆↓（反時計回り）

巳	午	未	申
辰	地盤（不変）		酉
卯			戌
寅	丑	子	亥

説話 太郎　男　女

2018 年 3 月 9 日 12 時

場所 東京

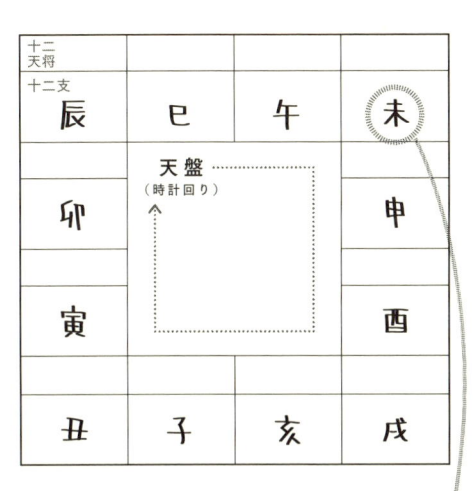

STEP 16

十二天将を配する

ステップ15で出した天盤十二支をスタートに順または逆で配する。

天盤十二支は未で逆に進む。そのため、未が貴人、午が螣蛇、巳が朱雀……となることがわかる。

天盤未に貴人、午に螣蛇、巳に朱雀、辰に六合、卯に勾陳、寅に青龍、丑に天空、子に白虎、亥に太常、戌に玄武、酉に太陰、申に天后を記入する。

課
元首

遁干	三伝		
戊	十二天将 六親星	戌	初伝
丁		酉	中伝
丙		申	末伝

	四課	三課	二課	一課
	8 戌	6 亥 支上神	4 午	2 未 干上神
	7 亥	5 子 日支	3 未	1 庚 日干
十二天将				
六親星				

十二天将 六合	朱雀	螣蛇	貴人
十二支 辰	巳	午	未
勾陳	天盤（時計回り）		天后
卯			申
青龍			太陰
寅			酉
天空	白虎	太常	玄武
丑	子	亥	戌

年	月	日	時
戊戌	2 甲寅	庚子	子

中節
21日

寄宮	月将	空亡	局数
申	亥		二

夜貴人	昼貴人
陰	

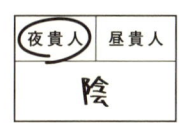

① 貴人 ○
② 螣蛇 ×
③ 朱雀 ×
④ 六合 ○
⑤ 勾陳 ×
⑥ 青龍 ○
⑦ 天空 ×
⑧ 白虎 ×
⑨ 太常 ○
⑩ 玄武 ×
⑪ 太陰 ○
⑫ 天后 ○

↑順（時計回り）
逆↓（反時計回り）

巳	午	未	申
辰	地盤（不変）		酉
卯			戌
寅	丑	子	亥

説話 太郎	男 女
2018 年 3 月 9 日 12 時	
場所 東京	

STEP
17

四課三伝にも十二天将を配する

ステップ16で天盤に配した十二天将を参考にして、
四課の❷、❹、❻、❽と三伝の十二支に該当する十二天将を導き出す。

一課（❷）は未なので天盤未より貴人であるとわかる。

以下、同様に進める。

二課（❹）は午なので螣蛇、三課（❻）は亥なので太常、四課（❽）は戌なので玄武。

続けて三伝の初伝は戌なので玄武、中伝は酉なので太陰、末伝は申なので天后であるとわかる。

四課十二天将の一課に貴人、二課に螣蛇、三課に太常、四課に玄武を記入する。

三伝十二天将の初伝に玄武、中伝に太陰、末伝に天后を記入する。

課
元首

遁干	三伝		
戊	十二天将 玄武 六親星	戌	初伝
丁	太陰	酉	中伝
丙	天后	申	末伝

	四課	三課	二課	一課
	8 戌	6 亥 支上神	4 午	2 未 干上神
	7 亥	5 子 日支	3 未	1 庚 日干
十二天将	玄武	太常	螣蛇	貴人
六親星				

十二天将 六合	朱雀	螣蛇	貴人
十二支 辰	巳	午	未
勾陳	天盤 （時計回り）		天后
卯			申
青龍			太陰
寅			酉
天空	白虎	太常	玄武
丑	子	亥	戌

年	月	日	時
戊戌	2 甲寅	庚子	子

中節
21日

寄宮	月将	空亡	局数
申	亥		二

夜貴人	昼貴人
陰	

① 貴人 ○
② 螣蛇 ×
③ 朱雀 ×
④ 六合 ○
⑤ 勾陳 ×
⑥ 青龍 ○
⑦ 天空 ×
⑧ 白虎 ×
⑨ 太常 ○
⑩ 玄武 ×
⑪ 太陰 ○
⑫ 天后 ○

↑ 順（時計回り）
逆 ↓（反時計回り）

巳	午	未	申
辰	地盤 （不変）		酉
卯			戌
寅	丑	子	亥

説話 太郎　男　女

2018 年 3 月 9 日 12 時

場所　東京

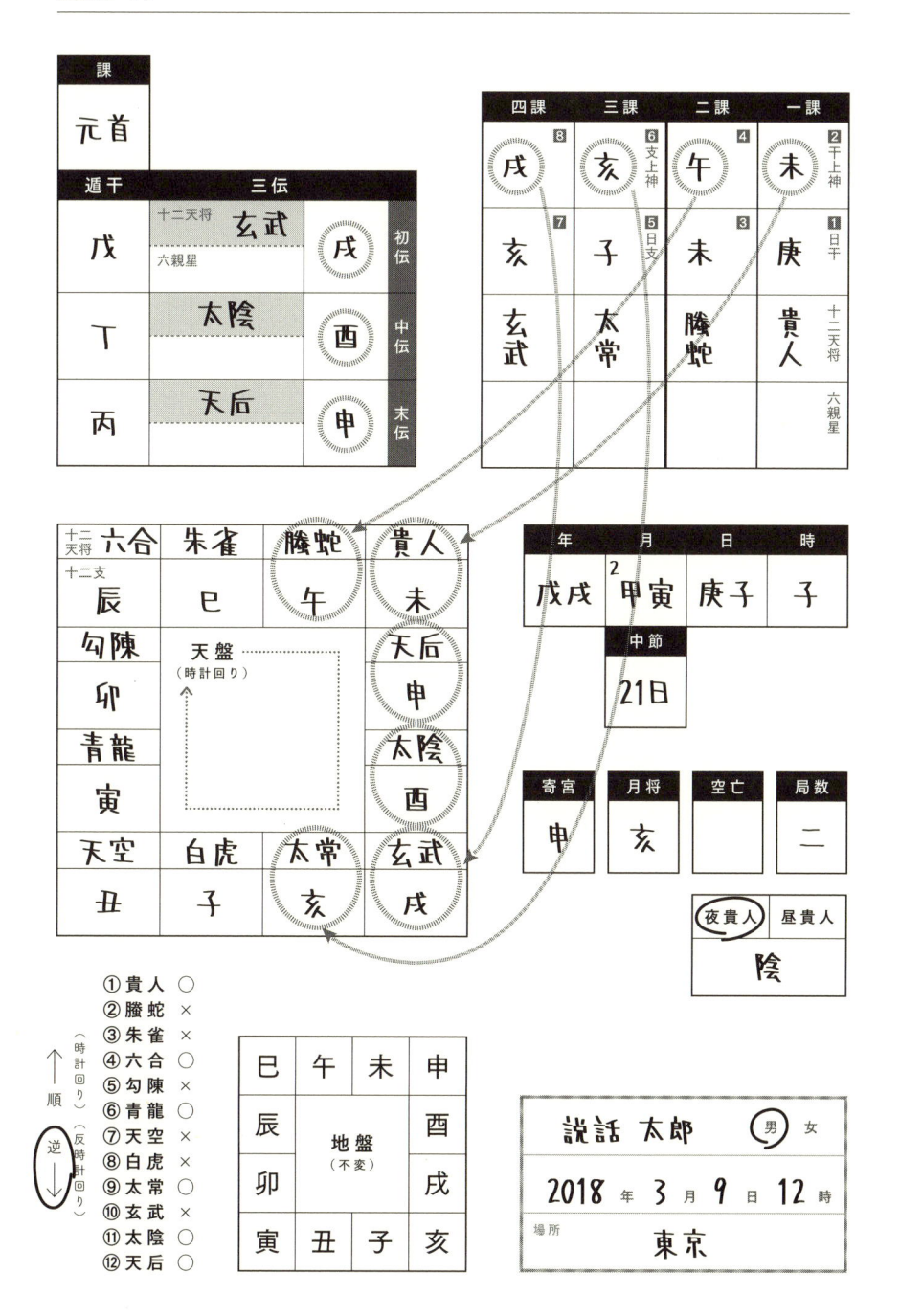

STEP 18

六親星を算出する

174ページの六親星表より、日干と四課の❷、❹、❻、❽と三伝の五行から六親星を導き出す。

日干は庚なので五行は金。

一課（❷）は未なので土、金と組み合わせると土生金で父母であるとわかる。

以下、同様に進める。

二課（❹）は午なので火、金と組み合わせると火剋金で官鬼、

三課（❻）は亥なので水、金と組み合わせると金生水で子孫、

四課（❽）は戌なので土、金と組み合わせると土生金で父母であるとわかる。

続けて三伝の初伝は戌なので土、金と組み合わせると土生金で父母、

中伝は酉なので金、金と組み合わせると比和となり兄弟、

末伝は申なので金、金と組み合わせると比和となり兄弟であるとわかる。

四課六親星の一課に父母、二課に官鬼、三課に子孫、四課に父母を記入する。

三伝六親の初伝に父母、中伝に兄弟、末伝に兄弟を記入する。

課
元首

遁干	三伝		
戊	十二天将 玄武 六親星 父母	戌	初伝
丁	太陰 兄弟	酉	中伝
丙	天后 兄弟	申	末伝

	四課	三課	二課	一課
	8 戌	6 亥 支上神	4 午	2 未 干上神
	7 亥	5 子 日支	3 未	1 庚 日干
十二天将	玄武	太常	螣蛇	貴人
六親星	父母	子孫	官鬼	父母

年	月	日	時
戊戌	2 甲寅	庚子	子

中節
21日

寄宮	月将	空亡	局数
申	亥		二

夜貴人（○）	昼貴人
陰	

十二天将 六合 十二支 辰	朱雀 巳	螣蛇 午	貴人 未
勾陳 卯	天盤（時計回り）		天后 申
青龍 寅			太陰 酉
天空 丑	白虎 子	太常 亥	玄武 戌

↑順（時計回り）
逆↓（反時計回り）

① 貴人 ○
② 螣蛇 ×
③ 朱雀 ×
④ 六合 ○
⑤ 勾陳 ×
⑥ 青龍 ○
⑦ 天空 ×
⑧ 白虎 ×
⑨ 太常 ○
⑩ 玄武 ×
⑪ 太陰 ○
⑫ 天后 ○

巳	午	未	申
辰	地盤（不変）		酉
卯			戌
寅	丑	子	亥

説話 太郎	男（○） 女
2018 年 3 月 9 日 12 時	
場所 東京	

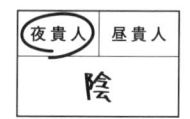

STEP 19

空亡を調べる

占う日の日干を170ページの空亡表から調べ、該当する旬柱から導き出す。

日干は庚子なので旬柱は甲午から癸卯であるとわかる。

旬柱より空亡が辰と巳であることはわかる。

また、空亡に辰巳を記入する。

課
元首

遁干	三伝		
戊	十二天将 玄武 六親星 父母	戌	初伝
丁	太陰 兄弟	酉	中伝
丙	天后 兄弟	申	末伝

四課	三課	二課	一課	
8 戌	6 支上神 亥	4 午	2 干上神 未	
7 亥	5 日支 子	3 未	1 日干 庚	
玄武	太常	螣蛇	貴人	十二天将
父母	子孫	官鬼	父母	六親星

十二天将 六合	朱雀	螣蛇	貴人
十二支 辰	巳	午	未
勾陳	天盤（時計回り）		天后
卯			申
青龍			太陰
寅			酉
天空	白虎	太常	玄武
丑	子	亥	戌

年	月	日	時
戊戌	2 甲寅	庚子	子

中節
21日

寄宮	月将	空亡	局数
申	亥	辰巳	二

夜貴人	昼貴人
陰	

順（時計回り）↑
逆（反時計回り）↓

① 貴人 ○
② 螣蛇 ×
③ 朱雀 ×
④ 六合 ○
⑤ 勾陳 ×
⑥ 青龍 ○
⑦ 天空 ×
⑧ 白虎 ×
⑨ 太常 ○
⑩ 玄武 ×
⑪ 太陰 ○
⑫ 天后 ○

巳	午	未	申
辰	地盤（不変）		酉
卯			戌
寅	丑	子	亥

説話 太郎　男　女

2018 年 3 月 9 日 12 時

場所　東京

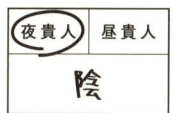

完成！

課
元首

遁干	三伝		
戊	十二天将 玄武 六親星 父母	戌	初伝
丁	太陰 兄弟	酉	中伝
丙	天后 兄弟	申	末伝

	四課	三課	二課	一課
	8 戌	6 亥 支上神	4 午	2 未 干上神
	7 亥	5 子 日支	3 未	1 庚 日干
十二天将	玄武	太常	螣蛇	貴人
六親星	父母	子孫	官鬼	父母

十二天将 六合	朱雀	螣蛇	貴人
十二支 辰	巳	午	未
勾陳	天盤（時計回り）		天后
卯			申
青龍			太陰
寅			酉
天空	白虎	太常	玄武
丑	子	亥	戌

年	月	日	時
戊戌	2 甲寅	庚子	子

中節
21日

寄宮	月将	空亡	局数
申	亥	辰巳	二

夜貴人（○）	昼貴人
陰	

↑順（時計回り）　（逆）↓（反時計回り）

- ①貴人 ○
- ②螣蛇 ×
- ③朱雀 ×
- ④六合 ○
- ⑤勾陳 ×
- ⑥青龍 ○
- ⑦天空 ×
- ⑧白虎 ×
- ⑨太常 ○
- ⑩玄武 ×
- ⑪太陰 ○
- ⑫天后 ○

巳	午	未	申
辰	地盤（不変）		酉
卯			戌
寅	丑	子	亥

説話 太郎　（男）　女

2018 年 3 月 9 日 12 時

場所 東京

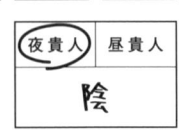

地盤

巳	午	未	甲
辰	**地盤** （不変）		酉
卯			戌
寅	丑	子	亥

時支表

午後 11時 ～ 午前 1時	子《ね》時	陽	夜時
午前 1時 ～ 午前 3時	丑《うし》時	陰	
午前 3時 ～ 午前 5時	寅《とら》時	陽	
午前 5時 ～ 午前 7時	卯《う》時	陰	昼時
午前 7時 ～ 午前 9時	辰《たつ》時	陽	
午前 9時 ～ 午前 11時	巳《み》時	陰	
午前 11時 ～ 午後 1時	午《うま》時	陽	
午後 1時 ～ 午後 3時	未《ひつじ》時	陰	
午後 3時 ～ 午後 5時	申《さる》時	陽	
午後 5時 ～ 午後 7時	酉《とり》時	陰	夜時
午後 7時 ～ 午後 9時	戌《いぬ》時	陽	
午後 9時 ～ 午後 11時	亥《い》時	陰	

地方時差早見表

鳥取	−3分
松江	−8分
岡山	−4分
広島	−10分
山口	−14分
高松	−4分
徳島	−2分
高知	−6分
松山	−9分
福岡	−19分
長崎	−19分
佐賀	−19分
大分	−13分
宮崎	−14分
熊本	−17分
鹿児島	−18分
那覇	−29分

新潟	＋16分
長野	＋13分
山梨	＋15分
静岡	＋14分
名古屋	＋8分
岐阜	＋7分
富山	＋9分
金沢	＋6分
福井	＋5分
大津	＋4分
津	＋5分
京都	＋3分
大阪	＋2分
奈良	＋3分
和歌山	＋1分
神戸	＋1分
明石	±0分

釧路	＋38分
札幌	＋25分
函館	＋23分
青森	＋23分
盛岡	＋25分
秋田	＋21分
仙台	＋24分
山形	＋21分
福島	＋22分
水戸	＋22分
宇都宮	＋20分
前橋	＋17分
千葉	＋21分
大宮	＋19分
東京23区	＋19分
八王子	＋17分
横浜	＋19分

※作成場所に最も近い場所の時差を用いてください。

新暦	月支	中気より 次の中気までの月将
1月	丑	子
2月	寅	亥
3月	卯	戌
4月	辰	酉
5月	巳	申
6月	午	未
7月	未	午
8月	申	巳
9月	酉	辰
10月	戌	卯
11月	亥	寅
12月	子	丑

十干寄宮表

	日干
寅	甲
辰	乙
巳	丙
未	丁
巳	戊
未	己
申	庚
戌	辛
亥	壬
丑	癸

旬柱						
甲寅《きのえとら》	甲辰《きのえたつ》	甲午《きのえうま》	甲申《きのえさる》	甲戌《きのえいぬ》	甲子《きのえね》	六十干支表
乙卯《きのとのう》	乙巳《きのとのみ》	乙未《きのとのひつじ》	乙酉《きのとのとり》	乙亥《きのとのい》	乙丑《きのとのうし》	
丙辰《ひのえたつ》	丙午《ひのえうま》	丙申《ひのえさる》	丙戌《ひのえいぬ》	丙子《ひのえね》	丙寅《ひのえとら》	
丁巳《ひのとのみ》	丁未《ひのとのひつじ》	丁酉《ひのとのとり》	丁亥《ひのとのい》	丁丑《ひのとのうし》	丁卯《ひのとのう》	
戊午《つちのえうま》	戊申《つちのえさる》	戊戌《つちのえいぬ》	戊子《つちのえね》	戊寅《つちのえとら》	戊辰《つちのえたつ》	
己未《つちのとのひつじ》	己酉《つちのとのとり》	己亥《つちのとのい》	己丑《つちのとのうし》	己卯《つちのとのう》	己巳《つちのとのみ》	
庚申《かのえさる》	庚戌《かのえいぬ》	庚子《かのえね》	庚寅《かのえとら》	庚辰《かのえたつ》	庚午《かのえうま》	
辛酉《かのとのとり》	辛亥《かのとのい》	辛丑《かのとのうし》	辛卯《かのとのう》	辛巳《かのとのみ》	辛未《かのとのひつじ》	
壬戌《みずのえいぬ》	壬子《みずのえね》	壬寅《みずのえとら》	壬辰《みずのえたつ》	壬午《みずのえうま》	壬申《みずのえさる》	
癸亥《みずのとのい》	癸丑《みずのとのうし》	癸卯《みずのとのう》	癸巳《みずのとのみ》	癸未《みずのとのひつじ》	癸酉《みずのとのとり》	
子・丑	寅・卯	辰・巳	午・未	申・酉	戌・亥	旬空亡

局数表

一	子
二	丑
三	寅
四	卯
五	辰
六	巳
七	午
八	未
九	申
十	酉
十一	戌
十二	亥

日干	昼貴人	夜貴人
甲	未	丑
乙	申	子
丙	酉	亥
丁	亥	酉
戊	丑	未
己	子	申
庚	丑	未
辛	寅	午
壬	卯	巳
癸	巳	卯

占時						
昼貴人／陽	卯	辰	巳	午	未	申

占時						
夜貴人／陰	酉	戌	亥	子	丑	寅

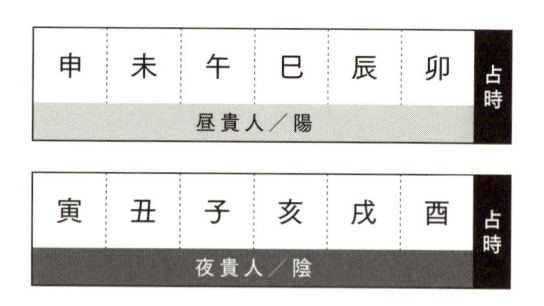

十二天将星の順逆表

十二支	
順（時計回り）	逆（反時計回り）
亥	巳
子	午
丑	未
寅	申
卯	酉
辰	戌

日干		十二支		六親星
甲乙	木	寅卯	木	兄弟
		巳午	火	子孫
		辰未戌丑	土	妻財
		申酉	金	官鬼
		亥子	水	父母
丙丁	火	巳午	火	兄弟
		辰未戌丑	土	子孫
		申酉	金	妻財
		亥子	水	官鬼
		寅卯	木	父母
戊己	土	辰未戌丑	土	兄弟
		申酉	金	子孫
		亥子	水	妻財
		寅卯	木	官鬼
		巳午	火	父母
庚辛	金	申酉	金	兄弟
		亥子	水	子孫
		寅卯	木	妻財
		巳午	火	官鬼
		辰未戌丑	土	父母
壬癸	水	亥子	水	兄弟
		寅卯	木	子孫
		巳午	火	妻財
		辰未戌丑	土	官鬼
		申酉	金	父母

六親星の意味合い一覧

兄弟	兄弟身内、焦り、出費損失、同僚、友人知人、同業、競争相手など。
子孫	子供、吉事、弟子、生徒、医療、目下、宗教関連、祈祷、可愛がるもの、凶を避ける、平和、幸せ感など。
妻財	妻、財貨、愛人、部下、財産、株価、有価証券、高価なもの、事業、豊作、家畜、女性、やりがい感など。
官鬼	勤務（勤め人に対して）、名誉、社長、上司、公的機関、裁判、夫、病気、霊障害、不可思議な現象、天災人災、男性、反抗、苦労など。
父母	父母、目上、上司、文章、師匠、先生、家屋、電話電信、パソコン、土地、学問、書籍、公的文章、手紙、苦労感など。

貴人星	吉星、五行は土性。気品、優雅、目上（良い意味で使えます）、貴い人、貴重品、慈悲、黄色、8（数）、高級官吏、重役、会長、社長、上位の人。 【補足】空亡に会うことが螣蛇、勾陳とは相性が悪く、辰と戌の天羅地網も吉祥を現しにくくなります。
螣蛇星	凶星、五行は火性。困苦、驚き、恐怖、怪異（怪しい出来事）、慢性疾患、亢進性の病気、悪賢い小人、思考行動の悪い人物、烈火、爛れ腫れ物、死体、邪霊、口舌、火災、腹に一物、固執し迷いの多い人、紫色、4（数）、軍人、警察、公的機関、裁判行政、肉類。 【補足】日に旺じたり、空亡に会うと凶意は薄らぎます。
朱雀星	やや凶星、五行は火性。無邪気で冷たい、知識、華美、派手、風流文学、教育、裁判、女性は美人、馬、文章、郵便物、通信、伝達、書類、訴訟、著作、占術（占いは伝達）、試験へ功名、呼吸器、肺、一見人あたりがよい、外美内毒、調子がよい、赤色、9（数）、司法公務、学者、文化的。 【補足】日に旺じたり、火地の十二支に乗ると火災に注意。これは災い占いの場合にいえることです。
六合星	吉星、五行は土性。交際、和睦、交流、「合」という字から結婚、友人仲介という意味から仲人、技工、術関連（占術や霊術など）、資源材料、共同事業、秘密、プライベートな事柄、正直で人がよい、八方美人的な人、外交、交通や流通、新聞や書籍雑誌、6（数）、青色。 【補足】日に衰えたり、剋したり空亡に会うと法螺吹き、虚舌、欺瞞となりやすいでしょう。
勾陳星	凶星、五行は土性。愚者、遅れ、停滞、葬儀、闘争を好む、表裏の心、貧卑、胃虚、闘い、争議喧嘩、短慮、5（数）、黄色、大衆的、商売、農工業務、やぼったい人。 【補足】四庫（土性の十二支、丑辰未戌）に乗ると災厄に注意すべきです。
青龍星	吉星、五行は土性。活動力、繁栄、権威、酒や桃花（色情）の災い、富む人、貴男、田畑、竜、貨幣や紙幣、高貴なもの、商売、金融、収穫、豊かな衣類、男女を問わず陽的（男性的）、元気、緑色、7（数）、実業家、肝臓、下痢。 【補足】一課（干上神）に官鬼が付くと、吉は減退します。

天空星	凶星、五行は土性。空虚、詐欺、動くと凶意を増す、虚花実無し、財的損失、徒労、卑しさ、醜い人、婚姻は孤独になりやすい、継承の没落、空しい、精神的苦労、不誠実、黄色、5（数）、雑役、ようやくの生活。 【補足】やや空亡と同じような作用があります。
白虎星	凶星、五行は金性。争い、病魔、酷薄、病人、冷たく残酷な人、金属、血、栗色、7（数）、交通機関従事者、重工業、機械工作。 【補足】通常は、空亡となることを凶星は逆に喜びますが、白虎は災厄を招きます。
太常星	吉星、五行は土性。忍耐、冠（名誉）、飲食関連、手足、頭の病気、酒類、黄色、8（数）、放蕩、衣食住関連。 【補足】地支土気に乗るのは悪くありません。
玄武星	凶星、五行は水性。盗詐の神、陰邪、私的秘密（北の神で暗い）、滅亡、損失、陰気、陰険で固執する、度量の小さい人、裏の商売、邪心、暗い、盗品、腎経、血液、闇取引、陰謀、褐色、4（数）、医療関連、実行力、強さ。 【補足】十二支関係がよいとか他の条件が揃うと、よい象意に取ることもあります。
太陰星	吉星、五行は金性。精練、積極的ではない、隠居、静か、すっきりしている人、徳分、正直さ、純粋で一本気、融通性がない、白色、6（数）、九流の術士（精神世界、哲学、霊学、占術、宗教）。 【補足】一課（干上神）と三課（支上神）の関係が悪いか、申酉の金地に乗る場合は家庭内に波乱、他からの厄難に注意と古典に書かれています。
天后星	吉星、五行は水性。女性的な気品や優雅さ、愛人、妻、高貴、凶の条件だと桃花（色情）問題、悪い秘密、曖昧模糊、色っぽい装飾品、女性に関連する事柄、水商売、おとなしい人、気虚（元気が倦怠）、黒色、9（数）。 【補足】天后の乗る十二支が地盤の支から剋されると面白くありません。

水	金	土	火	木	
水	金	土	火	木	旺
金	土	火	木	水	相
木	水	金	土	火	休
火	木	水	金	土	因
土	火	木	水	金	死

十干十二支と五行の関係

十干	五行
甲	木
乙	
丙	火
丁	
戊	土
己	
庚	金
辛	
壬	水
癸	

十二支	五行
子	水
丑	土
寅	木
卯	木
辰	土
巳	火
午	火
未	土
申	金
酉	金
戌	土
亥	水

【三合の図】

初支	旺支	土支		
申	子	辰	水	△
亥	卯	未	木	△
寅	午	戌	火	△
巳	酉	丑	金	△

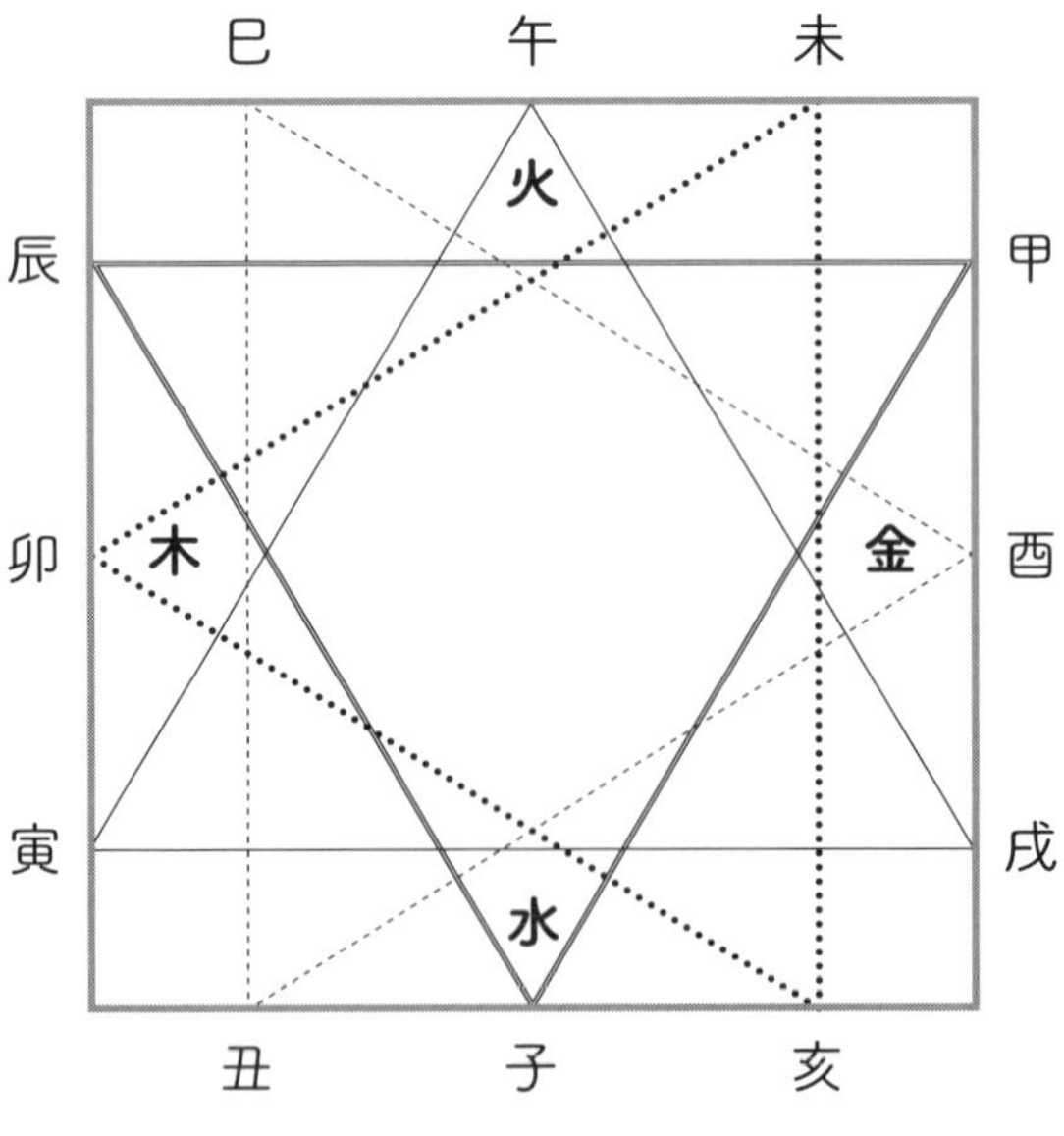

【支合の図】

子－丑	化水
寅－亥	化木
卯－戌	春月および木多　化木 土用月および土多　化土
辰－酉	秋月および金多　化金 土用月および土多　化土
巳－申	化金
丑－未	化火

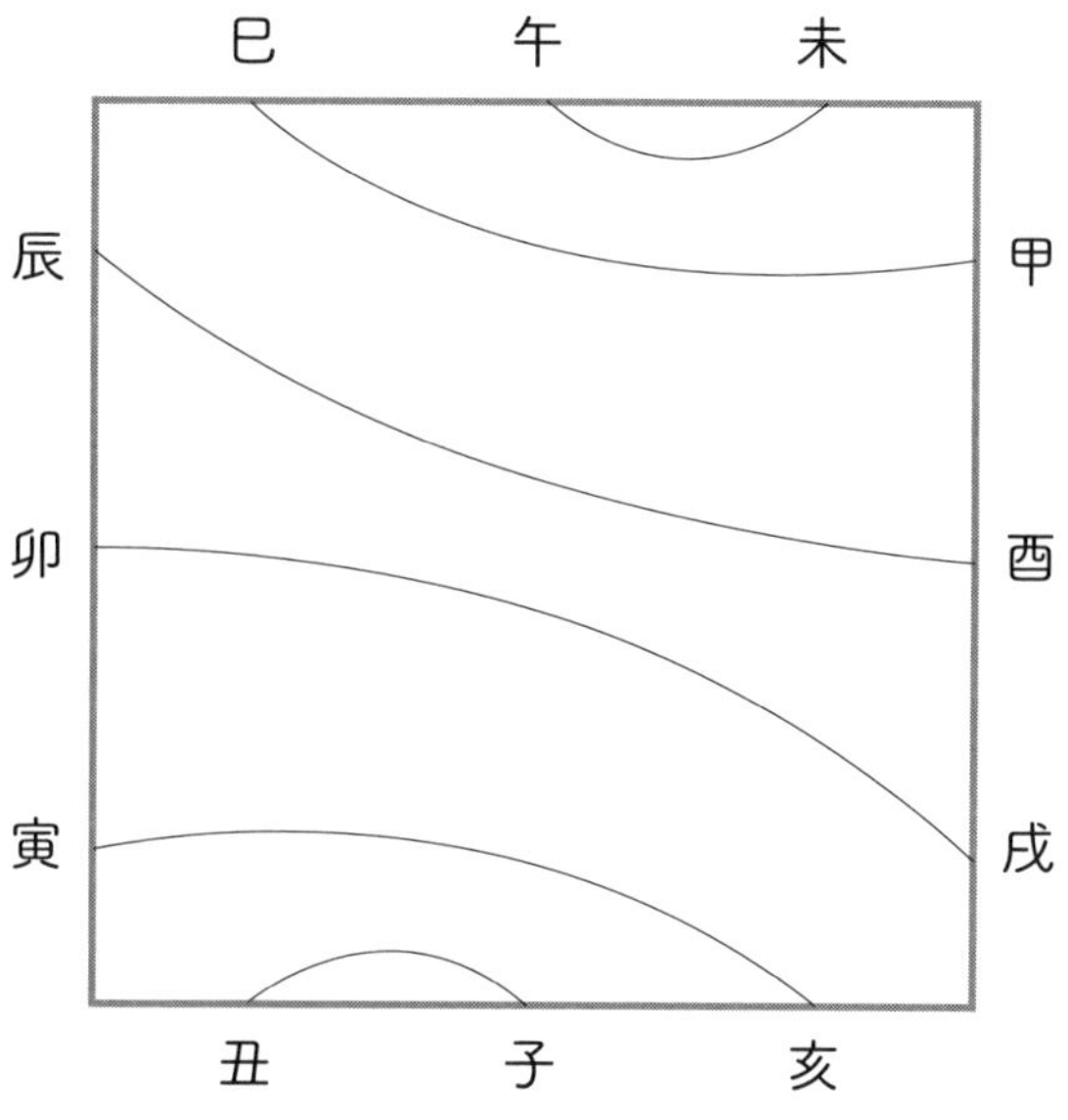

【干合の図】

己ー甲	化土
庚ー乙	化金
辛ー丙	化水
壬ー丁	化木
癸ー戊	化火

【冲の図】

子－午	旺支	水剋火の冲
丑－未	陰支	土同士の冲
寅－申	陽支	金剋木の冲
卯－酉	旺支	金剋木の冲
辰－戌	陽支	土同士の冲
巳－亥	陰支	水剋火の冲

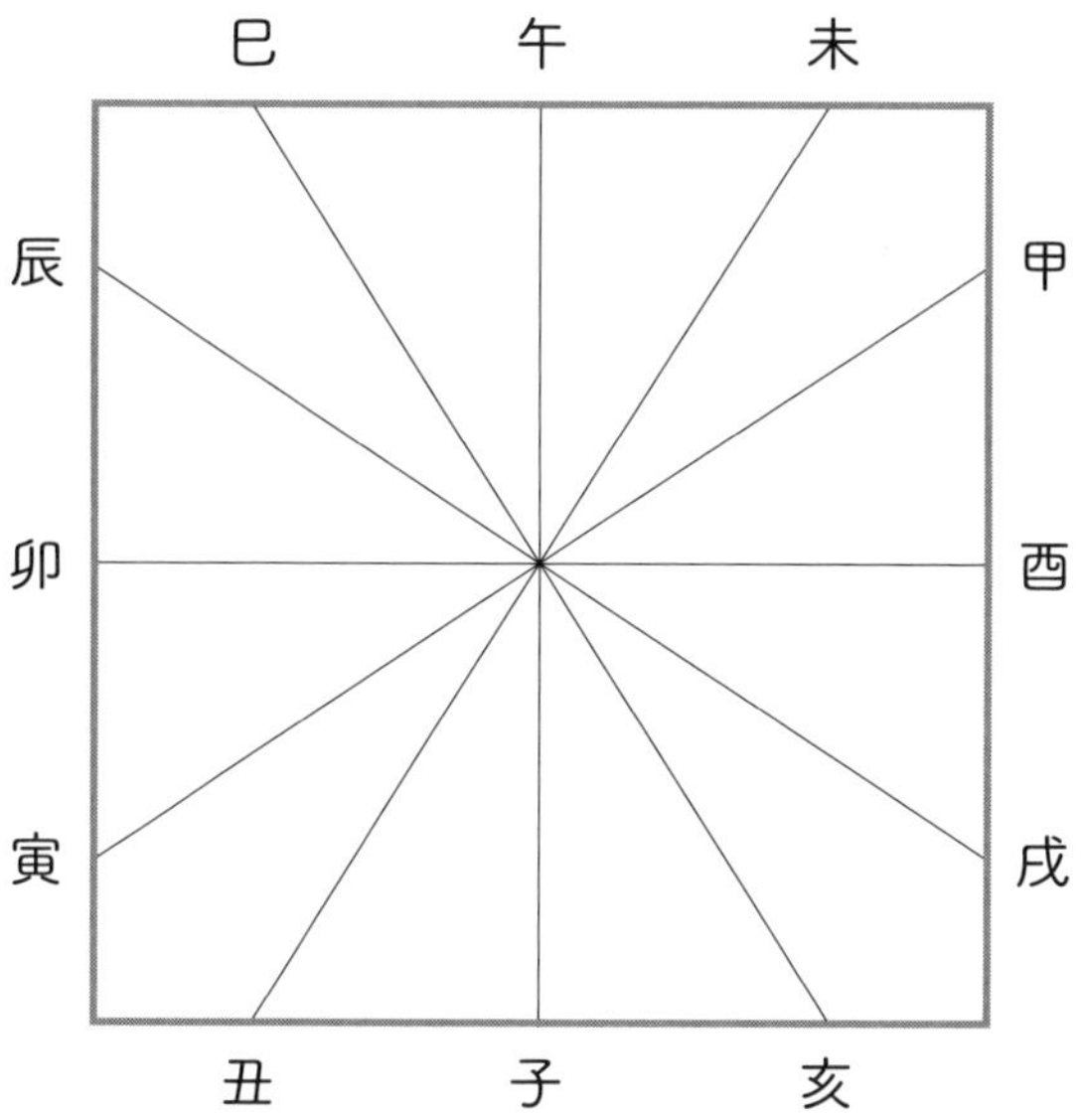

【刑の図】

	三刑			自刑			
	①	②	③	④	⑤	⑥	⑦
	寅－巳－申	丑－戌－未	子－卯	辰－辰	午－午	酉－酉	亥－亥
				水の庫の自刑	火の旺支の自刑	金の旺支の自刑	木を生じる自刑

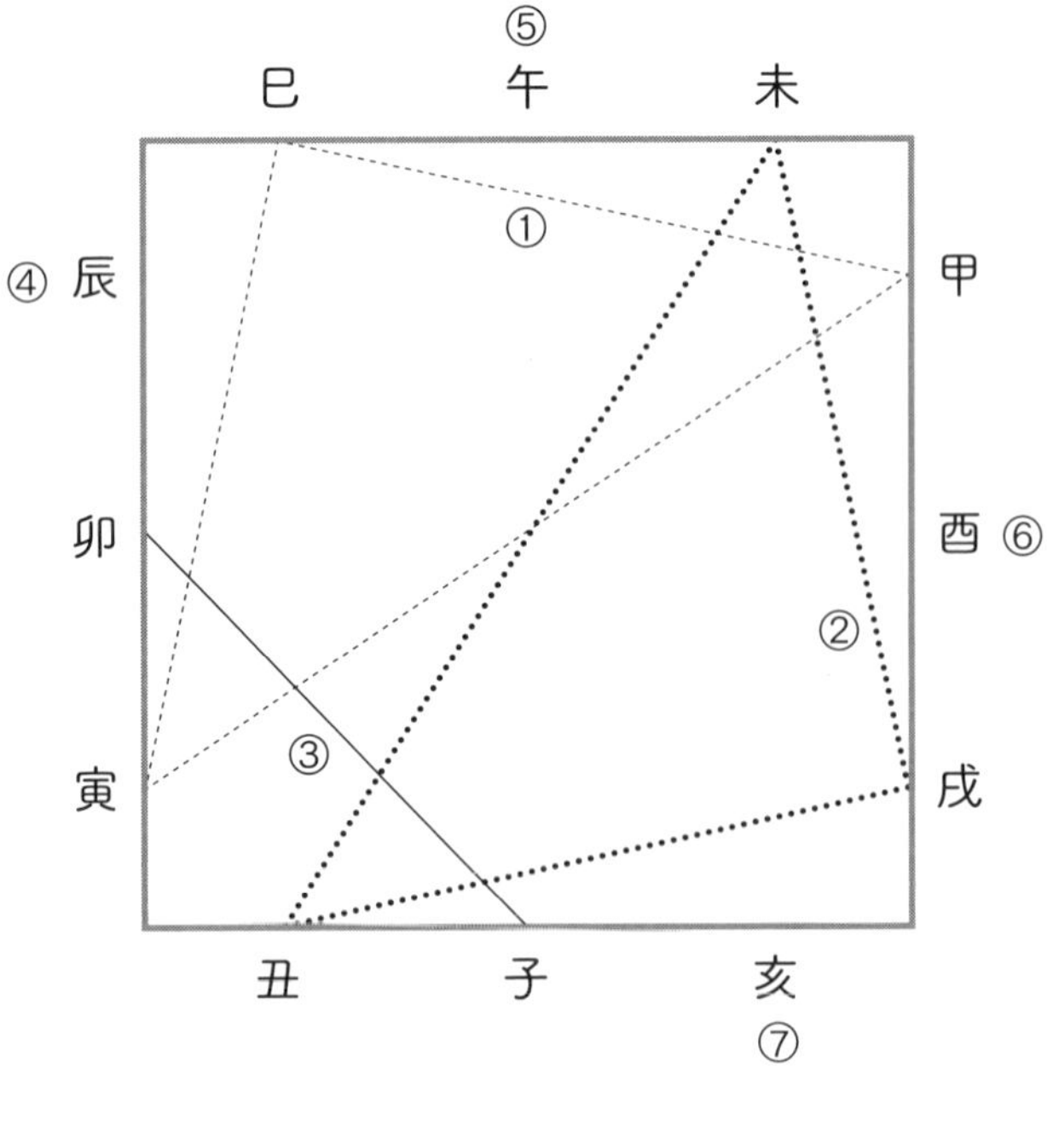

【害の図】

子－未

丑－午

寅－巳

卯－辰

申－亥

酉－戌

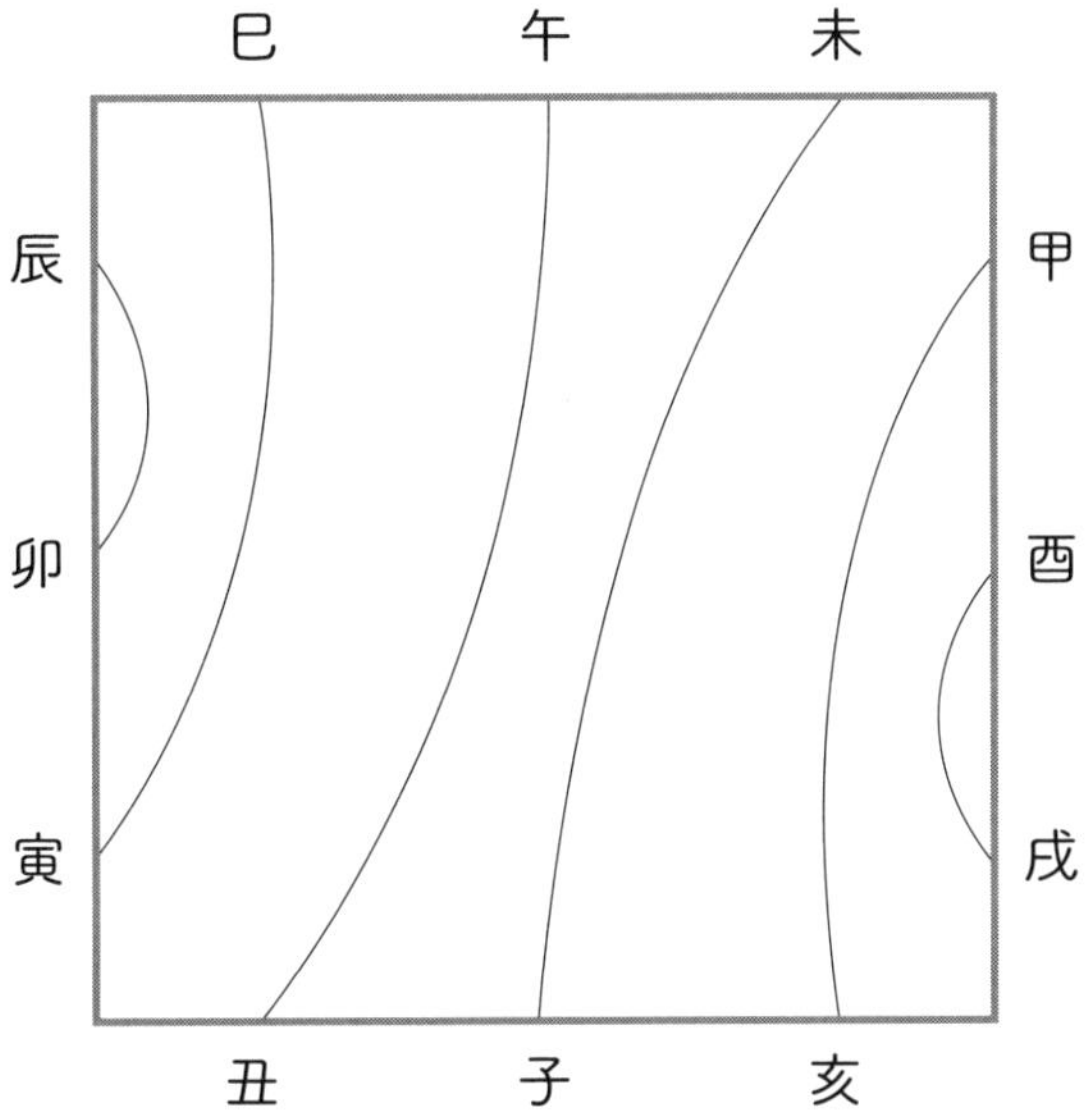

【破の図】

子－酉	旺支の破
丑－辰	湿土の破
寅－亥	支合の破
卯－午	日支の破
巳－申	支合の破
未－戌	土支の破

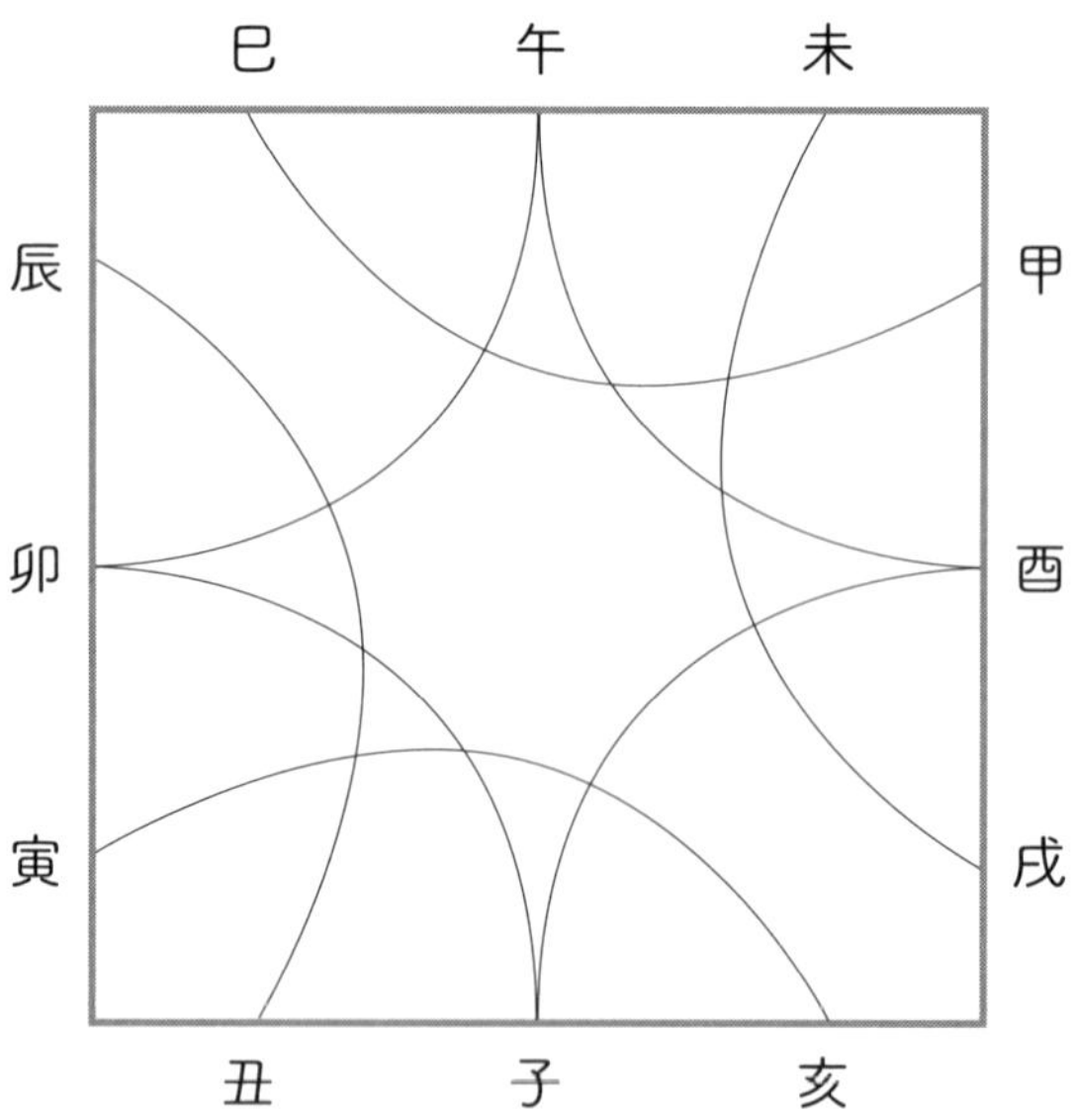

中気節気表（1989年～2060年）

1989年

	中気入日	節時間
1月	20日	11時07分
2月	19日	1時20分
3月	21日	0時28分
4月	20日	11時38分
5月	21日	10時52分
6月	21日	18時52分
7月	23日	5時45分
8月	23日	12時46分
9月	23日	10時20分
10月	23日	19時35分
11月	22日	17時04分
12月	22日	6時21分

1990年

	中気入日	節時間
1月	20日	17時01分
2月	19日	7時14分
3月	21日	6時19分
4月	20日	17時26分
5月	21日	16時36分
6月	22日	0時32分
7月	23日	11時21分
8月	23日	18時21分
9月	23日	15時56分
10月	24日	1時13分
11月	22日	22時46分
12月	22日	12時06分

1991年

	中気入日	節時間
1月	20日	22時47分
2月	19日	12時59分
3月	21日	12時02分
4月	20日	23時07分
5月	21日	22時19分
6月	22日	6時18分
7月	23日	17時11分
8月	24日	0時13分
9月	23日	21時48分
10月	24日	7時04分
11月	23日	4時35分
12月	22日	17時53分

1992年

	中気入日	節時間
1月	21日	4時33分
2月	19日	18時44分
3月	20日	17時48分
4月	20日	4時55分
5月	21日	4時11分
6月	21日	12時14分
7月	22日	23時09分
8月	23日	6時10分
9月	23日	3時42分
10月	23日	12時56分
11月	22日	10時25分
12月	21日	23時43分

※中気節気表は『精解吉祥万年暦』（東洋書院）より作成しました。なお、万年暦にも掲載しております。

1995年

	中気入日	節時間
1月	20日	22時01分
2月	19日	12時10分
3月	21日	11時13分
4月	20日	22時40分
5月	21日	21時34分
6月	22日	5時34分
7月	23日	16時30分
8月	23日	23時34分
9月	23日	21時12分
10月	24日	6時31分
11月	23日	4時01分
12月	22日	17時17分

1996年

	中気入日	節時間
1月	21日	3時53分
2月	19日	18時00分
3月	20日	17時02分
4月	20日	4時09分
5月	21日	3時23分
6月	21日	11時23分
7月	22日	22時18分
8月	23日	5時22分
9月	23日	3時00分
10月	23日	12時18分
11月	22日	9時49分
12月	21日	23時06分

1993年

	中気入日	節時間
1月	20日	10時23分
2月	19日	0時36分
3月	20日	23時40分
4月	20日	10時47分
5月	21日	10時00分
6月	21日	17時59分
7月	23日	4時51分
8月	23日	11時50分
9月	23日	9時22分
10月	23日	18時36分
11月	22日	16時06分
12月	22日	5時26分

1994年

	中気入日	節時間
1月	20日	16時08分
2月	19日	6時22分
3月	21日	5時27分
4月	20日	16時35分
5月	21日	15時48分
6月	21日	23時47分
7月	23日	10時41分
8月	23日	17時44分
9月	23日	15時18分
10月	24日	0時35分
11月	22日	22時06分
12月	22日	11時23分

1999年

	中気入日	節時間
1月	20日	21時37分
2月	19日	11時47分
3月	21日	10時46分
4月	20日	21時45分
5月	21日	20時51分
6月	22日	4時48分
7月	23日	15時44分
8月	23日	22時51分
9月	23日	20時32分
10月	24日	5時52分
11月	23日	3時24分
12月	22日	16時43分

2000年

	中気入日	節時間
1月	21日	3時23分
2月	19日	17時34分
3月	20日	16時35分
4月	21日	3時39分
5月	21日	2時48分
6月	22日	10時47分
7月	22日	21時43分
8月	23日	4時49分
9月	23日	2時28分
10月	23日	11時47分
11月	22日	9時18分
12月	21日	22時37分

1997年

	中気入日	節時間
1月	20日	9時42分
2月	18日	23時51分
3月	20日	22時54分
4月	20日	10時02分
5月	21日	9時17分
6月	23日	17時19分
7月	23日	4時15分
8月	23日	11時19分
9月	23日	8時56分
10月	22日	18時15分
11月	22日	15時47分
12月	22日	5時07分

1998年

	中気入日	節時間
1月	20日	15時46分
2月	19日	5時55分
3月	21日	4時55分
4月	20日	15時56分
5月	21日	15時05分
6月	21日	23時02分
7月	23日	9時55分
8月	23日	16時59分
9月	23日	14時37分
10月	23日	23時58分
11月	22日	21時34分
12月	22日	10時56分

2001年

	中気入日	節時間
1月	20日	9時17分
2月	18日	23時28分
3月	20日	22時31分
4月	20日	9時35分
5月	21日	18時43分
6月	21日	16時37分
7月	23日	3時27分
8月	23日	10時28分
9月	23日	8時04分
10月	23日	17時24分
11月	22日	14時59分
12月	22日	4時21分

2002年

	中気入日	節時間
1月	20日	15時03分
2月	19日	5時14分
3月	21日	4時16分
4月	20日	15時19分
5月	21日	14時28分
6月	21日	22時24分
7月	23日	9時15分
8月	23日	16時17分
9月	23日	13時55分
10月	23日	23時17分
11月	22日	20時53分
12月	22日	10時15分

2003年

	中気入日	節時間
1月	20日	20時53分
2月	19日	11時00分
3月	21日	9時59分
4月	20日	21時01分
5月	21日	20時11分
6月	22日	4時10分
7月	23日	15時04分
8月	23日	22時08分
9月	23日	19時46分
10月	24日	5時07分
11月	23日	2時43分
12月	22日	16時04分

2004年

	中気入日	節時間
1月	21日	2時43分
2月	19日	16時50分
3月	20日	15時48分
4月	20日	2時49分
5月	21日	1時58分
6月	21日	9時57分
7月	22日	20時50分
8月	23日	3時53分
9月	23日	1時29分
10月	23日	10時48分
11月	22日	8時21分
12月	21日	21時42分

2007年

	中気入日	節時間
1月	20日	20時00分
2月	19日	10時09分
3月	21日	9時07分
4月	20日	20時07分
5月	21日	19時11分
6月	22日	3時05分
7月	23日	14時00分
8月	23日	21時08分
9月	23日	18時51分
10月	24日	4時15分
11月	23日	1時49分
12月	22日	15時07分

2008年

	中気入日	節時間
1月	21日	1時43分
2月	19日	15時50分
3月	20日	14時48分
4月	20日	1時51分
5月	21日	1時00分
6月	21日	8時58分
7月	22日	19時54分
8月	23日	3時02分
9月	23日	0時45分
10月	23日	10時08分
11月	22日	7時43分
12月	21日	21時03分

2005年

	中気入日	節時間
1月	20日	8時22分
2月	18日	22時32分
3月	20日	21時33分
4月	20日	8時36分
5月	21日	17時47分
6月	21日	15時46分
7月	23日	2時40分
8月	23日	9時45分
9月	23日	7時23分
10月	23日	16時42分
11月	22日	14時15分
12月	22日	3時35分

2006年

	中気入日	節時間
1月	20日	14時15分
2月	19日	4時25分
3月	21日	3時25分
4月	20日	14時25分
5月	21日	13時31分
6月	21日	21時25分
7月	23日	8時17分
8月	23日	15時22分
9月	23日	13時03分
10月	23日	22時26分
11月	22日	20時01分
12月	22日	9時22分

2011年

	中気入日	節時間
1月	20日	19時19分
2月	19日	9時26分
3月	21日	8時20分
4月	20日	19時16分
5月	21日	18時20分
6月	22日	2時16分
7月	23日	13時12分
8月	23日	20時21分
9月	23日	18時04分
10月	24日	3時29分
11月	23日	1時07分
12月	22日	14時30分

2009年

	中気入日	節時間
1月	20日	7時40分
2月	18日	21時47分
3月	20日	20時44分
4月	20日	7時43分
5月	21日	6時50分
6月	21日	14時44分
7月	23日	1時36分
8月	23日	8時39分
9月	23日	6時19分
10月	23日	15時43分
11月	22日	13時21分
12月	22日	2時46分

2012年

	中気入日	節時間
1月	21日	1時10分
2月	19日	15時18分
3月	20日	14時14分
4月	20日	1時10分
5月	21日	0時14分
6月	21日	8時09分
7月	22日	19時01分
8月	23日	2時07分
9月	22日	23時48分
10月	23日	9時12分
11月	22日	6時50分
12月	21日	20時12分

2010年

	中気入日	節時間
1月	20日	13時28分
2月	19日	3時36分
3月	21日	2時32分
4月	20日	13時29分
5月	21日	12時32分
6月	21日	20時28分
7月	23日	7時21分
8月	23日	14時27分
9月	23日	12時09分
10月	23日	21時34分
11月	22日	19時13分
12月	22日	8時38分

2015年

	中気入日	節時間
1月	20日	18時43分
2月	19日	8時49分
3月	20日	7時44分
4月	21日	18時41分
5月	22日	17時44分
6月	23日	1時37分
7月	23日	12時30分
8月	23日	19時37分
9月	23日	17時20分
10月	24日	2時46分
11月	23日	0時25分
12月	22日	13時48分

2016年

	中気入日	節時間
1月	21日	0時27分
2月	19日	14時33分
3月	20日	13時30分
4月	20日	0時29分
5月	20日	23時36分
6月	21日	7時33分
7月	22日	18時30分
8月	23日	1時38分
9月	22日	23時21分
10月	23日	8時45分
11月	22日	6時22分
12月	21日	19時44分

2013年

	中気入日	節時間
1月	20日	6時52分
2月	18日	21時01分
3月	20日	20時01分
4月	20日	7時02分
5月	21日	6時09分
6月	21日	14時04分
7月	23日	0時56分
8月	23日	8時01分
9月	23日	5時43分
10月	23日	15時09分
11月	22日	12時48分
12月	22日	2時11分

2014年

	中気入日	節時間
1月	20日	12時51分
2月	19日	2時59分
3月	21日	1時56分
4月	20日	12時54分
5月	21日	11時58分
6月	21日	19時51分
7月	23日	6時41分
8月	23日	13時45分
9月	23日	11時28分
10月	23日	20時56分
11月	22日	18時38分
12月	22日	8時03分

2019年

	中気入日	節時間
1月	20日	18時00分
2月	19日	8時04分
3月	21日	6時58分
4月	20日	17時54分
5月	21日	16時57分
6月	22日	0時53分
7月	23日	11時50分
8月	23日	19時02分
9月	23日	16時50分
10月	24日	2時19分
11月	22日	23時58分
12月	22日	13時19分

2020年

	中気入日	節時間
1月	20日	23時55分
2月	19日	13時58分
3月	20日	12時49分
4月	19日	23時44分
5月	20日	22時48分
6月	21日	6時43分
7月	22日	17時37分
8月	23日	0時45分
9月	22日	22時30分
10月	23日	7時58分
11月	22日	5時39分
12月	21日	19時02分

2017年

	中気入日	節時間
1月	20日	6時23分
2月	18日	20時31分
3月	20日	19時29分
4月	20日	6時26分
5月	21日	5時30分
6月	21日	13時23分
7月	23日	0時15分
8月	23日	7時20分
9月	23日	5時02分
10月	23日	14時26分
11月	22日	12時04分
12月	22日	1時27分

2018年

	中気入日	節時間
1月	20日	12時09分
2月	19日	2時18分
3月	21日	1時15分
4月	20日	12時12分
5月	21日	11時13分
6月	21日	19時06分
7月	23日	6時00分
8月	23日	13時09分
9月	23日	13時54分
10月	23日	20時22分
11月	22日	18時00分
12月	22日	7時22分

2023年

	中気入日	節時間
1月	20日	17時30分
2月	19日	7時34分
3月	21日	6時23分
4月	20日	17時12分
5月	21日	16時08分
6月	21日	23時58分
7月	23日	10時50分
8月	23日	18時01分
9月	23日	15時49分
10月	24日	1時20分
11月	22日	23時02分
12月	22日	12時27分

2024年

	中気入日	節時間
1月	20日	23時07分
2月	19日	13時13分
3月	20日	12時06分
4月	19日	22時59分
5月	20日	21時59分
6月	21日	5時50分
7月	22日	16時44分
8月	22日	23時54分
9月	22日	21時43分
10月	23日	7時14分
11月	22日	4時56分
12月	21日	18時20分

2021年

	中気入日	節時間
1月	20日	5時40分
2月	18日	19時44分
3月	20日	18時37分
4月	20日	5時32分
5月	21日	4時36分
6月	21日	12時32分
7月	22日	23時27分
8月	23日	6時35分
9月	23日	4時20分
10月	23日	13時50分
11月	22日	11時33分
12月	22日	0時59分

2022年

	中気入日	節時間
1月	20日	11時40分
2月	19日	1時43分
3月	21日	0時32分
4月	20日	11時23分
5月	21日	10時22分
6月	21日	18時14分
7月	23日	5時07分
8月	23日	12時16分
9月	23日	10時03分
10月	23日	19時35分
11月	22日	17時20分
12月	22日	6時48分

2027年

	中気入日	節時間
1月	20日	16時29分
2月	19日	6時34分
3月	21日	5時25分
4月	20日	16時17分
5月	21日	15時17分
6月	21日	23時09分
7月	23日	10時04分
8月	23日	17時14分
9月	23日	15時02分
10月	24日	0時32分
11月	22日	22時15分
12月	22日	11時41分

2025年

	中気入日	節時間
1月	20日	5時00分
2月	18日	19時06分
3月	20日	18時01分
4月	20日	4時55分
5月	21日	3時54分
6月	21日	11時41分
7月	22日	22時29分
8月	23日	5時33分
9月	23日	3時19分
10月	23日	12時51分
11月	22日	10時35分
12月	22日	0時02分

2028年

	中気入日	節時間
1月	20日	22時22分
2月	19日	12時26分
3月	20日	11時17分
4月	19日	22時08分
5月	20日	21時08分
6月	21日	5時01分
7月	22日	15時54分
8月	22日	23時01分
9月	22日	20時45分
10月	23日	6時12分
11月	22日	3時53分
12月	21日	17時19分

2026年

	中気入日	節時間
1月	20日	10時44分
2月	19日	0時52分
3月	20日	23時46分
4月	20日	10時38分
5月	21日	9時36分
6月	21日	17時23分
7月	23日	4時12分
8月	23日	11時19分
9月	23日	9時05分
10月	23日	18時37分
11月	22日	16時22分
12月	22日	5時49分

2031年

	中気入日	節時間
1月	20日	15時48分
2月	19日	5時51分
3月	21日	4時40分
4月	20日	15時29分
5月	21日	14時27分
6月	21日	22時17分
7月	23日	9時10分
8月	23日	16時23分
9月	23日	14時14分
10月	23日	23時48分
11月	22日	21時32分
12月	22日	10時56分

2029年

	中気入日	節時間
1月	20日	4時01分
2月	18日	18時08分
3月	20日	17時01分
4月	20日	3時54分
5月	21日	2時54分
6月	21日	10時47分
7月	22日	21時42分
8月	23日	4時52分
9月	23日	2時38分
10月	23日	12時07分
11月	22日	9時48分
12月	21日	23時14分

2032年

	中気入日	節時間
1月	20日	21時31分
2月	19日	11時32分
3月	20日	10時21分
4月	19日	21時13分
5月	20日	20時14分
6月	21日	4時08分
7月	22日	15時04分
8月	22日	22時18分
9月	22日	20時10分
10月	23日	5時45分
11月	22日	3時31分
12月	21日	16時56分

2030年

	中気入日	節時間
1月	20日	9時55分
2月	19日	0時00分
3月	20日	22時51分
4月	20日	9時42分
5月	21日	8時39分
6月	21日	16時31分
7月	23日	3時25分
8月	23日	10時36分
9月	23日	8時26分
10月	23日	17時59分
11月	22日	15時44分
12月	22日	5時10分

2035年

	中気入日	節時間
1月	20日	15時14分
2月	19日	5時16分
3月	21日	4時02分
4月	20日	14時48分
5月	21日	13時42分
6月	21日	21時32分
7月	23日	8時28分
8月	23日	15時44分
9月	23日	13時39分
10月	23日	23時16分
11月	22日	21時02分
12月	22日	10時30分

2036年

	中気入日	節時間
1月	20日	21時10分
2月	19日	11時14分
3月	20日	10時03分
4月	19日	20時50分
5月	20日	19時43分
6月	21日	3時31分
7月	22日	14時22分
8月	22日	21時32分
9月	22日	19時23分
10月	23日	4時58分
11月	22日	2時44分
12月	21日	16時12分

2033年

	中気入日	節時間
1月	20日	3時33分
2月	18日	17時33分
3月	20日	16時22分
4月	20日	3時12分
5月	21日	2時10分
6月	21日	10時01分
7月	22日	20時52分
8月	23日	4時01分
9月	23日	1時51分
10月	23日	11時27分
11月	22日	9時16分
12月	21日	22時46分

2034年

	中気入日	節時間
1月	20日	9時27分
2月	18日	23時30分
3月	20日	22時17分
4月	20日	9時03分
5月	21日	7時56分
6月	21日	15時43分
7月	23日	2時35分
8月	23日	9時47分
9月	23日	7時39分
10月	23日	17時16分
11月	22日	15時04分
12月	22日	4時33分

2037年

	中気入日	節時間
1月	20日	2時54分
2月	18日	16時59分
3月	20日	15時50分
4月	20日	2時39分
5月	21日	1時34分
6月	21日	9時21分
7月	22日	20時12分
8月	23日	3時22分
9月	23日	1時13分
10月	23日	10時49分
11月	22日	8時37分
12月	21日	22時07分

2038年

	中気入日	節時間
1月	20日	8時49分
2月	18日	22時52分
3月	20日	21時40分
4月	20日	8時27分
5月	21日	7時21分
6月	21日	15時08分
7月	23日	2時00分
8月	23日	9時10分
9月	23日	7時02分
10月	23日	16時39分
11月	22日	14時30日
12月	22日	4時02分

2039年

	中気入日	節時間
1月	20日	14時44分
2月	19日	4時46分
3月	21日	3時31分
4月	20日	14時16分
5月	21日	13時09分
6月	21日	20時57分
7月	23日	7時48分
8月	23日	14時59分
9月	23日	12時49分
10月	23日	22時24分
11月	22日	20時11分
12月	22日	9時40分

2040年

	中気入日	節時間
1月	20日	10時21分
2月	19日	10時24分
3月	20日	9時11分
4月	19日	19時58分
5月	20日	18時54分
6月	21日	2時46分
7月	22日	13時41分
8月	22日	20時53分
9月	22日	18時44分
10月	23日	4時18分
11月	22日	2時05分
12月	21日	15時33分

2043年

	中気入日	節時間
1月	20日	13時41分
2月	19日	3時41分
3月	21日	2時27分
4月	20日	13時13分
5月	21日	12時08分
6月	21日	19時57分
7月	23日	6時53分
8月	23日	14時09分
9月	23日	12時06分
10月	23日	12時06分
11月	22日	19時35分
12月	22日	9時01分

2044年

	中気入日	節時間
1月	20日	19時37分
2月	19日	9時35分
3月	20日	8時20分
4月	19日	19時06分
5月	20日	18時01分
6月	21日	1時50分
7月	22日	12時42分
8月	22日	19時54分
9月	22日	17時48分
10月	23日	3時26分
11月	22日	1時14分
12月	21日	14時43分

2041年

	中気入日	節時間
1月	20日	2時14分
2月	18日	16時17分
3月	20日	15時06分
4月	20日	1時53分
5月	21日	0時48分
6月	21日	8時35分
7月	22日	19時26分
8月	23日	2時36分
9月	23日	0時25分
10月	23日	10時01分
11月	22日	7時49分
12月	21日	21時18分

2042年

	中気入日	節時間
1月	20日	8時00分
2月	18日	22時04分
3月	20日	20時52分
4月	20日	7時39分
5月	21日	6時30分
6月	21日	14時15分
7月	23日	1時06分
8月	23日	8時17分
9月	23日	6時11分
10月	23日	15時49分
11月	22日	13時37分
12月	22日	3時04分

2045年

	中気入日	節時間
1月	20日	1時22分
2月	18日	15時22分
3月	20日	14時07分
4月	20日	0時52分
5月	20日	23時45分
6月	21日	7時32分
7月	22日	18時26分
8月	23日	1時39分
9月	22日	23時33分
10月	23日	9時12分
11月	22日	7時03分
12月	21日	20時34分

2046年

	中気入日	節時間
1月	20日	7時16分
2月	18日	21時16分
3月	20日	19時58分
4月	20日	6時38分
5月	21日	5時27分
6月	21日	13時13分
7月	23日	0時08分
8月	23日	7時25分
9月	23日	5時21分
10月	23日	15時02分
11月	22日	12時55分
12月	22日	2時28分

2047年

	中気入日	節時間
1月	20日	13時10分
2月	19日	3時11分
3月	21日	1時52分
4月	20日	12時31分
5月	21日	11時18分
6月	21日	19時02分
7月	23日	5時55分
8月	23日	13時11分
9月	23日	11時08分
10月	23日	20時47分
11月	22日	18時37分
12月	22日	8時07分

2048年

	中気入日	節時間
1月	20日	18時47分
2月	19日	8時49分
3月	20日	7時33分
4月	19日	18時16分
5月	20日	17時06分
6月	21日	0時53分
7月	22日	11時47分
8月	22日	19時03分
9月	22日	17時00分
10月	23日	2時41分
11月	22日	0時32分
12月	21日	14時02分

2049年

	中気入日	節時間
1月	20日	0時42分
2月	18日	14時42分
3月	20日	13時28分
4月	20日	0時12分
5月	20日	23時02分
6月	21日	6時47分
7月	22日	17時36分
8月	23日	0時47分
9月	22日	22時41分
10月	23日	8時24分
11月	22日	6時18分
12月	21日	19時52分

2050年

	中気入日	節時間
1月	20日	6時34分
2月	18日	20時35分
3月	20日	19時18分
4月	20日	6時01分
5月	21日	4時50分
6月	21日	12時33分
7月	22日	23時21分
8月	23日	6時32分
9月	23日	4時27分
10月	23日	14時11分
11月	22日	12時06分
12月	22日	1時39分

2051年

	中気入日	節時間
1月	20日	12時19分
2月	19日	2時17分
3月	21日	0時58分
4月	20日	11時39分
5月	21日	10時30分
6月	21日	18時18分
7月	23日	5時12分
8月	23日	12時28分
9月	23日	10時26分
10月	23日	20時09分
11月	22日	18時02分
12月	22日	7時34分

2052年

	中気入日	節時間
1月	20日	18時14分
2月	19日	8時13分
3月	20日	6時55分
4月	19日	17時37分
5月	20日	16時28分
6月	21日	0時15分
7月	22日	11時08分
8月	22日	18時21分
9月	22日	16時15分
10月	23日	1時55分
11月	21日	23時46分
12月	21日	13時17分

2053年

	中気入日	節時間
1月	19日	23時59分
2月	18日	14時01分
3月	20日	12時47分
4月	19日	23時29分
5月	20日	22時19分
6月	21日	6時03分
7月	22日	16時55分
8月	23日	0時10分
9月	22日	22時06分
10月	23日	7時47分
11月	22日	5時38分
12月	21日	19時09分

2054年

	中気入日	節時間
1月	20日	5時50分
2月	18日	19時51分
3月	20日	18時34分
4月	20日	5時14分
5月	21日	4時02分
6月	21日	11時46分
7月	22日	22時40分
8月	23日	5時58分
9月	23日	3時59分
10月	23日	13時44分
11月	22日	11時38分
12月	22日	1時09分

2055年

	中気入日	節時間
1月	20日	11時49分
2月	19日	1時47分
3月	21日	0時29分
4月	20日	11時08分
5月	21日	9時55分
6月	21日	17時38分
7月	23日	4時32分
8月	23日	11時49分
9月	23日	9時49分
10月	23日	19時32分
11月	22日	17時25分
12月	22日	6時55分

2056年

	中気入日	節時間
1月	20日	17時33分
2月	19日	7時30分
3月	20日	6時11分
4月	19日	16時51分
5月	20日	15時40分
6月	20日	23時27分
7月	22日	10時22分
8月	22日	17時39分
9月	22日	15時39分
10月	23日	1時24分
11月	21日	23時19分
12月	21日	12時51分

2057年

	中気入日	節時間
1月	19日	23時31分
2月	18日	13時28分
3月	20日	12時08分
4月	19日	22時46分
5月	20日	21時34分
6月	21日	5時18分
7月	22日	16時11分
8月	22日	23時25分
9月	22日	21時23分
10月	23日	7時08分
11月	22日	5時06分
12月	21日	18時43分

2058年

	中気入日	節時間
1月	20日	5時27分
2月	18日	19時26分
3月	20日	18時04分
4月	20日	4時39分
5月	21日	3時23分
6月	21日	11時04分
7月	22日	21時54分
8月	23日	5時09分
9月	23日	3時07分
10月	23日	12時53分
11月	22日	10時50分
12月	22日	0時25分

2059年

	中気入日	節時間
1月	20日	11時07分
2月	19日	1時05分
3月	20日	23時43分
4月	20日	10時19分
5月	21日	9時03分
6月	21日	16時47分
7月	23日	3時41分
8月	23日	11時00分
9月	23日	9時02分
10月	23日	18時50分
11月	22日	16時45分
12月	22日	6時18分

2060年

	中気入日	節時間
1月	20日	16時58分
2月	19日	6時57分
3月	20日	5時37分
4月	19日	16時16分
5月	20日	15時03分
6月	20日	22時45分
7月	22日	9時36分
8月	22日	16時49分
9月	22日	14時47分
10月	23日	0時33分
11月	21日	22時28分
12月	21日	12時02分

1989年【己巳】

	1月	2月	3月	4月	5月	6月	7月	8月	9月	10月	11月	12月
	乙丑	丙寅	丁卯	戊辰	己巳	庚午	辛未	壬申	癸酉	甲戌	乙亥	丙子
中節	20日 11:07	19日 1:20	21日 0:28	20日 11:38	21日 10:52	21日 18:52	23日 5:45	23日 12:46	23日 10:20	23日 19:35	22日 17:04	22日 6:21
1	辛酉	壬辰	庚申	辛卯	辛酉	壬辰	壬戌	癸巳	甲子	甲午	乙丑	乙未
2	壬戌	癸巳	辛酉	壬辰	壬戌	癸巳	癸亥	甲午	乙丑	乙未	丙寅	丙申
3	癸亥	甲午	壬戌	癸巳	癸亥	甲午	甲子	乙未	丙寅	丙申	丁卯	丁酉
4	甲子	乙未	癸亥	甲午	甲子	乙未	乙丑	丙申	丁卯	丁酉	戊辰	戊戌
5	乙丑	丙申	甲子	乙未	乙丑	丙申	丙寅	丁酉	戊辰	戊戌	己巳	己亥
6	丙寅	丁酉	乙丑	丙申	丙寅	丁酉	丁卯	戊戌	己巳	己亥	庚午	庚子
7	丁卯	戊戌	丙寅	丁酉	丁卯	戊戌	戊辰	己亥	庚午	庚子	辛未	辛丑
8	戊辰	己亥	丁卯	戊戌	戊辰	己亥	己巳	庚子	辛未	辛丑	壬申	壬寅
9	己巳	庚子	戊辰	己亥	己巳	庚子	庚午	辛丑	壬申	壬寅	癸酉	癸卯
10	庚午	辛丑	己巳	庚子	庚午	辛丑	辛未	壬寅	癸酉	癸卯	甲戌	甲辰
11	辛未	壬寅	庚午	辛丑	辛未	壬寅	壬申	癸卯	甲戌	甲辰	乙亥	乙巳
12	壬申	癸卯	辛未	壬寅	壬申	癸卯	癸酉	甲辰	乙亥	乙巳	丙子	丙午
13	癸酉	甲辰	壬申	癸卯	癸酉	甲辰	甲戌	乙巳	丙子	丙午	丁丑	丁未
14	甲戌	乙巳	癸酉	甲辰	甲戌	乙巳	乙亥	丙午	丁丑	丁未	戊寅	戊申
15	乙亥	丙午	甲戌	乙巳	乙亥	丙午	丙子	丁未	戊寅	戊申	己卯	己酉
16	丙子	丁未	乙亥	丙午	丙子	丁未	丁丑	戊申	己卯	己酉	庚辰	庚戌
17	丁丑	戊申	丙子	丁未	丁丑	戊申	戊寅	己酉	庚辰	庚戌	辛巳	辛亥
18	戊寅	己酉	丁丑	戊申	戊寅	己酉	己卯	庚戌	辛巳	辛亥	壬午	壬子
19	己卯	庚戌	戊寅	己酉	己卯	庚戌	庚辰	辛亥	壬午	壬子	癸未	癸丑
20	庚辰	辛亥	己卯	庚戌	庚辰	辛亥	辛巳	壬子	癸未	癸丑	甲申	甲寅
21	辛巳	壬子	庚辰	辛亥	辛巳	壬子	壬午	癸丑	甲申	甲寅	乙酉	乙卯
22	壬午	癸丑	辛巳	壬子	壬午	癸丑	癸未	甲寅	乙酉	乙卯	丙戌	丙辰
23	癸未	甲寅	壬午	癸丑	癸未	甲寅	甲申	乙卯	丙戌	丙辰	丁亥	丁巳
24	甲申	乙卯	癸未	甲寅	甲申	乙卯	乙酉	丙辰	丁亥	丁巳	戊子	戊午
25	乙酉	丙辰	甲申	乙卯	乙酉	丙辰	丙戌	丁巳	戊子	戊午	己丑	己未
26	丙戌	丁巳	乙酉	丙辰	丙戌	丁巳	丁亥	戊午	己丑	己未	庚寅	庚申
27	丁亥	戊午	丙戌	丁巳	丁亥	戊午	戊子	己未	庚寅	庚申	辛卯	辛酉
28	戊子	己未	丁亥	戊午	戊子	己未	己丑	庚申	辛卯	辛酉	壬辰	壬戌
29	己丑		戊子	己未	己丑	庚申	庚寅	辛酉	壬辰	壬戌	癸巳	癸亥
30	庚寅		己丑	庚申	庚寅	辛酉	辛卯	壬戌	癸巳	癸亥	甲午	甲子
31	辛卯		庚寅		辛卯		壬辰	癸亥		甲子		乙丑

※万年暦は『精解吉祥万年暦』（東洋書院）より作成しました。

1990年【庚午】

	1月	2月	3月	4月	5月	6月	7月	8月	9月	10月	11月	12月
	丁丑	戊寅	己卯	庚辰	辛巳	壬午	癸未	甲申	乙酉	丙戌	丁亥	戊子
中節	20日 17:01	19日 7:14	21日 6:19	20日 17:26	21日 16:36	22日 0:32	23日 11:21	23日 18:21	23日 15:56	24日 1:13	22日 22:46	22日 12:06
1	丙寅	丁酉	乙丑	丙申	丙寅	丁酉	丁卯	戊戌	己巳	己亥	庚午	庚子
2	丁卯	戊戌	丙寅	丁酉	丁卯	戊戌	戊辰	己亥	庚午	庚子	辛未	辛丑
3	戊辰	己亥	丁卯	戊戌	戊辰	己亥	己巳	庚子	辛未	辛丑	壬申	壬寅
4	己巳	庚子	戊辰	己亥	己巳	庚子	庚午	辛丑	壬申	壬寅	癸酉	癸卯
5	庚午	辛丑	己巳	庚子	庚午	辛丑	辛未	壬寅	癸酉	癸卯	甲戌	甲辰
6	辛未	壬寅	庚午	辛丑	辛未	壬寅	壬申	癸卯	甲戌	甲辰	乙亥	乙巳
7	壬申	癸卯	辛未	壬寅	壬申	癸卯	癸酉	甲辰	乙亥	乙巳	丙子	丙午
8	癸酉	甲辰	壬申	癸卯	癸酉	甲辰	甲戌	乙巳	丙子	丙午	丁丑	丁未
9	甲戌	乙巳	癸酉	甲辰	甲戌	乙巳	乙亥	丙午	丁丑	丁未	戊寅	戊申
10	乙亥	丙午	甲戌	乙巳	乙亥	丙午	丙子	丁未	戊寅	戊申	己卯	己酉
11	丙子	丁未	乙亥	丙午	丙子	丁未	丁丑	戊申	己卯	己酉	庚辰	庚戌
12	丁丑	戊申	丙子	丁未	丁丑	戊申	戊寅	己酉	庚辰	庚戌	辛巳	辛亥
13	戊寅	己酉	丁丑	戊申	戊寅	己酉	己卯	庚戌	辛巳	辛亥	壬午	壬子
14	己卯	庚戌	戊寅	己酉	己卯	庚戌	庚辰	辛亥	壬午	壬子	癸未	癸丑
15	庚辰	辛亥	己卯	庚戌	庚辰	辛亥	辛巳	壬子	癸未	癸丑	甲申	甲寅
16	辛巳	壬子	庚辰	辛亥	辛巳	壬子	壬午	癸丑	甲申	甲寅	乙酉	乙卯
17	壬午	癸丑	辛巳	壬子	壬午	癸丑	癸未	甲寅	乙酉	乙卯	丙戌	丙辰
18	癸未	甲寅	壬午	癸丑	癸未	甲寅	甲申	乙卯	丙戌	丙辰	丁亥	丁巳
19	甲申	乙卯	癸未	甲寅	甲申	乙卯	乙酉	丙辰	丁亥	丁巳	戊子	戊午
20	乙酉	丙辰	甲申	乙卯	乙酉	丙辰	丙戌	丁巳	戊子	戊午	己丑	己未
21	丙戌	丁巳	乙酉	丙辰	丙戌	丁巳	丁亥	戊午	己丑	己未	庚寅	庚申
22	丁亥	戊午	丙戌	丁巳	丁亥	戊午	戊子	己未	庚寅	庚申	辛卯	辛酉
23	戊子	己未	丁亥	戊午	戊子	己未	己丑	庚申	辛卯	辛酉	壬辰	壬戌
24	己丑	庚申	戊子	己未	己丑	庚申	庚寅	辛酉	壬辰	壬戌	癸巳	癸亥
25	庚寅	辛酉	己丑	庚申	庚寅	辛酉	辛卯	壬戌	癸巳	癸亥	甲午	甲子
26	辛卯	壬戌	庚寅	辛酉	辛卯	壬戌	壬辰	癸亥	甲午	甲子	乙未	乙丑
27	壬辰	癸亥	辛卯	壬戌	壬辰	癸亥	癸巳	甲子	乙未	乙丑	丙申	丙寅
28	癸巳	甲子	壬辰	癸亥	癸巳	甲子	甲午	乙丑	丙申	丙寅	丁酉	丁卯
29	甲午		癸巳	甲子	甲午	乙丑	乙未	丙寅	丁酉	丁卯	戊戌	戊辰
30	乙未		甲午	乙丑	乙未	丙寅	丙申	丁卯	戊戌	戊辰	己亥	己巳
31	丙申		乙未		丙申		丁酉	戊辰		己巳		庚午

1991年【辛未】

	1月	2月	3月	4月	5月	6月	7月	8月	9月	10月	11月	12月
	己丑	庚寅	辛卯	壬辰	癸巳	甲午	乙未	丙申	丁酉	戊戌	己亥	庚子
中節	20日 22:47	19日 12:59	21日 12:02	20日 23:07	21日 22:19	22日 6:18	23日 17:11	24日 0:13	23日 21:48	24日 7:04	23日 4:35	22日 17:53
1	辛未	壬寅	庚午	辛丑	辛未	壬寅	壬申	癸卯	甲戌	甲辰	乙亥	乙巳
2	壬申	癸卯	辛未	壬寅	壬申	癸卯	癸酉	甲辰	乙亥	乙巳	丙子	丙午
3	癸酉	甲辰	壬申	癸卯	癸酉	甲辰	甲戌	乙巳	丙子	丙午	丁丑	丁未
4	甲戌	乙巳	癸酉	甲辰	甲戌	乙巳	乙亥	丙午	丁丑	丁未	戊寅	戊申
5	乙亥	丙午	甲戌	乙巳	乙亥	丙午	丙子	丁未	戊寅	戊申	己卯	己酉
6	丙子	丁未	乙亥	丙午	丙子	丁未	丁丑	戊申	己卯	己酉	庚辰	庚戌
7	丁丑	戊申	丙子	丁未	丁丑	戊申	戊寅	己酉	庚辰	庚戌	辛巳	辛亥
8	戊寅	己酉	丁丑	戊申	戊寅	己酉	己卯	庚戌	辛巳	辛亥	壬午	壬子
9	己卯	庚戌	戊寅	己酉	己卯	庚戌	庚辰	辛亥	壬午	壬子	癸未	癸丑
10	庚辰	辛亥	己卯	庚戌	庚辰	辛亥	辛巳	壬子	癸未	癸丑	甲申	甲寅
11	辛巳	壬子	庚辰	辛亥	辛巳	壬子	壬午	癸丑	甲申	甲寅	乙酉	乙卯
12	壬午	癸丑	辛巳	壬子	壬午	癸丑	癸未	甲寅	乙酉	乙卯	丙戌	丙辰
13	癸未	甲寅	壬午	癸丑	癸未	甲寅	甲申	乙卯	丙戌	丙辰	丁亥	丁巳
14	甲申	乙卯	癸未	甲寅	甲申	乙卯	乙酉	丙辰	丁亥	丁巳	戊子	戊午
15	乙酉	丙辰	甲申	乙卯	乙酉	丙辰	丙戌	丁巳	戊子	戊午	己丑	己未
16	丙戌	丁巳	乙酉	丙辰	丙戌	丁巳	丁亥	戊午	己丑	己未	庚寅	庚申
17	丁亥	戊午	丙戌	丁巳	丁亥	戊午	戊子	己未	庚寅	庚申	辛卯	辛酉
18	戊子	己未	丁亥	戊午	戊子	己未	己丑	庚申	辛卯	辛酉	壬辰	壬戌
19	己丑	庚申	戊子	己未	己丑	庚申	庚寅	辛酉	壬辰	壬戌	癸巳	癸亥
20	庚寅	辛酉	己丑	庚申	庚寅	辛酉	辛卯	壬戌	癸巳	癸亥	甲午	甲子
21	辛卯	壬戌	庚寅	辛酉	辛卯	壬戌	壬辰	癸亥	甲午	甲子	乙未	乙丑
22	壬辰	癸亥	辛卯	壬戌	壬辰	癸亥	癸巳	甲子	乙未	乙丑	丙申	丙寅
23	癸巳	甲子	壬辰	癸亥	癸巳	甲子	甲午	乙丑	丙申	丙寅	丁酉	丁卯
24	甲午	乙丑	癸巳	甲子	甲午	乙丑	乙未	丙寅	丁酉	丁卯	戊戌	戊辰
25	乙未	丙寅	甲午	乙丑	乙未	丙寅	丙申	丁卯	戊戌	戊辰	己亥	己巳
26	丙申	丁卯	乙未	丙寅	丙申	丁卯	丁酉	戊辰	己亥	己巳	庚子	庚午
27	丁酉	戊辰	丙申	丁卯	丁酉	戊辰	戊戌	己巳	庚子	庚午	辛丑	辛未
28	戊戌	己巳	丁酉	戊辰	戊戌	己巳	己亥	庚午	辛丑	辛未	壬寅	壬申
29	己亥		戊戌	己巳	己亥	庚午	庚子	辛未	壬寅	壬申	癸卯	癸酉
30	庚子		己亥	庚午	庚子	辛未	辛丑	壬申	癸卯	癸酉	甲辰	甲戌
31	辛丑		庚子		辛丑		壬寅	癸酉		甲戌		乙亥

1992年【壬申】

	1月	2月	3月	4月	5月	6月	7月	8月	9月	10月	11月	12月
	辛丑	壬寅	癸卯	甲辰	乙巳	丙午	丁未	戊申	己酉	庚戌	辛亥	壬子
中節	21日 4:33	19日 18:44	20日 17:48	20日 4:55	21日 4:11	21日 12:14	22日 23:09	23日 6:10	23日 3:42	23日 12:56	22日 10:25	21日 23:43
1	丙子	丁未	丙子	丁未	丁丑	戊申	戊寅	己酉	庚辰	庚戌	辛巳	辛亥
2	丁丑	戊申	丁丑	戊申	戊寅	己酉	己卯	庚戌	辛巳	辛亥	壬午	壬子
3	戊寅	己酉	戊寅	己酉	己卯	庚戌	庚辰	辛亥	壬午	壬子	癸未	癸丑
4	己卯	庚戌	己卯	庚戌	庚辰	辛亥	辛巳	壬子	癸未	癸丑	甲申	甲寅
5	庚辰	辛亥	庚辰	辛亥	辛巳	壬子	壬午	癸丑	甲申	甲寅	乙酉	乙卯
6	辛巳	壬子	辛巳	壬子	壬午	癸丑	癸未	甲寅	乙酉	乙卯	丙戌	丙辰
7	壬午	癸丑	壬午	癸丑	癸未	甲寅	甲申	乙卯	丙戌	丙辰	丁亥	丁巳
8	癸未	甲寅	癸未	甲寅	甲申	乙卯	乙酉	丙辰	丁亥	丁巳	戊子	戊午
9	甲申	乙卯	甲申	乙卯	乙酉	丙辰	丙戌	丁巳	戊子	戊午	己丑	己未
10	乙酉	丙辰	乙酉	丙辰	丙戌	丁巳	丁亥	戊午	己丑	己未	庚寅	庚申
11	丙戌	丁巳	丙戌	丁巳	丁亥	戊午	戊子	己未	庚寅	庚申	辛卯	辛酉
12	丁亥	戊午	丁亥	戊午	戊子	己未	己丑	庚申	辛卯	辛酉	壬辰	壬戌
13	戊子	己未	戊子	己未	己丑	庚申	庚寅	辛酉	壬辰	壬戌	癸巳	癸亥
14	己丑	庚申	己丑	庚申	庚寅	辛酉	辛卯	壬戌	癸巳	癸亥	甲午	甲子
15	庚寅	辛酉	庚寅	辛酉	辛卯	壬戌	壬辰	癸亥	甲午	甲子	乙未	乙丑
16	辛卯	壬戌	辛卯	壬戌	壬辰	癸亥	癸巳	甲子	乙未	乙丑	丙申	丙寅
17	壬辰	癸亥	壬辰	癸亥	癸巳	甲子	甲午	乙丑	丙申	丙寅	丁酉	丁卯
18	癸巳	甲子	癸巳	甲子	甲午	乙丑	乙未	丙寅	丁酉	丁卯	戊戌	戊辰
19	甲午	乙丑	甲午	乙丑	乙未	丙寅	丙申	丁卯	戊戌	戊辰	己亥	己巳
20	乙未	丙寅	乙未	丙寅	丙申	丁卯	丁酉	戊辰	己亥	己巳	庚子	庚午
21	丙申	丁卯	丙申	丁卯	丁酉	戊辰	戊戌	己巳	庚子	庚午	辛丑	辛未
22	丁酉	戊辰	丁酉	戊辰	戊戌	己巳	己亥	庚午	辛丑	辛未	壬寅	壬申
23	戊戌	己巳	戊戌	己巳	己亥	庚午	庚子	辛未	壬寅	壬申	癸卯	癸酉
24	己亥	庚午	己亥	庚午	庚子	辛未	辛丑	壬申	癸卯	癸酉	甲辰	甲戌
25	庚子	辛未	庚子	辛未	辛丑	壬申	壬寅	癸酉	甲辰	甲戌	乙巳	乙亥
26	辛丑	壬申	辛丑	壬申	壬寅	癸酉	癸卯	甲戌	乙巳	乙亥	丙午	丙子
27	壬寅	癸酉	壬寅	癸酉	癸卯	甲戌	甲辰	乙亥	丙午	丙子	丁未	丁丑
28	癸卯	甲戌	癸卯	甲戌	甲辰	乙亥	乙巳	丙子	丁未	丁丑	戊申	戊寅
29	甲辰	乙亥	甲辰	乙亥	乙巳	丙子	丙午	丁丑	戊申	戊寅	己酉	己卯
30	乙巳		乙巳	丙子	丙午	丁丑	丁未	戊寅	己酉	己卯	庚戌	庚辰
31	丙午		丙午		丁未		戊申	己卯		庚辰		辛巳

1993年【癸酉】

	1月	2月	3月	4月	5月	6月	7月	8月	9月	10月	11月	12月
	壬丑	甲寅	乙卯	丙辰	丁巳	戊午	己未	庚申	辛酉	壬戌	癸亥	甲子
中節	20日 10:23	19日 0:36	21日 23:40	20日 10:47	21日 10:00	21日 17:59	23日 4:51	23日 11:50	23日 9:22	23日 18:36	22日 16:06	22日 5:26
1	壬午	癸丑	辛巳	壬子	壬午	癸丑	癸未	甲寅	乙酉	乙卯	丙戌	丙辰
2	癸未	甲寅	壬午	癸丑	癸未	甲寅	甲申	乙卯	丙戌	丙辰	丁亥	丁巳
3	甲申	乙卯	癸未	甲寅	甲申	乙卯	乙酉	丙辰	丁亥	丁巳	戊子	戊午
4	乙酉	丙辰	甲申	乙卯	乙酉	丙辰	丙戌	丁巳	戊子	戊午	己丑	己未
5	丙戌	丁巳	乙酉	丙辰	丙戌	丁巳	丁亥	戊午	己丑	己未	庚寅	庚申
6	丁亥	戊午	丙戌	丁巳	丁亥	戊午	戊子	己未	庚寅	庚申	辛卯	辛酉
7	戊子	己未	丁亥	戊午	戊子	己未	己丑	庚申	辛卯	辛酉	壬辰	壬戌
8	己丑	庚申	戊子	己未	己丑	庚申	庚寅	辛酉	壬辰	壬戌	癸巳	癸亥
9	庚寅	辛酉	己丑	庚申	庚寅	辛酉	辛卯	壬戌	癸巳	癸亥	甲午	甲子
10	辛卯	壬戌	庚寅	辛酉	辛卯	壬戌	壬辰	癸亥	甲午	甲子	乙未	乙丑
11	壬辰	癸亥	辛卯	壬戌	壬辰	癸亥	癸巳	甲子	乙未	乙丑	丙申	丙寅
12	癸巳	甲子	壬辰	癸亥	癸巳	甲子	甲午	乙丑	丙申	丙寅	丁酉	丁卯
13	甲午	乙丑	癸巳	甲子	甲午	乙丑	乙未	丙寅	丁酉	丁卯	戊戌	戊辰
14	乙未	丙寅	甲午	乙丑	乙未	丙寅	丙申	丁卯	戊戌	戊辰	己亥	己巳
15	丙申	丁卯	乙未	丙寅	丙申	丁卯	丁酉	戊辰	己亥	己巳	庚子	庚午
16	丁酉	戊辰	丙申	丁卯	丁酉	戊辰	戊戌	己巳	庚子	庚午	辛丑	辛未
17	戊戌	己巳	丁酉	戊辰	戊戌	己巳	己亥	庚午	辛丑	辛未	壬寅	壬申
18	己亥	庚午	戊戌	己巳	己亥	庚午	庚子	辛未	壬寅	壬申	癸卯	癸酉
19	庚子	辛未	己亥	庚午	庚子	辛未	辛丑	壬申	癸卯	癸酉	甲辰	甲戌
20	辛丑	壬申	庚子	辛未	辛丑	壬申	壬寅	癸酉	甲辰	甲戌	乙巳	乙亥
21	壬寅	癸酉	辛丑	壬申	壬寅	癸酉	癸卯	甲戌	乙巳	乙亥	丙午	丙子
22	癸卯	甲戌	壬寅	癸酉	癸卯	甲戌	甲辰	乙亥	丙午	丙子	丁未	丁丑
23	甲辰	乙亥	癸卯	甲戌	甲辰	乙亥	乙巳	丙子	丁未	丁丑	戊申	戊寅
24	乙巳	丙子	甲辰	乙亥	乙巳	丙子	丙午	丁丑	戊申	戊寅	己酉	己卯
25	丙午	丁丑	乙巳	丙子	丙午	丁丑	丁未	戊寅	己酉	己卯	庚戌	庚辰
26	丁未	戊寅	丙午	丁丑	丁未	戊寅	戊申	己卯	庚戌	庚辰	辛亥	辛巳
27	戊申	己卯	丁未	戊寅	戊申	己卯	己酉	庚辰	辛亥	辛巳	壬子	壬午
28	己酉	庚辰	戊申	己卯	己酉	庚辰	庚戌	辛巳	壬子	壬午	癸丑	癸未
29	庚戌		己酉	庚辰	庚戌	辛巳	辛亥	壬午	癸丑	癸未	甲寅	甲申
30	辛亥		庚戌	辛巳	辛亥	壬午	壬子	癸未	甲寅	甲申	乙卯	乙酉
31	壬子		辛亥		壬子		癸丑	甲申		乙酉		丙戌

1994年【甲戌】

	1月	2月	3月	4月	5月	6月	7月	8月	9月	10月	11月	12月
	乙丑	丙寅	丁卯	戊辰	己巳	庚午	辛未	壬申	癸酉	甲戌	乙亥	丙子
中節	20日 16:08	19日 6:22	21日 5:27	20日 16:35	21日 15:48	21日 23:47	23日 10:41	23日 17:44	23日 15:18	24日 0:35	22日 22:06	22日 11:23
1	丁亥	戊午	丙戌	丁巳	丁亥	戊午	戊子	己未	庚寅	庚申	辛卯	辛酉
2	戊子	己未	丁亥	戊午	戊子	己未	己丑	庚申	辛卯	辛酉	壬辰	壬戌
3	己丑	庚申	戊子	己未	己丑	庚申	庚寅	辛酉	壬辰	壬戌	癸巳	癸亥
4	庚寅	辛酉	己丑	庚申	庚寅	辛酉	辛卯	壬戌	癸巳	癸亥	甲午	甲子
5	辛卯	壬戌	庚寅	辛酉	辛卯	壬戌	壬辰	癸亥	甲午	甲子	乙未	乙丑
6	壬辰	癸亥	辛卯	壬戌	壬辰	癸亥	癸巳	甲子	乙未	乙丑	丙申	丙寅
7	癸巳	甲子	壬辰	癸亥	癸巳	甲子	甲午	乙丑	丙申	丙寅	丁酉	丁卯
8	甲午	乙丑	癸巳	甲子	甲午	乙丑	乙未	丙寅	丁酉	丁卯	戊戌	戊辰
9	乙未	丙寅	甲午	乙丑	乙未	丙寅	丙申	丁卯	戊戌	戊辰	己亥	己巳
10	丙申	丁卯	乙未	丙寅	丙申	丁卯	丁酉	戊辰	己亥	己巳	庚子	庚午
11	丁酉	戊辰	丙申	丁卯	丁酉	戊辰	戊戌	己巳	庚子	庚午	辛丑	辛未
12	戊戌	己巳	丁酉	戊辰	戊戌	己巳	己亥	庚午	辛丑	辛未	壬寅	壬申
13	己亥	庚午	戊戌	己巳	己亥	庚午	庚子	辛未	壬寅	壬申	癸卯	癸酉
14	庚子	辛未	己亥	庚午	庚子	辛未	辛丑	壬申	癸卯	癸酉	甲辰	甲戌
15	辛丑	壬申	庚子	辛未	辛丑	壬申	壬寅	癸酉	甲辰	甲戌	乙巳	乙亥
16	壬寅	癸酉	辛丑	壬申	壬寅	癸酉	癸卯	甲戌	乙巳	乙亥	丙午	丙子
17	癸卯	甲戌	壬寅	癸酉	癸卯	甲戌	甲辰	乙亥	丙午	丙子	丁未	丁丑
18	甲辰	乙亥	癸卯	甲戌	甲辰	乙亥	乙巳	丙子	丁未	丁丑	戊申	戊寅
19	乙巳	丙子	甲辰	乙亥	乙巳	丙子	丙午	丁丑	戊申	戊寅	己酉	己卯
20	丙午	丁丑	乙巳	丙子	丙午	丁丑	丁未	戊寅	己酉	己卯	庚戌	庚辰
21	丁未	戊寅	丙午	丁丑	丁未	戊寅	戊申	己卯	庚戌	庚辰	辛亥	辛巳
22	戊申	己卯	丁未	戊寅	戊申	己卯	己酉	庚辰	辛亥	辛巳	壬子	壬午
23	己酉	庚辰	戊申	己卯	己酉	庚辰	庚戌	辛巳	壬子	壬午	癸丑	癸未
24	庚戌	辛巳	己酉	庚辰	庚戌	辛巳	辛亥	壬午	癸丑	癸未	甲寅	甲申
25	辛亥	壬午	庚戌	辛巳	辛亥	壬午	壬子	癸未	甲寅	甲申	乙卯	乙酉
26	壬子	癸未	辛亥	壬午	壬子	癸未	癸丑	甲申	乙卯	乙酉	丙辰	丙戌
27	癸丑	甲申	壬子	癸未	癸丑	甲申	甲寅	乙酉	丙辰	丙戌	丁巳	丁亥
28	甲寅	乙酉	癸丑	甲申	甲寅	乙酉	乙卯	丙戌	丁巳	丁亥	戊午	戊子
29	乙卯		甲寅	乙酉	乙卯	丙戌	丙辰	丁亥	戊午	戊子	己未	己丑
30	丙辰		乙卯	丙戌	丙辰	丁亥	丁巳	戊子	己未	己丑	庚申	庚寅
31	丁巳		丙辰		丁巳		戊午	己丑		庚寅		辛卯

1995年【乙亥】

	1月	2月	3月	4月	5月	6月	7月	8月	9月	10月	11月	12月
	丁丑	戊寅	己卯	庚辰	辛巳	壬午	癸未	甲申	乙酉	丙戌	丁亥	戊子
中節	20日 22:01	19日 12:10	21日 11:13	20日 22:20	21日 21:34	22日 5:34	23日 16:30	23日 23:34	23日 21:12	24日 6:31	23日 4:01	22日 17:17
1	壬辰	癸亥	辛卯	壬戌	壬辰	癸亥	癸巳	甲子	乙未	乙丑	丙申	丙寅
2	癸巳	甲子	壬辰	癸亥	癸巳	甲子	甲午	乙丑	丙申	丙寅	丁酉	丁卯
3	甲午	乙丑	癸巳	甲子	甲午	乙丑	乙未	丙寅	丁酉	丁卯	戊戌	戊辰
4	乙未	丙寅	甲午	乙丑	乙未	丙寅	丙申	丁卯	戊戌	戊辰	己亥	己巳
5	丙申	丁卯	乙未	丙寅	丙申	丁卯	丁酉	戊辰	己亥	己巳	庚子	庚午
6	丁酉	戊辰	丙申	丁卯	丁酉	戊辰	戊戌	己巳	庚子	庚午	辛丑	辛未
7	戊戌	己巳	丁酉	戊辰	戊戌	己巳	己亥	庚午	辛丑	辛未	壬寅	壬申
8	己亥	庚午	戊戌	己巳	己亥	庚午	庚子	辛未	壬寅	壬申	癸卯	癸酉
9	庚子	辛未	己亥	庚午	庚子	辛未	辛丑	壬申	癸卯	癸酉	甲辰	甲戌
10	辛丑	壬申	庚子	辛未	辛丑	壬申	壬寅	癸酉	甲辰	甲戌	乙巳	乙亥
11	壬寅	癸酉	辛丑	壬申	壬寅	癸酉	癸卯	甲戌	乙巳	乙亥	丙午	丙子
12	癸卯	甲戌	壬寅	癸酉	癸卯	甲戌	甲辰	乙亥	丙午	丙子	丁未	丁丑
13	甲辰	乙亥	癸卯	甲戌	甲辰	乙亥	乙巳	丙子	丁未	丁丑	戊申	戊寅
14	乙巳	丙子	甲辰	乙亥	乙巳	丙子	丙午	丁丑	戊申	戊寅	己酉	己卯
15	丙午	丁丑	乙巳	丙子	丙午	丁丑	丁未	戊寅	己酉	己卯	庚戌	庚辰
16	丁未	戊寅	丙午	丁丑	丁未	戊寅	戊申	己卯	庚戌	庚辰	辛亥	辛巳
17	戊申	己卯	丁未	戊寅	戊申	己卯	己酉	庚辰	辛亥	辛巳	壬子	壬午
18	己酉	庚辰	戊申	己卯	己酉	庚辰	庚戌	辛巳	壬子	壬午	癸丑	癸未
19	庚戌	辛巳	己酉	庚辰	庚戌	辛巳	辛亥	壬午	癸丑	癸未	甲寅	甲申
20	辛亥	壬午	庚戌	辛巳	辛亥	壬午	壬子	癸未	甲寅	甲申	乙卯	乙酉
21	壬子	癸未	辛亥	壬午	壬子	癸未	癸丑	甲申	乙卯	乙酉	丙辰	丙戌
22	癸丑	甲申	壬子	癸未	癸丑	甲申	甲寅	乙酉	丙辰	丙戌	丁巳	丁亥
23	甲寅	乙酉	癸丑	甲申	甲寅	乙酉	乙卯	丙戌	丁巳	丁亥	戊午	戊子
24	乙卯	丙戌	甲寅	乙酉	乙卯	丙戌	丙辰	丁亥	戊午	戊子	己未	己丑
25	丙辰	丁亥	乙卯	丙戌	丙辰	丁亥	丁巳	戊子	己未	己丑	庚申	庚寅
26	丁巳	戊子	丙辰	丁亥	丁巳	戊子	戊午	己丑	庚申	庚寅	辛酉	辛卯
27	戊午	己丑	丁巳	戊子	戊午	己丑	己未	庚寅	辛酉	辛卯	壬戌	壬辰
28	己未	庚寅	戊午	己丑	己未	庚寅	庚申	辛卯	壬戌	壬辰	癸亥	癸巳
29	庚申		己未	庚寅	庚申	辛卯	辛酉	壬辰	癸亥	癸巳	甲子	甲午
30	辛酉		庚申	辛卯	辛酉	壬辰	壬戌	癸巳	甲子	甲午	乙丑	乙未
31	壬戌		辛酉		壬戌		癸亥	甲午		乙未		丙申

1996年【丙子】

	1月	2月	3月	4月	5月	6月	7月	8月	9月	10月	11月	12月
	己丑	庚寅	辛卯	壬辰	癸巳	甲午	乙未	丙申	丁酉	戊戌	己亥	庚子
中節	21日 3:53	19日 18:00	20日 17:02	20日 4:09	21日 3:23	21日 11:23	22日 22:18	23日 5:22	23日 3:00	23日 12:18	22日 9:49	21日 23:06
1	丁酉	戊辰	丁酉	戊辰	戊戌	己巳	己亥	庚午	辛丑	辛未	壬寅	壬申
2	戊戌	己巳	戊戌	己巳	己亥	庚午	庚子	辛未	壬寅	壬申	癸卯	癸酉
3	己亥	庚午	己亥	庚午	庚子	辛未	辛丑	壬申	癸卯	癸酉	甲辰	甲戌
4	庚子	辛未	庚子	辛未	辛丑	壬申	壬寅	癸酉	甲辰	甲戌	乙巳	乙亥
5	辛丑	壬申	辛丑	壬申	壬寅	癸酉	癸卯	甲戌	乙巳	乙亥	丙午	丙子
6	壬寅	癸酉	壬寅	癸酉	癸卯	甲戌	甲辰	乙亥	丙午	丙子	丁未	丁丑
7	癸卯	甲戌	癸卯	甲戌	甲辰	乙亥	乙巳	丙子	丁未	丁丑	戊申	戊寅
8	甲辰	乙亥	甲辰	乙亥	乙巳	丙子	丙午	丁丑	戊申	戊寅	己酉	己卯
9	乙巳	丙子	乙巳	丙子	丙午	丁丑	丁未	戊寅	己酉	己卯	庚戌	庚辰
10	丙午	丁丑	丙午	丁丑	丁未	戊寅	戊申	己卯	庚戌	庚辰	辛亥	辛巳
11	丁未	戊寅	丁未	戊寅	戊申	己卯	己酉	庚辰	辛亥	辛巳	壬子	壬午
12	戊申	己卯	戊申	己卯	己酉	庚辰	庚戌	辛巳	壬子	壬午	癸丑	癸未
13	己酉	庚辰	己酉	庚辰	庚戌	辛巳	辛亥	壬午	癸丑	癸未	甲寅	甲申
14	庚戌	辛巳	庚戌	辛巳	辛亥	壬午	壬子	癸未	甲寅	甲申	乙卯	乙酉
15	辛亥	壬午	辛亥	壬午	壬子	癸未	癸丑	甲申	乙卯	乙酉	丙辰	丙戌
16	壬子	癸未	壬子	癸未	癸丑	甲申	甲寅	乙酉	丙辰	丙戌	丁巳	丁亥
17	癸丑	甲申	癸丑	甲申	甲寅	乙酉	乙卯	丙戌	丁巳	丁亥	戊午	戊子
18	甲寅	乙酉	甲寅	乙酉	乙卯	丙戌	丙辰	丁亥	戊午	戊子	己未	己丑
19	乙卯	丙戌	乙卯	丙戌	丙辰	丁亥	丁巳	戊子	己未	己丑	庚申	庚寅
20	丙辰	丁亥	丙辰	丁亥	丁巳	戊子	戊午	己丑	庚申	庚寅	辛酉	辛卯
21	丁巳	戊子	丁巳	戊子	戊午	己丑	己未	庚寅	辛酉	辛卯	壬戌	壬辰
22	戊午	己丑	戊午	己丑	己未	庚寅	庚申	辛卯	壬戌	壬辰	癸亥	癸巳
23	己未	庚寅	己未	庚寅	庚申	辛卯	辛酉	壬辰	癸亥	癸巳	甲子	甲午
24	庚申	辛卯	庚申	辛卯	辛酉	壬辰	壬戌	癸巳	甲子	甲午	乙丑	乙未
25	辛酉	壬辰	辛酉	壬辰	壬戌	癸巳	癸亥	甲午	乙丑	乙未	丙寅	丙申
26	壬戌	癸巳	壬戌	癸巳	癸亥	甲午	甲子	乙未	丙寅	丙申	丁卯	丁酉
27	癸亥	甲午	癸亥	甲午	甲子	乙未	乙丑	丙申	丁卯	丁酉	戊辰	戊戌
28	甲子	乙未	甲子	乙未	乙丑	丙申	丙寅	丁酉	戊辰	戊戌	己巳	己亥
29	乙丑	丙申	乙丑	丙申	丙寅	丁酉	丁卯	戊戌	己巳	己亥	庚午	庚子
30	丙寅		丙寅	丁酉	丁卯	戊戌	戊辰	己亥	庚午	庚子	辛未	辛丑
31	丁卯		丁卯		戊辰		己巳	庚子		辛丑		壬寅

1997年【丁丑】

	1月	2月	3月	4月	5月	6月	7月	8月	9月	10月	11月	12月
	辛丑	壬寅	癸卯	甲辰	乙巳	丙午	丁未	戊申	己酉	庚戌	辛亥	壬子
中節	20日 9:42	18日 23:51	20日 22:54	20日 10:02	21日 9:17	21日 17:19	23日 4:15	23日 11:19	23日 8:56	23日 18:15	22日 15:47	22日 5:07
1	癸卯	甲戌	壬寅	癸酉	癸卯	甲戌	甲辰	乙亥	丙午	丙子	丁未	丁丑
2	甲辰	乙亥	癸卯	甲戌	甲辰	乙亥	乙巳	丙子	丁未	丁丑	戊申	戊寅
3	乙巳	丙子	甲辰	乙亥	乙巳	丙子	丙午	丁丑	戊申	戊寅	己酉	己卯
4	丙午	丁丑	乙巳	丙子	丙午	丁丑	丁未	戊寅	己酉	己卯	庚戌	庚辰
5	丁未	戊寅	丙午	丁丑	丁未	戊寅	戊申	己卯	庚戌	庚辰	辛亥	辛巳
6	戊申	己卯	丁未	戊寅	戊申	己卯	己酉	庚辰	辛亥	辛巳	壬子	壬午
7	己酉	庚辰	戊申	己卯	己酉	庚辰	庚戌	辛巳	壬子	壬午	癸丑	癸未
8	庚戌	辛巳	己酉	庚辰	庚戌	辛巳	辛亥	壬午	癸丑	癸未	甲寅	甲申
9	辛亥	壬午	庚戌	辛巳	辛亥	壬午	壬子	癸未	甲寅	甲申	乙卯	乙酉
10	壬子	癸未	辛亥	壬午	壬子	癸未	癸丑	甲申	乙卯	乙酉	丙辰	丙戌
11	癸丑	甲申	壬子	癸未	癸丑	甲申	甲寅	乙酉	丙辰	丙戌	丁巳	丁亥
12	甲寅	乙酉	癸丑	甲申	甲寅	乙酉	乙卯	丙戌	丁巳	丁亥	戊午	戊子
13	乙卯	丙戌	甲寅	乙酉	乙卯	丙戌	丙辰	丁亥	戊午	戊子	己未	己丑
14	丙辰	丁亥	乙卯	丙戌	丙辰	丁亥	丁巳	戊子	己未	己丑	庚申	庚寅
15	丁巳	戊子	丙辰	丁亥	丁巳	戊子	戊午	己丑	庚申	庚寅	辛酉	辛卯
16	戊午	己丑	丁巳	戊子	戊午	己丑	己未	庚寅	辛酉	辛卯	壬戌	壬辰
17	己未	庚寅	戊午	己丑	己未	庚寅	庚申	辛卯	壬戌	壬辰	癸亥	癸巳
18	庚申	辛卯	己未	庚寅	庚申	辛卯	辛酉	壬辰	癸亥	癸巳	甲子	甲午
19	辛酉	壬辰	庚申	辛卯	辛酉	壬辰	壬戌	癸巳	甲子	甲午	乙丑	乙未
20	壬戌	癸巳	辛酉	壬辰	壬戌	癸巳	癸亥	甲午	乙丑	乙未	丙寅	丙申
21	癸亥	甲午	壬戌	癸巳	癸亥	甲午	甲子	乙未	丙寅	丙申	丁卯	丁酉
22	甲子	乙未	癸亥	甲午	甲子	乙未	乙丑	丙申	丁卯	丁酉	戊辰	戊戌
23	乙丑	丙申	甲子	乙未	乙丑	丙申	丙寅	丁酉	戊辰	戊戌	己巳	己亥
24	丙寅	丁酉	乙丑	丙申	丙寅	丁酉	丁卯	戊戌	己巳	己亥	庚午	庚子
25	丁卯	戊戌	丙寅	丁酉	丁卯	戊戌	戊辰	己亥	庚午	庚子	辛未	辛丑
26	戊辰	己亥	丁卯	戊戌	戊辰	己亥	己巳	庚子	辛未	辛丑	壬申	壬寅
27	己巳	庚子	戊辰	己亥	己巳	庚子	庚午	辛丑	壬申	壬寅	癸酉	癸卯
28	庚午	辛丑	己巳	庚子	庚午	辛丑	辛未	壬寅	癸酉	癸卯	甲戌	甲辰
29	辛未		庚午	辛丑	辛未	壬寅	壬申	癸卯	甲戌	甲辰	乙亥	乙巳
30	壬申		辛未	壬寅	壬申	癸卯	癸酉	甲辰	乙亥	乙巳	丙子	丙午
31	癸酉		壬申		癸酉		甲戌	乙巳		丙午		丁未

1998年【戊寅】

	1月	2月	3月	4月	5月	6月	7月	8月	9月	10月	11月	12月
	癸丑	甲寅	乙卯	丙辰	丁巳	戊午	己未	庚申	辛酉	壬戌	癸亥	甲子
中節	20日 15:46	19日 5:55	21日 4:55	20日 15:56	21日 15:05	21日 23:02	23日 9:55	23日 16:59	23日 14:37	23日 23:58:	22日 21:34	22日 10:56
1	戊申	己卯	丁未	戊寅	戊申	己卯	己酉	庚辰	辛亥	辛巳	壬子	壬午
2	己酉	庚辰	戊申	己卯	己酉	庚辰	庚戌	辛巳	壬子	壬午	癸丑	癸未
3	庚戌	辛巳	己酉	庚辰	庚戌	辛巳	辛亥	壬午	癸丑	癸未	甲寅	甲申
4	辛亥	壬午	庚戌	辛巳	辛亥	壬午	壬子	癸未	甲寅	甲申	乙卯	乙酉
5	壬子	癸未	辛亥	壬午	壬子	癸未	癸丑	甲申	乙卯	乙酉	丙辰	丙戌
6	癸丑	甲申	壬子	癸未	癸丑	甲申	甲寅	乙酉	丙辰	丙戌	丁巳	丁亥
7	甲寅	乙酉	癸丑	甲申	甲寅	乙酉	乙卯	丙戌	丁巳	丁亥	戊午	戊子
8	乙卯	丙戌	甲寅	乙酉	乙卯	丙戌	丙辰	丁亥	戊午	戊子	己未	己丑
9	丙辰	丁亥	乙卯	丙戌	丙辰	丁亥	丁巳	戊子	己未	己丑	庚申	庚寅
10	丁巳	戊子	丙辰	丁亥	丁巳	戊子	戊午	己丑	庚申	庚寅	辛酉	辛卯
11	戊午	己丑	丁巳	戊子	戊午	己丑	己未	庚寅	辛酉	辛卯	壬戌	壬辰
12	己未	庚寅	戊午	己丑	己未	庚寅	庚申	辛卯	壬戌	壬辰	癸亥	癸巳
13	庚申	辛卯	己未	庚寅	庚申	辛卯	辛酉	壬辰	癸亥	癸巳	甲子	甲午
14	辛酉	壬辰	庚申	辛卯	辛酉	壬辰	壬戌	癸巳	甲子	甲午	乙丑	乙未
15	壬戌	癸巳	辛酉	壬辰	壬戌	癸巳	癸亥	甲午	乙丑	乙未	丙寅	丙申
16	癸亥	甲午	壬戌	癸巳	癸亥	甲午	甲子	乙未	丙寅	丙申	丁卯	丁酉
17	甲子	乙未	癸亥	甲午	甲子	乙未	乙丑	丙申	丁卯	丁酉	戊辰	戊戌
18	乙丑	丙申	甲子	乙未	乙丑	丙申	丙寅	丁酉	戊辰	戊戌	己巳	己亥
19	丙寅	丁酉	乙丑	丙申	丙寅	丁酉	丁卯	戊戌	己巳	己亥	庚午	庚子
20	丁卯	戊戌	丙寅	丁酉	丁卯	戊戌	戊辰	己亥	庚午	庚子	辛未	辛丑
21	戊辰	己亥	丁卯	戊戌	戊辰	己亥	己巳	庚子	辛未	辛丑	壬申	壬寅
22	己巳	庚子	戊辰	己亥	己巳	庚子	庚午	辛丑	壬申	壬寅	癸酉	癸卯
23	庚午	辛丑	己巳	庚子	庚午	辛丑	辛未	壬寅	癸酉	癸卯	甲戌	甲辰
24	辛未	壬寅	庚午	辛丑	辛未	壬寅	壬申	癸卯	甲戌	甲辰	乙亥	乙巳
25	壬申	癸卯	辛未	壬寅	壬申	癸卯	癸酉	甲辰	乙亥	乙巳	丙子	丙午
26	癸酉	甲辰	壬申	癸卯	癸酉	甲辰	甲戌	乙巳	丙子	丙午	丁丑	丁未
27	甲戌	乙巳	癸酉	甲辰	甲戌	乙巳	乙亥	丙午	丁丑	丁未	戊寅	戊申
28	乙亥	丙午	甲戌	乙巳	乙亥	丙午	丙子	丁未	戊寅	戊申	己卯	己酉
29	丙子		乙亥	丙午	丙子	丁未	丁丑	戊申	己卯	己酉	庚辰	庚戌
30	丁丑		丙子	丁未	丁丑	戊申	戊寅	己酉	庚辰	庚戌	辛巳	辛亥
31	戊寅		丁丑		戊寅		己卯	庚戌		辛亥		壬子

1999年【己卯】

	1月	2月	3月	4月	5月	6月	7月	8月	9月	10月	11月	12月
	乙丑	丙寅	丁卯	戊辰	己巳	庚午	辛未	壬申	癸酉	甲戌	乙亥	丙子
中節	20日 21:37	19日 11:47	21日 10:46	20日 21:45	21日 20:51	22日 4:48	23日 15:44	23日 22:51	23日 20:32	24日 5:52	23日 3:24	22日 16:43
1	癸丑	甲申	壬子	癸未	癸丑	甲申	甲寅	乙酉	丙辰	丙戌	丁巳	丁亥
2	甲寅	乙酉	癸丑	甲申	甲寅	乙酉	乙卯	丙戌	丁巳	丁亥	戊午	戊子
3	乙卯	丙戌	甲寅	乙酉	乙卯	丙戌	丙辰	丁亥	戊午	戊子	己未	己丑
4	丙辰	丁亥	乙卯	丙戌	丙辰	丁亥	丁巳	戊子	己未	己丑	庚申	庚寅
5	丁巳	戊子	丙辰	丁亥	丁巳	戊子	戊午	己丑	庚申	庚寅	辛酉	辛卯
6	戊午	己丑	丁巳	戊子	戊午	己丑	己未	庚寅	辛酉	辛卯	壬戌	壬辰
7	己未	庚寅	戊午	己丑	己未	庚寅	庚申	辛卯	壬戌	壬辰	癸亥	癸巳
8	庚申	辛卯	己未	庚寅	庚申	辛卯	辛酉	壬辰	癸亥	癸巳	甲子	甲午
9	辛酉	壬辰	庚申	辛卯	辛酉	壬辰	壬戌	癸巳	甲子	甲午	乙丑	乙未
10	壬戌	癸巳	辛酉	壬辰	壬戌	癸巳	癸亥	甲午	乙丑	乙未	丙寅	丙申
11	癸亥	甲午	壬戌	癸巳	癸亥	甲午	甲子	乙未	丙寅	丙申	丁卯	丁酉
12	甲子	乙未	癸亥	甲午	甲子	乙未	乙丑	丙申	丁卯	丁酉	戊辰	戊戌
13	乙丑	丙申	甲子	乙未	乙丑	丙申	丙寅	丁酉	戊辰	戊戌	己巳	己亥
14	丙寅	丁酉	乙丑	丙申	丙寅	丁酉	丁卯	戊戌	己巳	己亥	庚午	庚子
15	丁卯	戊戌	丙寅	丁酉	丁卯	戊戌	戊辰	己亥	庚午	庚子	辛未	辛丑
16	戊辰	己亥	丁卯	戊戌	戊辰	己亥	己巳	庚子	辛未	辛丑	壬申	壬寅
17	己巳	庚子	戊辰	己亥	己巳	庚子	庚午	辛丑	壬申	壬寅	癸酉	癸卯
18	庚午	辛丑	己巳	庚子	庚午	辛丑	辛未	壬寅	癸酉	癸卯	甲戌	甲辰
19	辛未	壬寅	庚午	辛丑	辛未	壬寅	壬申	癸卯	甲戌	甲辰	乙亥	乙巳
20	壬申	癸卯	辛未	壬寅	壬申	癸卯	癸酉	甲辰	乙亥	乙巳	丙子	丙午
21	癸酉	甲辰	壬申	癸卯	癸酉	甲辰	甲戌	乙巳	丙子	丙午	丁丑	丁未
22	甲戌	乙巳	癸酉	甲辰	甲戌	乙巳	乙亥	丙午	丁丑	丁未	戊寅	戊申
23	乙亥	丙午	甲戌	乙巳	乙亥	丙午	丙子	丁未	戊寅	戊申	己卯	己酉
24	丙子	丁未	乙亥	丙午	丙子	丁未	丁丑	戊申	己卯	己酉	庚辰	庚戌
25	丁丑	戊申	丙子	丁未	丁丑	戊申	戊寅	己酉	庚辰	庚戌	辛巳	辛亥
26	戊寅	己酉	丁丑	戊申	戊寅	己酉	己卯	庚戌	辛巳	辛亥	壬午	壬子
27	己卯	庚戌	戊寅	己酉	己卯	庚戌	庚辰	辛亥	壬午	壬子	癸未	癸丑
28	庚辰	辛亥	己卯	庚戌	庚辰	辛亥	辛巳	壬子	癸未	癸丑	甲申	甲寅
29	辛巳		庚辰	辛亥	辛巳	壬子	壬午	癸丑	甲申	甲寅	乙酉	乙卯
30	壬午		辛巳	壬子	壬午	癸丑	癸未	甲寅	乙酉	乙卯	丙戌	丙辰
31	癸未		壬午		癸未		甲申	乙卯		丙辰		丁巳

2000年【庚辰】

	1月	2月	3月	4月	5月	6月	7月	8月	9月	10月	11月	12月
	丁丑	戊寅	己卯	庚辰	辛巳	壬午	癸未	甲申	乙酉	丙戌	丁亥	戊子
中節	21日 3:23	19日 17:34	20日 16:35	20日 3:39	21日 2:48	21日 10:47	22日 21:43	23日 4:49	23日 2:28	23日 11:47	22日 9:18	21日 22:37
1	戊午	己丑	戊午	己丑	己未	庚寅	庚申	辛卯	壬戌	壬辰	癸亥	癸巳
2	己未	庚寅	己未	庚寅	庚申	辛卯	辛酉	壬辰	癸亥	癸巳	甲子	甲午
3	庚申	辛卯	庚申	辛卯	辛酉	壬辰	壬戌	癸巳	甲子	甲午	乙丑	乙未
4	辛酉	壬辰	辛酉	壬辰	壬戌	癸巳	癸亥	甲午	乙丑	乙未	丙寅	丙申
5	壬戌	癸巳	壬戌	癸巳	癸亥	甲午	甲子	乙未	丙寅	丙申	丁卯	丁酉
6	癸亥	甲午	癸亥	甲午	甲子	乙未	乙丑	丙申	丁卯	丁酉	戊辰	戊戌
7	甲子	乙未	甲子	乙未	乙丑	丙申	丙寅	丁酉	戊辰	戊戌	己巳	己亥
8	乙丑	丙申	乙丑	丙申	丙寅	丁酉	丁卯	戊戌	己巳	己亥	庚午	庚子
9	丙寅	丁酉	丙寅	丁酉	丁卯	戊戌	戊辰	己亥	庚午	庚子	辛未	辛丑
10	丁卯	戊戌	丁卯	戊戌	戊辰	己亥	己巳	庚子	辛未	辛丑	壬申	壬寅
11	戊辰	己亥	戊辰	己亥	己巳	庚子	庚午	辛丑	壬申	壬寅	癸酉	癸卯
12	己巳	庚子	己巳	庚子	庚午	辛丑	辛未	壬寅	癸酉	癸卯	甲戌	甲辰
13	庚午	辛丑	庚午	辛丑	辛未	壬寅	壬申	癸卯	甲戌	甲辰	乙亥	乙巳
14	辛未	壬寅	辛未	壬寅	壬申	癸卯	癸酉	甲辰	乙亥	乙巳	丙子	丙午
15	壬申	癸卯	壬申	癸卯	癸酉	甲辰	甲戌	乙巳	丙子	丙午	丁丑	丁未
16	癸酉	甲辰	癸酉	甲辰	甲戌	乙巳	乙亥	丙午	丁丑	丁未	戊寅	戊申
17	甲戌	乙巳	甲戌	乙巳	乙亥	丙午	丙子	丁未	戊寅	戊申	己卯	己酉
18	乙亥	丙午	乙亥	丙午	丙子	丁未	丁丑	戊申	己卯	己酉	庚辰	庚戌
19	丙子	丁未	丙子	丁未	丁丑	戊申	戊寅	己酉	庚辰	庚戌	辛巳	辛亥
20	丁丑	戊申	丁丑	戊申	戊寅	己酉	己卯	庚戌	辛巳	辛亥	壬午	壬子
21	戊寅	己酉	戊寅	己酉	己卯	庚戌	庚辰	辛亥	壬午	壬子	癸未	癸丑
22	己卯	庚戌	己卯	庚戌	庚辰	辛亥	辛巳	壬子	癸未	癸丑	甲申	甲寅
23	庚辰	辛亥	庚辰	辛亥	辛巳	壬子	壬午	癸丑	甲申	甲寅	乙酉	乙卯
24	辛巳	壬子	辛巳	壬子	壬午	癸丑	癸未	甲寅	乙酉	乙卯	丙戌	丙辰
25	壬午	癸丑	壬午	癸丑	癸未	甲寅	甲申	乙卯	丙戌	丙辰	丁亥	丁巳
26	癸未	甲寅	癸未	甲寅	甲申	乙卯	乙酉	丙辰	丁亥	丁巳	戊子	戊午
27	甲申	乙卯	甲申	乙卯	乙酉	丙辰	丙戌	丁巳	戊子	戊午	己丑	己未
28	乙酉	丙辰	乙酉	丙辰	丙戌	丁巳	丁亥	戊午	己丑	己未	庚寅	庚申
29	丙戌	丁巳	丙戌	丁巳	丁亥	戊午	戊子	己未	庚寅	庚申	辛卯	辛酉
30	丁亥		丁亥	戊午	戊子	己未	己丑	庚申	辛卯	辛酉	壬辰	壬戌
31	戊子		戊子		己丑		庚寅	辛酉		壬戌		癸亥

2001年【辛巳】

	1月	2月	3月	4月	5月	6月	7月	8月	9月	10月	11月	12月
	己丑	庚寅	辛卯	壬辰	癸巳	甲午	乙未	丙申	丁酉	戊戌	己亥	庚子
中節	20日 9:17	18日 23:28	20日 22:31	20日 9:35	21日 8:43	21日 16:37	23日 3:27	23日 10:28	23日 8:04	23日 17:24	22日 14:59	22日 4:21
1	甲子	乙未	癸亥	甲午	甲子	乙未	乙丑	丙申	丁卯	丁酉	戊辰	戊戌
2	乙丑	丙申	甲子	乙未	乙丑	丙申	丙寅	丁酉	戊辰	戊戌	己巳	己亥
3	丙寅	丁酉	乙丑	丙申	丙寅	丁酉	丁卯	戊戌	己巳	己亥	庚午	庚子
4	丁卯	戊戌	丙寅	丁酉	丁卯	戊戌	戊辰	己亥	庚午	庚子	辛未	辛丑
5	戊辰	己亥	丁卯	戊戌	戊辰	己亥	己巳	庚子	辛未	辛丑	壬申	壬寅
6	己巳	庚子	戊辰	己亥	己巳	庚子	庚午	辛丑	壬申	壬寅	癸酉	癸卯
7	庚午	辛丑	己巳	庚子	庚午	辛丑	辛未	壬寅	癸酉	癸卯	甲戌	甲辰
8	辛未	壬寅	庚午	辛丑	辛未	壬寅	壬申	癸卯	甲戌	甲辰	乙亥	乙巳
9	壬申	癸卯	辛未	壬寅	壬申	癸卯	癸酉	甲辰	乙亥	乙巳	丙子	丙午
10	癸酉	甲辰	壬申	癸卯	癸酉	甲辰	甲戌	乙巳	丙子	丙午	丁丑	丁未
11	甲戌	乙巳	癸酉	甲辰	甲戌	乙巳	乙亥	丙午	丁丑	丁未	戊寅	戊申
12	乙亥	丙午	甲戌	乙巳	乙亥	丙午	丙子	丁未	戊寅	戊申	己卯	己酉
13	丙子	丁未	乙亥	丙午	丙子	丁未	丁丑	戊申	己卯	己酉	庚辰	庚戌
14	丁丑	戊申	丙子	丁未	丁丑	戊申	戊寅	己酉	庚辰	庚戌	辛巳	辛亥
15	戊寅	己酉	丁丑	戊申	戊寅	己酉	己卯	庚戌	辛巳	辛亥	壬午	壬子
16	己卯	庚戌	戊寅	己酉	己卯	庚戌	庚辰	辛亥	壬午	壬子	癸未	癸丑
17	庚辰	辛亥	己卯	庚戌	庚辰	辛亥	辛巳	壬子	癸未	癸丑	甲申	甲寅
18	辛巳	壬子	庚辰	辛亥	辛巳	壬子	壬午	癸丑	甲申	甲寅	乙酉	乙卯
19	壬午	癸丑	辛巳	壬子	壬午	癸丑	癸未	甲寅	乙酉	乙卯	丙戌	丙辰
20	癸未	甲寅	壬午	癸丑	癸未	甲寅	甲申	乙卯	丙戌	丙辰	丁亥	丁巳
21	甲申	乙卯	癸未	甲寅	甲申	乙卯	乙酉	丙辰	丁亥	丁巳	戊子	戊午
22	乙酉	丙辰	甲申	乙卯	乙酉	丙辰	丙戌	丁巳	戊子	戊午	己丑	己未
23	丙戌	丁巳	乙酉	丙辰	丙戌	丁巳	丁亥	戊午	己丑	己未	庚寅	庚申
24	丁亥	戊午	丙戌	丁巳	丁亥	戊午	戊子	己未	庚寅	庚申	辛卯	辛酉
25	戊子	己未	丁亥	戊午	戊子	己未	己丑	庚申	辛卯	辛酉	壬辰	壬戌
26	己丑	庚申	戊子	己未	己丑	庚申	庚寅	辛酉	壬辰	壬戌	癸巳	癸亥
27	庚寅	辛酉	己丑	庚申	庚寅	辛酉	辛卯	壬戌	癸巳	癸亥	甲午	甲子
28	辛卯	壬戌	庚寅	辛酉	辛卯	壬戌	壬辰	癸亥	甲午	甲子	乙未	乙丑
29	壬辰		辛卯	壬戌	壬辰	癸亥	癸巳	甲子	乙未	乙丑	丙申	丙寅
30	癸巳		壬辰	癸亥	癸巳	甲子	甲午	乙丑	丙申	丙寅	丁酉	丁卯
31	甲午		癸巳		甲午		乙未	丙寅		丁卯		戊辰

2002年【壬午】

	1月	2月	3月	4月	5月	6月	7月	8月	9月	10月	11月	12月
	辛丑	壬寅	癸卯	甲辰	乙巳	丙午	丁未	戊申	己酉	庚戌	辛亥	壬子
中節	20日 15:03	19日 5:14	21日 4:16	20日 15:19	21日 14:28	21日 22:24	23日 9:15	23日 16:17	23日 13:55	23日 23:17	22日 20:53	22日 10:15
1	己巳	庚子	戊辰	己亥	己巳	庚子	庚午	辛丑	壬申	壬寅	癸酉	癸卯
2	庚午	辛丑	己巳	庚子	庚午	辛丑	辛未	壬寅	癸酉	癸卯	甲戌	甲辰
3	辛未	壬寅	庚午	辛丑	辛未	壬寅	壬申	癸卯	甲戌	甲辰	乙亥	乙巳
4	壬申	癸卯	辛未	壬寅	壬申	癸卯	癸酉	甲辰	乙亥	乙巳	丙子	丙午
5	癸酉	甲辰	壬申	癸卯	癸酉	甲辰	甲戌	乙巳	丙子	丙午	丁丑	丁未
6	甲戌	乙巳	癸酉	甲辰	甲戌	乙巳	乙亥	丙午	丁丑	丁未	戊寅	戊申
7	乙亥	丙午	甲戌	乙巳	乙亥	丙午	丙子	丁未	戊寅	戊申	己卯	己酉
8	丙子	丁未	乙亥	丙午	丙子	丁未	丁丑	戊申	己卯	己酉	庚辰	庚戌
9	丁丑	戊申	丙子	丁未	丁丑	戊申	戊寅	己酉	庚辰	庚戌	辛巳	辛亥
10	戊寅	己酉	丁丑	戊申	戊寅	己酉	己卯	庚戌	辛巳	辛亥	壬午	壬子
11	己卯	庚戌	戊寅	己酉	己卯	庚戌	庚辰	辛亥	壬午	壬子	癸未	癸丑
12	庚辰	辛亥	己卯	庚戌	庚辰	辛亥	辛巳	壬子	癸未	癸丑	甲申	甲寅
13	辛巳	壬子	庚辰	辛亥	辛巳	壬子	壬午	癸丑	甲申	甲寅	乙酉	乙卯
14	壬午	癸丑	辛巳	壬子	壬午	癸丑	癸未	甲寅	乙酉	乙卯	丙戌	丙辰
15	癸未	甲寅	壬午	癸丑	癸未	甲寅	甲申	乙卯	丙戌	丙辰	丁亥	丁巳
16	甲申	乙卯	癸未	甲寅	甲申	乙卯	乙酉	丙辰	丁亥	丁巳	戊子	戊午
17	乙酉	丙辰	甲申	乙卯	乙酉	丙辰	丙戌	丁巳	戊子	戊午	己丑	己未
18	丙戌	丁巳	乙酉	丙辰	丙戌	丁巳	丁亥	戊午	己丑	己未	庚寅	庚申
19	丁亥	戊午	丙戌	丁巳	丁亥	戊午	戊子	己未	庚寅	庚申	辛卯	辛酉
20	戊子	己未	丁亥	戊午	戊子	己未	己丑	庚申	辛卯	辛酉	壬辰	壬戌
21	己丑	庚申	戊子	己未	己丑	庚申	庚寅	辛酉	壬辰	壬戌	癸巳	癸亥
22	庚寅	辛酉	己丑	庚申	庚寅	辛酉	辛卯	壬戌	癸巳	癸亥	甲午	甲子
23	辛卯	壬戌	庚寅	辛酉	辛卯	壬戌	壬辰	癸亥	甲午	甲子	乙未	乙丑
24	壬辰	癸亥	辛卯	壬戌	壬辰	癸亥	癸巳	甲子	乙未	乙丑	丙申	丙寅
25	癸巳	甲子	壬辰	癸亥	癸巳	甲子	甲午	乙丑	丙申	丙寅	丁酉	丁卯
26	甲午	乙丑	癸巳	甲子	甲午	乙丑	乙未	丙寅	丁酉	丁卯	戊戌	戊辰
27	乙未	丙寅	甲午	乙丑	乙未	丙寅	丙申	丁卯	戊戌	戊辰	己亥	己巳
28	丙申	丁卯	乙未	丙寅	丙申	丁卯	丁酉	戊辰	己亥	己巳	庚子	庚午
29	丁酉		丙申	丁卯	丁酉	戊辰	戊戌	己巳	庚子	庚午	辛丑	辛未
30	戊戌		丁酉	戊辰	戊戌	己巳	己亥	庚午	辛丑	辛未	壬寅	壬申
31	己亥		戊戌		己亥		庚子	辛未		壬申		癸酉

2003年【癸未】

	1月	2月	3月	4月	5月	6月	7月	8月	9月	10月	11月	12月
	癸丑	甲寅	乙卯	丙辰	丁巳	戊午	己未	庚申	辛酉	壬戌	癸亥	甲子
中節	20日 20:53	19日 11:00	21日 9:59	20日 21:01	21日 20:11	22日 4:10	23日 15:04	23日 22:08	23日 19:46	24日 5:07	23日 2:43	22日 16:04
1	甲戌	乙巳	癸酉	甲辰	甲戌	乙巳	乙亥	丙午	丁丑	丁未	戊寅	戊申
2	乙亥	丙午	甲戌	乙巳	乙亥	丙午	丙子	丁未	戊寅	戊申	己卯	己酉
3	丙子	丁未	乙亥	丙午	丙子	丁未	丁丑	戊申	己卯	己酉	庚辰	庚戌
4	丁丑	戊申	丙子	丁未	丁丑	戊申	戊寅	己酉	庚辰	庚戌	辛巳	辛亥
5	戊寅	己酉	丁丑	戊申	戊寅	己酉	己卯	庚戌	辛巳	辛亥	壬午	壬子
6	己卯	庚戌	戊寅	己酉	己卯	庚戌	庚辰	辛亥	壬午	壬子	癸未	癸丑
7	庚辰	辛亥	己卯	庚戌	庚辰	辛亥	辛巳	壬子	癸未	癸丑	甲申	甲寅
8	辛巳	壬子	庚辰	辛亥	辛巳	壬子	壬午	癸丑	甲申	甲寅	乙酉	乙卯
9	壬午	癸丑	辛巳	壬子	壬午	癸丑	癸未	甲寅	乙酉	乙卯	丙戌	丙辰
10	癸未	甲寅	壬午	癸丑	癸未	甲寅	甲申	乙卯	丙戌	丙辰	丁亥	丁巳
11	甲申	乙卯	癸未	甲寅	甲申	乙卯	乙酉	丙辰	丁亥	丁巳	戊子	戊午
12	乙酉	丙辰	甲申	乙卯	乙酉	丙辰	丙戌	丁巳	戊子	戊午	己丑	己未
13	丙戌	丁巳	乙酉	丙辰	丙戌	丁巳	丁亥	戊午	己丑	己未	庚寅	庚申
14	丁亥	戊午	丙戌	丁巳	丁亥	戊午	戊子	己未	庚寅	庚申	辛卯	辛酉
15	戊子	己未	丁亥	戊午	戊子	己未	己丑	庚申	辛卯	辛酉	壬辰	壬戌
16	己丑	庚申	戊子	己未	己丑	庚申	庚寅	辛酉	壬辰	壬戌	癸巳	癸亥
17	庚寅	辛酉	己丑	庚申	庚寅	辛酉	辛卯	壬戌	癸巳	癸亥	甲午	甲子
18	辛卯	壬戌	庚寅	辛酉	辛卯	壬戌	壬辰	癸亥	甲午	甲子	乙未	乙丑
19	壬辰	癸亥	辛卯	壬戌	壬辰	癸亥	癸巳	甲子	乙未	乙丑	丙申	丙寅
20	癸巳	甲子	壬辰	癸亥	癸巳	甲子	甲午	乙丑	丙申	丙寅	丁酉	丁卯
21	甲午	乙丑	癸巳	甲子	甲午	乙丑	乙未	丙寅	丁酉	丁卯	戊戌	戊辰
22	乙未	丙寅	甲午	乙丑	乙未	丙寅	丙申	丁卯	戊戌	戊辰	己亥	己巳
23	丙申	丁卯	乙未	丙寅	丙申	丁卯	丁酉	戊辰	己亥	己巳	庚子	庚午
24	丁酉	戊辰	丙申	丁卯	丁酉	戊辰	戊戌	己巳	庚子	庚午	辛丑	辛未
25	戊戌	己巳	丁酉	戊辰	戊戌	己巳	己亥	庚午	辛丑	辛未	壬寅	壬申
26	己亥	庚午	戊戌	己巳	己亥	庚午	庚子	辛未	壬寅	壬申	癸卯	癸酉
27	庚子	辛未	己亥	庚午	庚子	辛未	辛丑	壬申	癸卯	癸酉	甲辰	甲戌
28	辛丑	壬申	庚子	辛未	辛丑	壬申	壬寅	癸酉	甲辰	甲戌	乙巳	乙亥
29	壬寅		辛丑	壬申	壬寅	癸酉	癸卯	甲戌	乙巳	乙亥	丙午	丙子
30	癸卯		壬寅	癸酉	癸卯	甲戌	甲辰	乙亥	丙午	丙子	丁未	丁丑
31	甲辰		癸卯		甲辰		乙巳	丙子		丁丑		戊寅

2004年【甲申】

	1月	2月	3月	4月	5月	6月	7月	8月	9月	10月	11月	12月
	乙丑	丙寅	丁卯	戊辰	己巳	庚午	辛未	壬申	癸酉	甲戌	乙亥	丙子
中節	21日 2:43	19日 16:50	20日 15:48	20日 2:49	21日 1:58	21日 9:57	22日 20:50	23日 3:53	23日 1:29	23日 10:48	22日 8:21	21日 21:42
1	己卯	庚戌	己卯	庚戌	庚辰	辛亥	辛巳	壬子	癸未	癸丑	甲申	甲寅
2	庚辰	辛亥	庚辰	辛亥	辛巳	壬子	壬午	癸丑	甲申	甲寅	乙酉	乙卯
3	辛巳	壬子	辛巳	壬子	壬午	癸丑	癸未	甲寅	乙酉	乙卯	丙戌	丙辰
4	壬午	癸丑	壬午	癸丑	癸未	甲寅	甲申	乙卯	丙戌	丙辰	丁亥	丁巳
5	癸未	甲寅	癸未	甲寅	甲申	乙卯	乙酉	丙辰	丁亥	丁巳	戊子	戊午
6	甲申	乙卯	甲申	乙卯	乙酉	丙辰	丙戌	丁巳	戊子	戊午	己丑	己未
7	乙酉	丙辰	乙酉	丙辰	丙戌	丁巳	丁亥	戊午	己丑	己未	庚寅	庚申
8	丙戌	丁巳	丙戌	丁巳	丁亥	戊午	戊子	己未	庚寅	庚申	辛卯	辛酉
9	丁亥	戊午	丁亥	戊午	戊子	己未	己丑	庚申	辛卯	辛酉	壬辰	壬戌
10	戊子	己未	戊子	己未	己丑	庚申	庚寅	辛酉	壬辰	壬戌	癸巳	癸亥
11	己丑	庚申	己丑	庚申	庚寅	辛酉	辛卯	壬戌	癸巳	癸亥	甲午	甲子
12	庚寅	辛酉	庚寅	辛酉	辛卯	壬戌	壬辰	癸亥	甲午	甲子	乙未	乙丑
13	辛卯	壬戌	辛卯	壬戌	壬辰	癸亥	癸巳	甲子	乙未	乙丑	丙申	丙寅
14	壬辰	癸亥	壬辰	癸亥	癸巳	甲子	甲午	乙丑	丙申	丙寅	丁酉	丁卯
15	癸巳	甲子	癸巳	甲子	甲午	乙丑	乙未	丙寅	丁酉	丁卯	戊戌	戊辰
16	甲午	乙丑	甲午	乙丑	乙未	丙寅	丙申	丁卯	戊戌	戊辰	己亥	己巳
17	乙未	丙寅	乙未	丙寅	丙申	丁卯	丁酉	戊辰	己亥	己巳	庚子	庚午
18	丙申	丁卯	丙申	丁卯	丁酉	戊辰	戊戌	己巳	庚子	庚午	辛丑	辛未
19	丁酉	戊辰	丁酉	戊辰	戊戌	己巳	己亥	庚午	辛丑	辛未	壬寅	壬申
20	戊戌	己巳	戊戌	己巳	己亥	庚午	庚子	辛未	壬寅	壬申	癸卯	癸酉
21	己亥	庚午	己亥	庚午	庚子	辛未	辛丑	壬申	癸卯	癸酉	甲辰	甲戌
22	庚子	辛未	庚子	辛未	辛丑	壬申	壬寅	癸酉	甲辰	甲戌	乙巳	乙亥
23	辛丑	壬申	辛丑	壬申	壬寅	癸酉	癸卯	甲戌	乙巳	乙亥	丙午	丙子
24	壬寅	癸酉	壬寅	癸酉	癸卯	甲戌	甲辰	乙亥	丙午	丙子	丁未	丁丑
25	癸卯	甲戌	癸卯	甲戌	甲辰	乙亥	乙巳	丙子	丁未	丁丑	戊申	戊寅
26	甲辰	乙亥	甲辰	乙亥	乙巳	丙子	丙午	丁丑	戊申	戊寅	己酉	己卯
27	乙巳	丙子	乙巳	丙子	丙午	丁丑	丁未	戊寅	己酉	己卯	庚戌	庚辰
28	丙午	丁丑	丙午	丁丑	丁未	戊寅	戊申	己卯	庚戌	庚辰	辛亥	辛巳
29	丁未	戊寅	丁未	戊寅	戊申	己卯	己酉	庚辰	辛亥	辛巳	壬子	壬午
30	戊申		戊申	己卯	己酉	庚辰	庚戌	辛巳	壬子	壬午	癸丑	癸未
31	己酉		己酉		庚戌		辛亥	壬午		癸未		甲申

2005年【乙酉】

	1月	2月	3月	4月	5月	6月	7月	8月	9月	10月	11月	12月
	丁丑	戊寅	己卯	庚辰	辛巳	壬午	癸未	甲申	乙酉	丙戌	丁亥	戊子
中節	20日 8:22	18日 22:32	20日 21:33	20日 8:36	21日 7:47	21日 15:46	23日 2:40	23日 9:45	23日 7:23	23日 16:42	22日 14:15	22日 3:35
1	乙酉	丙辰	甲申	乙卯	乙酉	丙辰	丙戌	丁巳	戊子	戊午	己丑	己未
2	丙戌	丁巳	乙酉	丙辰	丙戌	丁巳	丁亥	戊午	己丑	己未	庚寅	庚申
3	丁亥	戊午	丙戌	丁巳	丁亥	戊午	戊子	己未	庚寅	庚申	辛卯	辛酉
4	戊子	己未	丁亥	戊午	戊子	己未	己丑	庚申	辛卯	辛酉	壬辰	壬戌
5	己丑	庚申	戊子	己未	己丑	庚申	庚寅	辛酉	壬辰	壬戌	癸巳	癸亥
6	庚寅	辛酉	己丑	庚申	庚寅	辛酉	辛卯	壬戌	癸巳	癸亥	甲午	甲子
7	辛卯	壬戌	庚寅	辛酉	辛卯	壬戌	壬辰	癸亥	甲午	甲子	乙未	乙丑
8	壬辰	癸亥	辛卯	壬戌	壬辰	癸亥	癸巳	甲子	乙未	乙丑	丙申	丙寅
9	癸巳	甲子	壬辰	癸亥	癸巳	甲子	甲午	乙丑	丙申	丙寅	丁酉	丁卯
10	甲午	乙丑	癸巳	甲子	甲午	乙丑	乙未	丙寅	丁酉	丁卯	戊戌	戊辰
11	乙未	丙寅	甲午	乙丑	乙未	丙寅	丙申	丁卯	戊戌	戊辰	己亥	己巳
12	丙申	丁卯	乙未	丙寅	丙申	丁卯	丁酉	戊辰	己亥	己巳	庚子	庚午
13	丁酉	戊辰	丙申	丁卯	丁酉	戊辰	戊戌	己巳	庚子	庚午	辛丑	辛未
14	戊戌	己巳	丁酉	戊辰	戊戌	己巳	己亥	庚午	辛丑	辛未	壬寅	壬申
15	己亥	庚午	戊戌	己巳	己亥	庚午	庚子	辛未	壬寅	壬申	癸卯	癸酉
16	庚子	辛未	己亥	庚午	庚子	辛未	辛丑	壬申	癸卯	癸酉	甲辰	甲戌
17	辛丑	壬申	庚子	辛未	辛丑	壬申	壬寅	癸酉	甲辰	甲戌	乙巳	乙亥
18	壬寅	癸酉	辛丑	壬申	壬寅	癸酉	癸卯	甲戌	乙巳	乙亥	丙午	丙子
19	癸卯	甲戌	壬寅	癸酉	癸卯	甲戌	甲辰	乙亥	丙午	丙子	丁未	丁丑
20	甲辰	乙亥	癸卯	甲戌	甲辰	乙亥	乙巳	丙子	丁未	丁丑	戊申	戊寅
21	乙巳	丙子	甲辰	乙亥	乙巳	丙子	丙午	丁丑	戊申	戊寅	己酉	己卯
22	丙午	丁丑	乙巳	丙子	丙午	丁丑	丁未	戊寅	己酉	己卯	庚戌	庚辰
23	丁未	戊寅	丙午	丁丑	丁未	戊寅	戊申	己卯	庚戌	庚辰	辛亥	辛巳
24	戊申	己卯	丁未	戊寅	戊申	己卯	己酉	庚辰	辛亥	辛巳	壬子	壬午
25	己酉	庚辰	戊申	己卯	己酉	庚辰	庚戌	辛巳	壬子	壬午	癸丑	癸未
26	庚戌	辛巳	己酉	庚辰	庚戌	辛巳	辛亥	壬午	癸丑	癸未	甲寅	甲申
27	辛亥	壬午	庚戌	辛巳	辛亥	壬午	壬子	癸未	甲寅	甲申	乙卯	乙酉
28	壬子	癸未	辛亥	壬午	壬子	癸未	癸丑	甲申	乙卯	乙酉	丙辰	丙戌
29	癸丑		壬子	癸未	癸丑	甲申	甲寅	乙酉	丙辰	丙戌	丁巳	丁亥
30	甲寅		癸丑	甲申	甲寅	乙酉	乙卯	丙戌	丁巳	丁亥	戊午	戊子
31	乙卯		甲寅		乙卯		丙辰	丁亥		戊子		己丑

2006年【丙戌】

	1月	2月	3月	4月	5月	6月	7月	8月	9月	10月	11月	12月
	己丑	庚寅	辛卯	壬辰	癸巳	甲午	乙未	丙申	丁酉	戊戌	己亥	庚子
中節	20日 14:15	19日 4:25	21日 3:25	20日 14:25	21日 13:31	21日 21:25	23日 8:17	23日 15:22	23日 13:03	23日 22:26	22日 20:01	22日 9:22
1	庚寅	辛酉	己丑	庚申	庚寅	辛酉	辛卯	壬戌	癸巳	癸亥	甲午	甲子
2	辛卯	壬戌	庚寅	辛酉	辛卯	壬戌	壬辰	癸亥	甲午	甲子	乙未	乙丑
3	壬辰	癸亥	辛卯	壬戌	壬辰	癸亥	癸巳	甲子	乙未	乙丑	丙申	丙寅
4	癸巳	甲子	壬辰	癸亥	癸巳	甲子	甲午	乙丑	丙申	丙寅	丁酉	丁卯
5	甲午	乙丑	癸巳	甲子	甲午	乙丑	乙未	丙寅	丁酉	丁卯	戊戌	戊辰
6	乙未	丙寅	甲午	乙丑	乙未	丙寅	丙申	丁卯	戊戌	戊辰	己亥	己巳
7	丙申	丁卯	乙未	丙寅	丙申	丁卯	丁酉	戊辰	己亥	己巳	庚子	庚午
8	丁酉	戊辰	丙申	丁卯	丁酉	戊辰	戊戌	己巳	庚子	庚午	辛丑	辛未
9	戊戌	己巳	丁酉	戊辰	戊戌	己巳	己亥	庚午	辛丑	辛未	壬寅	壬申
10	己亥	庚午	戊戌	己巳	己亥	庚午	庚子	辛未	壬寅	壬申	癸卯	癸酉
11	庚子	辛未	己亥	庚午	庚子	辛未	辛丑	壬申	癸卯	癸酉	甲辰	甲戌
12	辛丑	壬申	庚子	辛未	辛丑	壬申	壬寅	癸酉	甲辰	甲戌	乙巳	乙亥
13	壬寅	癸酉	辛丑	壬申	壬寅	癸酉	癸卯	甲戌	乙巳	乙亥	丙午	丙子
14	癸卯	甲戌	壬寅	癸酉	癸卯	甲戌	甲辰	乙亥	丙午	丙子	丁未	丁丑
15	甲辰	乙亥	癸卯	甲戌	甲辰	乙亥	乙巳	丙子	丁未	丁丑	戊申	戊寅
16	乙巳	丙子	甲辰	乙亥	乙巳	丙子	丙午	丁丑	戊申	戊寅	己酉	己卯
17	丙午	丁丑	乙巳	丙子	丙午	丁丑	丁未	戊寅	己酉	己卯	庚戌	庚辰
18	丁未	戊寅	丙午	丁丑	丁未	戊寅	戊申	己卯	庚戌	庚辰	辛亥	辛巳
19	戊申	己卯	丁未	戊寅	戊申	己卯	己酉	庚辰	辛亥	辛巳	壬子	壬午
20	己酉	庚辰	戊申	己卯	己酉	庚辰	庚戌	辛巳	壬子	壬午	癸丑	癸未
21	庚戌	辛巳	己酉	庚辰	庚戌	辛巳	辛亥	壬午	癸丑	癸未	甲寅	甲申
22	辛亥	壬午	庚戌	辛巳	辛亥	壬午	壬子	癸未	甲寅	甲申	乙卯	乙酉
23	壬子	癸未	辛亥	壬午	壬子	癸未	癸丑	甲申	乙卯	乙酉	丙辰	丙戌
24	癸丑	甲申	壬子	癸未	癸丑	甲申	甲寅	乙酉	丙辰	丙戌	丁巳	丁亥
25	甲寅	乙酉	癸丑	甲申	甲寅	乙酉	乙卯	丙戌	丁巳	丁亥	戊午	戊子
26	乙卯	丙戌	甲寅	乙酉	乙卯	丙戌	丙辰	丁亥	戊午	戊子	己未	己丑
27	丙辰	丁亥	乙卯	丙戌	丙辰	丁亥	丁巳	戊子	己未	己丑	庚申	庚寅
28	丁巳	戊子	丙辰	丁亥	丁巳	戊子	戊午	己丑	庚申	庚寅	辛酉	辛卯
29	戊午		丁巳	戊子	戊午	己丑	己未	庚寅	辛酉	辛卯	壬戌	壬辰
30	己未		戊午	己丑	己未	庚寅	庚申	辛卯	壬戌	壬辰	癸亥	癸巳
31	庚申		己未		庚申		辛酉	壬辰		癸巳		甲午

2007年【丁亥】

	1月	2月	3月	4月	5月	6月	7月	8月	9月	10月	11月	12月
	辛丑	壬寅	癸卯	甲辰	乙巳	丙午	丁未	戊申	己酉	庚戌	辛亥	壬子
中節	20日 20:00	19日 10:09	21日 9:07	20日 20:07	21日 19:11	22日 3:05	23日 14:00	23日 21:08	23日 18:51	24日 4:15	23日 1:49	22日 15:07
1	乙未	丙寅	甲午	乙丑	乙未	丙寅	丙申	丁卯	戊戌	戊辰	己亥	己巳
2	丙申	丁卯	乙未	丙寅	丙申	丁卯	丁酉	戊辰	己亥	己巳	庚子	庚午
3	丁酉	戊辰	丙申	丁卯	丁酉	戊辰	戊戌	己巳	庚子	庚午	辛丑	辛未
4	戊戌	己巳	丁酉	戊辰	戊戌	己巳	己亥	庚午	辛丑	辛未	壬寅	壬申
5	己亥	庚午	戊戌	己巳	己亥	庚午	庚子	辛未	壬寅	壬申	癸卯	癸酉
6	庚子	辛未	己亥	庚午	庚子	辛未	辛丑	壬申	癸卯	癸酉	甲辰	甲戌
7	辛丑	壬申	庚子	辛未	辛丑	壬申	壬寅	癸酉	甲辰	甲戌	乙巳	乙亥
8	壬寅	癸酉	辛丑	壬申	壬寅	癸酉	癸卯	甲戌	乙巳	乙亥	丙午	丙子
9	癸卯	甲戌	壬寅	癸酉	癸卯	甲戌	甲辰	乙亥	丙午	丙子	丁未	丁丑
10	甲辰	乙亥	癸卯	甲戌	甲辰	乙亥	乙巳	丙子	丁未	丁丑	戊申	戊寅
11	乙巳	丙子	甲辰	乙亥	乙巳	丙子	丙午	丁丑	戊申	戊寅	己酉	己卯
12	丙午	丁丑	乙巳	丙子	丙午	丁丑	丁未	戊寅	己酉	己卯	庚戌	庚辰
13	丁未	戊寅	丙午	丁丑	丁未	戊寅	戊申	己卯	庚戌	庚辰	辛亥	辛巳
14	戊申	己卯	丁未	戊寅	戊申	己卯	己酉	庚辰	辛亥	辛巳	壬子	壬午
15	己酉	庚辰	戊申	己卯	己酉	庚辰	庚戌	辛巳	壬子	壬午	癸丑	癸未
16	庚戌	辛巳	己酉	庚辰	庚戌	辛巳	辛亥	壬午	癸丑	癸未	甲寅	甲申
17	辛亥	壬午	庚戌	辛巳	辛亥	壬午	壬子	癸未	甲寅	甲申	乙卯	乙酉
18	壬子	癸未	辛亥	壬午	壬子	癸未	癸丑	甲申	乙卯	乙酉	丙辰	丙戌
19	癸丑	甲申	壬子	癸未	癸丑	甲申	甲寅	乙酉	丙辰	丙戌	丁巳	丁亥
20	甲寅	乙酉	癸丑	甲申	甲寅	乙酉	乙卯	丙戌	丁巳	丁亥	戊午	戊子
21	乙卯	丙戌	甲寅	乙酉	乙卯	丙戌	丙辰	丁亥	戊午	戊子	己未	己丑
22	丙辰	丁亥	乙卯	丙戌	丙辰	丁亥	丁巳	戊子	己未	己丑	庚申	庚寅
23	丁巳	戊子	丙辰	丁亥	丁巳	戊子	戊午	己丑	庚申	庚寅	辛酉	辛卯
24	戊午	己丑	丁巳	戊子	戊午	己丑	己未	庚寅	辛酉	辛卯	壬戌	壬辰
25	己未	庚寅	戊午	己丑	己未	庚寅	庚申	辛卯	壬戌	壬辰	癸亥	癸巳
26	庚申	辛卯	己未	庚寅	庚申	辛卯	辛酉	壬辰	癸亥	癸巳	甲子	甲午
27	辛酉	壬辰	庚申	辛卯	辛酉	壬辰	壬戌	癸巳	甲子	甲午	乙丑	乙未
28	壬戌	癸巳	辛酉	壬辰	壬戌	癸巳	癸亥	甲午	乙丑	乙未	丙寅	丙申
29	癸亥		壬戌	癸巳	癸亥	甲午	甲子	乙未	丙寅	丙申	丁卯	丁酉
30	甲子		癸亥	甲午	甲子	乙未	乙丑	丙申	丁卯	丁酉	戊辰	戊戌
31	乙丑		甲子		乙丑		丙寅	丁酉		戊戌		己亥

2008年【戊子】

	1月	2月	3月	4月	5月	6月	7月	8月	9月	10月	11月	12月
	癸丑	甲寅	乙卯	丙辰	丁巳	戊午	己未	庚申	辛酉	壬戌	癸亥	甲子
中節	21日 1:43:	19日 15:50	20日 14:48	20日 1:51	21日 1:00	21日 8:58	22日 19:54	23日 3:02	23日 0:45	23日 10:08	22日 7:43	21日 21:03
1	庚子	辛未	庚子	辛未	辛丑	壬申	壬寅	癸酉	甲辰	甲戌	乙巳	乙亥
2	辛丑	壬申	辛丑	壬申	壬寅	癸酉	癸卯	甲戌	乙巳	乙亥	丙午	丙子
3	壬寅	癸酉	壬寅	癸酉	癸卯	甲戌	甲辰	乙亥	丙午	丙子	丁未	丁丑
4	癸卯	甲戌	癸卯	甲戌	甲辰	乙亥	乙巳	丙子	丁未	丁丑	戊申	戊寅
5	甲辰	乙亥	甲辰	乙亥	乙巳	丙子	丙午	丁丑	戊申	戊寅	己酉	己卯
6	乙巳	丙子	乙巳	丙子	丙午	丁丑	丁未	戊寅	己酉	己卯	庚戌	庚辰
7	丙午	丁丑	丙午	丁丑	丁未	戊寅	戊申	己卯	庚戌	庚辰	辛亥	辛巳
8	丁未	戊寅	丁未	戊寅	戊申	己卯	己酉	庚辰	辛亥	辛巳	壬子	壬午
9	戊申	己卯	戊申	己卯	己酉	庚辰	庚戌	辛巳	壬子	壬午	癸丑	癸未
10	己酉	庚辰	己酉	庚辰	庚戌	辛巳	辛亥	壬午	癸丑	癸未	甲寅	甲申
11	庚戌	辛巳	庚戌	辛巳	辛亥	壬午	壬子	癸未	甲寅	甲申	乙卯	乙酉
12	辛亥	壬午	辛亥	壬午	壬子	癸未	癸丑	甲申	乙卯	乙酉	丙辰	丙戌
13	壬子	癸未	壬子	癸未	癸丑	甲申	甲寅	乙酉	丙辰	丙戌	丁巳	丁亥
14	癸丑	甲申	癸丑	甲申	甲寅	乙酉	乙卯	丙戌	丁巳	丁亥	戊午	戊子
15	甲寅	乙酉	甲寅	乙酉	乙卯	丙戌	丙辰	丁亥	戊午	戊子	己未	己丑
16	乙卯	丙戌	乙卯	丙戌	丙辰	丁亥	丁巳	戊子	己未	己丑	庚申	庚寅
17	丙辰	丁亥	丙辰	丁亥	丁巳	戊子	戊午	己丑	庚申	庚寅	辛酉	辛卯
18	丁巳	戊子	丁巳	戊子	戊午	己丑	己未	庚寅	辛酉	辛卯	壬戌	壬辰
19	戊午	己丑	戊午	己丑	己未	庚寅	庚申	辛卯	壬戌	壬辰	癸亥	癸巳
20	己未	庚寅	己未	庚寅	庚申	辛卯	辛酉	壬辰	癸亥	癸巳	甲子	甲午
21	庚申	辛卯	庚申	辛卯	辛酉	壬辰	壬戌	癸巳	甲子	甲午	乙丑	乙未
22	辛酉	壬辰	辛酉	壬辰	壬戌	癸巳	癸亥	甲午	乙丑	乙未	丙寅	丙申
23	壬戌	癸巳	壬戌	癸巳	癸亥	甲午	甲子	乙未	丙寅	丙申	丁卯	丁酉
24	癸亥	甲午	癸亥	甲午	甲子	乙未	乙丑	丙申	丁卯	丁酉	戊辰	戊戌
25	甲子	乙未	甲子	乙未	乙丑	丙申	丙寅	丁酉	戊辰	戊戌	己巳	己亥
26	乙丑	丙申	乙丑	丙申	丙寅	丁酉	丁卯	戊戌	己巳	己亥	庚午	庚子
27	丙寅	丁酉	丙寅	丁酉	丁卯	戊戌	戊辰	己亥	庚午	庚子	辛未	辛丑
28	丁卯	戊戌	丁卯	戊戌	戊辰	己亥	己巳	庚子	辛未	辛丑	壬申	壬寅
29	戊辰	己亥	戊辰	己亥	己巳	庚子	庚午	辛丑	壬申	壬寅	癸酉	癸卯
30	己巳		己巳	庚子	庚午	辛丑	辛未	壬寅	癸酉	癸卯	甲戌	甲辰
31	庚午		庚午		辛未		壬申	癸卯		甲辰		乙巳

2009年【己丑】

	1月	2月	3月	4月	5月	6月	7月	8月	9月	10月	11月	12月
	乙丑	丙寅	丁卯	戊辰	己巳	庚午	辛未	壬申	癸酉	甲戌	乙亥	丙子
中節	20日 7:40	18日 21:47	20日 20:44	20日 7:43	21日 6:50	21日 14:44	23日 1:36	23日 8:39	23日 6:19	23日 15:43	22日 13:21	22日 2:46
1	丙午	丁丑	乙巳	丙子	丙午	丁丑	丁未	戊寅	己酉	己卯	庚戌	庚辰
2	丁未	戊寅	丙午	丁丑	丁未	戊寅	戊申	己卯	庚戌	庚辰	辛亥	辛巳
3	戊申	己卯	丁未	戊寅	戊申	己卯	己酉	庚辰	辛亥	辛巳	壬子	壬午
4	己酉	庚辰	戊申	己卯	己酉	庚辰	庚戌	辛巳	壬子	壬午	癸丑	癸未
5	庚戌	辛巳	己酉	庚辰	庚戌	辛巳	辛亥	壬午	癸丑	癸未	甲寅	甲申
6	辛亥	壬午	庚戌	辛巳	辛亥	壬午	壬子	癸未	甲寅	甲申	乙卯	乙酉
7	壬子	癸未	辛亥	壬午	壬子	癸未	癸丑	甲申	乙卯	乙酉	丙辰	丙戌
8	癸丑	甲申	壬子	癸未	癸丑	甲申	甲寅	乙酉	丙辰	丙戌	丁巳	丁亥
9	甲寅	乙酉	癸丑	甲申	甲寅	乙酉	乙卯	丙戌	丁巳	丁亥	戊午	戊子
10	乙卯	丙戌	甲寅	乙酉	乙卯	丙戌	丙辰	丁亥	戊午	戊子	己未	己丑
11	丙辰	丁亥	乙卯	丙戌	丙辰	丁亥	丁巳	戊子	己未	己丑	庚申	庚寅
12	丁巳	戊子	丙辰	丁亥	丁巳	戊子	戊午	己丑	庚申	庚寅	辛酉	辛卯
13	戊午	己丑	丁巳	戊子	戊午	己丑	己未	庚寅	辛酉	辛卯	壬戌	壬辰
14	己未	庚寅	戊午	己丑	己未	庚寅	庚申	辛卯	壬戌	壬辰	癸亥	癸巳
15	庚申	辛卯	己未	庚寅	庚申	辛卯	辛酉	壬辰	癸亥	癸巳	甲子	甲午
16	辛酉	壬辰	庚申	辛卯	辛酉	壬辰	壬戌	癸巳	甲子	甲午	乙丑	乙未
17	壬戌	癸巳	辛酉	壬辰	壬戌	癸巳	癸亥	甲午	乙丑	乙未	丙寅	丙申
18	癸亥	甲午	壬戌	癸巳	癸亥	甲午	甲子	乙未	丙寅	丙申	丁卯	丁酉
19	甲子	乙未	癸亥	甲午	甲子	乙未	乙丑	丙申	丁卯	丁酉	戊辰	戊戌
20	乙丑	丙申	甲子	乙未	乙丑	丙申	丙寅	丁酉	戊辰	戊戌	己巳	己亥
21	丙寅	丁酉	乙丑	丙申	丙寅	丁酉	丁卯	戊戌	己巳	己亥	庚午	庚子
22	丁卯	戊戌	丙寅	丁酉	丁卯	戊戌	戊辰	己亥	庚午	庚子	辛未	辛丑
23	戊辰	己亥	丁卯	戊戌	戊辰	己亥	己巳	庚子	辛未	辛丑	壬申	壬寅
24	己巳	庚子	戊辰	己亥	己巳	庚子	庚午	辛丑	壬申	壬寅	癸酉	癸卯
25	庚午	辛丑	己巳	庚子	庚午	辛丑	辛未	壬寅	癸酉	癸卯	甲戌	甲辰
26	辛未	壬寅	庚午	辛丑	辛未	壬寅	壬申	癸卯	甲戌	甲辰	乙亥	乙巳
27	壬申	癸卯	辛未	壬寅	壬申	癸卯	癸酉	甲辰	乙亥	乙巳	丙子	丙午
28	癸酉	甲辰	壬申	癸卯	癸酉	甲辰	甲戌	乙巳	丙子	丙午	丁丑	丁未
29	甲戌		癸酉	甲辰	甲戌	乙巳	乙亥	丙午	丁丑	丁未	戊寅	戊申
30	乙亥		甲戌	乙巳	乙亥	丙午	丙子	丁未	戊寅	戊申	己卯	己酉
31	丙子		乙亥		丙子		丁丑	戊申		己酉		庚戌

2010年【庚寅】

	1月	2月	3月	4月	5月	6月	7月	8月	9月	10月	11月	12月
	丁丑	戊寅	己卯	庚辰	辛巳	壬午	癸未	甲申	乙酉	丙戌	丁亥	戊子
中節	20日 13:28	19日 3:36	21日 2:32	20日 13:29	21日 12:32	21日 20:28	23日 7:21	23日 14:27	23日 12:09	23日 21:34	22日 19:13	22日 8:38
1	辛亥	壬午	庚戌	辛巳	辛亥	壬午	壬子	癸未	甲寅	甲申	乙卯	乙酉
2	壬子	癸未	辛亥	壬午	壬子	癸未	癸丑	甲申	乙卯	乙酉	丙辰	丙戌
3	癸丑	甲申	壬子	癸未	癸丑	甲申	甲寅	乙酉	丙辰	丙戌	丁巳	丁亥
4	甲寅	乙酉	癸丑	甲申	甲寅	乙酉	乙卯	丙戌	丁巳	丁亥	戊午	戊子
5	乙卯	丙戌	甲寅	乙酉	乙卯	丙戌	丙辰	丁亥	戊午	戊子	己未	己丑
6	丙辰	丁亥	乙卯	丙戌	丙辰	丁亥	丁巳	戊子	己未	己丑	庚申	庚寅
7	丁巳	戊子	丙辰	丁亥	丁巳	戊子	戊午	己丑	庚申	庚寅	辛酉	辛卯
8	戊午	己丑	丁巳	戊子	戊午	己丑	己未	庚寅	辛酉	辛卯	壬戌	壬辰
9	己未	庚寅	戊午	己丑	己未	庚寅	庚申	辛卯	壬戌	壬辰	癸亥	癸巳
10	庚申	辛卯	己未	庚寅	庚申	辛卯	辛酉	壬辰	癸亥	癸巳	甲子	甲午
11	辛酉	壬辰	庚申	辛卯	辛酉	壬辰	壬戌	癸巳	甲子	甲午	乙丑	乙未
12	壬戌	癸巳	辛酉	壬辰	壬戌	癸巳	癸亥	甲午	乙丑	乙未	丙寅	丙申
13	癸亥	甲午	壬戌	癸巳	癸亥	甲午	甲子	乙未	丙寅	丙申	丁卯	丁酉
14	甲子	乙未	癸亥	甲午	甲子	乙未	乙丑	丙申	丁卯	丁酉	戊辰	戊戌
15	乙丑	丙申	甲子	乙未	乙丑	丙申	丙寅	丁酉	戊辰	戊戌	己巳	己亥
16	丙寅	丁酉	乙丑	丙申	丙寅	丁酉	丁卯	戊戌	己巳	己亥	庚午	庚子
17	丁卯	戊戌	丙寅	丁酉	丁卯	戊戌	戊辰	己亥	庚午	庚子	辛未	辛丑
18	戊辰	己亥	丁卯	戊戌	戊辰	己亥	己巳	庚子	辛未	辛丑	壬申	壬寅
19	己巳	庚子	戊辰	己亥	己巳	庚子	庚午	辛丑	壬申	壬寅	癸酉	癸卯
20	庚午	辛丑	己巳	庚子	庚午	辛丑	辛未	壬寅	癸酉	癸卯	甲戌	甲辰
21	辛未	壬寅	庚午	辛丑	辛未	壬寅	壬申	癸卯	甲戌	甲辰	乙亥	乙巳
22	壬申	癸卯	辛未	壬寅	壬申	癸卯	癸酉	甲辰	乙亥	乙巳	丙子	丙午
23	癸酉	甲辰	壬申	癸卯	癸酉	甲辰	甲戌	乙巳	丙子	丙午	丁丑	丁未
24	甲戌	乙巳	癸酉	甲辰	甲戌	乙巳	乙亥	丙午	丁丑	丁未	戊寅	戊申
25	乙亥	丙午	甲戌	乙巳	乙亥	丙午	丙子	丁未	戊寅	戊申	己卯	己酉
26	丙子	丁未	乙亥	丙午	丙子	丁未	丁丑	戊申	己卯	己酉	庚辰	庚戌
27	丁丑	戊申	丙子	丁未	丁丑	戊申	戊寅	己酉	庚辰	庚戌	辛巳	辛亥
28	戊寅	己酉	丁丑	戊申	戊寅	己酉	己卯	庚戌	辛巳	辛亥	壬午	壬子
29	己卯		戊寅	己酉	己卯	庚戌	庚辰	辛亥	壬午	壬子	癸未	癸丑
30	庚辰		己卯	庚戌	庚辰	辛亥	辛巳	壬子	癸未	癸丑	甲申	甲寅
31	辛巳		庚辰		辛巳		壬午	癸丑		甲寅		乙卯

2011年【辛卯】

	1月	2月	3月	4月	5月	6月	7月	8月	9月	10月	11月	12月
	己丑	庚寅	辛卯	壬辰	癸巳	甲午	乙未	丙申	丁酉	戊戌	己亥	庚子
中節	20日 19:19	19日 9:26	21日 8:20	20日 19:16	21日 18:20	22日 2:16	23日 13:12	23日 20:21	23日 18:04	24日 3:29	23日 1:07	22日 14:30
1	丙辰	丁亥	乙卯	丙戌	丙辰	丁亥	丁巳	戊子	己未	己丑	庚申	庚寅
2	丁巳	戊子	丙辰	丁亥	丁巳	戊子	戊午	己丑	庚申	庚寅	辛酉	辛卯
3	戊午	己丑	丁巳	戊子	戊午	己丑	己未	庚寅	辛酉	辛卯	壬戌	壬辰
4	己未	庚寅	戊午	己丑	己未	庚寅	庚申	辛卯	壬戌	壬辰	癸亥	癸巳
5	庚申	辛卯	己未	庚寅	庚申	辛卯	辛酉	壬辰	癸亥	癸巳	甲子	甲午
6	辛酉	壬辰	庚申	辛卯	辛酉	壬辰	壬戌	癸巳	甲子	甲午	乙丑	乙未
7	壬戌	癸巳	辛酉	壬辰	壬戌	癸巳	癸亥	甲午	乙丑	乙未	丙寅	丙申
8	癸亥	甲午	壬戌	癸巳	癸亥	甲午	甲子	乙未	丙寅	丙申	丁卯	丁酉
9	甲子	乙未	癸亥	甲午	甲子	乙未	乙丑	丙申	丁卯	丁酉	戊辰	戊戌
10	乙丑	丙申	甲子	乙未	乙丑	丙申	丙寅	丁酉	戊辰	戊戌	己巳	己亥
11	丙寅	丁酉	乙丑	丙申	丙寅	丁酉	丁卯	戊戌	己巳	己亥	庚午	庚子
12	丁卯	戊戌	丙寅	丁酉	丁卯	戊戌	戊辰	己亥	庚午	庚子	辛未	辛丑
13	戊辰	己亥	丁卯	戊戌	戊辰	己亥	己巳	庚子	辛未	辛丑	壬申	壬寅
14	己巳	庚子	戊辰	己亥	己巳	庚子	庚午	辛丑	壬申	壬寅	癸酉	癸卯
15	庚午	辛丑	己巳	庚子	庚午	辛丑	辛未	壬寅	癸酉	癸卯	甲戌	甲辰
16	辛未	壬寅	庚午	辛丑	辛未	壬寅	壬申	癸卯	甲戌	甲辰	乙亥	乙巳
17	壬申	癸卯	辛未	壬寅	壬申	癸卯	癸酉	甲辰	乙亥	乙巳	丙子	丙午
18	癸酉	甲辰	壬申	癸卯	癸酉	甲辰	甲戌	乙巳	丙子	丙午	丁丑	丁未
19	甲戌	乙巳	癸酉	甲辰	甲戌	乙巳	乙亥	丙午	丁丑	丁未	戊寅	戊申
20	乙亥	丙午	甲戌	乙巳	乙亥	丙午	丙子	丁未	戊寅	戊申	己卯	己酉
21	丙子	丁未	乙亥	丙午	丙子	丁未	丁丑	戊申	己卯	己酉	庚辰	庚戌
22	丁丑	戊申	丙子	丁未	丁丑	戊申	戊寅	己酉	庚辰	庚戌	辛巳	辛亥
23	戊寅	己酉	丁丑	戊申	戊寅	己酉	己卯	庚戌	辛巳	辛亥	壬午	壬子
24	己卯	庚戌	戊寅	己酉	己卯	庚戌	庚辰	辛亥	壬午	壬子	癸未	癸丑
25	庚辰	辛亥	己卯	庚戌	庚辰	辛亥	辛巳	壬子	癸未	癸丑	甲申	甲寅
26	辛巳	壬子	庚辰	辛亥	辛巳	壬子	壬午	癸丑	甲申	甲寅	乙酉	乙卯
27	壬午	癸丑	辛巳	壬子	壬午	癸丑	癸未	甲寅	乙酉	乙卯	丙戌	丙辰
28	癸未	甲寅	壬午	癸丑	癸未	甲寅	甲申	乙卯	丙戌	丙辰	丁亥	丁巳
29	甲申		癸未	甲寅	甲申	乙卯	乙酉	丙辰	丁亥	丁巳	戊子	戊午
30	乙酉		甲申	乙卯	乙酉	丙辰	丙戌	丁巳	戊子	戊午	己丑	己未
31	丙戌		乙酉		丙戌		丁亥	戊午		己未		庚申

2012年【壬辰】

	1月	2月	3月	4月	5月	6月	7月	8月	9月	10月	11月	12月
	辛丑	壬寅	癸卯	甲辰	乙巳	丙午	丁未	戊申	己酉	庚戌	辛亥	壬子
中節	21日 1:10	19日 15:18	20日 14:14	20日 1:10	21日 0:14	21日 8:09	22日 19:01	23日 2:07	22日 23:48	23日 9:12	22日 6:50	21日 20:12
1	辛酉	壬辰	辛酉	壬辰	壬戌	癸巳	癸亥	甲午	乙丑	乙未	丙寅	丙申
2	壬戌	癸巳	壬戌	癸巳	癸亥	甲午	甲子	乙未	丙寅	丙申	丁卯	丁酉
3	癸亥	甲午	癸亥	甲午	甲子	乙未	乙丑	丙申	丁卯	丁酉	戊辰	戊戌
4	甲子	乙未	甲子	乙未	乙丑	丙申	丙寅	丁酉	戊辰	戊戌	己巳	己亥
5	乙丑	丙申	乙丑	丙申	丙寅	丁酉	丁卯	戊戌	己巳	己亥	庚午	庚子
6	丙寅	丁酉	丙寅	丁酉	丁卯	戊戌	戊辰	己亥	庚午	庚子	辛未	辛丑
7	丁卯	戊戌	丁卯	戊戌	戊辰	己亥	己巳	庚子	辛未	辛丑	壬申	壬寅
8	戊辰	己亥	戊辰	己亥	己巳	庚子	庚午	辛丑	壬申	壬寅	癸酉	癸卯
9	己巳	庚子	己巳	庚子	庚午	辛丑	辛未	壬寅	癸酉	癸卯	甲戌	甲辰
10	庚午	辛丑	庚午	辛丑	辛未	壬寅	壬申	癸卯	甲戌	甲辰	乙亥	乙巳
11	辛未	壬寅	辛未	壬寅	壬申	癸卯	癸酉	甲辰	乙亥	乙巳	丙子	丙午
12	壬申	癸卯	壬申	癸卯	癸酉	甲辰	甲戌	乙巳	丙子	丙午	丁丑	丁未
13	癸酉	甲辰	癸酉	甲辰	甲戌	乙巳	乙亥	丙午	丁丑	丁未	戊寅	戊申
14	甲戌	乙巳	甲戌	乙巳	乙亥	丙午	丙子	丁未	戊寅	戊申	己卯	己酉
15	乙亥	丙午	乙亥	丙午	丙子	丁未	丁丑	戊申	己卯	己酉	庚辰	庚戌
16	丙子	丁未	丙子	丁未	丁丑	戊申	戊寅	己酉	庚辰	庚戌	辛巳	辛亥
17	丁丑	戊申	丁丑	戊申	戊寅	己酉	己卯	庚戌	辛巳	辛亥	壬午	壬子
18	戊寅	己酉	戊寅	己酉	己卯	庚戌	庚辰	辛亥	壬午	壬子	癸未	癸丑
19	己卯	庚戌	己卯	庚戌	庚辰	辛亥	辛巳	壬子	癸未	癸丑	甲申	甲寅
20	庚辰	辛亥	庚辰	辛亥	辛巳	壬子	壬午	癸丑	甲申	甲寅	乙酉	乙卯
21	辛巳	壬子	辛巳	壬子	壬午	癸丑	癸未	甲寅	乙酉	乙卯	丙戌	丙辰
22	壬午	癸丑	壬午	癸丑	癸未	甲寅	甲申	乙卯	丙戌	丙辰	丁亥	丁巳
23	癸未	甲寅	癸未	甲寅	甲申	乙卯	乙酉	丙辰	丁亥	丁巳	戊子	戊午
24	甲申	乙卯	甲申	乙卯	乙酉	丙辰	丙戌	丁巳	戊子	戊午	己丑	己未
25	乙酉	丙辰	乙酉	丙辰	丙戌	丁巳	丁亥	戊午	己丑	己未	庚寅	庚申
26	丙戌	丁巳	丙戌	丁巳	丁亥	戊午	戊子	己未	庚寅	庚申	辛卯	辛酉
27	丁亥	戊午	丁亥	戊午	戊子	己未	己丑	庚申	辛卯	辛酉	壬辰	壬戌
28	戊子	己未	戊子	己未	己丑	庚申	庚寅	辛酉	壬辰	壬戌	癸巳	癸亥
29	己丑	庚申	己丑	庚申	庚寅	辛酉	辛卯	壬戌	癸巳	癸亥	甲午	甲子
30	庚寅		庚寅	辛酉	辛卯	壬戌	壬辰	癸亥	甲午	甲子	乙未	乙丑
31	辛卯		辛卯		壬辰		癸巳	甲子		乙丑		丙寅

2013年【癸巳】

	1月	2月	3月	4月	5月	6月	7月	8月	9月	10月	11月	12月
	癸丑	甲寅	乙卯	丙辰	丁巳	戊午	己未	庚申	辛酉	壬戌	癸亥	甲子
中節	20日 6:52	18日 21:01	20日 20:01	20日 7:02	21日 6:09	21日 14:04	23日 0:56	23日 8:01	23日 5:43	23日 15:09	22日 12:48	22日 2:11
1	丁卯	戊戌	丙寅	丁酉	丁卯	戊戌	戊辰	己亥	庚午	庚子	辛未	辛丑
2	戊辰	己亥	丁卯	戊戌	戊辰	己亥	己巳	庚子	辛未	辛丑	壬申	壬寅
3	己巳	庚子	戊辰	己亥	己巳	庚子	庚午	辛丑	壬申	壬寅	癸酉	癸卯
4	庚午	辛丑	己巳	庚子	庚午	辛丑	辛未	壬寅	癸酉	癸卯	甲戌	甲辰
5	辛未	壬寅	庚午	辛丑	辛未	壬寅	壬申	癸卯	甲戌	甲辰	乙亥	乙巳
6	壬申	癸卯	辛未	壬寅	壬申	癸卯	癸酉	甲辰	乙亥	乙巳	丙子	丙午
7	癸酉	甲辰	壬申	癸卯	癸酉	甲辰	甲戌	乙巳	丙子	丙午	丁丑	丁未
8	甲戌	乙巳	癸酉	甲辰	甲戌	乙巳	乙亥	丙午	丁丑	丁未	戊寅	戊申
9	乙亥	丙午	甲戌	乙巳	乙亥	丙午	丙子	丁未	戊寅	戊申	己卯	己酉
10	丙子	丁未	乙亥	丙午	丙子	丁未	丁丑	戊申	己卯	己酉	庚辰	庚戌
11	丁丑	戊申	丙子	丁未	丁丑	戊申	戊寅	己酉	庚辰	庚戌	辛巳	辛亥
12	戊寅	己酉	丁丑	戊申	戊寅	己酉	己卯	庚戌	辛巳	辛亥	壬午	壬子
13	己卯	庚戌	戊寅	己酉	己卯	庚戌	庚辰	辛亥	壬午	壬子	癸未	癸丑
14	庚辰	辛亥	己卯	庚戌	庚辰	辛亥	辛巳	壬子	癸未	癸丑	甲申	甲寅
15	辛巳	壬子	庚辰	辛亥	辛巳	壬子	壬午	癸丑	甲申	甲寅	乙酉	乙卯
16	壬午	癸丑	辛巳	壬子	壬午	癸丑	癸未	甲寅	乙酉	乙卯	丙戌	丙辰
17	癸未	甲寅	壬午	癸丑	癸未	甲寅	甲申	乙卯	丙戌	丙辰	丁亥	丁巳
18	甲申	乙卯	癸未	甲寅	甲申	乙卯	乙酉	丙辰	丁亥	丁巳	戊子	戊午
19	乙酉	丙辰	甲申	乙卯	乙酉	丙辰	丙戌	丁巳	戊子	戊午	己丑	己未
20	丙戌	丁巳	乙酉	丙辰	丙戌	丁巳	丁亥	戊午	己丑	己未	庚寅	庚申
21	丁亥	戊午	丙戌	丁巳	丁亥	戊午	戊子	己未	庚寅	庚申	辛卯	辛酉
22	戊子	己未	丁亥	戊午	戊子	己未	己丑	庚申	辛卯	辛酉	壬辰	壬戌
23	己丑	庚申	戊子	己未	己丑	庚申	庚寅	辛酉	壬辰	壬戌	癸巳	癸亥
24	庚寅	辛酉	己丑	庚申	庚寅	辛酉	辛卯	壬戌	癸巳	癸亥	甲午	甲子
25	辛卯	壬戌	庚寅	辛酉	辛卯	壬戌	壬辰	癸亥	甲午	甲子	乙未	乙丑
26	壬辰	癸亥	辛卯	壬戌	壬辰	癸亥	癸巳	甲子	乙未	乙丑	丙申	丙寅
27	癸巳	甲子	壬辰	癸亥	癸巳	甲子	甲午	乙丑	丙申	丙寅	丁酉	丁卯
28	甲午	乙丑	癸巳	甲子	甲午	乙丑	乙未	丙寅	丁酉	丁卯	戊戌	戊辰
29	乙未		甲午	乙丑	乙未	丙寅	丙申	丁卯	戊戌	戊辰	己亥	己巳
30	丙申		乙未	丙寅	丙申	丁卯	丁酉	戊辰	己亥	己巳	庚子	庚午
31	丁酉		丙申		丁酉		戊戌	己巳		庚午		辛未

2014年【甲午】

	1月	2月	3月	4月	5月	6月	7月	8月	9月	10月	11月	12月
	乙丑	丙寅	丁卯	戊辰	己巳	庚午	辛未	壬申	癸酉	甲戌	乙亥	丙子
中節	20日 12:51	19日 2:59	21日 1:56	20日 12:54	21日 11:58	21日 19:51	23日 6:41	23日 13:45	23日 11:28	23日 20:56	22日 18:38	22日 8:03
1	壬申	癸卯	辛未	壬寅	壬申	癸卯	癸酉	甲辰	乙亥	乙巳	丙子	丙午
2	癸酉	甲辰	壬申	癸卯	癸酉	甲辰	甲戌	乙巳	丙子	丙午	丁丑	丁未
3	甲戌	乙巳	癸酉	甲辰	甲戌	乙巳	乙亥	丙午	丁丑	丁未	戊寅	戊申
4	乙亥	丙午	甲戌	乙巳	乙亥	丙午	丙子	丁未	戊寅	戊申	己卯	己酉
5	丙子	丁未	乙亥	丙午	丙子	丁未	丁丑	戊申	己卯	己酉	庚辰	庚戌
6	丁丑	戊申	丙子	丁未	丁丑	戊申	戊寅	己酉	庚辰	庚戌	辛巳	辛亥
7	戊寅	己酉	丁丑	戊申	戊寅	己酉	己卯	庚戌	辛巳	辛亥	壬午	壬子
8	己卯	庚戌	戊寅	己酉	己卯	庚戌	庚辰	辛亥	壬午	壬子	癸未	癸丑
9	庚辰	辛亥	己卯	庚戌	庚辰	辛亥	辛巳	壬子	癸未	癸丑	甲申	甲寅
10	辛巳	壬子	庚辰	辛亥	辛巳	壬子	壬午	癸丑	甲申	甲寅	乙酉	乙卯
11	壬午	癸丑	辛巳	壬子	壬午	癸丑	癸未	甲寅	乙酉	乙卯	丙戌	丙辰
12	癸未	甲寅	壬午	癸丑	癸未	甲寅	甲申	乙卯	丙戌	丙辰	丁亥	丁巳
13	甲申	乙卯	癸未	甲寅	甲申	乙卯	乙酉	丙辰	丁亥	丁巳	戊子	戊午
14	乙酉	丙辰	甲申	乙卯	乙酉	丙辰	丙戌	丁巳	戊子	戊午	己丑	己未
15	丙戌	丁巳	乙酉	丙辰	丙戌	丁巳	丁亥	戊午	己丑	己未	庚寅	庚申
16	丁亥	戊午	丙戌	丁巳	丁亥	戊午	戊子	己未	庚寅	庚申	辛卯	辛酉
17	戊子	己未	丁亥	戊午	戊子	己未	己丑	庚申	辛卯	辛酉	壬辰	壬戌
18	己丑	庚申	戊子	己未	己丑	庚申	庚寅	辛酉	壬辰	壬戌	癸巳	癸亥
19	庚寅	辛酉	己丑	庚申	庚寅	辛酉	辛卯	壬戌	癸巳	癸亥	甲午	甲子
20	辛卯	壬戌	庚寅	辛酉	辛卯	壬戌	壬辰	癸亥	甲午	甲子	乙未	乙丑
21	壬辰	癸亥	辛卯	壬戌	壬辰	癸亥	癸巳	甲子	乙未	乙丑	丙申	丙寅
22	癸巳	甲子	壬辰	癸亥	癸巳	甲子	甲午	乙丑	丙申	丙寅	丁酉	丁卯
23	甲午	乙丑	癸巳	甲子	甲午	乙丑	乙未	丙寅	丁酉	丁卯	戊戌	戊辰
24	乙未	丙寅	甲午	乙丑	乙未	丙寅	丙申	丁卯	戊戌	戊辰	己亥	己巳
25	丙申	丁卯	乙未	丙寅	丙申	丁卯	丁酉	戊辰	己亥	己巳	庚子	庚午
26	丁酉	戊辰	丙申	丁卯	丁酉	戊辰	戊戌	己巳	庚子	庚午	辛丑	辛未
27	戊戌	己巳	丁酉	戊辰	戊戌	己巳	己亥	庚午	辛丑	辛未	壬寅	壬申
28	己亥	庚午	戊戌	己巳	己亥	庚午	庚子	辛未	壬寅	壬申	癸卯	癸酉
29	庚子		己亥	庚午	庚子	辛未	辛丑	壬申	癸卯	癸酉	甲辰	甲戌
30	辛丑		庚子	辛未	辛丑	壬申	壬寅	癸酉	甲辰	甲戌	乙巳	乙亥
31	壬寅		辛丑		壬寅		癸卯	甲戌		乙亥		丙子

2015年【乙未】

	1月	2月	3月	4月	5月	6月	7月	8月	9月	10月	11月	12月
	丁丑	戊寅	己卯	庚辰	辛巳	壬午	癸未	甲申	乙酉	丙戌	丁亥	戊子
中節	20日 18:43	19日 8:49	21日 7:44	20日 18:41	21日 17:44	22日 1:37	23日 12:30	23日 19:37	23日 17:20	24日 2:46	23日 0:25	22日 13:48
1	丁丑	戊申	丙子	丁未	丁丑	戊申	戊寅	己酉	庚辰	庚戌	辛巳	辛亥
2	戊寅	己酉	丁丑	戊申	戊寅	己酉	己卯	庚戌	辛巳	辛亥	壬午	壬子
3	己卯	庚戌	戊寅	己酉	己卯	庚戌	庚辰	辛亥	壬午	壬子	癸未	癸丑
4	庚辰	辛亥	己卯	庚戌	庚辰	辛亥	辛巳	壬子	癸未	癸丑	甲申	甲寅
5	辛巳	壬子	庚辰	辛亥	辛巳	壬子	壬午	癸丑	甲申	甲寅	乙酉	乙卯
6	壬午	癸丑	辛巳	壬子	壬午	癸丑	癸未	甲寅	乙酉	乙卯	丙戌	丙辰
7	癸未	甲寅	壬午	癸丑	癸未	甲寅	甲申	乙卯	丙戌	丙辰	丁亥	丁巳
8	甲申	乙卯	癸未	甲寅	甲申	乙卯	乙酉	丙辰	丁亥	丁巳	戊子	戊午
9	乙酉	丙辰	甲申	乙卯	乙酉	丙辰	丙戌	丁巳	戊子	戊午	己丑	己未
10	丙戌	丁巳	乙酉	丙辰	丙戌	丁巳	丁亥	戊午	己丑	己未	庚寅	庚申
11	丁亥	戊午	丙戌	丁巳	丁亥	戊午	戊子	己未	庚寅	庚申	辛卯	辛酉
12	戊子	己未	丁亥	戊午	戊子	己未	己丑	庚申	辛卯	辛酉	壬辰	壬戌
13	己丑	庚申	戊子	己未	己丑	庚申	庚寅	辛酉	壬辰	壬戌	癸巳	癸亥
14	庚寅	辛酉	己丑	庚申	庚寅	辛酉	辛卯	壬戌	癸巳	癸亥	甲午	甲子
15	辛卯	壬戌	庚寅	辛酉	辛卯	壬戌	壬辰	癸亥	甲午	甲子	乙未	乙丑
16	壬辰	癸亥	辛卯	壬戌	壬辰	癸亥	癸巳	甲子	乙未	乙丑	丙申	丙寅
17	癸巳	甲子	壬辰	癸亥	癸巳	甲子	甲午	乙丑	丙申	丙寅	丁酉	丁卯
18	甲午	乙丑	癸巳	甲子	甲午	乙丑	乙未	丙寅	丁酉	丁卯	戊戌	戊辰
19	乙未	丙寅	甲午	乙丑	乙未	丙寅	丙申	丁卯	戊戌	戊辰	己亥	己巳
20	丙申	丁卯	乙未	丙寅	丙申	丁卯	丁酉	戊辰	己亥	己巳	庚子	庚午
21	丁酉	戊辰	丙申	丁卯	丁酉	戊辰	戊戌	己巳	庚子	庚午	辛丑	辛未
22	戊戌	己巳	丁酉	戊辰	戊戌	己巳	己亥	庚午	辛丑	辛未	壬寅	壬申
23	己亥	庚午	戊戌	己巳	己亥	庚午	庚子	辛未	壬寅	壬申	癸卯	癸酉
24	庚子	辛未	己亥	庚午	庚子	辛未	辛丑	壬申	癸卯	癸酉	甲辰	甲戌
25	辛丑	壬申	庚子	辛未	辛丑	壬申	壬寅	癸酉	甲辰	甲戌	乙巳	乙亥
26	壬寅	癸酉	辛丑	壬申	壬寅	癸酉	癸卯	甲戌	乙巳	乙亥	丙午	丙子
27	癸卯	甲戌	壬寅	癸酉	癸卯	甲戌	甲辰	乙亥	丙午	丙子	丁未	丁丑
28	甲辰	乙亥	癸卯	甲戌	甲辰	乙亥	乙巳	丙子	丁未	丁丑	戊申	戊寅
29	乙巳		甲辰	乙亥	乙巳	丙子	丙午	丁丑	戊申	戊寅	己酉	己卯
30	丙午		乙巳	丙子	丙午	丁丑	丁未	戊寅	己酉	己卯	庚戌	庚辰
31	丁未		丙午		丁未		戊申	己卯		庚辰		辛巳

2016年【丙申】

	1月	2月	3月	4月	5月	6月	7月	8月	9月	10月	11月	12月
	己丑	庚寅	辛卯	壬辰	癸巳	甲午	乙未	丙申	丁酉	戊戌	己亥	庚子
中節	20日 0:27	19日 14:33	20日 13:30	20日 0:29	20日 23:36	21日 7:33	22日 18:30	23日 1:38	22日 23:21	23日 8:45	22日 6:22	21日 19:44
1	壬午	癸丑	壬午	癸丑	癸未	甲寅	甲申	乙卯	丙戌	丙辰	丁亥	丁巳
2	癸未	甲寅	癸未	甲寅	甲申	乙卯	乙酉	丙辰	丁亥	丁巳	戊子	戊午
3	甲申	乙卯	甲申	乙卯	乙酉	丙辰	丙戌	丁巳	戊子	戊午	己丑	己未
4	乙酉	丙辰	乙酉	丙辰	丙戌	丁巳	丁亥	戊午	己丑	己未	庚寅	庚申
5	丙戌	丁巳	丙戌	丁巳	丁亥	戊午	戊子	己未	庚寅	庚申	辛卯	辛酉
6	丁亥	戊午	丁亥	戊午	戊子	己未	己丑	庚申	辛卯	辛酉	壬辰	壬戌
7	戊子	己未	戊子	己未	己丑	庚申	庚寅	辛酉	壬辰	壬戌	癸巳	癸亥
8	己丑	庚申	己丑	庚申	庚寅	辛酉	辛卯	壬戌	癸巳	癸亥	甲午	甲子
9	庚寅	辛酉	庚寅	辛酉	辛卯	壬戌	壬辰	癸亥	甲午	甲子	乙未	乙丑
10	辛卯	壬戌	辛卯	壬戌	壬辰	癸亥	癸巳	甲子	乙未	乙丑	丙申	丙寅
11	壬辰	癸亥	壬辰	癸亥	癸巳	甲子	甲午	乙丑	丙申	丙寅	丁酉	丁卯
12	癸巳	甲子	癸巳	甲子	甲午	乙丑	乙未	丙寅	丁酉	丁卯	戊戌	戊辰
13	甲午	乙丑	甲午	乙丑	乙未	丙寅	丙申	丁卯	戊戌	戊辰	己亥	己巳
14	乙未	丙寅	乙未	丙寅	丙申	丁卯	丁酉	戊辰	己亥	己巳	庚子	庚午
15	丙申	丁卯	丙申	丁卯	丁酉	戊辰	戊戌	己巳	庚子	庚午	辛丑	辛未
16	丁酉	戊辰	丁酉	戊辰	戊戌	己巳	己亥	庚午	辛丑	辛未	壬寅	壬申
17	戊戌	己巳	戊戌	己巳	己亥	庚午	庚子	辛未	壬寅	壬申	癸卯	癸酉
18	己亥	庚午	己亥	庚午	庚子	辛未	辛丑	壬申	癸卯	癸酉	甲辰	甲戌
19	庚子	辛未	庚子	辛未	辛丑	壬申	壬寅	癸酉	甲辰	甲戌	乙巳	乙亥
20	辛丑	壬申	辛丑	壬申	壬寅	癸酉	癸卯	甲戌	乙巳	乙亥	丙午	丙子
21	壬寅	癸酉	壬寅	癸酉	癸卯	甲戌	甲辰	乙亥	丙午	丙子	丁未	丁丑
22	癸卯	甲戌	癸卯	甲戌	甲辰	乙亥	乙巳	丙子	丁未	丁丑	戊申	戊寅
23	甲辰	乙亥	甲辰	乙亥	乙巳	丙子	丙午	丁丑	戊申	戊寅	己酉	己卯
24	乙巳	丙子	乙巳	丙子	丙午	丁丑	丁未	戊寅	己酉	己卯	庚戌	庚辰
25	丙午	丁丑	丙午	丁丑	丁未	戊寅	戊申	己卯	庚戌	庚辰	辛亥	辛巳
26	丁未	戊寅	丁未	戊寅	戊申	己卯	己酉	庚辰	辛亥	辛巳	壬子	壬午
27	戊申	己卯	戊申	己卯	己酉	庚辰	庚戌	辛巳	壬子	壬午	癸丑	癸未
28	己酉	庚辰	己酉	庚辰	庚戌	辛巳	辛亥	壬午	癸丑	癸未	甲寅	甲申
29	庚戌	辛巳	庚戌	辛巳	辛亥	壬午	壬子	癸未	甲寅	甲申	乙卯	乙酉
30	辛亥		辛亥	壬午	壬子	癸未	癸丑	甲申	乙卯	乙酉	丙辰	丙戌
31	壬子		壬子		癸丑		甲寅	乙酉		丙戌		丁亥

2017年【丁酉】

	1月	2月	3月	4月	5月	6月	7月	8月	9月	10月	11月	12月
	辛丑	壬寅	癸卯	甲辰	乙巳	丙午	丁未	戊申	己酉	庚戌	辛亥	壬子
中節	20日 6:23	18日 20:31	20日 19:29	20日 6:26	21日 5:30	21日 13:23	23日 0:15	23日 7:20	23日 5:02	23日 14:26	22日 12:04	22日 1:27
1	戊子	己未	丁亥	戊午	戊子	己未	己丑	庚申	辛卯	辛酉	壬辰	壬戌
2	己丑	庚申	戊子	己未	己丑	庚申	庚寅	辛酉	壬辰	壬戌	癸巳	癸亥
3	庚寅	辛酉	己丑	庚申	庚寅	辛酉	辛卯	壬戌	癸巳	癸亥	甲午	甲子
4	辛卯	壬戌	庚寅	辛酉	辛卯	壬戌	壬辰	癸亥	甲午	甲子	乙未	乙丑
5	壬辰	癸亥	辛卯	壬戌	壬辰	癸亥	癸巳	甲子	乙未	乙丑	丙申	丙寅
6	癸巳	甲子	壬辰	癸亥	癸巳	甲子	甲午	乙丑	丙申	丙寅	丁酉	丁卯
7	甲午	乙丑	癸巳	甲子	甲午	乙丑	乙未	丙寅	丁酉	丁卯	戊戌	戊辰
8	乙未	丙寅	甲午	乙丑	乙未	丙寅	丙申	丁卯	戊戌	戊辰	己亥	己巳
9	丙申	丁卯	乙未	丙寅	丙申	丁卯	丁酉	戊辰	己亥	己巳	庚子	庚午
10	丁酉	戊辰	丙申	丁卯	丁酉	戊辰	戊戌	己巳	庚子	庚午	辛丑	辛未
11	戊戌	己巳	丁酉	戊辰	戊戌	己巳	己亥	庚午	辛丑	辛未	壬寅	壬申
12	己亥	庚午	戊戌	己巳	己亥	庚午	庚子	辛未	壬寅	壬申	癸卯	癸酉
13	庚子	辛未	己亥	庚午	庚子	辛未	辛丑	壬申	癸卯	癸酉	甲辰	甲戌
14	辛丑	壬申	庚子	辛未	辛丑	壬申	壬寅	癸酉	甲辰	甲戌	乙巳	乙亥
15	壬寅	癸酉	辛丑	壬申	壬寅	癸酉	癸卯	甲戌	乙巳	乙亥	丙午	丙子
16	癸卯	甲戌	壬寅	癸酉	癸卯	甲戌	甲辰	乙亥	丙午	丙子	丁未	丁丑
17	甲辰	乙亥	癸卯	甲戌	甲辰	乙亥	乙巳	丙子	丁未	丁丑	戊申	戊寅
18	乙巳	丙子	甲辰	乙亥	乙巳	丙子	丙午	丁丑	戊申	戊寅	己酉	己卯
19	丙午	丁丑	乙巳	丙子	丙午	丁丑	丁未	戊寅	己酉	己卯	庚戌	庚辰
20	丁未	戊寅	丙午	丁丑	丁未	戊寅	戊申	己卯	庚戌	庚辰	辛亥	辛巳
21	戊申	己卯	丁未	戊寅	戊申	己卯	己酉	庚辰	辛亥	辛巳	壬子	壬午
22	己酉	庚辰	戊申	己卯	己酉	庚辰	庚戌	辛巳	壬子	壬午	癸丑	癸未
23	庚戌	辛巳	己酉	庚辰	庚戌	辛巳	辛亥	壬午	癸丑	癸未	甲寅	甲申
24	辛亥	壬午	庚戌	辛巳	辛亥	壬午	壬子	癸未	甲寅	甲申	乙卯	乙酉
25	壬子	癸未	辛亥	壬午	壬子	癸未	癸丑	甲申	乙卯	乙酉	丙辰	丙戌
26	癸丑	甲申	壬子	癸未	癸丑	甲申	甲寅	乙酉	丙辰	丙戌	丁巳	丁亥
27	甲寅	乙酉	癸丑	甲申	甲寅	乙酉	乙卯	丙戌	丁巳	丁亥	戊午	戊子
28	乙卯	丙戌	甲寅	乙酉	乙卯	丙戌	丙辰	丁亥	戊午	戊子	己未	己丑
29	丙辰		乙卯	丙戌	丙辰	丁亥	丁巳	戊子	己未	己丑	庚申	庚寅
30	丁巳		丙辰	丁亥	丁巳	戊子	戊午	己丑	庚申	庚寅	辛酉	辛卯
31	戊午		丁巳		戊午		己未	庚寅		辛卯		壬辰

2018年【戊戌】

	1月	2月	3月	4月	5月	6月	7月	8月	9月	10月	11月	12月
	癸丑	甲寅	乙卯	丙辰	丁巳	戊午	己未	庚申	辛酉	壬戌	癸亥	甲子
中節	20日 12:09	19日 2:18	21日 1:15	20日 12:12	21日 11:13	21日 19:06	23日 6:00	23日 13:09	23日 10:54	23日 20:22	22日 18:00	22日 7:22
1	癸巳	甲子	壬辰	癸亥	癸巳	甲子	甲午	乙丑	丙申	丙寅	丁酉	丁卯
2	甲午	乙丑	癸巳	甲子	甲午	乙丑	乙未	丙寅	丁酉	丁卯	戊戌	戊辰
3	乙未	丙寅	甲午	乙丑	乙未	丙寅	丙申	丁卯	戊戌	戊辰	己亥	己巳
4	丙申	丁卯	乙未	丙寅	丙申	丁卯	丁酉	戊辰	己亥	己巳	庚子	庚午
5	丁酉	戊辰	丙申	丁卯	丁酉	戊辰	戊戌	己巳	庚子	庚午	辛丑	辛未
6	戊戌	己巳	丁酉	戊辰	戊戌	己巳	己亥	庚午	辛丑	辛未	壬寅	壬申
7	己亥	庚午	戊戌	己巳	己亥	庚午	庚子	辛未	壬寅	壬申	癸卯	癸酉
8	庚子	辛未	己亥	庚午	庚子	辛未	辛丑	壬申	癸卯	癸酉	甲辰	甲戌
9	辛丑	壬申	庚子	辛未	辛丑	壬申	壬寅	癸酉	甲辰	甲戌	乙巳	乙亥
10	壬寅	癸酉	辛丑	壬申	壬寅	癸酉	癸卯	甲戌	乙巳	乙亥	丙午	丙子
11	癸卯	甲戌	壬寅	癸酉	癸卯	甲戌	甲辰	乙亥	丙午	丙子	丁未	丁丑
12	甲辰	乙亥	癸卯	甲戌	甲辰	乙亥	乙巳	丙子	丁未	丁丑	戊申	戊寅
13	乙巳	丙子	甲辰	乙亥	乙巳	丙子	丙午	丁丑	戊申	戊寅	己酉	己卯
14	丙午	丁丑	乙巳	丙子	丙午	丁丑	丁未	戊寅	己酉	己卯	庚戌	庚辰
15	丁未	戊寅	丙午	丁丑	丁未	戊寅	戊申	己卯	庚戌	庚辰	辛亥	辛巳
16	戊申	己卯	丁未	戊寅	戊申	己卯	己酉	庚辰	辛亥	辛巳	壬子	壬午
17	己酉	庚辰	戊申	己卯	己酉	庚辰	庚戌	辛巳	壬子	壬午	癸丑	癸未
18	庚戌	辛巳	己酉	庚辰	庚戌	辛巳	辛亥	壬午	癸丑	癸未	甲寅	甲申
19	辛亥	壬午	庚戌	辛巳	辛亥	壬午	壬子	癸未	甲寅	甲申	乙卯	乙酉
20	壬子	癸未	辛亥	壬午	壬子	癸未	癸丑	甲申	乙卯	乙酉	丙辰	丙戌
21	癸丑	甲申	壬子	癸未	癸丑	甲申	甲寅	乙酉	丙辰	丙戌	丁巳	丁亥
22	甲寅	乙酉	癸丑	甲申	甲寅	乙酉	乙卯	丙戌	丁巳	丁亥	戊午	戊子
23	乙卯	丙戌	甲寅	乙酉	乙卯	丙戌	丙辰	丁亥	戊午	戊子	己未	己丑
24	丙辰	丁亥	乙卯	丙戌	丙辰	丁亥	丁巳	戊子	己未	己丑	庚申	庚寅
25	丁巳	戊子	丙辰	丁亥	丁巳	戊子	戊午	己丑	庚申	庚寅	辛酉	辛卯
26	戊午	己丑	丁巳	戊子	戊午	己丑	己未	庚寅	辛酉	辛卯	壬戌	壬辰
27	己未	庚寅	戊午	己丑	己未	庚寅	庚申	辛卯	壬戌	壬辰	癸亥	癸巳
28	庚申	辛卯	己未	庚寅	庚申	辛卯	辛酉	壬辰	癸亥	癸巳	甲子	甲午
29	辛酉		庚申	辛卯	辛酉	壬辰	壬戌	癸巳	甲子	甲午	乙丑	乙未
30	壬戌		辛酉	壬辰	壬戌	癸巳	癸亥	甲午	乙丑	乙未	丙寅	丙申
31	癸亥		壬戌		癸亥		甲子	乙未		丙申		丁酉

2019年【己亥】

	1月	2月	3月	4月	5月	6月	7月	8月	9月	10月	11月	12月
	乙丑	丙寅	丁卯	戊辰	己巳	庚午	辛未	壬申	癸酉	甲戌	乙亥	丙子
中節	20日 18:00	19日 8:04	21日 6:58	20日 17:54	21日 16:57	22日 0:53	23日 11:50	23日 19:02	23日 16:50	24日 2:19	22日 23:58	22日 13:19
1	戊戌	己巳	丁酉	戊辰	戊戌	己巳	己亥	庚午	辛丑	辛未	壬寅	壬申
2	己亥	庚午	戊戌	己巳	己亥	庚午	庚子	辛未	壬寅	壬申	癸卯	癸酉
3	庚子	辛未	己亥	庚午	庚子	辛未	辛丑	壬申	癸卯	癸酉	甲辰	甲戌
4	辛丑	壬申	庚子	辛未	辛丑	壬申	壬寅	癸酉	甲辰	甲戌	乙巳	乙亥
5	壬寅	癸酉	辛丑	壬申	壬寅	癸酉	癸卯	甲戌	乙巳	乙亥	丙午	丙子
6	癸卯	甲戌	壬寅	癸酉	癸卯	甲戌	甲辰	乙亥	丙午	丙子	丁未	丁丑
7	甲辰	乙亥	癸卯	甲戌	甲辰	乙亥	乙巳	丙子	丁未	丁丑	戊申	戊寅
8	乙巳	丙子	甲辰	乙亥	乙巳	丙子	丙午	丁丑	戊申	戊寅	己酉	己卯
9	丙午	丁丑	乙巳	丙子	丙午	丁丑	丁未	戊寅	己酉	己卯	庚戌	庚辰
10	丁未	戊寅	丙午	丁丑	丁未	戊寅	戊申	己卯	庚戌	庚辰	辛亥	辛巳
11	戊申	己卯	丁未	戊寅	戊申	己卯	己酉	庚辰	辛亥	辛巳	壬子	壬午
12	己酉	庚辰	戊申	己卯	己酉	庚辰	庚戌	辛巳	壬子	壬午	癸丑	癸未
13	庚戌	辛巳	己酉	庚辰	庚戌	辛巳	辛亥	壬午	癸丑	癸未	甲寅	甲申
14	辛亥	壬午	庚戌	辛巳	辛亥	壬午	壬子	癸未	甲寅	甲申	乙卯	乙酉
15	壬子	癸未	辛亥	壬午	壬子	癸未	癸丑	甲申	乙卯	乙酉	丙辰	丙戌
16	癸丑	甲申	壬子	癸未	癸丑	甲申	甲寅	乙酉	丙辰	丙戌	丁巳	丁亥
17	甲寅	乙酉	癸丑	甲申	甲寅	乙酉	乙卯	丙戌	丁巳	丁亥	戊午	戊子
18	乙卯	丙戌	甲寅	乙酉	乙卯	丙戌	丙辰	丁亥	戊午	戊子	己未	己丑
19	丙辰	丁亥	乙卯	丙戌	丙辰	丁亥	丁巳	戊子	己未	己丑	庚申	庚寅
20	丁巳	戊子	丙辰	丁亥	丁巳	戊子	戊午	己丑	庚申	庚寅	辛酉	辛卯
21	戊午	己丑	丁巳	戊子	戊午	己丑	己未	庚寅	辛酉	辛卯	壬戌	壬辰
22	己未	庚寅	戊午	己丑	己未	庚寅	庚申	辛卯	壬戌	壬辰	癸亥	癸巳
23	庚申	辛卯	己未	庚寅	庚申	辛卯	辛酉	壬辰	癸亥	癸巳	甲子	甲午
24	辛酉	壬辰	庚申	辛卯	辛酉	壬辰	壬戌	癸巳	甲子	甲午	乙丑	乙未
25	壬戌	癸巳	辛酉	壬辰	壬戌	癸巳	癸亥	甲午	乙丑	乙未	丙寅	丙申
26	癸亥	甲午	壬戌	癸巳	癸亥	甲午	甲子	乙未	丙寅	丙申	丁卯	丁酉
27	甲子	乙未	癸亥	甲午	甲子	乙未	乙丑	丙申	丁卯	丁酉	戊辰	戊戌
28	乙丑	丙申	甲子	乙未	乙丑	丙申	丙寅	丁酉	戊辰	戊戌	己巳	己亥
29	丙寅		乙丑	丙申	丙寅	丁酉	丁卯	戊戌	己巳	己亥	庚午	庚子
30	丁卯		丙寅	丁酉	丁卯	戊戌	戊辰	己亥	庚午	庚子	辛未	辛丑
31	戊辰		丁卯		戊辰		己巳	庚子		辛丑		壬寅

2020年【庚子】

	1月	2月	3月	4月	5月	6月	7月	8月	9月	10月	11月	12月
	丁丑	戊寅	己卯	庚辰	辛巳	壬午	癸未	甲申	乙酉	丙戌	丁亥	戊子
中節	20日 23:55	19日 13:58	20日 12:49	19日 23:44	20日 22:48	21日 6:43	22日 17:37	23日 0:45	22日 22:30	23日 7:58	22日 5:39	21日 19:02
1	癸卯	甲戌	癸卯	甲戌	甲辰	乙亥	乙巳	丙子	丁未	丁丑	戊申	戊寅
2	甲辰	乙亥	甲辰	乙亥	乙巳	丙子	丙午	丁丑	戊申	戊寅	己酉	己卯
3	乙巳	丙子	乙巳	丙子	丙午	丁丑	丁未	戊寅	己酉	己卯	庚戌	庚辰
4	丙午	丁丑	丙午	丁丑	丁未	戊寅	戊申	己卯	庚戌	庚辰	辛亥	辛巳
5	丁未	戊寅	丁未	戊寅	戊申	己卯	己酉	庚辰	辛亥	辛巳	壬子	壬午
6	戊申	己卯	戊申	己卯	己酉	庚辰	庚戌	辛巳	壬子	壬午	癸丑	癸未
7	己酉	庚辰	己酉	庚辰	庚戌	辛巳	辛亥	壬午	癸丑	癸未	甲寅	甲申
8	庚戌	辛巳	庚戌	辛巳	辛亥	壬午	壬子	癸未	甲寅	甲申	乙卯	乙酉
9	辛亥	壬午	辛亥	壬午	壬子	癸未	癸丑	甲申	乙卯	乙酉	丙辰	丙戌
10	壬子	癸未	壬子	癸未	癸丑	甲申	甲寅	乙酉	丙辰	丙戌	丁巳	丁亥
11	癸丑	甲申	癸丑	甲申	甲寅	乙酉	乙卯	丙戌	丁巳	丁亥	戊午	戊子
12	甲寅	乙酉	甲寅	乙酉	乙卯	丙戌	丙辰	丁亥	戊午	戊子	己未	己丑
13	乙卯	丙戌	乙卯	丙戌	丙辰	丁亥	丁巳	戊子	己未	己丑	庚申	庚寅
14	丙辰	丁亥	丙辰	丁亥	丁巳	戊子	戊午	己丑	庚申	庚寅	辛酉	辛卯
15	丁巳	戊子	丁巳	戊子	戊午	己丑	己未	庚寅	辛酉	辛卯	壬戌	壬辰
16	戊午	己丑	戊午	己丑	己未	庚寅	庚申	辛卯	壬戌	壬辰	癸亥	癸巳
17	己未	庚寅	己未	庚寅	庚申	辛卯	辛酉	壬辰	癸亥	癸巳	甲子	甲午
18	庚申	辛卯	庚申	辛卯	辛酉	壬辰	壬戌	癸巳	甲子	甲午	乙丑	乙未
19	辛酉	壬辰	辛酉	壬辰	壬戌	癸巳	癸亥	甲午	乙丑	乙未	丙寅	丙申
20	壬戌	癸巳	壬戌	癸巳	癸亥	甲午	甲子	乙未	丙寅	丙申	丁卯	丁酉
21	癸亥	甲午	癸亥	甲午	甲子	乙未	乙丑	丙申	丁卯	丁酉	戊辰	戊戌
22	甲子	乙未	甲子	乙未	乙丑	丙申	丙寅	丁酉	戊辰	戊戌	己巳	己亥
23	乙丑	丙申	乙丑	丙申	丙寅	丁酉	丁卯	戊戌	己巳	己亥	庚午	庚子
24	丙寅	丁酉	丙寅	丁酉	丁卯	戊戌	戊辰	己亥	庚午	庚子	辛未	辛丑
25	丁卯	戊戌	丁卯	戊戌	戊辰	己亥	己巳	庚子	辛未	辛丑	壬申	壬寅
26	戊辰	己亥	戊辰	己亥	己巳	庚子	庚午	辛丑	壬申	壬寅	癸酉	癸卯
27	己巳	庚子	己巳	庚子	庚午	辛丑	辛未	壬寅	癸酉	癸卯	甲戌	甲辰
28	庚午	辛丑	庚午	辛丑	辛未	壬寅	壬申	癸卯	甲戌	甲辰	乙亥	乙巳
29	辛未	壬寅	辛未	壬寅	壬申	癸卯	癸酉	甲辰	乙亥	乙巳	丙子	丙午
30	壬申		壬申	癸卯	癸酉	甲辰	甲戌	乙巳	丙子	丙午	丁丑	丁未
31	癸酉		癸酉		甲戌		乙亥	丙午		丁未		戊申

2021年【辛丑】

	1月	2月	3月	4月	5月	6月	7月	8月	9月	10月	11月	12月
	己丑	庚寅	辛卯	壬辰	癸巳	甲午	乙未	丙申	丁酉	戊戌	己亥	庚子
中節	20日 5:40	18日 19:44	20日 18:37	20日 5:32	21日 4:36	21日 12:32	22日 23:27	23日 6:35	23日 4:20	23日 13:50	22日 11:33	22日 0:59
1	己酉	庚辰	戊申	己卯	己酉	庚辰	庚戌	辛巳	壬子	壬午	癸丑	癸未
2	庚戌	辛巳	己酉	庚辰	庚戌	辛巳	辛亥	壬午	癸丑	癸未	甲寅	甲申
3	辛亥	壬午	庚戌	辛巳	辛亥	壬午	壬子	癸未	甲寅	甲申	乙卯	乙酉
4	壬子	癸未	辛亥	壬午	壬子	癸未	癸丑	甲申	乙卯	乙酉	丙辰	丙戌
5	癸丑	甲申	壬子	癸未	癸丑	甲申	甲寅	乙酉	丙辰	丙戌	丁巳	丁亥
6	甲寅	乙酉	癸丑	甲申	甲寅	乙酉	乙卯	丙戌	丁巳	丁亥	戊午	戊子
7	乙卯	丙戌	甲寅	乙酉	乙卯	丙戌	丙辰	丁亥	戊午	戊子	己未	己丑
8	丙辰	丁亥	乙卯	丙戌	丙辰	丁亥	丁巳	戊子	己未	己丑	庚申	庚寅
9	丁巳	戊子	丙辰	丁亥	丁巳	戊子	戊午	己丑	庚申	庚寅	辛酉	辛卯
10	戊午	己丑	丁巳	戊子	戊午	己丑	己未	庚寅	辛酉	辛卯	壬戌	壬辰
11	己未	庚寅	戊午	己丑	己未	庚寅	庚申	辛卯	壬戌	壬辰	癸亥	癸巳
12	庚申	辛卯	己未	庚寅	庚申	辛卯	辛酉	壬辰	癸亥	癸巳	甲子	甲午
13	辛酉	壬辰	庚申	辛卯	辛酉	壬辰	壬戌	癸巳	甲子	甲午	乙丑	乙未
14	壬戌	癸巳	辛酉	壬辰	壬戌	癸巳	癸亥	甲午	乙丑	乙未	丙寅	丙申
15	癸亥	甲午	壬戌	癸巳	癸亥	甲午	甲子	乙未	丙寅	丙申	丁卯	丁酉
16	甲子	乙未	癸亥	甲午	甲子	乙未	乙丑	丙申	丁卯	丁酉	戊辰	戊戌
17	乙丑	丙申	甲子	乙未	乙丑	丙申	丙寅	丁酉	戊辰	戊戌	己巳	己亥
18	丙寅	丁酉	乙丑	丙申	丙寅	丁酉	丁卯	戊戌	己巳	己亥	庚午	庚子
19	丁卯	戊戌	丙寅	丁酉	丁卯	戊戌	戊辰	己亥	庚午	庚子	辛未	辛丑
20	戊辰	己亥	丁卯	戊戌	戊辰	己亥	己巳	庚子	辛未	辛丑	壬申	壬寅
21	己巳	庚子	戊辰	己亥	己巳	庚子	庚午	辛丑	壬申	壬寅	癸酉	癸卯
22	庚午	辛丑	己巳	庚子	庚午	辛丑	辛未	壬寅	癸酉	癸卯	甲戌	甲辰
23	辛未	壬寅	庚午	辛丑	辛未	壬寅	壬申	癸卯	甲戌	甲辰	乙亥	乙巳
24	壬申	癸卯	辛未	壬寅	壬申	癸卯	癸酉	甲辰	乙亥	乙巳	丙子	丙午
25	癸酉	甲辰	壬申	癸卯	癸酉	甲辰	甲戌	乙巳	丙子	丙午	丁丑	丁未
26	甲戌	乙巳	癸酉	甲辰	甲戌	乙巳	乙亥	丙午	丁丑	丁未	戊寅	戊申
27	乙亥	丙午	甲戌	乙巳	乙亥	丙午	丙子	丁未	戊寅	戊申	己卯	己酉
28	丙子	丁未	乙亥	丙午	丙子	丁未	丁丑	戊申	己卯	己酉	庚辰	庚戌
29	丁丑		丙子	丁未	丁丑	戊申	戊寅	己酉	庚辰	庚戌	辛巳	辛亥
30	戊寅		丁丑	戊申	戊寅	己酉	己卯	庚戌	辛巳	辛亥	壬午	壬子
31	己卯		戊寅		己卯		庚辰	辛亥		壬子		癸丑

2022年【壬寅】

	1月	2月	3月	4月	5月	6月	7月	8月	9月	10月	11月	12月
	辛丑	壬寅	癸卯	甲辰	乙巳	丙午	丁未	戊申	己酉	庚戌	辛亥	壬子
中節	20日 11:40	19日 1:43	21日 0:32	20日 11:23	21日 10:22	21日 18:14	23日 5:07	23日 12:16	23日 10:03	23日 19:35	22日 10:22	22日 6:48
1	甲寅	乙酉	癸丑	甲申	甲寅	乙酉	乙卯	丙戌	丁巳	丁亥	戊午	戊子
2	乙卯	丙戌	甲寅	乙酉	乙卯	丙戌	丙辰	丁亥	戊午	戊子	己未	己丑
3	丙辰	丁亥	乙卯	丙戌	丙辰	丁亥	丁巳	戊子	己未	己丑	庚申	庚寅
4	丁巳	戊子	丙辰	丁亥	丁巳	戊子	戊午	己丑	庚申	庚寅	辛酉	辛卯
5	戊午	己丑	丁巳	戊子	戊午	己丑	己未	庚寅	辛酉	辛卯	壬戌	壬辰
6	己未	庚寅	戊午	己丑	己未	庚寅	庚申	辛卯	壬戌	壬辰	癸亥	癸巳
7	庚申	辛卯	己未	庚寅	庚申	辛卯	辛酉	壬辰	癸亥	癸巳	甲子	甲午
8	辛酉	壬辰	庚申	辛卯	辛酉	壬辰	壬戌	癸巳	甲子	甲午	乙丑	乙未
9	壬戌	癸巳	辛酉	壬辰	壬戌	癸巳	癸亥	甲午	乙丑	乙未	丙寅	丙申
10	癸亥	甲午	壬戌	癸巳	癸亥	甲午	甲子	乙未	丙寅	丙申	丁卯	丁酉
11	甲子	乙未	癸亥	甲午	甲子	乙未	乙丑	丙申	丁卯	丁酉	戊辰	戊戌
12	乙丑	丙申	甲子	乙未	乙丑	丙申	丙寅	丁酉	戊辰	戊戌	己巳	己亥
13	丙寅	丁酉	乙丑	丙申	丙寅	丁酉	丁卯	戊戌	己巳	己亥	庚午	庚子
14	丁卯	戊戌	丙寅	丁酉	丁卯	戊戌	戊辰	己亥	庚午	庚子	辛未	辛丑
15	戊辰	己亥	丁卯	戊戌	戊辰	己亥	己巳	庚子	辛未	辛丑	壬申	壬寅
16	己巳	庚子	戊辰	己亥	己巳	庚子	庚午	辛丑	壬申	壬寅	癸酉	癸卯
17	庚午	辛丑	己巳	庚子	庚午	辛丑	辛未	壬寅	癸酉	癸卯	甲戌	甲辰
18	辛未	壬寅	庚午	辛丑	辛未	壬寅	壬申	癸卯	甲戌	甲辰	乙亥	乙巳
19	壬申	癸卯	辛未	壬寅	壬申	癸卯	癸酉	甲辰	乙亥	乙巳	丙子	丙午
20	癸酉	甲辰	壬申	癸卯	癸酉	甲辰	甲戌	乙巳	丙子	丙午	丁丑	丁未
21	甲戌	乙巳	癸酉	甲辰	甲戌	乙巳	乙亥	丙午	丁丑	丁未	戊寅	戊申
22	乙亥	丙午	甲戌	乙巳	乙亥	丙午	丙子	丁未	戊寅	戊申	己卯	己酉
23	丙子	丁未	乙亥	丙午	丙子	丁未	丁丑	戊申	己卯	己酉	庚辰	庚戌
24	丁丑	戊申	丙子	丁未	丁丑	戊申	戊寅	己酉	庚辰	庚戌	辛巳	辛亥
25	戊寅	己酉	丁丑	戊申	戊寅	己酉	己卯	庚戌	辛巳	辛亥	壬午	壬子
26	己卯	庚戌	戊寅	己酉	己卯	庚戌	庚辰	辛亥	壬午	壬子	癸未	癸丑
27	庚辰	辛亥	己卯	庚戌	庚辰	辛亥	辛巳	壬子	癸未	癸丑	甲申	甲寅
28	辛巳	壬子	庚辰	辛亥	辛巳	壬子	壬午	癸丑	甲申	甲寅	乙酉	乙卯
29	壬午		辛巳	壬子	壬午	癸丑	癸未	甲寅	乙酉	乙卯	丙戌	丙辰
30	癸未		壬午	癸丑	癸未	甲寅	甲申	乙卯	丙戌	丙辰	丁亥	丁巳
31	甲申		癸未		甲申		乙酉	丙辰		丁巳		戊午

2023年【癸卯】

	1月	2月	3月	4月	5月	6月	7月	8月	9月	10月	11月	12月
	癸丑	甲寅	乙卯	丙辰	丁巳	戊午	己未	庚申	辛酉	壬戌	癸亥	甲子
中節	20日 17:30	19日 7:34	21日 6:23	20日 17:12	21日 16:08	21日 23:58	23日 10:50	23日 18:01	23日 15:49	24日 1:20	22日 23:02	22日 12:27
1	己未	庚寅	戊午	己丑	己未	庚寅	庚申	辛卯	壬戌	壬辰	癸亥	癸巳
2	庚申	辛卯	己未	庚寅	庚申	辛卯	辛酉	壬辰	癸亥	癸巳	甲子	甲午
3	辛酉	壬辰	庚申	辛卯	辛酉	壬辰	壬戌	癸巳	甲子	甲午	乙丑	乙未
4	壬戌	癸巳	辛酉	壬辰	壬戌	癸巳	癸亥	甲午	乙丑	乙未	丙寅	丙申
5	癸亥	甲午	壬戌	癸巳	癸亥	甲午	甲子	乙未	丙寅	丙申	丁卯	丁酉
6	甲子	乙未	癸亥	甲午	甲子	乙未	乙丑	丙申	丁卯	丁酉	戊辰	戊戌
7	乙丑	丙申	甲子	乙未	乙丑	丙申	丙寅	丁酉	戊辰	戊戌	己巳	己亥
8	丙寅	丁酉	乙丑	丙申	丙寅	丁酉	丁卯	戊戌	己巳	己亥	庚午	庚子
9	丁卯	戊戌	丙寅	丁酉	丁卯	戊戌	戊辰	己亥	庚午	庚子	辛未	辛丑
10	戊辰	己亥	丁卯	戊戌	戊辰	己亥	己巳	庚子	辛未	辛丑	壬申	壬寅
11	己巳	庚子	戊辰	己亥	己巳	庚子	庚午	辛丑	壬申	壬寅	癸酉	癸卯
12	庚午	辛丑	己巳	庚子	庚午	辛丑	辛未	壬寅	癸酉	癸卯	甲戌	甲辰
13	辛未	壬寅	庚午	辛丑	辛未	壬寅	壬申	癸卯	甲戌	甲辰	乙亥	乙巳
14	壬申	癸卯	辛未	壬寅	壬申	癸卯	癸酉	甲辰	乙亥	乙巳	丙子	丙午
15	癸酉	甲辰	壬申	癸卯	癸酉	甲辰	甲戌	乙巳	丙子	丙午	丁丑	丁未
16	甲戌	乙巳	癸酉	甲辰	甲戌	乙巳	乙亥	丙午	丁丑	丁未	戊寅	戊申
17	乙亥	丙午	甲戌	乙巳	乙亥	丙午	丙子	丁未	戊寅	戊申	己卯	己酉
18	丙子	丁未	乙亥	丙午	丙子	丁未	丁丑	戊申	己卯	己酉	庚辰	庚戌
19	丁丑	戊申	丙子	丁未	丁丑	戊申	戊寅	己酉	庚辰	庚戌	辛巳	辛亥
20	戊寅	己酉	丁丑	戊申	戊寅	己酉	己卯	庚戌	辛巳	辛亥	壬午	壬子
21	己卯	庚戌	戊寅	己酉	己卯	庚戌	庚辰	辛亥	壬午	壬子	癸未	癸丑
22	庚辰	辛亥	己卯	庚戌	庚辰	辛亥	辛巳	壬子	癸未	癸丑	甲申	甲寅
23	辛巳	壬子	庚辰	辛亥	辛巳	壬子	壬午	癸丑	甲申	甲寅	乙酉	乙卯
24	壬午	癸丑	辛巳	壬子	壬午	癸丑	癸未	甲寅	乙酉	乙卯	丙戌	丙辰
25	癸未	甲寅	壬午	癸丑	癸未	甲寅	甲申	乙卯	丙戌	丙辰	丁亥	丁巳
26	甲申	乙卯	癸未	甲寅	甲申	乙卯	乙酉	丙辰	丁亥	丁巳	戊子	戊午
27	乙酉	丙辰	甲申	乙卯	乙酉	丙辰	丙戌	丁巳	戊子	戊午	己丑	己未
28	丙戌	丁巳	乙酉	丙辰	丙戌	丁巳	丁亥	戊午	己丑	己未	庚寅	庚申
29	丁亥		丙戌	丁巳	丁亥	戊午	戊子	己未	庚寅	庚申	辛卯	辛酉
30	戊子		丁亥	戊午	戊子	己未	己丑	庚申	辛卯	辛酉	壬辰	壬戌
31	己丑		戊子		己丑		庚寅	辛酉		壬戌		癸亥

2024年【甲辰】

	1月	2月	3月	4月	5月	6月	7月	8月	9月	10月	11月	12月
	乙丑	丙寅	丁卯	戊辰	己巳	庚午	辛未	壬申	癸酉	甲戌	乙亥	丙子
中節	20日 23:07	19日 13:13	20日 12:06	19日 22:59	20日 21:59	21日 5:50	22日 16:44	22日 23:54	22日 21:43	23日 7:14	22日 4:58	21日 18:20
1	甲子	乙未	甲子	乙未	乙丑	丙申	丙寅	丁酉	戊辰	戊戌	己巳	己亥
2	乙丑	丙申	乙丑	丙申	丙寅	丁酉	丁卯	戊戌	己巳	己亥	庚午	庚子
3	丙寅	丁酉	丙寅	丁酉	丁卯	戊戌	戊辰	己亥	庚午	庚子	辛未	辛丑
4	丁卯	戊戌	丁卯	戊戌	戊辰	己亥	己巳	庚子	辛未	辛丑	壬申	壬寅
5	戊辰	己亥	戊辰	己亥	己巳	庚子	庚午	辛丑	壬申	壬寅	癸酉	癸卯
6	己巳	庚子	己巳	庚子	庚午	辛丑	辛未	壬寅	癸酉	癸卯	甲戌	甲辰
7	庚午	辛丑	庚午	辛丑	辛未	壬寅	壬申	癸卯	甲戌	甲辰	乙亥	乙巳
8	辛未	壬寅	辛未	壬寅	壬申	癸卯	癸酉	甲辰	乙亥	乙巳	丙子	丙午
9	壬申	癸卯	壬申	癸卯	癸酉	甲辰	甲戌	乙巳	丙子	丙午	丁丑	丁未
10	癸酉	甲辰	癸酉	甲辰	甲戌	乙巳	乙亥	丙午	丁丑	丁未	戊寅	戊申
11	甲戌	乙巳	甲戌	乙巳	乙亥	丙午	丙子	丁未	戊寅	戊申	己卯	己酉
12	乙亥	丙午	乙亥	丙午	丙子	丁未	丁丑	戊申	己卯	己酉	庚辰	庚戌
13	丙子	丁未	丙子	丁未	丁丑	戊申	戊寅	己酉	庚辰	庚戌	辛巳	辛亥
14	丁丑	戊申	丁丑	戊申	戊寅	己酉	己卯	庚戌	辛巳	辛亥	壬午	壬子
15	戊寅	己酉	戊寅	己酉	己卯	庚戌	庚辰	辛亥	壬午	壬子	癸未	癸丑
16	己卯	庚戌	己卯	庚戌	庚辰	辛亥	辛巳	壬子	癸未	癸丑	甲申	甲寅
17	庚辰	辛亥	庚辰	辛亥	辛巳	壬子	壬午	癸丑	甲申	甲寅	乙酉	乙卯
18	辛巳	壬子	辛巳	壬子	壬午	癸丑	癸未	甲寅	乙酉	乙卯	丙戌	丙辰
19	壬午	癸丑	壬午	癸丑	癸未	甲寅	甲申	乙卯	丙戌	丙辰	丁亥	丁巳
20	癸未	甲寅	癸未	甲寅	甲申	乙卯	乙酉	丙辰	丁亥	丁巳	戊子	戊午
21	甲申	乙卯	甲申	乙卯	乙酉	丙辰	丙戌	丁巳	戊子	戊午	己丑	己未
22	乙酉	丙辰	乙酉	丙辰	丙戌	丁巳	丁亥	戊午	己丑	己未	庚寅	庚申
23	丙戌	丁巳	丙戌	丁巳	丁亥	戊午	戊子	己未	庚寅	庚申	辛卯	辛酉
24	丁亥	戊午	丁亥	戊午	戊子	己未	己丑	庚申	辛卯	辛酉	壬辰	壬戌
25	戊子	己未	戊子	己未	己丑	庚申	庚寅	辛酉	壬辰	壬戌	癸巳	癸亥
26	己丑	庚申	己丑	庚申	庚寅	辛酉	辛卯	壬戌	癸巳	癸亥	甲午	甲子
27	庚寅	辛酉	庚寅	辛酉	辛卯	壬戌	壬辰	癸亥	甲午	甲子	乙未	乙丑
28	辛卯	壬戌	辛卯	壬戌	壬辰	癸亥	癸巳	甲子	乙未	乙丑	丙申	丙寅
29	壬辰	癸亥	壬辰	癸亥	癸巳	甲子	甲午	乙丑	丙申	丙寅	丁酉	丁卯
30	癸巳		癸巳	甲子	甲午	乙丑	乙未	丙寅	丁酉	丁卯	戊戌	戊辰
31	甲午		甲午		乙未		丙申	丁卯		戊辰		己巳

2025年【乙巳】

	1月	2月	3月	4月	5月	6月	7月	8月	9月	10月	11月	12月
	丁丑	戊寅	己卯	庚辰	辛巳	壬午	癸未	甲申	乙酉	丙戌	丁亥	戊子
中節	20日 5:00	18日 19:06	20日 18:01	20日 4:55	21日 3:54	21日 11:41	22日 22:29	23日 5:33	23日 3:19	22日 12:51	22日 10:35	22日 0:02
1	庚午	辛丑	己巳	庚子	庚午	辛丑	辛未	壬寅	癸酉	癸卯	甲戌	甲辰
2	辛未	壬寅	庚午	辛丑	辛未	壬寅	壬申	癸卯	甲戌	甲辰	乙亥	乙巳
3	壬申	癸卯	辛未	壬寅	壬申	癸卯	癸酉	甲辰	乙亥	乙巳	丙子	丙午
4	癸酉	甲辰	壬申	癸卯	癸酉	甲辰	甲戌	乙巳	丙子	丙午	丁丑	丁未
5	甲戌	乙巳	癸酉	甲辰	甲戌	乙巳	乙亥	丙午	丁丑	丁未	戊寅	戊申
6	乙亥	丙午	甲戌	乙巳	乙亥	丙午	丙子	丁未	戊寅	戊申	己卯	己酉
7	丙子	丁未	乙亥	丙午	丙子	丁未	丁丑	戊申	己卯	己酉	庚辰	庚戌
8	丁丑	戊申	丙子	丁未	丁丑	戊申	戊寅	己酉	庚辰	庚戌	辛巳	辛亥
9	戊寅	己酉	丁丑	戊申	戊寅	己酉	己卯	庚戌	辛巳	辛亥	壬午	壬子
10	己卯	庚戌	戊寅	己酉	己卯	庚戌	庚辰	辛亥	壬午	壬子	癸未	癸丑
11	庚辰	辛亥	己卯	庚戌	庚辰	辛亥	辛巳	壬子	癸未	癸丑	甲申	甲寅
12	辛巳	壬子	庚辰	辛亥	辛巳	壬子	壬午	癸丑	甲申	甲寅	乙酉	乙卯
13	壬午	癸丑	辛巳	壬子	壬午	癸丑	癸未	甲寅	乙酉	乙卯	丙戌	丙辰
14	癸未	甲寅	壬午	癸丑	癸未	甲寅	甲申	乙卯	丙戌	丙辰	丁亥	丁巳
15	甲申	乙卯	癸未	甲寅	甲申	乙卯	乙酉	丙辰	丁亥	丁巳	戊子	戊午
16	乙酉	丙辰	甲申	乙卯	乙酉	丙辰	丙戌	丁巳	戊子	戊午	己丑	己未
17	丙戌	丁巳	乙酉	丙辰	丙戌	丁巳	丁亥	戊午	己丑	己未	庚寅	庚申
18	丁亥	戊午	丙戌	丁巳	丁亥	戊午	戊子	己未	庚寅	庚申	辛卯	辛酉
19	戊子	己未	丁亥	戊午	戊子	己未	己丑	庚申	辛卯	辛酉	壬辰	壬戌
20	己丑	庚申	戊子	己未	己丑	庚申	庚寅	辛酉	壬辰	壬戌	癸巳	癸亥
21	庚寅	辛酉	己丑	庚申	庚寅	辛酉	辛卯	壬戌	癸巳	癸亥	甲午	甲子
22	辛卯	壬戌	庚寅	辛酉	辛卯	壬戌	壬辰	癸亥	甲午	甲子	乙未	乙丑
23	壬辰	癸亥	辛卯	壬戌	壬辰	癸亥	癸巳	甲子	乙未	乙丑	丙申	丙寅
24	癸巳	甲子	壬辰	癸亥	癸巳	甲子	甲午	乙丑	丙申	丙寅	丁酉	丁卯
25	甲午	乙丑	癸巳	甲子	甲午	乙丑	乙未	丙寅	丁酉	丁卯	戊戌	戊辰
26	乙未	丙寅	甲午	乙丑	乙未	丙寅	丙申	丁卯	戊戌	戊辰	己亥	己巳
27	丙申	丁卯	乙未	丙寅	丙申	丁卯	丁酉	戊辰	己亥	己巳	庚子	庚午
28	丁酉	戊辰	丙申	丁卯	丁酉	戊辰	戊戌	己巳	庚子	庚午	辛丑	辛未
29	戊戌		丁酉	戊辰	戊戌	己巳	己亥	庚午	辛丑	辛未	壬寅	壬申
30	己亥		戊戌	己巳	己亥	庚午	庚子	辛未	壬寅	壬申	癸卯	癸酉
31	庚子		己亥		庚子		辛丑	壬申		癸酉		甲戌

2026年【丙午】

	1月	2月	3月	4月	5月	6月	7月	8月	9月	10月	11月	12月
	己丑	庚寅	辛卯	壬辰	癸巳	甲午	乙未	丙申	丁酉	戊戌	己亥	庚子
中節	20日 10:44	19日 0:52	20日 23:46	20日 10:38	21日 9:36	21日 17:23	23日 4:12	23日 11:19	23日 9:05	23日 18:37	22日 16:22	22日 5:49
1	乙亥	丙午	甲戌	乙巳	乙亥	丙午	丙子	丁未	戊寅	戊申	己卯	己酉
2	丙子	丁未	乙亥	丙午	丙子	丁未	丁丑	戊申	己卯	己酉	庚辰	庚戌
3	丁丑	戊申	丙子	丁未	丁丑	戊申	戊寅	己酉	庚辰	庚戌	辛巳	辛亥
4	戊寅	己酉	丁丑	戊申	戊寅	己酉	己卯	庚戌	辛巳	辛亥	壬午	壬子
5	己卯	庚戌	戊寅	己酉	己卯	庚戌	庚辰	辛亥	壬午	壬子	癸未	癸丑
6	庚辰	辛亥	己卯	庚戌	庚辰	辛亥	辛巳	壬子	癸未	癸丑	甲申	甲寅
7	辛巳	壬子	庚辰	辛亥	辛巳	壬子	壬午	癸丑	甲申	甲寅	乙酉	乙卯
8	壬午	癸丑	辛巳	壬子	壬午	癸丑	癸未	甲寅	乙酉	乙卯	丙戌	丙辰
9	癸未	甲寅	壬午	癸丑	癸未	甲寅	甲申	乙卯	丙戌	丙辰	丁亥	丁巳
10	甲申	乙卯	癸未	甲寅	甲申	乙卯	乙酉	丙辰	丁亥	丁巳	戊子	戊午
11	乙酉	丙辰	甲申	乙卯	乙酉	丙辰	丙戌	丁巳	戊子	戊午	己丑	己未
12	丙戌	丁巳	乙酉	丙辰	丙戌	丁巳	丁亥	戊午	己丑	己未	庚寅	庚申
13	丁亥	戊午	丙戌	丁巳	丁亥	戊午	戊子	己未	庚寅	庚申	辛卯	辛酉
14	戊子	己未	丁亥	戊午	戊子	己未	己丑	庚申	辛卯	辛酉	壬辰	壬戌
15	己丑	庚申	戊子	己未	己丑	庚申	庚寅	辛酉	壬辰	壬戌	癸巳	癸亥
16	庚寅	辛酉	己丑	庚申	庚寅	辛酉	辛卯	壬戌	癸巳	癸亥	甲午	甲子
17	辛卯	壬戌	庚寅	辛酉	辛卯	壬戌	壬辰	癸亥	甲午	甲子	乙未	乙丑
18	壬辰	癸亥	辛卯	壬戌	壬辰	癸亥	癸巳	甲子	乙未	乙丑	丙申	丙寅
19	癸巳	甲子	壬辰	癸亥	癸巳	甲子	甲午	乙丑	丙申	丙寅	丁酉	丁卯
20	甲午	乙丑	癸巳	甲子	甲午	乙丑	乙未	丙寅	丁酉	丁卯	戊戌	戊辰
21	乙未	丙寅	甲午	乙丑	乙未	丙寅	丙申	丁卯	戊戌	戊辰	己亥	己巳
22	丙申	丁卯	乙未	丙寅	丙申	丁卯	丁酉	戊辰	己亥	己巳	庚子	庚午
23	丁酉	戊辰	丙申	丁卯	丁酉	戊辰	戊戌	己巳	庚子	庚午	辛丑	辛未
24	戊戌	己巳	丁酉	戊辰	戊戌	己巳	己亥	庚午	辛丑	辛未	壬寅	壬申
25	己亥	庚午	戊戌	己巳	己亥	庚午	庚子	辛未	壬寅	壬申	癸卯	癸酉
26	庚子	辛未	己亥	庚午	庚子	辛未	辛丑	壬申	癸卯	癸酉	甲辰	甲戌
27	辛丑	壬申	庚子	辛未	辛丑	壬申	壬寅	癸酉	甲辰	甲戌	乙巳	乙亥
28	壬寅	癸酉	辛丑	壬申	壬寅	癸酉	癸卯	甲戌	乙巳	乙亥	丙午	丙子
29	癸卯		壬寅	癸酉	癸卯	甲戌	甲辰	乙亥	丙午	丙子	丁未	丁丑
30	甲辰		癸卯	甲戌	甲辰	乙亥	乙巳	丙子	丁未	丁丑	戊申	戊寅
31	乙巳		甲辰		乙巳		丙午	丁丑		戊寅		己卯

2027年【丁未】

	1月	2月	3月	4月	5月	6月	7月	8月	9月	10月	11月	12月
	辛丑	壬寅	癸卯	甲辰	乙巳	丙午	丁未	戊申	己酉	庚戌	辛亥	壬子
中節	20日 16:29	19日 6:34	21日 5:25	20日 16:17	21日 15:17	21日 23:09	23日 10:04	23日 17:14	23日 15:02	24日 0:32	22日 22:15	22日 11:41
1	庚辰	辛亥	己卯	庚戌	庚辰	辛亥	辛巳	壬子	癸未	癸丑	甲申	甲寅
2	辛巳	壬子	庚辰	辛亥	辛巳	壬子	壬午	癸丑	甲申	甲寅	乙酉	乙卯
3	壬午	癸丑	辛巳	壬子	壬午	癸丑	癸未	甲寅	乙酉	乙卯	丙戌	丙辰
4	癸未	甲寅	壬午	癸丑	癸未	甲寅	甲申	乙卯	丙戌	丙辰	丁亥	丁巳
5	甲申	乙卯	癸未	甲寅	甲申	乙卯	乙酉	丙辰	丁亥	丁巳	戊子	戊午
6	乙酉	丙辰	甲申	乙卯	乙酉	丙辰	丙戌	丁巳	戊子	戊午	己丑	己未
7	丙戌	丁巳	乙酉	丙辰	丙戌	丁巳	丁亥	戊午	己丑	己未	庚寅	庚申
8	丁亥	戊午	丙戌	丁巳	丁亥	戊午	戊子	己未	庚寅	庚申	辛卯	辛酉
9	戊子	己未	丁亥	戊午	戊子	己未	己丑	庚申	辛卯	辛酉	壬辰	壬戌
10	己丑	庚申	戊子	己未	己丑	庚申	庚寅	辛酉	壬辰	壬戌	癸巳	癸亥
11	庚寅	辛酉	己丑	庚申	庚寅	辛酉	辛卯	壬戌	癸巳	癸亥	甲午	甲子
12	辛卯	壬戌	庚寅	辛酉	辛卯	壬戌	壬辰	癸亥	甲午	甲子	乙未	乙丑
13	壬辰	癸亥	辛卯	壬戌	壬辰	癸亥	癸巳	甲子	乙未	乙丑	丙申	丙寅
14	癸巳	甲子	壬辰	癸亥	癸巳	甲子	甲午	乙丑	丙申	丙寅	丁酉	丁卯
15	甲午	乙丑	癸巳	甲子	甲午	乙丑	乙未	丙寅	丁酉	丁卯	戊戌	戊辰
16	乙未	丙寅	甲午	乙丑	乙未	丙寅	丙申	丁卯	戊戌	戊辰	己亥	己巳
17	丙申	丁卯	乙未	丙寅	丙申	丁卯	丁酉	戊辰	己亥	己巳	庚子	庚午
18	丁酉	戊辰	丙申	丁卯	丁酉	戊辰	戊戌	己巳	庚子	庚午	辛丑	辛未
19	戊戌	己巳	丁酉	戊辰	戊戌	己巳	己亥	庚午	辛丑	辛未	壬寅	壬申
20	己亥	庚午	戊戌	己巳	己亥	庚午	庚子	辛未	壬寅	壬申	癸卯	癸酉
21	庚子	辛未	己亥	庚午	庚子	辛未	辛丑	壬申	癸卯	癸酉	甲辰	甲戌
22	辛丑	壬申	庚子	辛未	辛丑	壬申	壬寅	癸酉	甲辰	甲戌	乙巳	乙亥
23	壬寅	癸酉	辛丑	壬申	壬寅	癸酉	癸卯	甲戌	乙巳	乙亥	丙午	丙子
24	癸卯	甲戌	壬寅	癸酉	癸卯	甲戌	甲辰	乙亥	丙午	丙子	丁未	丁丑
25	甲辰	乙亥	癸卯	甲戌	甲辰	乙亥	乙巳	丙子	丁未	丁丑	戊申	戊寅
26	乙巳	丙子	甲辰	乙亥	乙巳	丙子	丙午	丁丑	戊申	戊寅	己酉	己卯
27	丙午	丁丑	乙巳	丙子	丙午	丁丑	丁未	戊寅	己酉	己卯	庚戌	庚辰
28	丁未	戊寅	丙午	丁丑	丁未	戊寅	戊申	己卯	庚戌	庚辰	辛亥	辛巳
29	戊申		丁未	戊寅	戊申	己卯	己酉	庚辰	辛亥	辛巳	壬子	壬午
30	己酉		戊申	己卯	己酉	庚辰	庚戌	辛巳	壬子	壬午	癸丑	癸未
31	庚戌		己酉		庚戌		辛亥	壬午		癸未		甲申

2028年【戊申】

	1月	2月	3月	4月	5月	6月	7月	8月	9月	10月	11月	12月
	癸丑	甲寅	乙卯	丙辰	丁巳	戊午	己未	庚申	辛酉	壬戌	癸亥	甲子
中節	20日 22:22	19日 12:26	20日 11:17	19日 22:08	20日 21:08	21日 5:01	22日 15:54	22日 23:01	22日 20:45	23日 6:12	22日 3:53	21日 17:19
1	乙酉	丙辰	乙酉	丙辰	丙戌	丁巳	丁亥	戊午	己丑	己未	庚寅	庚申
2	丙戌	丁巳	丙戌	丁巳	丁亥	戊午	戊子	己未	庚寅	庚申	辛卯	辛酉
3	丁亥	戊午	丁亥	戊午	戊子	己未	己丑	庚申	辛卯	辛酉	壬辰	壬戌
4	戊子	己未	戊子	己未	己丑	庚申	庚寅	辛酉	壬辰	壬戌	癸巳	癸亥
5	己丑	庚申	己丑	庚申	庚寅	辛酉	辛卯	壬戌	癸巳	癸亥	甲午	甲子
6	庚寅	辛酉	庚寅	辛酉	辛卯	壬戌	壬辰	癸亥	甲午	甲子	乙未	乙丑
7	辛卯	壬戌	辛卯	壬戌	壬辰	癸亥	癸巳	甲子	乙未	乙丑	丙申	丙寅
8	壬辰	癸亥	壬辰	癸亥	癸巳	甲子	甲午	乙丑	丙申	丙寅	丁酉	丁卯
9	癸巳	甲子	癸巳	甲子	甲午	乙丑	乙未	丙寅	丁酉	丁卯	戊戌	戊辰
10	甲午	乙丑	甲午	乙丑	乙未	丙寅	丙申	丁卯	戊戌	戊辰	己亥	己巳
11	乙未	丙寅	乙未	丙寅	丙申	丁卯	丁酉	戊辰	己亥	己巳	庚子	庚午
12	丙申	丁卯	丙申	丁卯	丁酉	戊辰	戊戌	己巳	庚子	庚午	辛丑	辛未
13	丁酉	戊辰	丁酉	戊辰	戊戌	己巳	己亥	庚午	辛丑	辛未	壬寅	壬申
14	戊戌	己巳	戊戌	己巳	己亥	庚午	庚子	辛未	壬寅	壬申	癸卯	癸酉
15	己亥	庚午	己亥	庚午	庚子	辛未	辛丑	壬申	癸卯	癸酉	甲辰	甲戌
16	庚子	辛未	庚子	辛未	辛丑	壬申	壬寅	癸酉	甲辰	甲戌	乙巳	乙亥
17	辛丑	壬申	辛丑	壬申	壬寅	癸酉	癸卯	甲戌	乙巳	乙亥	丙午	丙子
18	壬寅	癸酉	壬寅	癸酉	癸卯	甲戌	甲辰	乙亥	丙午	丙子	丁未	丁丑
19	癸卯	甲戌	癸卯	甲戌	甲辰	乙亥	乙巳	丙子	丁未	丁丑	戊申	戊寅
20	甲辰	乙亥	甲辰	乙亥	乙巳	丙子	丙午	丁丑	戊申	戊寅	己酉	己卯
21	乙巳	丙子	乙巳	丙子	丙午	丁丑	丁未	戊寅	己酉	己卯	庚戌	庚辰
22	丙午	丁丑	丙午	丁丑	丁未	戊寅	戊申	己卯	庚戌	庚辰	辛亥	辛巳
23	丁未	戊寅	丁未	戊寅	戊申	己卯	己酉	庚辰	辛亥	辛巳	壬子	壬午
24	戊申	己卯	戊申	己卯	己酉	庚辰	庚戌	辛巳	壬子	壬午	癸丑	癸未
25	己酉	庚辰	己酉	庚辰	庚戌	辛巳	辛亥	壬午	癸丑	癸未	甲寅	甲申
26	庚戌	辛巳	庚戌	辛巳	辛亥	壬午	壬子	癸未	甲寅	甲申	乙卯	乙酉
27	辛亥	壬午	辛亥	壬午	壬子	癸未	癸丑	甲申	乙卯	乙酉	丙辰	丙戌
28	壬子	癸未	壬子	癸未	癸丑	甲申	甲寅	乙酉	丙辰	丙戌	丁巳	丁亥
29	癸丑	甲申	癸丑	甲申	甲寅	乙酉	乙卯	丙戌	丁巳	丁亥	戊午	戊子
30	甲寅		甲寅	乙酉	乙卯	丙戌	丙辰	丁亥	戊午	戊子	己未	己丑
31	乙卯		乙卯		丙辰		丁巳	戊子		己丑		庚寅

2029年【己酉】

	1月	2月	3月	4月	5月	6月	7月	8月	9月	10月	11月	12月
	乙丑	丙寅	丁卯	戊辰	己巳	庚午	辛未	壬申	癸酉	甲戌	乙亥	丙子
中節	20日 4:01	18日 18:08	20日 17:01	20日 3:54	21日 2:54	21日 10:47	22日 21:42	23日 4:52	23日 2:38	23日 12:07	22日 9:48	21日 23:14
1	辛卯	壬戌	庚寅	辛酉	辛卯	壬戌	壬辰	癸亥	甲午	甲子	乙未	乙丑
2	壬辰	癸亥	辛卯	壬戌	壬辰	癸亥	癸巳	甲子	乙未	乙丑	丙申	丙寅
3	癸巳	甲子	壬辰	癸亥	癸巳	甲子	甲午	乙丑	丙申	丙寅	丁酉	丁卯
4	甲午	乙丑	癸巳	甲子	甲午	乙丑	乙未	丙寅	丁酉	丁卯	戊戌	戊辰
5	乙未	丙寅	甲午	乙丑	乙未	丙寅	丙申	丁卯	戊戌	戊辰	己亥	己巳
6	丙申	丁卯	乙未	丙寅	丙申	丁卯	丁酉	戊辰	己亥	己巳	庚子	庚午
7	丁酉	戊辰	丙申	丁卯	丁酉	戊辰	戊戌	己巳	庚子	庚午	辛丑	辛未
8	戊戌	己巳	丁酉	戊辰	戊戌	己巳	己亥	庚午	辛丑	辛未	壬寅	壬申
9	己亥	庚午	戊戌	己巳	己亥	庚午	庚子	辛未	壬寅	壬申	癸卯	癸酉
10	庚子	辛未	己亥	庚午	庚子	辛未	辛丑	壬申	癸卯	癸酉	甲辰	甲戌
11	辛丑	壬申	庚子	辛未	辛丑	壬申	壬寅	癸酉	甲辰	甲戌	乙巳	乙亥
12	壬寅	癸酉	辛丑	壬申	壬寅	癸酉	癸卯	甲戌	乙巳	乙亥	丙午	丙子
13	癸卯	甲戌	壬寅	癸酉	癸卯	甲戌	甲辰	乙亥	丙午	丙子	丁未	丁丑
14	甲辰	乙亥	癸卯	甲戌	甲辰	乙亥	乙巳	丙子	丁未	丁丑	戊申	戊寅
15	乙巳	丙子	甲辰	乙亥	乙巳	丙子	丙午	丁丑	戊申	戊寅	己酉	己卯
16	丙午	丁丑	乙巳	丙子	丙午	丁丑	丁未	戊寅	己酉	己卯	庚戌	庚辰
17	丁未	戊寅	丙午	丁丑	丁未	戊寅	戊申	己卯	庚戌	庚辰	辛亥	辛巳
18	戊申	己卯	丁未	戊寅	戊申	己卯	己酉	庚辰	辛亥	辛巳	壬子	壬午
19	己酉	庚辰	戊申	己卯	己酉	庚辰	庚戌	辛巳	壬子	壬午	癸丑	癸未
20	庚戌	辛巳	己酉	庚辰	庚戌	辛巳	辛亥	壬午	癸丑	癸未	甲寅	甲申
21	辛亥	壬午	庚戌	辛巳	辛亥	壬午	壬子	癸未	甲寅	甲申	乙卯	乙酉
22	壬子	癸未	辛亥	壬午	壬子	癸未	癸丑	甲申	乙卯	乙酉	丙辰	丙戌
23	癸丑	甲申	壬子	癸未	癸丑	甲申	甲寅	乙酉	丙辰	丙戌	丁巳	丁亥
24	甲寅	乙酉	癸丑	甲申	甲寅	乙酉	乙卯	丙戌	丁巳	丁亥	戊午	戊子
25	乙卯	丙戌	甲寅	乙酉	乙卯	丙戌	丙辰	丁亥	戊午	戊子	己未	己丑
26	丙辰	丁亥	乙卯	丙戌	丙辰	丁亥	丁巳	戊子	己未	己丑	庚申	庚寅
27	丁巳	戊子	丙辰	丁亥	丁巳	戊子	戊午	己丑	庚申	庚寅	辛酉	辛卯
28	戊午	己丑	丁巳	戊子	戊午	己丑	己未	庚寅	辛酉	辛卯	壬戌	壬辰
29	己未		戊午	己丑	己未	庚寅	庚申	辛卯	壬戌	壬辰	癸亥	癸巳
30	庚申		己未	庚寅	庚申	辛卯	辛酉	壬辰	癸亥	癸巳	甲子	甲午
31	辛酉		庚申		辛酉		壬戌	癸巳		甲午		乙未

2030年【庚戌】

	1月	2月	3月	4月	5月	6月	7月	8月	9月	10月	11月	12月
	丁丑	戊寅	己卯	庚辰	辛巳	壬午	癸未	甲申	乙酉	丙戌	丁亥	戊子
中節	20日 9:55	19日 0:00	20日 22:51	20日 9:42	21日 8:39	21日 16:31	23日 3:25	23日 10:36	23日 8:26	23日 17:59	22日 15:44	22日 5:10
1	丙申	丁卯	乙未	丙寅	丙申	丁卯	丁酉	戊辰	己亥	己巳	庚子	庚午
2	丁酉	戊辰	丙申	丁卯	丁酉	戊辰	戊戌	己巳	庚子	庚午	辛丑	辛未
3	戊戌	己巳	丁酉	戊辰	戊戌	己巳	己亥	庚午	辛丑	辛未	壬寅	壬申
4	己亥	庚午	戊戌	己巳	己亥	庚午	庚子	辛未	壬寅	壬申	癸卯	癸酉
5	庚子	辛未	己亥	庚午	庚子	辛未	辛丑	壬申	癸卯	癸酉	甲辰	甲戌
6	辛丑	壬申	庚子	辛未	辛丑	壬申	壬寅	癸酉	甲辰	甲戌	乙巳	乙亥
7	壬寅	癸酉	辛丑	壬申	壬寅	癸酉	癸卯	甲戌	乙巳	乙亥	丙午	丙子
8	癸卯	甲戌	壬寅	癸酉	癸卯	甲戌	甲辰	乙亥	丙午	丙子	丁未	丁丑
9	甲辰	乙亥	癸卯	甲戌	甲辰	乙亥	乙巳	丙子	丁未	丁丑	戊申	戊寅
10	乙巳	丙子	甲辰	乙亥	乙巳	丙子	丙午	丁丑	戊申	戊寅	己酉	己卯
11	丙午	丁丑	乙巳	丙子	丙午	丁丑	丁未	戊寅	己酉	己卯	庚戌	庚辰
12	丁未	戊寅	丙午	丁丑	丁未	戊寅	戊申	己卯	庚戌	庚辰	辛亥	辛巳
13	戊申	己卯	丁未	戊寅	戊申	己卯	己酉	庚辰	辛亥	辛巳	壬子	壬午
14	己酉	庚辰	戊申	己卯	己酉	庚辰	庚戌	辛巳	壬子	壬午	癸丑	癸未
15	庚戌	辛巳	己酉	庚辰	庚戌	辛巳	辛亥	壬午	癸丑	癸未	甲寅	甲申
16	辛亥	壬午	庚戌	辛巳	辛亥	壬午	壬子	癸未	甲寅	甲申	乙卯	乙酉
17	壬子	癸未	辛亥	壬午	壬子	癸未	癸丑	甲申	乙卯	乙酉	丙辰	丙戌
18	癸丑	甲申	壬子	癸未	癸丑	甲申	甲寅	乙酉	丙辰	丙戌	丁巳	丁亥
19	甲寅	乙酉	癸丑	甲申	甲寅	乙酉	乙卯	丙戌	丁巳	丁亥	戊午	戊子
20	乙卯	丙戌	甲寅	乙酉	乙卯	丙戌	丙辰	丁亥	戊午	戊子	己未	己丑
21	丙辰	丁亥	乙卯	丙戌	丙辰	丁亥	丁巳	戊子	己未	己丑	庚申	庚寅
22	丁巳	戊子	丙辰	丁亥	丁巳	戊子	戊午	己丑	庚申	庚寅	辛酉	辛卯
23	戊午	己丑	丁巳	戊子	戊午	己丑	己未	庚寅	辛酉	辛卯	壬戌	壬辰
24	己未	庚寅	戊午	己丑	己未	庚寅	庚申	辛卯	壬戌	壬辰	癸亥	癸巳
25	庚申	辛卯	己未	庚寅	庚申	辛卯	辛酉	壬辰	癸亥	癸巳	甲子	甲午
26	辛酉	壬辰	庚申	辛卯	辛酉	壬辰	壬戌	癸巳	甲子	甲午	乙丑	乙未
27	壬戌	癸巳	辛酉	壬辰	壬戌	癸巳	癸亥	甲午	乙丑	乙未	丙寅	丙申
28	癸亥	甲午	壬戌	癸巳	癸亥	甲午	甲子	乙未	丙寅	丙申	丁卯	丁酉
29	甲子		癸亥	甲午	甲子	乙未	乙丑	丙申	丁卯	丁酉	戊辰	戊戌
30	乙丑		甲子	乙未	乙丑	丙申	丙寅	丁酉	戊辰	戊戌	己巳	己亥
31	丙寅		乙丑		丙寅		丁卯	戊戌		己亥		庚子

2031年【辛亥】

	1月	2月	3月	4月	5月	6月	7月	8月	9月	10月	11月	12月
	己丑	庚寅	辛卯	壬辰	癸巳	甲午	乙未	丙申	丁酉	戊戌	己亥	庚子
中節	20日 15:48	19日 5:51	21日 4:40	20日 15:29	21日 14:27	21日 22:17	23日 9:10	23日 16:23	23日 14:14	23日 23:48	22日 21:32	22日 10:56
1	辛丑	壬申	庚子	辛未	辛丑	壬申	壬寅	癸酉	甲辰	甲戌	乙巳	乙亥
2	壬寅	癸酉	辛丑	壬申	壬寅	癸酉	癸卯	甲戌	乙巳	乙亥	丙午	丙子
3	癸卯	甲戌	壬寅	癸酉	癸卯	甲戌	甲辰	乙亥	丙午	丙子	丁未	丁丑
4	甲辰	乙亥	癸卯	甲戌	甲辰	乙亥	乙巳	丙子	丁未	丁丑	戊申	戊寅
5	乙巳	丙子	甲辰	乙亥	乙巳	丙子	丙午	丁丑	戊申	戊寅	己酉	己卯
6	丙午	丁丑	乙巳	丙子	丙午	丁丑	丁未	戊寅	己酉	己卯	庚戌	庚辰
7	丁未	戊寅	丙午	丁丑	丁未	戊寅	戊申	己卯	庚戌	庚辰	辛亥	辛巳
8	戊申	己卯	丁未	戊寅	戊申	己卯	己酉	庚辰	辛亥	辛巳	壬子	壬午
9	己酉	庚辰	戊申	己卯	己酉	庚辰	庚戌	辛巳	壬子	壬午	癸丑	癸未
10	庚戌	辛巳	己酉	庚辰	庚戌	辛巳	辛亥	壬午	癸丑	癸未	甲寅	甲申
11	辛亥	壬午	庚戌	辛巳	辛亥	壬午	壬子	癸未	甲寅	甲申	乙卯	乙酉
12	壬子	癸未	辛亥	壬午	壬子	癸未	癸丑	甲申	乙卯	乙酉	丙辰	丙戌
13	癸丑	甲申	壬子	癸未	癸丑	甲申	甲寅	乙酉	丙辰	丙戌	丁巳	丁亥
14	甲寅	乙酉	癸丑	甲申	甲寅	乙酉	乙卯	丙戌	丁巳	丁亥	戊午	戊子
15	乙卯	丙戌	甲寅	乙酉	乙卯	丙戌	丙辰	丁亥	戊午	戊子	己未	己丑
16	丙辰	丁亥	乙卯	丙戌	丙辰	丁亥	丁巳	戊子	己未	己丑	庚申	庚寅
17	丁巳	戊子	丙辰	丁亥	丁巳	戊子	戊午	己丑	庚申	庚寅	辛酉	辛卯
18	戊午	己丑	丁巳	戊子	戊午	己丑	己未	庚寅	辛酉	辛卯	壬戌	壬辰
19	己未	庚寅	戊午	己丑	己未	庚寅	庚申	辛卯	壬戌	壬辰	癸亥	癸巳
20	庚申	辛卯	己未	庚寅	庚申	辛卯	辛酉	壬辰	癸亥	癸巳	甲子	甲午
21	辛酉	壬辰	庚申	辛卯	辛酉	壬辰	壬戌	癸巳	甲子	甲午	乙丑	乙未
22	壬戌	癸巳	辛酉	壬辰	壬戌	癸巳	癸亥	甲午	乙丑	乙未	丙寅	丙申
23	癸亥	甲午	壬戌	癸巳	癸亥	甲午	甲子	乙未	丙寅	丙申	丁卯	丁酉
24	甲子	乙未	癸亥	甲午	甲子	乙未	乙丑	丙申	丁卯	丁酉	戊辰	戊戌
25	乙丑	丙申	甲子	乙未	乙丑	丙申	丙寅	丁酉	戊辰	戊戌	己巳	己亥
26	丙寅	丁酉	乙丑	丙申	丙寅	丁酉	丁卯	戊戌	己巳	己亥	庚午	庚子
27	丁卯	戊戌	丙寅	丁酉	丁卯	戊戌	戊辰	己亥	庚午	庚子	辛未	辛丑
28	戊辰	己亥	丁卯	戊戌	戊辰	己亥	己巳	庚子	辛未	辛丑	壬申	壬寅
29	己巳		戊辰	己亥	己巳	庚子	庚午	辛丑	壬申	壬寅	癸酉	癸卯
30	庚午		己巳	庚子	庚午	辛丑	辛未	壬寅	癸酉	癸卯	甲戌	甲辰
31	辛未		庚午		辛未		壬申	癸卯		甲辰		乙巳

2032年【壬子】

	1月	2月	3月	4月	5月	6月	7月	8月	9月	10月	11月	12月
	辛丑	壬寅	癸卯	甲辰	乙巳	丙午	丁未	戊申	己酉	庚戌	辛亥	壬子
中節	20日 21:31	19日 11:32	20日 10:21	19日 21:13	20日 20:14	21日 4:08	22日 15:04	22日 22:18	22日 20:10	23日 5:45	22日 3:31	21日 16:56
1	丁丑	丁丑	丙午	丁丑	丁未	戊寅	戊申	己卯	庚戌	庚辰	辛亥	辛巳
2	戊寅	戊寅	丁未	戊寅	戊申	己卯	己酉	庚辰	辛亥	辛巳	壬子	壬午
3	己卯	己卯	戊申	己卯	己酉	庚辰	庚戌	辛巳	壬子	壬午	癸丑	癸未
4	庚辰	庚辰	己酉	庚辰	庚戌	辛巳	辛亥	壬午	癸丑	癸未	甲寅	甲申
5	辛巳	辛巳	庚戌	辛巳	辛亥	壬午	壬子	癸未	甲寅	甲申	乙卯	乙酉
6	壬午	壬午	辛亥	壬午	壬子	癸未	癸丑	甲申	乙卯	乙酉	丙辰	丙戌
7	癸未	癸未	壬子	癸未	癸丑	甲申	甲寅	乙酉	丙辰	丙戌	丁巳	丁亥
8	甲申	甲申	癸丑	甲申	甲寅	乙酉	乙卯	丙戌	丁巳	丁亥	戊午	戊子
9	乙酉	乙酉	甲寅	乙酉	乙卯	丙戌	丙辰	丁亥	戊午	戊子	己未	己丑
10	丙戌	丙戌	乙卯	丙戌	丙辰	丁亥	丁巳	戊子	己未	己丑	庚申	庚寅
11	丁亥	丁亥	丙辰	丁亥	丁巳	戊子	戊午	己丑	庚申	庚寅	辛酉	辛卯
12	戊子	戊子	丁巳	戊子	戊午	己丑	己未	庚寅	辛酉	辛卯	壬戌	壬辰
13	己丑	己丑	戊午	己丑	己未	庚寅	庚申	辛卯	壬戌	壬辰	癸亥	癸巳
14	庚寅	庚寅	己未	庚寅	庚申	辛卯	辛酉	壬辰	癸亥	癸巳	甲子	甲午
15	辛卯	辛卯	庚申	辛卯	辛酉	壬辰	壬戌	癸巳	甲子	甲午	乙丑	乙未
16	壬辰	壬辰	辛酉	壬辰	壬戌	癸巳	癸亥	甲午	乙丑	乙未	丙寅	丙申
17	癸巳	癸巳	壬戌	癸巳	癸亥	甲午	甲子	乙未	丙寅	丙申	丁卯	丁酉
18	甲午	甲午	癸亥	甲午	甲子	乙未	乙丑	丙申	丁卯	丁酉	戊辰	戊戌
19	乙未	乙未	甲子	乙未	乙丑	丙申	丙寅	丁酉	戊辰	戊戌	己巳	己亥
20	丙申	丙申	乙丑	丙申	丙寅	丁酉	丁卯	戊戌	己巳	己亥	庚午	庚子
21	丁酉	丁酉	丙寅	丁酉	丁卯	戊戌	戊辰	己亥	庚午	庚子	辛未	辛丑
22	戊戌	戊戌	丁卯	戊戌	戊辰	己亥	己巳	庚子	辛未	辛丑	壬申	壬寅
23	己亥	己亥	戊辰	己亥	己巳	庚子	庚午	辛丑	壬申	壬寅	癸酉	癸卯
24	庚子	庚子	己巳	庚子	庚午	辛丑	辛未	壬寅	癸酉	癸卯	甲戌	甲辰
25	辛丑	辛丑	庚午	辛丑	辛未	壬寅	壬申	癸卯	甲戌	甲辰	乙亥	乙巳
26	壬寅	壬寅	辛未	壬寅	壬申	癸卯	癸酉	甲辰	乙亥	乙巳	丙子	丙午
27	癸卯	癸卯	壬申	癸卯	癸酉	甲辰	甲戌	乙巳	丙子	丙午	丁丑	丁未
28	甲辰	甲辰	癸酉	甲辰	甲戌	乙巳	乙亥	丙午	丁丑	丁未	戊寅	戊申
29	乙巳	乙巳	甲戌	乙巳	乙亥	丙午	丙子	丁未	戊寅	戊申	己卯	己酉
30	乙亥		乙亥	丙午	丙子	丁未	丁丑	戊申	己卯	己酉	庚辰	庚戌
31	丙子		丙子		丁丑		戊寅	己酉		庚戌		辛亥

2033年【癸丑】

	1月	2月	3月	4月	5月	6月	7月	8月	9月	10月	11月	12月
	癸丑	甲寅	乙卯	丙辰	丁巳	戊午	己未	庚申	辛酉	壬戌	癸亥	甲子
中節	20日 3:33	18日 17:33	20日 16:22	20日 3:12	21日 2:10	21日 10:01	22日 20:52	23日 4:01	23日 1:51	23日 11:27	22日 9:16	21日 22:46
1	壬子	癸未	辛亥	壬午	壬子	癸未	癸丑	甲申	乙卯	乙酉	丙辰	丙戌
2	癸丑	甲申	壬子	癸未	癸丑	甲申	甲寅	乙酉	丙辰	丙戌	丁巳	丁亥
3	甲寅	乙酉	癸丑	甲申	甲寅	乙酉	乙卯	丙戌	丁巳	丁亥	戊午	戊子
4	乙卯	丙戌	甲寅	乙酉	乙卯	丙戌	丙辰	丁亥	戊午	戊子	己未	己丑
5	丙辰	丁亥	乙卯	丙戌	丙辰	丁亥	丁巳	戊子	己未	己丑	庚申	庚寅
6	丁巳	戊子	丙辰	丁亥	丁巳	戊子	戊午	己丑	庚申	庚寅	辛酉	辛卯
7	戊午	己丑	丁巳	戊子	戊午	己丑	己未	庚寅	辛酉	辛卯	壬戌	壬辰
8	己未	庚寅	戊午	己丑	己未	庚寅	庚申	辛卯	壬戌	壬辰	癸亥	癸巳
9	庚申	辛卯	己未	庚寅	庚申	辛卯	辛酉	壬辰	癸亥	癸巳	甲子	甲午
10	辛酉	壬辰	庚申	辛卯	辛酉	壬辰	壬戌	癸巳	甲子	甲午	乙丑	乙未
11	壬戌	癸巳	辛酉	壬辰	壬戌	癸巳	癸亥	甲午	乙丑	乙未	丙寅	丙申
12	癸亥	甲午	壬戌	癸巳	癸亥	甲午	甲子	乙未	丙寅	丙申	丁卯	丁酉
13	甲子	乙未	癸亥	甲午	甲子	乙未	乙丑	丙申	丁卯	丁酉	戊辰	戊戌
14	乙丑	丙申	甲子	乙未	乙丑	丙申	丙寅	丁酉	戊辰	戊戌	己巳	己亥
15	丙寅	丁酉	乙丑	丙申	丙寅	丁酉	丁卯	戊戌	己巳	己亥	庚午	庚子
16	丁卯	戊戌	丙寅	丁酉	丁卯	戊戌	戊辰	己亥	庚午	庚子	辛未	辛丑
17	戊辰	己亥	丁卯	戊戌	戊辰	己亥	己巳	庚子	辛未	辛丑	壬申	壬寅
18	己巳	庚子	戊辰	己亥	己巳	庚子	庚午	辛丑	壬申	壬寅	癸酉	癸卯
19	庚午	辛丑	己巳	庚子	庚午	辛丑	辛未	壬寅	癸酉	癸卯	甲戌	甲辰
20	辛未	壬寅	庚午	辛丑	辛未	壬寅	壬申	癸卯	甲戌	甲辰	乙亥	乙巳
21	壬申	癸卯	辛未	壬寅	壬申	癸卯	癸酉	甲辰	乙亥	乙巳	丙子	丙午
22	癸酉	甲辰	壬申	癸卯	癸酉	甲辰	甲戌	乙巳	丙子	丙午	丁丑	丁未
23	甲戌	乙巳	癸酉	甲辰	甲戌	乙巳	乙亥	丙午	丁丑	丁未	戊寅	戊申
24	乙亥	丙午	甲戌	乙巳	乙亥	丙午	丙子	丁未	戊寅	戊申	己卯	己酉
25	丙子	丁未	乙亥	丙午	丙子	丁未	丁丑	戊申	己卯	己酉	庚辰	庚戌
26	丁丑	戊申	丙子	丁未	丁丑	戊申	戊寅	己酉	庚辰	庚戌	辛巳	辛亥
27	戊寅	己酉	丁丑	戊申	戊寅	己酉	己卯	庚戌	辛巳	辛亥	壬午	壬子
28	己卯	庚戌	戊寅	己酉	己卯	庚戌	庚辰	辛亥	壬午	壬子	癸未	癸丑
29	庚辰		己卯	庚戌	庚辰	辛亥	辛巳	壬子	癸未	癸丑	甲申	甲寅
30	辛巳		庚辰	辛亥	辛巳	壬子	壬午	癸丑	甲申	甲寅	乙酉	乙卯
31	壬午		辛巳		壬午		癸未	甲寅		乙卯		丙辰

2034年【甲寅】

	1月	2月	3月	4月	5月	6月	7月	8月	9月	10月	11月	12月
	乙丑	丙寅	丁卯	戊辰	己巳	庚午	辛未	壬申	癸酉	甲戌	乙亥	丙子
中節	20日 9:27	18日 23:30	20日 22:17	20日 9:03	21日 7:56	21日 15:43	23日 2:35	23日 9:47	23日 7:39	23日 17:16	22日 15:04	22日 4:33
1	丁巳	戊子	丙辰	丁亥	丁巳	戊子	戊午	己丑	庚申	庚寅	辛酉	辛卯
2	戊午	己丑	丁巳	戊子	戊午	己丑	己未	庚寅	辛酉	辛卯	壬戌	壬辰
3	己未	庚寅	戊午	己丑	己未	庚寅	庚申	辛卯	壬戌	壬辰	癸亥	癸巳
4	庚申	辛卯	己未	庚寅	庚申	辛卯	辛酉	壬辰	癸亥	癸巳	甲子	甲午
5	辛酉	壬辰	庚申	辛卯	辛酉	壬辰	壬戌	癸巳	甲子	甲午	乙丑	乙未
6	壬戌	癸巳	辛酉	壬辰	壬戌	癸巳	癸亥	甲午	乙丑	乙未	丙寅	丙申
7	癸亥	甲午	壬戌	癸巳	癸亥	甲午	甲子	乙未	丙寅	丙申	丁卯	丁酉
8	甲子	乙未	癸亥	甲午	甲子	乙未	乙丑	丙申	丁卯	丁酉	戊辰	戊戌
9	乙丑	丙申	甲子	乙未	乙丑	丙申	丙寅	丁酉	戊辰	戊戌	己巳	己亥
10	丙寅	丁酉	乙丑	丙申	丙寅	丁酉	丁卯	戊戌	己巳	己亥	庚午	庚子
11	丁卯	戊戌	丙寅	丁酉	丁卯	戊戌	戊辰	己亥	庚午	庚子	辛未	辛丑
12	戊辰	己亥	丁卯	戊戌	戊辰	己亥	己巳	庚子	辛未	辛丑	壬申	壬寅
13	己巳	庚子	戊辰	己亥	己巳	庚子	庚午	辛丑	壬申	壬寅	癸酉	癸卯
14	庚午	辛丑	己巳	庚子	庚午	辛丑	辛未	壬寅	癸酉	癸卯	甲戌	甲辰
15	辛未	壬寅	庚午	辛丑	辛未	壬寅	壬申	癸卯	甲戌	甲辰	乙亥	乙巳
16	壬申	癸卯	辛未	壬寅	壬申	癸卯	癸酉	甲辰	乙亥	乙巳	丙子	丙午
17	癸酉	甲辰	壬申	癸卯	癸酉	甲辰	甲戌	乙巳	丙子	丙午	丁丑	丁未
18	甲戌	乙巳	癸酉	甲辰	甲戌	乙巳	乙亥	丙午	丁丑	丁未	戊寅	戊申
19	乙亥	丙午	甲戌	乙巳	乙亥	丙午	丙子	丁未	戊寅	戊申	己卯	己酉
20	丙子	丁未	乙亥	丙午	丙子	丁未	丁丑	戊申	己卯	己酉	庚辰	庚戌
21	丁丑	戊申	丙子	丁未	丁丑	戊申	戊寅	己酉	庚辰	庚戌	辛巳	辛亥
22	戊寅	己酉	丁丑	戊申	戊寅	己酉	己卯	庚戌	辛巳	辛亥	壬午	壬子
23	己卯	庚戌	戊寅	己酉	己卯	庚戌	庚辰	辛亥	壬午	壬子	癸未	癸丑
24	庚辰	辛亥	己卯	庚戌	庚辰	辛亥	辛巳	壬子	癸未	癸丑	甲申	甲寅
25	辛巳	壬子	庚辰	辛亥	辛巳	壬子	壬午	癸丑	甲申	甲寅	乙酉	乙卯
26	壬午	癸丑	辛巳	壬子	壬午	癸丑	癸未	甲寅	乙酉	乙卯	丙戌	丙辰
27	癸未	甲寅	壬午	癸丑	癸未	甲寅	甲申	乙卯	丙戌	丙辰	丁亥	丁巳
28	甲申	乙卯	癸未	甲寅	甲申	乙卯	乙酉	丙辰	丁亥	丁巳	戊子	戊午
29	乙酉		甲申	乙卯	乙酉	丙辰	丙戌	丁巳	戊子	戊午	己丑	己未
30	丙戌		乙酉	丙辰	丙戌	丁巳	丁亥	戊午	己丑	己未	庚寅	庚申
31	丁亥		丙戌		丁亥		戊子	己未		庚申		辛酉

2035年【乙卯】

	1月	2月	3月	4月	5月	6月	7月	8月	9月	10月	11月	12月
	丁丑	戊寅	己卯	庚辰	辛巳	壬午	癸未	甲申	乙酉	丙戌	丁亥	戊子
中節	20日 15:14	19日 5:16	22日 4:02	20日 14:48	21日 13:42	21日 21:32	23日 8:28	23日 15:44	23日 13:39	23日 23:16	22日 21:02	22日 10:30
1	壬戌	癸巳	辛酉	壬辰	壬戌	癸巳	癸亥	甲午	乙丑	乙未	丙寅	丙申
2	癸亥	甲午	壬戌	癸巳	癸亥	甲午	甲子	乙未	丙寅	丙申	丁卯	丁酉
3	甲子	乙未	癸亥	甲午	甲子	乙未	乙丑	丙申	丁卯	丁酉	戊辰	戊戌
4	乙丑	丙申	甲子	乙未	乙丑	丙申	丙寅	丁酉	戊辰	戊戌	己巳	己亥
5	丙寅	丁酉	乙丑	丙申	丙寅	丁酉	丁卯	戊戌	己巳	己亥	庚午	庚子
6	丁卯	戊戌	丙寅	丁酉	丁卯	戊戌	戊辰	己亥	庚午	庚子	辛未	辛丑
7	戊辰	己亥	丁卯	戊戌	戊辰	己亥	己巳	庚子	辛未	辛丑	壬申	壬寅
8	己巳	庚子	戊辰	己亥	己巳	庚子	庚午	辛丑	壬申	壬寅	癸酉	癸卯
9	庚午	辛丑	己巳	庚子	庚午	辛丑	辛未	壬寅	癸酉	癸卯	甲戌	甲辰
10	辛未	壬寅	庚午	辛丑	辛未	壬寅	壬申	癸卯	甲戌	甲辰	乙亥	乙巳
11	壬申	癸卯	辛未	壬寅	壬申	癸卯	癸酉	甲辰	乙亥	乙巳	丙子	丙午
12	癸酉	甲辰	壬申	癸卯	癸酉	甲辰	甲戌	乙巳	丙子	丙午	丁丑	丁未
13	甲戌	乙巳	癸酉	甲辰	甲戌	乙巳	乙亥	丙午	丁丑	丁未	戊寅	戊申
14	乙亥	丙午	甲戌	乙巳	乙亥	丙午	丙子	丁未	戊寅	戊申	己卯	己酉
15	丙子	丁未	乙亥	丙午	丙子	丁未	丁丑	戊申	己卯	己酉	庚辰	庚戌
16	丁丑	戊申	丙子	丁未	丁丑	戊申	戊寅	己酉	庚辰	庚戌	辛巳	辛亥
17	戊寅	己酉	丁丑	戊申	戊寅	己酉	己卯	庚戌	辛巳	辛亥	壬午	壬子
18	己卯	庚戌	戊寅	己酉	己卯	庚戌	庚辰	辛亥	壬午	壬子	癸未	癸丑
19	庚辰	辛亥	己卯	庚戌	庚辰	辛亥	辛巳	壬子	癸未	癸丑	甲申	甲寅
20	辛巳	壬子	庚辰	辛亥	辛巳	壬子	壬午	癸丑	甲申	甲寅	乙酉	乙卯
21	壬午	癸丑	辛巳	壬子	壬午	癸丑	癸未	甲寅	乙酉	乙卯	丙戌	丙辰
22	癸未	甲寅	壬午	癸丑	癸未	甲寅	甲申	乙卯	丙戌	丙辰	丁亥	丁巳
23	甲申	乙卯	癸未	甲寅	甲申	乙卯	乙酉	丙辰	丁亥	丁巳	戊子	戊午
24	乙酉	丙辰	甲申	乙卯	乙酉	丙辰	丙戌	丁巳	戊子	戊午	己丑	己未
25	丙戌	丁巳	乙酉	丙辰	丙戌	丁巳	丁亥	戊午	己丑	己未	庚寅	庚申
26	丁亥	戊午	丙戌	丁巳	丁亥	戊午	戊子	己未	庚寅	庚申	辛卯	辛酉
27	戊子	己未	丁亥	戊午	戊子	己未	己丑	庚申	辛卯	辛酉	壬辰	壬戌
28	己丑	庚申	戊子	己未	己丑	庚申	庚寅	辛酉	壬辰	壬戌	癸巳	癸亥
29	庚寅		己丑	庚申	庚寅	辛酉	辛卯	壬戌	癸巳	癸亥	甲午	甲子
30	辛卯		庚寅	辛酉	辛卯	壬戌	壬辰	癸亥	甲午	甲子	乙未	乙丑
31	壬辰		辛卯		壬辰		癸巳	甲子		乙丑		丙寅

2036年【丙辰】

	1月	2月	3月	4月	5月	6月	7月	8月	9月	10月	11月	12月
	己丑	庚寅	辛卯	壬辰	癸巳	甲午	乙未	丙申	丁酉	戊戌	己亥	庚子
中節	20日 21:10:	19日 11:14	20日 10:03	19日 20:50	20日 19:43	21日 3:31	22日 14:22	22日 21:32	22日 19:23	23日 4:58	22日 2:44	21日 16:12
1	丁卯	戊戌	丁卯	戊戌	戊辰	己亥	己巳	庚子	辛未	辛丑	壬申	壬寅
2	戊辰	己亥	戊辰	己亥	己巳	庚子	庚午	辛丑	壬申	壬寅	癸酉	癸卯
3	己巳	庚子	己巳	庚子	庚午	辛丑	辛未	壬寅	癸酉	癸卯	甲戌	甲辰
4	庚午	辛丑	庚午	辛丑	辛未	壬寅	壬申	癸卯	甲戌	甲辰	乙亥	乙巳
5	辛未	壬寅	辛未	壬寅	壬申	癸卯	癸酉	甲辰	乙亥	乙巳	丙子	丙午
6	壬申	癸卯	壬申	癸卯	癸酉	甲辰	甲戌	乙巳	丙子	丙午	丁丑	丁未
7	癸酉	甲辰	癸酉	甲辰	甲戌	乙巳	乙亥	丙午	丁丑	丁未	戊寅	戊申
8	甲戌	乙巳	甲戌	乙巳	乙亥	丙午	丙子	丁未	戊寅	戊申	己卯	己酉
9	乙亥	丙午	乙亥	丙午	丙子	丁未	丁丑	戊申	己卯	己酉	庚辰	庚戌
10	丙子	丁未	丙子	丁未	丁丑	戊申	戊寅	己酉	庚辰	庚戌	辛巳	辛亥
11	丁丑	戊申	丁丑	戊申	戊寅	己酉	己卯	庚戌	辛巳	辛亥	壬午	壬子
12	戊寅	己酉	戊寅	己酉	己卯	庚戌	庚辰	辛亥	壬午	壬子	癸未	癸丑
13	己卯	庚戌	己卯	庚戌	庚辰	辛亥	辛巳	壬子	癸未	癸丑	甲申	甲寅
14	庚辰	辛亥	庚辰	辛亥	辛巳	壬子	壬午	癸丑	甲申	甲寅	乙酉	乙卯
15	辛巳	壬子	辛巳	壬子	壬午	癸丑	癸未	甲寅	乙酉	乙卯	丙戌	丙辰
16	壬午	癸丑	壬午	癸丑	癸未	甲寅	甲申	乙卯	丙戌	丙辰	丁亥	丁巳
17	癸未	甲寅	癸未	甲寅	甲申	乙卯	乙酉	丙辰	丁亥	丁巳	戊子	戊午
18	甲申	乙卯	甲申	乙卯	乙酉	丙辰	丙戌	丁巳	戊子	戊午	己丑	己未
19	乙酉	丙辰	乙酉	丙辰	丙戌	丁巳	丁亥	戊午	己丑	己未	庚寅	庚申
20	丙戌	丁巳	丙戌	丁巳	丁亥	戊午	戊子	己未	庚寅	庚申	辛卯	辛酉
21	丁亥	戊午	丁亥	戊午	戊子	己未	己丑	庚申	辛卯	辛酉	壬辰	壬戌
22	戊子	己未	戊子	己未	己丑	庚申	庚寅	辛酉	壬辰	壬戌	癸巳	癸亥
23	己丑	庚申	己丑	庚申	庚寅	辛酉	辛卯	壬戌	癸巳	癸亥	甲午	甲子
24	庚寅	辛酉	庚寅	辛酉	辛卯	壬戌	壬辰	癸亥	甲午	甲子	乙未	乙丑
25	辛卯	壬戌	辛卯	壬戌	壬辰	癸亥	癸巳	甲子	乙未	乙丑	丙申	丙寅
26	壬辰	癸亥	壬辰	癸亥	癸巳	甲子	甲午	乙丑	丙申	丙寅	丁酉	丁卯
27	癸巳	甲子	癸巳	甲子	甲午	乙丑	乙未	丙寅	丁酉	丁卯	戊戌	戊辰
28	甲午	乙丑	甲午	乙丑	乙未	丙寅	丙申	丁卯	戊戌	戊辰	己亥	己巳
29	乙未	丙寅	乙未	丙寅	丙申	丁卯	丁酉	戊辰	己亥	己巳	庚子	庚午
30	丙申		丙申	丁卯	丁酉	戊辰	戊戌	己巳	庚子	庚午	辛丑	辛未
31	丁酉		丁酉		戊戌		己亥	庚午		辛未		壬申

2037年【丁巳】

	1月	2月	3月	4月	5月	6月	7月	8月	9月	10月	11月	12月
	辛丑	壬寅	癸卯	甲辰	乙巳	丙午	丁未	戊申	己酉	庚戌	辛亥	壬子
中節	20日 2:54	18日 16:59	20日 15:50	20日 2:39	21日 1:34	21日 9:21	22日 20:12	23日 3:22	22日 1:13	23日 10:49	22日 8:37	21日 22:07
1	癸酉	甲辰	壬申	癸卯	癸酉	甲辰	甲戌	乙巳	丙子	丙午	丁丑	丁未
2	甲戌	乙巳	癸酉	甲辰	甲戌	乙巳	乙亥	丙午	丁丑	丁未	戊寅	戊申
3	乙亥	丙午	甲戌	乙巳	乙亥	丙午	丙子	丁未	戊寅	戊申	己卯	己酉
4	丙子	丁未	乙亥	丙午	丙子	丁未	丁丑	戊申	己卯	己酉	庚辰	庚戌
5	丁丑	戊申	丙子	丁未	丁丑	戊申	戊寅	己酉	庚辰	庚戌	辛巳	辛亥
6	戊寅	己酉	丁丑	戊申	戊寅	己酉	己卯	庚戌	辛巳	辛亥	壬午	壬子
7	己卯	庚戌	戊寅	己酉	己卯	庚戌	庚辰	辛亥	壬午	壬子	癸未	癸丑
8	庚辰	辛亥	己卯	庚戌	庚辰	辛亥	辛巳	壬子	癸未	癸丑	甲申	甲寅
9	辛巳	壬子	庚辰	辛亥	辛巳	壬子	壬午	癸丑	甲申	甲寅	乙酉	乙卯
10	壬午	癸丑	辛巳	壬子	壬午	癸丑	癸未	甲寅	乙酉	乙卯	丙戌	丙辰
11	癸未	甲寅	壬午	癸丑	癸未	甲寅	甲申	乙卯	丙戌	丙辰	丁亥	丁巳
12	甲申	乙卯	癸未	甲寅	甲申	乙卯	乙酉	丙辰	丁亥	丁巳	戊子	戊午
13	乙酉	丙辰	甲申	乙卯	乙酉	丙辰	丙戌	丁巳	戊子	戊午	己丑	己未
14	丙戌	丁巳	乙酉	丙辰	丙戌	丁巳	丁亥	戊午	己丑	己未	庚寅	庚申
15	丁亥	戊午	丙戌	丁巳	丁亥	戊午	戊子	己未	庚寅	庚申	辛卯	辛酉
16	戊子	己未	丁亥	戊午	戊子	己未	己丑	庚申	辛卯	辛酉	壬辰	壬戌
17	己丑	庚申	戊子	己未	己丑	庚申	庚寅	辛酉	壬辰	壬戌	癸巳	癸亥
18	庚寅	辛酉	己丑	庚申	庚寅	辛酉	辛卯	壬戌	癸巳	癸亥	甲午	甲子
19	辛卯	壬戌	庚寅	辛酉	辛卯	壬戌	壬辰	癸亥	甲午	甲子	乙未	乙丑
20	壬辰	癸亥	辛卯	壬戌	壬辰	癸亥	癸巳	甲子	乙未	乙丑	丙申	丙寅
21	癸巳	甲子	壬辰	癸亥	癸巳	甲子	甲午	乙丑	丙申	丙寅	丁酉	丁卯
22	甲午	乙丑	癸巳	甲子	甲午	乙丑	乙未	丙寅	丁酉	丁卯	戊戌	戊辰
23	乙未	丙寅	甲午	乙丑	乙未	丙寅	丙申	丁卯	戊戌	戊辰	己亥	己巳
24	丙申	丁卯	乙未	丙寅	丙申	丁卯	丁酉	戊辰	己亥	己巳	庚子	庚午
25	丁酉	戊辰	丙申	丁卯	丁酉	戊辰	戊戌	己巳	庚子	庚午	辛丑	辛未
26	戊戌	己巳	丁酉	戊辰	戊戌	己巳	己亥	庚午	辛丑	辛未	壬寅	壬申
27	己亥	庚午	戊戌	己巳	己亥	庚午	庚子	辛未	壬寅	壬申	癸卯	癸酉
28	庚子	辛未	己亥	庚午	庚子	辛未	辛丑	壬申	癸卯	癸酉	甲辰	甲戌
29	辛丑		庚子	辛未	辛丑	壬申	壬寅	癸酉	甲辰	甲戌	乙巳	乙亥
30	壬寅		辛丑	壬申	壬寅	癸酉	癸卯	甲戌	乙巳	乙亥	丙午	丙子
31	癸卯		壬寅		癸卯		甲辰	乙亥		丙子		丁丑

2038年【戊午】

	1月	2月	3月	4月	5月	6月	7月	8月	9月	10月	11月	12月
	癸丑	甲寅	乙卯	丙辰	丁巳	戊午	己未	庚申	辛酉	壬戌	癸亥	甲子
中節	20日 8:49	18日 22:52	20日 21:40	20日 8:27	21日 7:21	21日 15:08	23日 2:00	23日 9:10	23日 7:02	23日 16:39	22日 14:30	22日 4:02
1	戊寅	己酉	丁丑	戊申	戊寅	己酉	己卯	庚戌	辛巳	辛亥	壬午	壬子
2	己卯	庚戌	戊寅	己酉	己卯	庚戌	庚辰	辛亥	壬午	壬子	癸未	癸丑
3	庚辰	辛亥	己卯	庚戌	庚辰	辛亥	辛巳	壬子	癸未	癸丑	甲申	甲寅
4	辛巳	壬子	庚辰	辛亥	辛巳	壬子	壬午	癸丑	甲申	甲寅	乙酉	乙卯
5	壬午	癸丑	辛巳	壬子	壬午	癸丑	癸未	甲寅	乙酉	乙卯	丙戌	丙辰
6	癸未	甲寅	壬午	癸丑	癸未	甲寅	甲申	乙卯	丙戌	丙辰	丁亥	丁巳
7	甲申	乙卯	癸未	甲寅	甲申	乙卯	乙酉	丙辰	丁亥	丁巳	戊子	戊午
8	乙酉	丙辰	甲申	乙卯	乙酉	丙辰	丙戌	丁巳	戊子	戊午	己丑	己未
9	丙戌	丁巳	乙酉	丙辰	丙戌	丁巳	丁亥	戊午	己丑	己未	庚寅	庚申
10	丁亥	戊午	丙戌	丁巳	丁亥	戊午	戊子	己未	庚寅	庚申	辛卯	辛酉
11	戊子	己未	丁亥	戊午	戊子	己未	己丑	庚申	辛卯	辛酉	壬辰	壬戌
12	己丑	庚申	戊子	己未	己丑	庚申	庚寅	辛酉	壬辰	壬戌	癸巳	癸亥
13	庚寅	辛酉	己丑	庚申	庚寅	辛酉	辛卯	壬戌	癸巳	癸亥	甲午	甲子
14	辛卯	壬戌	庚寅	辛酉	辛卯	壬戌	壬辰	癸亥	甲午	甲子	乙未	乙丑
15	壬辰	癸亥	辛卯	壬戌	壬辰	癸亥	癸巳	甲子	乙未	乙丑	丙申	丙寅
16	癸巳	甲子	壬辰	癸亥	癸巳	甲子	甲午	乙丑	丙申	丙寅	丁酉	丁卯
17	甲午	乙丑	癸巳	甲子	甲午	乙丑	乙未	丙寅	丁酉	丁卯	戊戌	戊辰
18	乙未	丙寅	甲午	乙丑	乙未	丙寅	丙申	丁卯	戊戌	戊辰	己亥	己巳
19	丙申	丁卯	乙未	丙寅	丙申	丁卯	丁酉	戊辰	己亥	己巳	庚子	庚午
20	丁酉	戊辰	丙申	丁卯	丁酉	戊辰	戊戌	己巳	庚子	庚午	辛丑	辛未
21	戊戌	己巳	丁酉	戊辰	戊戌	己巳	己亥	庚午	辛丑	辛未	壬寅	壬申
22	己亥	庚午	戊戌	己巳	己亥	庚午	庚子	辛未	壬寅	壬申	癸卯	癸酉
23	庚子	辛未	己亥	庚午	庚子	辛未	辛丑	壬申	癸卯	癸酉	甲辰	甲戌
24	辛丑	壬申	庚子	辛未	辛丑	壬申	壬寅	癸酉	甲辰	甲戌	乙巳	乙亥
25	壬寅	癸酉	辛丑	壬申	壬寅	癸酉	癸卯	甲戌	乙巳	乙亥	丙午	丙子
26	癸卯	甲戌	壬寅	癸酉	癸卯	甲戌	甲辰	乙亥	丙午	丙子	丁未	丁丑
27	甲辰	乙亥	癸卯	甲戌	甲辰	乙亥	乙巳	丙子	丁未	丁丑	戊申	戊寅
28	乙巳	丙子	甲辰	乙亥	乙巳	丙子	丙午	丁丑	戊申	戊寅	己酉	己卯
29	丙午		乙巳	丙子	丙午	丁丑	丁未	戊寅	己酉	己卯	庚戌	庚辰
30	丁未		丙午	丁丑	丁未	戊寅	戊申	己卯	庚戌	庚辰	辛亥	辛巳
31	戊申		丁未		戊申		己酉	庚辰		辛巳		壬午

2039年【己未】

	1月	2月	3月	4月	5月	6月	7月	8月	9月	10月	11月	12月
	乙丑	丙寅	丁卯	戊辰	己巳	庚午	辛未	壬申	癸酉	甲戌	乙亥	丙子
中節	20日 14:44	19日 4:46	21日 3:31	20日 14:16	21日 13:09	21日 20:57	23日 7:48	23日 14:59	23日 12:49	23日 22:24	22日 20:11	22日 9:40
1	癸未	甲寅	壬午	癸丑	癸未	甲寅	甲申	乙卯	丙戌	丙辰	丁亥	丁巳
2	甲申	乙卯	癸未	甲寅	甲申	乙卯	乙酉	丙辰	丁亥	丁巳	戊子	戊午
3	乙酉	丙辰	甲申	乙卯	乙酉	丙辰	丙戌	丁巳	戊子	戊午	己丑	己未
4	丙戌	丁巳	乙酉	丙辰	丙戌	丁巳	丁亥	戊午	己丑	己未	庚寅	庚申
5	丁亥	戊午	丙戌	丁巳	丁亥	戊午	戊子	己未	庚寅	庚申	辛卯	辛酉
6	戊子	己未	丁亥	戊午	戊子	己未	己丑	庚申	辛卯	辛酉	壬辰	壬戌
7	己丑	庚申	戊子	己未	己丑	庚申	庚寅	辛酉	壬辰	壬戌	癸巳	癸亥
8	庚寅	辛酉	己丑	庚申	庚寅	辛酉	辛卯	壬戌	癸巳	癸亥	甲午	甲子
9	辛卯	壬戌	庚寅	辛酉	辛卯	壬戌	壬辰	癸亥	甲午	甲子	乙未	乙丑
10	壬辰	癸亥	辛卯	壬戌	壬辰	癸亥	癸巳	甲子	乙未	乙丑	丙申	丙寅
11	癸巳	甲子	壬辰	癸亥	癸巳	甲子	甲午	乙丑	丙申	丙寅	丁酉	丁卯
12	甲午	乙丑	癸巳	甲子	甲午	乙丑	乙未	丙寅	丁酉	丁卯	戊戌	戊辰
13	乙未	丙寅	甲午	乙丑	乙未	丙寅	丙申	丁卯	戊戌	戊辰	己亥	己巳
14	丙申	丁卯	乙未	丙寅	丙申	丁卯	丁酉	戊辰	己亥	己巳	庚子	庚午
15	丁酉	戊辰	丙申	丁卯	丁酉	戊辰	戊戌	己巳	庚子	庚午	辛丑	辛未
16	戊戌	己巳	丁酉	戊辰	戊戌	己巳	己亥	庚午	辛丑	辛未	壬寅	壬申
17	己亥	庚午	戊戌	己巳	己亥	庚午	庚子	辛未	壬寅	壬申	癸卯	癸酉
18	庚子	辛未	己亥	庚午	庚子	辛未	辛丑	壬申	癸卯	癸酉	甲辰	甲戌
19	辛丑	壬申	庚子	辛未	辛丑	壬申	壬寅	癸酉	甲辰	甲戌	乙巳	乙亥
20	壬寅	癸酉	辛丑	壬申	壬寅	癸酉	癸卯	甲戌	乙巳	乙亥	丙午	丙子
21	癸卯	甲戌	壬寅	癸酉	癸卯	甲戌	甲辰	乙亥	丙午	丙子	丁未	丁丑
22	甲辰	乙亥	癸卯	甲戌	甲辰	乙亥	乙巳	丙子	丁未	丁丑	戊申	戊寅
23	乙巳	丙子	甲辰	乙亥	乙巳	丙子	丙午	丁丑	戊申	戊寅	己酉	己卯
24	丙午	丁丑	乙巳	丙子	丙午	丁丑	丁未	戊寅	己酉	己卯	庚戌	庚辰
25	丁未	戊寅	丙午	丁丑	丁未	戊寅	戊申	己卯	庚戌	庚辰	辛亥	辛巳
26	戊申	己卯	丁未	戊寅	戊申	己卯	己酉	庚辰	辛亥	辛巳	壬子	壬午
27	己酉	庚辰	戊申	己卯	己酉	庚辰	庚戌	辛巳	壬子	壬午	癸丑	癸未
28	庚戌	辛巳	己酉	庚辰	庚戌	辛巳	辛亥	壬午	癸丑	癸未	甲寅	甲申
29	辛亥		庚戌	辛巳	辛亥	壬午	壬子	癸未	甲寅	甲申	乙卯	乙酉
30	壬子		辛亥	壬午	壬子	癸未	癸丑	甲申	乙卯	乙酉	丙辰	丙戌
31	癸丑		壬子		癸丑		甲寅	乙酉		丙戌		丁亥

2040年【庚申】

	1月	2月	3月	4月	5月	6月	7月	8月	9月	10月	11月	12月
	丁丑	戊寅	己卯	庚辰	辛巳	壬午	癸未	甲申	乙酉	丙戌	丁亥	戊子
中節	20日 20:21	19日 10:24	20日 9:11	19日 19:58	20日 18:54	21日 2:46	22日 13:41	22日 20:53	22日 18:44	23日 4:18	22日 2:05	21日 15:33
1	戊子	己未	戊子	己未	己丑	庚申	庚寅	辛酉	壬辰	壬戌	癸巳	癸亥
2	己丑	庚申	己丑	庚申	庚寅	辛酉	辛卯	壬戌	癸巳	癸亥	甲午	甲子
3	庚寅	辛酉	庚寅	辛酉	辛卯	壬戌	壬辰	癸亥	甲午	甲子	乙未	乙丑
4	辛卯	壬戌	辛卯	壬戌	壬辰	癸亥	癸巳	甲子	乙未	乙丑	丙申	丙寅
5	壬辰	癸亥	壬辰	癸亥	癸巳	甲子	甲午	乙丑	丙申	丙寅	丁酉	丁卯
6	癸巳	甲子	癸巳	甲子	甲午	乙丑	乙未	丙寅	丁酉	丁卯	戊戌	戊辰
7	甲午	乙丑	甲午	乙丑	乙未	丙寅	丙申	丁卯	戊戌	戊辰	己亥	己巳
8	乙未	丙寅	乙未	丙寅	丙申	丁卯	丁酉	戊辰	己亥	己巳	庚子	庚午
9	丙申	丁卯	丙申	丁卯	丁酉	戊辰	戊戌	己巳	庚子	庚午	辛丑	辛未
10	丁酉	戊辰	丁酉	戊辰	戊戌	己巳	己亥	庚午	辛丑	辛未	壬寅	壬申
11	戊戌	己巳	戊戌	己巳	己亥	庚午	庚子	辛未	壬寅	壬申	癸卯	癸酉
12	己亥	庚午	己亥	庚午	庚子	辛未	辛丑	壬申	癸卯	癸酉	甲辰	甲戌
13	庚子	辛未	庚子	辛未	辛丑	壬申	壬寅	癸酉	甲辰	甲戌	乙巳	乙亥
14	辛丑	壬申	辛丑	壬申	壬寅	癸酉	癸卯	甲戌	乙巳	乙亥	丙午	丙子
15	壬寅	癸酉	壬寅	癸酉	癸卯	甲戌	甲辰	乙亥	丙午	丙子	丁未	丁丑
16	癸卯	甲戌	癸卯	甲戌	甲辰	乙亥	乙巳	丙子	丁未	丁丑	戊申	戊寅
17	甲辰	乙亥	甲辰	乙亥	乙巳	丙子	丙午	丁丑	戊申	戊寅	己酉	己卯
18	乙巳	丙子	乙巳	丙子	丙午	丁丑	丁未	戊寅	己酉	己卯	庚戌	庚辰
19	丙午	丁丑	丙午	丁丑	丁未	戊寅	戊申	己卯	庚戌	庚辰	辛亥	辛巳
20	丁未	戊寅	丁未	戊寅	戊申	己卯	己酉	庚辰	辛亥	辛巳	壬子	壬午
21	戊申	己卯	戊申	己卯	己酉	庚辰	庚戌	辛巳	壬子	壬午	癸丑	癸未
22	己酉	庚辰	己酉	庚辰	庚戌	辛巳	辛亥	壬午	癸丑	癸未	甲寅	甲申
23	庚戌	辛巳	庚戌	辛巳	辛亥	壬午	壬子	癸未	甲寅	甲申	乙卯	乙酉
24	辛亥	壬午	辛亥	壬午	壬子	癸未	癸丑	甲申	乙卯	乙酉	丙辰	丙戌
25	壬子	癸未	壬子	癸未	癸丑	甲申	甲寅	乙酉	丙辰	丙戌	丁巳	丁亥
26	癸丑	甲申	癸丑	甲申	甲寅	乙酉	乙卯	丙戌	丁巳	丁亥	戊午	戊子
27	甲寅	乙酉	甲寅	乙酉	乙卯	丙戌	丙辰	丁亥	戊午	戊子	己未	己丑
28	乙卯	丙戌	乙卯	丙戌	丙辰	丁亥	丁巳	戊子	己未	己丑	庚申	庚寅
29	丙辰	丁亥	丙辰	丁亥	丁巳	戊子	戊午	己丑	庚申	庚寅	辛酉	辛卯
30	丁巳		丁巳	戊子	戊午	己丑	己未	庚寅	辛酉	辛卯	壬戌	壬辰
31	戊午		戊午		己未		庚申	辛卯		壬辰		癸巳

2041年【壬酉】

	1月	2月	3月	4月	5月	6月	7月	8月	9月	10月	11月	12月
	己丑	庚寅	辛卯	壬辰	癸巳	甲午	乙未	丙申	丁酉	戊戌	己亥	庚子
中節	20日 2:14	18日 16:17	20日 15:06	20日 1:53	21日 0:48	21日 8:35	22日 19:26	23日 2:36	23日 0:25	23日 10:01	22日 7:49	21日 21:18
1	甲午	乙丑	癸巳	甲子	甲午	乙丑	乙未	丙寅	丁酉	丁卯	戊戌	戊辰
2	乙未	丙寅	甲午	乙丑	乙未	丙寅	丙申	丁卯	戊戌	戊辰	己亥	己巳
3	丙申	丁卯	乙未	丙寅	丙申	丁卯	丁酉	戊辰	己亥	己巳	庚子	庚午
4	丁酉	戊辰	丙申	丁卯	丁酉	戊辰	戊戌	己巳	庚子	庚午	辛丑	辛未
5	戊戌	己巳	丁酉	戊辰	戊戌	己巳	己亥	庚午	辛丑	辛未	壬寅	壬申
6	己亥	庚午	戊戌	己巳	己亥	庚午	庚子	辛未	壬寅	壬申	癸卯	癸酉
7	庚子	辛未	己亥	庚午	庚子	辛未	辛丑	壬申	癸卯	癸酉	甲辰	甲戌
8	辛丑	壬申	庚子	辛未	辛丑	壬申	壬寅	癸酉	甲辰	甲戌	乙巳	乙亥
9	壬寅	癸酉	辛丑	壬申	壬寅	癸酉	癸卯	甲戌	乙巳	乙亥	丙午	丙子
10	癸卯	甲戌	壬寅	癸酉	癸卯	甲戌	甲辰	乙亥	丙午	丙子	丁未	丁丑
11	甲辰	乙亥	癸卯	甲戌	甲辰	乙亥	乙巳	丙子	丁未	丁丑	戊申	戊寅
12	乙巳	丙子	甲辰	乙亥	乙巳	丙子	丙午	丁丑	戊申	戊寅	己酉	己卯
13	丙午	丁丑	乙巳	丙子	丙午	丁丑	丁未	戊寅	己酉	己卯	庚戌	庚辰
14	丁未	戊寅	丙午	丁丑	丁未	戊寅	戊申	己卯	庚戌	庚辰	辛亥	辛巳
15	戊申	己卯	丁未	戊寅	戊申	己卯	己酉	庚辰	辛亥	辛巳	壬子	壬午
16	己酉	庚辰	戊申	己卯	己酉	庚辰	庚戌	辛巳	壬子	壬午	癸丑	癸未
17	庚戌	辛巳	己酉	庚辰	庚戌	辛巳	辛亥	壬午	癸丑	癸未	甲寅	甲申
18	辛亥	壬午	庚戌	辛巳	辛亥	壬午	壬子	癸未	甲寅	甲申	乙卯	乙酉
19	壬子	癸未	辛亥	壬午	壬子	癸未	癸丑	甲申	乙卯	乙酉	丙辰	丙戌
20	癸丑	甲申	壬子	癸未	癸丑	甲申	甲寅	乙酉	丙辰	丙戌	丁巳	丁亥
21	甲寅	乙酉	癸丑	甲申	甲寅	乙酉	乙卯	丙戌	丁巳	丁亥	戊午	戊子
22	乙卯	丙戌	甲寅	乙酉	乙卯	丙戌	丙辰	丁亥	戊午	戊子	己未	己丑
23	丙辰	丁亥	乙卯	丙戌	丙辰	丁亥	丁巳	戊子	己未	己丑	庚申	庚寅
24	丁巳	戊子	丙辰	丁亥	丁巳	戊子	戊午	己丑	庚申	庚寅	辛酉	辛卯
25	戊午	己丑	丁巳	戊子	戊午	己丑	己未	庚寅	辛酉	辛卯	壬戌	壬辰
26	己未	庚寅	戊午	己丑	己未	庚寅	庚申	辛卯	壬戌	壬辰	癸亥	癸巳
27	庚申	辛卯	己未	庚寅	庚申	辛卯	辛酉	壬辰	癸亥	癸巳	甲子	甲午
28	辛酉	壬辰	庚申	辛卯	辛酉	壬辰	壬戌	癸巳	甲子	甲午	乙丑	乙未
29	壬戌		辛酉	壬辰	壬戌	癸巳	癸亥	甲午	乙丑	乙未	丙寅	丙申
30	癸亥		壬戌	癸巳	癸亥	甲午	甲子	乙未	丙寅	丙申	丁卯	丁酉
31	甲子		癸亥		甲子		乙丑	丙申		丁酉		戊戌

2042年【壬戌】

	1月	2月	3月	4月	5月	6月	7月	8月	9月	10月	11月	12月
	辛丑	壬寅	癸卯	甲辰	乙巳	丙午	丁未	戊申	己酉	庚戌	辛亥	壬子
中節	20日 8:00	18日 22:04	20日 20:52	20日 7:39	21日 6:30	21日 14:15	23日 1:06	23日 8:17	23日 6:11	23日 15:49	22日 13:37	22日 3:04
1	己亥	庚午	戊戌	己巳	己亥	庚午	庚子	辛未	壬寅	壬申	癸卯	癸酉
2	庚子	辛未	己亥	庚午	庚子	辛未	辛丑	壬申	癸卯	癸酉	甲辰	甲戌
3	辛丑	壬申	庚子	辛未	辛丑	壬申	壬寅	癸酉	甲辰	甲戌	乙巳	乙亥
4	壬寅	癸酉	辛丑	壬申	壬寅	癸酉	癸卯	甲戌	乙巳	乙亥	丙午	丙子
5	癸卯	甲戌	壬寅	癸酉	癸卯	甲戌	甲辰	乙亥	丙午	丙子	丁未	丁丑
6	甲辰	乙亥	癸卯	甲戌	甲辰	乙亥	乙巳	丙子	丁未	丁丑	戊申	戊寅
7	乙巳	丙子	甲辰	乙亥	乙巳	丙子	丙午	丁丑	戊申	戊寅	己酉	己卯
8	丙午	丁丑	乙巳	丙子	丙午	丁丑	丁未	戊寅	己酉	己卯	庚戌	庚辰
9	丁未	戊寅	丙午	丁丑	丁未	戊寅	戊申	己卯	庚戌	庚辰	辛亥	辛巳
10	戊申	己卯	丁未	戊寅	戊申	己卯	己酉	庚辰	辛亥	辛巳	壬子	壬午
11	己酉	庚辰	戊申	己卯	己酉	庚辰	庚戌	辛巳	壬子	壬午	癸丑	癸未
12	庚戌	辛巳	己酉	庚辰	庚戌	辛巳	辛亥	壬午	癸丑	癸未	甲寅	甲申
13	辛亥	壬午	庚戌	辛巳	辛亥	壬午	壬子	癸未	甲寅	甲申	乙卯	乙酉
14	壬子	癸未	辛亥	壬午	壬子	癸未	癸丑	甲申	乙卯	乙酉	丙辰	丙戌
15	癸丑	甲申	壬子	癸未	癸丑	甲申	甲寅	乙酉	丙辰	丙戌	丁巳	丁亥
16	甲寅	乙酉	癸丑	甲申	甲寅	乙酉	乙卯	丙戌	丁巳	丁亥	戊午	戊子
17	乙卯	丙戌	甲寅	乙酉	乙卯	丙戌	丙辰	丁亥	戊午	戊子	己未	己丑
18	丙辰	丁亥	乙卯	丙戌	丙辰	丁亥	丁巳	戊子	己未	己丑	庚申	庚寅
19	丁巳	戊子	丙辰	丁亥	丁巳	戊子	戊午	己丑	庚申	庚寅	辛酉	辛卯
20	戊午	己丑	丁巳	戊子	戊午	己丑	己未	庚寅	辛酉	辛卯	壬戌	壬辰
21	己未	庚寅	戊午	己丑	己未	庚寅	庚申	辛卯	壬戌	壬辰	癸亥	癸巳
22	庚申	辛卯	己未	庚寅	庚申	辛卯	辛酉	壬辰	癸亥	癸巳	甲子	甲午
23	辛酉	壬辰	庚申	辛卯	辛酉	壬辰	壬戌	癸巳	甲子	甲午	乙丑	乙未
24	壬戌	癸巳	辛酉	壬辰	壬戌	癸巳	癸亥	甲午	乙丑	乙未	丙寅	丙申
25	癸亥	甲午	壬戌	癸巳	癸亥	甲午	甲子	乙未	丙寅	丙申	丁卯	丁酉
26	甲子	乙未	癸亥	甲午	甲子	乙未	乙丑	丙申	丁卯	丁酉	戊辰	戊戌
27	乙丑	丙申	甲子	乙未	乙丑	丙申	丙寅	丁酉	戊辰	戊戌	己巳	己亥
28	丙寅	丁酉	乙丑	丙申	丙寅	丁酉	丁卯	戊戌	己巳	己亥	庚午	庚子
29	丁卯		丙寅	丁酉	丁卯	戊戌	戊辰	己亥	庚午	庚子	辛未	辛丑
30	戊辰		丁卯	戊戌	戊辰	己亥	己巳	庚子	辛未	辛丑	壬申	壬寅
31	己巳		戊辰		己巳		庚午	辛丑		壬寅		癸卯

2043年【癸亥】

	1月	2月	3月	4月	5月	6月	7月	8月	9月	10月	11月	12月
	癸丑	甲寅	乙卯	丙辰	丁巳	戊午	己未	庚申	辛酉	壬戌	癸亥	甲子
中節	20日 13:41	19日 3:41	21日 2:27	20日 13:13	21日 12:08	21日 19:57	23日 6:53	23日 14:09	23日 12:06	23日 21:46	22日 19:35	22日 9:01
1	甲辰	乙亥	癸卯	甲戌	甲辰	乙亥	乙巳	丙子	丁未	丁丑	戊申	戊寅
2	乙巳	丙子	甲辰	乙亥	乙巳	丙子	丙午	丁丑	戊申	戊寅	己酉	己卯
3	丙午	丁丑	乙巳	丙子	丙午	丁丑	丁未	戊寅	己酉	己卯	庚戌	庚辰
4	丁未	戊寅	丙午	丁丑	丁未	戊寅	戊申	己卯	庚戌	庚辰	辛亥	辛巳
5	戊申	己卯	丁未	戊寅	戊申	己卯	己酉	庚辰	辛亥	辛巳	壬子	壬午
6	己酉	庚辰	戊申	己卯	己酉	庚辰	庚戌	辛巳	壬子	壬午	癸丑	癸未
7	庚戌	辛巳	己酉	庚辰	庚戌	辛巳	辛亥	壬午	癸丑	癸未	甲寅	甲申
8	辛亥	壬午	庚戌	辛巳	辛亥	壬午	壬子	癸未	甲寅	甲申	乙卯	乙酉
9	壬子	癸未	辛亥	壬午	壬子	癸未	癸丑	甲申	乙卯	乙酉	丙辰	丙戌
10	癸丑	甲申	壬子	癸未	癸丑	甲申	甲寅	乙酉	丙辰	丙戌	丁巳	丁亥
11	甲寅	乙酉	癸丑	甲申	甲寅	乙酉	乙卯	丙戌	丁巳	丁亥	戊午	戊子
12	乙卯	丙戌	甲寅	乙酉	乙卯	丙戌	丙辰	丁亥	戊午	戊子	己未	己丑
13	丙辰	丁亥	乙卯	丙戌	丙辰	丁亥	丁巳	戊子	己未	己丑	庚申	庚寅
14	丁巳	戊子	丙辰	丁亥	丁巳	戊子	戊午	己丑	庚申	庚寅	辛酉	辛卯
15	戊午	己丑	丁巳	戊子	戊午	己丑	己未	庚寅	辛酉	辛卯	壬戌	壬辰
16	己未	庚寅	戊午	己丑	己未	庚寅	庚申	辛卯	壬戌	壬辰	癸亥	癸巳
17	庚申	辛卯	己未	庚寅	庚申	辛卯	辛酉	壬辰	癸亥	癸巳	甲子	甲午
18	辛酉	壬辰	庚申	辛卯	辛酉	壬辰	壬戌	癸巳	甲子	甲午	乙丑	乙未
19	壬戌	癸巳	辛酉	壬辰	壬戌	癸巳	癸亥	甲午	乙丑	乙未	丙寅	丙申
20	癸亥	甲午	壬戌	癸巳	癸亥	甲午	甲子	乙未	丙寅	丙申	丁卯	丁酉
21	甲子	乙未	癸亥	甲午	甲子	乙未	乙丑	丙申	丁卯	丁酉	戊辰	戊戌
22	乙丑	丙申	甲子	乙未	乙丑	丙申	丙寅	丁酉	戊辰	戊戌	己巳	己亥
23	丙寅	丁酉	乙丑	丙申	丙寅	丁酉	丁卯	戊戌	己巳	己亥	庚午	庚子
24	丁卯	戊戌	丙寅	丁酉	丁卯	戊戌	戊辰	己亥	庚午	庚子	辛未	辛丑
25	戊辰	己亥	丁卯	戊戌	戊辰	己亥	己巳	庚子	辛未	辛丑	壬申	壬寅
26	己巳	庚子	戊辰	己亥	己巳	庚子	庚午	辛丑	壬申	壬寅	癸酉	癸卯
27	庚午	辛丑	己巳	庚子	庚午	辛丑	辛未	壬寅	癸酉	癸卯	甲戌	甲辰
28	辛未	壬寅	庚午	辛丑	辛未	壬寅	壬申	癸卯	甲戌	甲辰	乙亥	乙巳
29	壬申		辛未	壬寅	壬申	癸卯	癸酉	甲辰	乙亥	乙巳	丙子	丙午
30	癸酉		壬申	癸卯	癸酉	甲辰	甲戌	乙巳	丙子	丙午	丁丑	丁未
31	甲戌		癸酉		甲戌		乙亥	丙午		丁未		戊申

2044年【甲子】

	1月	2月	3月	4月	5月	6月	7月	8月	9月	10月	11月	12月
	乙丑	丙寅	丁卯	戊辰	己巳	庚午	辛未	壬申	癸酉	甲戌	乙亥	丙子
中節	20日 19:37	19日 9:35	20日 8:20	19日 19:06	20日 18:01	21日 1:50	22日 12:42	22日 19:54	22日 17:48	23日 3:26	22日 1:14	21日 14:43
1	己酉	庚辰	己酉	庚辰	庚戌	辛巳	辛亥	壬午	癸丑	癸未	甲寅	甲申
2	庚戌	辛巳	庚戌	辛巳	辛亥	壬午	壬子	癸未	甲寅	甲申	乙卯	乙酉
3	辛亥	壬午	辛亥	壬午	壬子	癸未	癸丑	甲申	乙卯	乙酉	丙辰	丙戌
4	壬子	癸未	壬子	癸未	癸丑	甲申	甲寅	乙酉	丙辰	丙戌	丁巳	丁亥
5	癸丑	甲申	癸丑	甲申	甲寅	乙酉	乙卯	丙戌	丁巳	丁亥	戊午	戊子
6	甲寅	乙酉	甲寅	乙酉	乙卯	丙戌	丙辰	丁亥	戊午	戊子	己未	己丑
7	乙卯	丙戌	乙卯	丙戌	丙辰	丁亥	丁巳	戊子	己未	己丑	庚申	庚寅
8	丙辰	丁亥	丙辰	丁亥	丁巳	戊子	戊午	己丑	庚申	庚寅	辛酉	辛卯
9	丁巳	戊子	丁巳	戊子	戊午	己丑	己未	庚寅	辛酉	辛卯	壬戌	壬辰
10	戊午	己丑	戊午	己丑	己未	庚寅	庚申	辛卯	壬戌	壬辰	癸亥	癸巳
11	己未	庚寅	己未	庚寅	庚申	辛卯	辛酉	壬辰	癸亥	癸巳	甲子	甲午
12	庚申	辛卯	庚申	辛卯	辛酉	壬辰	壬戌	癸巳	甲子	甲午	乙丑	乙未
13	辛酉	壬辰	辛酉	壬辰	壬戌	癸巳	癸亥	甲午	乙丑	乙未	丙寅	丙申
14	壬戌	癸巳	壬戌	癸巳	癸亥	甲午	甲子	乙未	丙寅	丙申	丁卯	丁酉
15	癸亥	甲午	癸亥	甲午	甲子	乙未	乙丑	丙申	丁卯	丁酉	戊辰	戊戌
16	甲子	乙未	甲子	乙未	乙丑	丙申	丙寅	丁酉	戊辰	戊戌	己巳	己亥
17	乙丑	丙申	乙丑	丙申	丙寅	丁酉	丁卯	戊戌	己巳	己亥	庚午	庚子
18	丙寅	丁酉	丙寅	丁酉	丁卯	戊戌	戊辰	己亥	庚午	庚子	辛未	辛丑
19	丁卯	戊戌	丁卯	戊戌	戊辰	己亥	己巳	庚子	辛未	辛丑	壬申	壬寅
20	戊辰	己亥	戊辰	己亥	己巳	庚子	庚午	辛丑	壬申	壬寅	癸酉	癸卯
21	己巳	庚子	己巳	庚子	庚午	辛丑	辛未	壬寅	癸酉	癸卯	甲戌	甲辰
22	庚午	辛丑	庚午	辛丑	辛未	壬寅	壬申	癸卯	甲戌	甲辰	乙亥	乙巳
23	辛未	壬寅	辛未	壬寅	壬申	癸卯	癸酉	甲辰	乙亥	乙巳	丙子	丙午
24	壬申	癸卯	壬申	癸卯	癸酉	甲辰	甲戌	乙巳	丙子	丙午	丁丑	丁未
25	癸酉	甲辰	癸酉	甲辰	甲戌	乙巳	乙亥	丙午	丁丑	丁未	戊寅	戊申
26	甲戌	乙巳	甲戌	乙巳	乙亥	丙午	丙子	丁未	戊寅	戊申	己卯	己酉
27	乙亥	丙午	乙亥	丙午	丙子	丁未	丁丑	戊申	己卯	己酉	庚辰	庚戌
28	丙子	丁未	丙子	丁未	丁丑	戊申	戊寅	己酉	庚辰	庚戌	辛巳	辛亥
29	丁丑	戊申	丁丑	戊申	戊寅	己酉	己卯	庚戌	辛巳	辛亥	壬午	壬子
30	戊寅		戊寅	己酉	己卯	庚戌	庚辰	辛亥	壬午	壬子	癸未	癸丑
31	己卯		己卯		庚辰		辛巳	壬子		癸丑		甲寅

2045年【乙丑】

	1月	2月	3月	4月	5月	6月	7月	8月	9月	10月	11月	12月
	丁丑	戊寅	己卯	庚辰	辛巳	壬午	癸未	甲申	乙酉	丙戌	丁亥	戊子
中節	20日 1:22	18日 15:22	20日 14:07	20日 0:52	20日 23:45	21日 7:32	22日 18:26	23日 1:39	22日 23:33	23日 9:12	22日 7:03	21日 20:34
1	乙卯	丙戌	甲寅	乙酉	乙卯	丙戌	丙辰	丁亥	戊午	戊子	己未	己丑
2	丙辰	丁亥	乙卯	丙戌	丙辰	丁亥	丁巳	戊子	己未	己丑	庚申	庚寅
3	丁巳	戊子	丙辰	丁亥	丁巳	戊子	戊午	己丑	庚申	庚寅	辛酉	辛卯
4	戊午	己丑	丁巳	戊子	戊午	己丑	己未	庚寅	辛酉	辛卯	壬戌	壬辰
5	己未	庚寅	戊午	己丑	己未	庚寅	庚申	辛卯	壬戌	壬辰	癸亥	癸巳
6	庚申	辛卯	己未	庚寅	庚申	辛卯	辛酉	壬辰	癸亥	癸巳	甲子	甲午
7	辛酉	壬辰	庚申	辛卯	辛酉	壬辰	壬戌	癸巳	甲子	甲午	乙丑	乙未
8	壬戌	癸巳	辛酉	壬辰	壬戌	癸巳	癸亥	甲午	乙丑	乙未	丙寅	丙申
9	癸亥	甲午	壬戌	癸巳	癸亥	甲午	甲子	乙未	丙寅	丙申	丁卯	丁酉
10	甲子	乙未	癸亥	甲午	甲子	乙未	乙丑	丙申	丁卯	丁酉	戊辰	戊戌
11	乙丑	丙申	甲子	乙未	乙丑	丙申	丙寅	丁酉	戊辰	戊戌	己巳	己亥
12	丙寅	丁酉	乙丑	丙申	丙寅	丁酉	丁卯	戊戌	己巳	己亥	庚午	庚子
13	丁卯	戊戌	丙寅	丁酉	丁卯	戊戌	戊辰	己亥	庚午	庚子	辛未	辛丑
14	戊辰	己亥	丁卯	戊戌	戊辰	己亥	己巳	庚子	辛未	辛丑	壬申	壬寅
15	己巳	庚子	戊辰	己亥	己巳	庚子	庚午	辛丑	壬申	壬寅	癸酉	癸卯
16	庚午	辛丑	己巳	庚子	庚午	辛丑	辛未	壬寅	癸酉	癸卯	甲戌	甲辰
17	辛未	壬寅	庚午	辛丑	辛未	壬寅	壬申	癸卯	甲戌	甲辰	乙亥	乙巳
18	壬申	癸卯	辛未	壬寅	壬申	癸卯	癸酉	甲辰	乙亥	乙巳	丙子	丙午
19	癸酉	甲辰	壬申	癸卯	癸酉	甲辰	甲戌	乙巳	丙子	丙午	丁丑	丁未
20	甲戌	乙巳	癸酉	甲辰	甲戌	乙巳	乙亥	丙午	丁丑	丁未	戊寅	戊申
21	乙亥	丙午	甲戌	乙巳	乙亥	丙午	丙子	丁未	戊寅	戊申	己卯	己酉
22	丙子	丁未	乙亥	丙午	丙子	丁未	丁丑	戊申	己卯	己酉	庚辰	庚戌
23	丁丑	戊申	丙子	丁未	丁丑	戊申	戊寅	己酉	庚辰	庚戌	辛巳	辛亥
24	戊寅	己酉	丁丑	戊申	戊寅	己酉	己卯	庚戌	辛巳	辛亥	壬午	壬子
25	己卯	庚戌	戊寅	己酉	己卯	庚戌	庚辰	辛亥	壬午	壬子	癸未	癸丑
26	庚辰	辛亥	己卯	庚戌	庚辰	辛亥	辛巳	壬子	癸未	癸丑	甲申	甲寅
27	辛巳	壬子	庚辰	辛亥	辛巳	壬子	壬午	癸丑	甲申	甲寅	乙酉	乙卯
28	壬午	癸丑	辛巳	壬子	壬午	癸丑	癸未	甲寅	乙酉	乙卯	丙戌	丙辰
29	癸未		壬午	癸丑	癸未	甲寅	甲申	乙卯	丙戌	丙辰	丁亥	丁巳
30	甲申		癸未	甲寅	甲申	乙卯	乙酉	丙辰	丁亥	丁巳	戊子	戊午
31	乙酉		甲申		乙酉		丙戌	丁巳		戊午		己未

2046年【丙寅】

	1月	2月	3月	4月	5月	6月	7月	8月	9月	10月	11月	12月
	己丑	庚寅	辛卯	壬辰	癸巳	甲午	乙未	丙申	丁酉	戊戌	己亥	庚子
中節	20日 7:16	18日 21:16	20日 19:58	20日 6:38	21日 5:27	21日 13:13	23日 0:08	23日 7:25	23日 5:21	23日 15:02	22日 12:55	22日 2:28
1	庚申	辛卯	己未	庚寅	庚申	辛卯	辛酉	壬辰	癸亥	癸巳	甲子	甲午
2	辛酉	壬辰	庚申	辛卯	辛酉	壬辰	壬戌	癸巳	甲子	甲午	乙丑	乙未
3	壬戌	癸巳	辛酉	壬辰	壬戌	癸巳	癸亥	甲午	乙丑	乙未	丙寅	丙申
4	癸亥	甲午	壬戌	癸巳	癸亥	甲午	甲子	乙未	丙寅	丙申	丁卯	丁酉
5	甲子	乙未	癸亥	甲午	甲子	乙未	乙丑	丙申	丁卯	丁酉	戊辰	戊戌
6	乙丑	丙申	甲子	乙未	乙丑	丙申	丙寅	丁酉	戊辰	戊戌	己巳	己亥
7	丙寅	丁酉	乙丑	丙申	丙寅	丁酉	丁卯	戊戌	己巳	己亥	庚午	庚子
8	丁卯	戊戌	丙寅	丁酉	丁卯	戊戌	戊辰	己亥	庚午	庚子	辛未	辛丑
9	戊辰	己亥	丁卯	戊戌	戊辰	己亥	己巳	庚子	辛未	辛丑	壬申	壬寅
10	己巳	庚子	戊辰	己亥	己巳	庚子	庚午	辛丑	壬申	壬寅	癸酉	癸卯
11	庚午	辛丑	己巳	庚子	庚午	辛丑	辛未	壬寅	癸酉	癸卯	甲戌	甲辰
12	辛未	壬寅	庚午	辛丑	辛未	壬寅	壬申	癸卯	甲戌	甲辰	乙亥	乙巳
13	壬申	癸卯	辛未	壬寅	壬申	癸卯	癸酉	甲辰	乙亥	乙巳	丙子	丙午
14	癸酉	甲辰	壬申	癸卯	癸酉	甲辰	甲戌	乙巳	丙子	丙午	丁丑	丁未
15	甲戌	乙巳	癸酉	甲辰	甲戌	乙巳	乙亥	丙午	丁丑	丁未	戊寅	戊申
16	乙亥	丙午	甲戌	乙巳	乙亥	丙午	丙子	丁未	戊寅	戊申	己卯	己酉
17	丙子	丁未	乙亥	丙午	丙子	丁未	丁丑	戊申	己卯	己酉	庚辰	庚戌
18	丁丑	戊申	丙子	丁未	丁丑	戊申	戊寅	己酉	庚辰	庚戌	辛巳	辛亥
19	戊寅	己酉	丁丑	戊申	戊寅	己酉	己卯	庚戌	辛巳	辛亥	壬午	壬子
20	己卯	庚戌	戊寅	己酉	己卯	庚戌	庚辰	辛亥	壬午	壬子	癸未	癸丑
21	庚辰	辛亥	己卯	庚戌	庚辰	辛亥	辛巳	壬子	癸未	癸丑	甲申	甲寅
22	辛巳	壬子	庚辰	辛亥	辛巳	壬子	壬午	癸丑	甲申	甲寅	乙酉	乙卯
23	壬午	癸丑	辛巳	壬子	壬午	癸丑	癸未	甲寅	乙酉	乙卯	丙戌	丙辰
24	癸未	甲寅	壬午	癸丑	癸未	甲寅	甲申	乙卯	丙戌	丙辰	丁亥	丁巳
25	甲申	乙卯	癸未	甲寅	甲申	乙卯	乙酉	丙辰	丁亥	丁巳	戊子	戊午
26	乙酉	丙辰	甲申	乙卯	乙酉	丙辰	丙戌	丁巳	戊子	戊午	己丑	己未
27	丙戌	丁巳	乙酉	丙辰	丙戌	丁巳	丁亥	戊午	己丑	己未	庚寅	庚申
28	丁亥	戊午	丙戌	丁巳	丁亥	戊午	戊子	己未	庚寅	庚申	辛卯	辛酉
29	戊子		丁亥	戊午	戊子	己未	己丑	庚申	辛卯	辛酉	壬辰	壬戌
30	己丑		戊子	己未	己丑	庚申	庚寅	辛酉	壬辰	壬戌	癸巳	癸亥
31	庚寅		己丑		庚寅		辛卯	壬戌		癸亥		甲子

2047年【丁卯】

	1月	2月	3月	4月	5月	6月	7月	8月	9月	10月	11月	12月
	辛丑	壬寅	癸卯	甲辰	乙巳	丙午	丁未	戊申	己酉	庚戌	辛亥	壬子
中節	20日 13:10	19日 3:11	21日 1:52	20日 12:31	21日 11:18	21日 19:02	23日 5:55	23日 13:11	23日 11:08	23日 20:47	22日 18:37	22日 8:07
1	乙丑	丙申	甲子	乙未	乙丑	丙申	丙寅	丁酉	戊辰	戊戌	己巳	己亥
2	丙寅	丁酉	乙丑	丙申	丙寅	丁酉	丁卯	戊戌	己巳	己亥	庚午	庚子
3	丁卯	戊戌	丙寅	丁酉	丁卯	戊戌	戊辰	己亥	庚午	庚子	辛未	辛丑
4	戊辰	己亥	丁卯	戊戌	戊辰	己亥	己巳	庚子	辛未	辛丑	壬申	壬寅
5	己巳	庚子	戊辰	己亥	己巳	庚子	庚午	辛丑	壬申	壬寅	癸酉	癸卯
6	庚午	辛丑	己巳	庚子	庚午	辛丑	辛未	壬寅	癸酉	癸卯	甲戌	甲辰
7	辛未	壬寅	庚午	辛丑	辛未	壬寅	壬申	癸卯	甲戌	甲辰	乙亥	乙巳
8	壬申	癸卯	辛未	壬寅	壬申	癸卯	癸酉	甲辰	乙亥	乙巳	丙子	丙午
9	癸酉	甲辰	壬申	癸卯	癸酉	甲辰	甲戌	乙巳	丙子	丙午	丁丑	丁未
10	甲戌	乙巳	癸酉	甲辰	甲戌	乙巳	乙亥	丙午	丁丑	丁未	戊寅	戊申
11	乙亥	丙午	甲戌	乙巳	乙亥	丙午	丙子	丁未	戊寅	戊申	己卯	己酉
12	丙子	丁未	乙亥	丙午	丙子	丁未	丁丑	戊申	己卯	己酉	庚辰	庚戌
13	丁丑	戊申	丙子	丁未	丁丑	戊申	戊寅	己酉	庚辰	庚戌	辛巳	辛亥
14	戊寅	己酉	丁丑	戊申	戊寅	己酉	己卯	庚戌	辛巳	辛亥	壬午	壬子
15	己卯	庚戌	戊寅	己酉	己卯	庚戌	庚辰	辛亥	壬午	壬子	癸未	癸丑
16	庚辰	辛亥	己卯	庚戌	庚辰	辛亥	辛巳	壬子	癸未	癸丑	甲申	甲寅
17	辛巳	壬子	庚辰	辛亥	辛巳	壬子	壬午	癸丑	甲申	甲寅	乙酉	乙卯
18	壬午	癸丑	辛巳	壬子	壬午	癸丑	癸未	甲寅	乙酉	乙卯	丙戌	丙辰
19	癸未	甲寅	壬午	癸丑	癸未	甲寅	甲申	乙卯	丙戌	丙辰	丁亥	丁巳
20	甲申	乙卯	癸未	甲寅	甲申	乙卯	乙酉	丙辰	丁亥	丁巳	戊子	戊午
21	乙酉	丙辰	甲申	乙卯	乙酉	丙辰	丙戌	丁巳	戊子	戊午	己丑	己未
22	丙戌	丁巳	乙酉	丙辰	丙戌	丁巳	丁亥	戊午	己丑	己未	庚寅	庚申
23	丁亥	戊午	丙戌	丁巳	丁亥	戊午	戊子	己未	庚寅	庚申	辛卯	辛酉
24	戊子	己未	丁亥	戊午	戊子	己未	己丑	庚申	辛卯	辛酉	壬辰	壬戌
25	己丑	庚申	戊子	己未	己丑	庚申	庚寅	辛酉	壬辰	壬戌	癸巳	癸亥
26	庚寅	辛酉	己丑	庚申	庚寅	辛酉	辛卯	壬戌	癸巳	癸亥	甲午	甲子
27	辛卯	壬戌	庚寅	辛酉	辛卯	壬戌	壬辰	癸亥	甲午	甲子	乙未	乙丑
28	壬辰	癸亥	辛卯	壬戌	壬辰	癸亥	癸巳	甲子	乙未	乙丑	丙申	丙寅
29	癸巳		壬辰	癸亥	癸巳	甲子	甲午	乙丑	丙申	丙寅	丁酉	丁卯
30	甲午		癸巳	甲子	甲午	乙丑	乙未	丙寅	丁酉	丁卯	戊戌	戊辰
31	乙未		甲午		乙未		丙申	丁卯		戊辰		己巳

2048年【戊辰】

	1月	2月	3月	4月	5月	6月	7月	8月	9月	10月	11月	12月
	癸丑	甲寅	乙卯	丙辰	丁巳	戊午	己未	庚申	辛酉	壬戌	癸亥	甲子
中節	20日 18:47	19日 8:49	20日 7:33	19日 18:16	20日 17:06	21日 0:53	22日 11:47	22日 19:03	22日 17:00	23日 2:41	22日 0:32	21日 14:02
1	庚午	辛丑	庚午	辛丑	辛未	壬寅	壬申	癸卯	甲戌	甲辰	乙亥	乙巳
2	辛未	壬寅	辛未	壬寅	壬申	癸卯	癸酉	甲辰	乙亥	乙巳	丙子	丙午
3	壬申	癸卯	壬申	癸卯	癸酉	甲辰	甲戌	乙巳	丙子	丙午	丁丑	丁未
4	癸酉	甲辰	癸酉	甲辰	甲戌	乙巳	乙亥	丙午	丁丑	丁未	戊寅	戊申
5	甲戌	乙巳	甲戌	乙巳	乙亥	丙午	丙子	丁未	戊寅	戊申	己卯	己酉
6	乙亥	丙午	乙亥	丙午	丙子	丁未	丁丑	戊申	己卯	己酉	庚辰	庚戌
7	丙子	丁未	丙子	丁未	丁丑	戊申	戊寅	己酉	庚辰	庚戌	辛巳	辛亥
8	丁丑	戊申	丁丑	戊申	戊寅	己酉	己卯	庚戌	辛巳	辛亥	壬午	壬子
9	戊寅	己酉	戊寅	己酉	己卯	庚戌	庚辰	辛亥	壬午	壬子	癸未	癸丑
10	己卯	庚戌	己卯	庚戌	庚辰	辛亥	辛巳	壬子	癸未	癸丑	甲申	甲寅
11	庚辰	辛亥	庚辰	辛亥	辛巳	壬子	壬午	癸丑	甲申	甲寅	乙酉	乙卯
12	辛巳	壬子	辛巳	壬子	壬午	癸丑	癸未	甲寅	乙酉	乙卯	丙戌	丙辰
13	壬午	癸丑	壬午	癸丑	癸未	甲寅	甲申	乙卯	丙戌	丙辰	丁亥	丁巳
14	癸未	甲寅	癸未	甲寅	甲申	乙卯	乙酉	丙辰	丁亥	丁巳	戊子	戊午
15	甲申	乙卯	甲申	乙卯	乙酉	丙辰	丙戌	丁巳	戊子	戊午	己丑	己未
16	乙酉	丙辰	乙酉	丙辰	丙戌	丁巳	丁亥	戊午	己丑	己未	庚寅	庚申
17	丙戌	丁巳	丙戌	丁巳	丁亥	戊午	戊子	己未	庚寅	庚申	辛卯	辛酉
18	丁亥	戊午	丁亥	戊午	戊子	己未	己丑	庚申	辛卯	辛酉	壬辰	壬戌
19	戊子	己未	戊子	己未	己丑	庚申	庚寅	辛酉	壬辰	壬戌	癸巳	癸亥
20	己丑	庚申	己丑	庚申	庚寅	辛酉	辛卯	壬戌	癸巳	癸亥	甲午	甲子
21	庚寅	辛酉	庚寅	辛酉	辛卯	壬戌	壬辰	癸亥	甲午	甲子	乙未	乙丑
22	辛卯	壬戌	辛卯	壬戌	壬辰	癸亥	癸巳	甲子	乙未	乙丑	丙申	丙寅
23	壬辰	癸亥	壬辰	癸亥	癸巳	甲子	甲午	乙丑	丙申	丙寅	丁酉	丁卯
24	癸巳	甲子	癸巳	甲子	甲午	乙丑	乙未	丙寅	丁酉	丁卯	戊戌	戊辰
25	甲午	乙丑	甲午	乙丑	乙未	丙寅	丙申	丁卯	戊戌	戊辰	己亥	己巳
26	乙未	丙寅	乙未	丙寅	丙申	丁卯	丁酉	戊辰	己亥	己巳	庚子	庚午
27	丙申	丁卯	丙申	丁卯	丁酉	戊辰	戊戌	己巳	庚子	庚午	辛丑	辛未
28	丁酉	戊辰	丁酉	戊辰	戊戌	己巳	己亥	庚午	辛丑	辛未	壬寅	壬申
29	戊戌	己巳	戊戌	己巳	己亥	庚午	庚子	辛未	壬寅	壬申	癸卯	癸酉
30	己亥		己亥	庚午	庚子	辛未	辛丑	壬申	癸卯	癸酉	甲辰	甲戌
31	庚子		庚子		辛丑		壬寅	癸酉		甲戌		乙亥

2049年【己巳】

	1月	2月	3月	4月	5月	6月	7月	8月	9月	10月	11月	12月
	乙丑	丙寅	丁卯	戊辰	己巳	庚午	辛未	壬申	癸酉	甲戌	乙亥	丙子
中節	20日 0:42	18日 14:42	20日 13:38	20日 0:12	20日 23:02	21日 6:47	22日 17:36	23日 0:47	22日 22:41	23日 8:24	22日 6:18	21日 19:52
1	丙子	丁未	乙亥	丙午	丙子	丁未	丁丑	戊申	己卯	己酉	庚辰	庚戌
2	丁丑	戊申	丙子	丁未	丁丑	戊申	戊寅	己酉	庚辰	庚戌	辛巳	辛亥
3	戊寅	己酉	丁丑	戊申	戊寅	己酉	己卯	庚戌	辛巳	辛亥	壬午	壬子
4	己卯	庚戌	戊寅	己酉	己卯	庚戌	庚辰	辛亥	壬午	壬子	癸未	癸丑
5	庚辰	辛亥	己卯	庚戌	庚辰	辛亥	辛巳	壬子	癸未	癸丑	甲申	甲寅
6	辛巳	壬子	庚辰	辛亥	辛巳	壬子	壬午	癸丑	甲申	甲寅	乙酉	乙卯
7	壬午	癸丑	辛巳	壬子	壬午	癸丑	癸未	甲寅	乙酉	乙卯	丙戌	丙辰
8	癸未	甲寅	壬午	癸丑	癸未	甲寅	甲申	乙卯	丙戌	丙辰	丁亥	丁巳
9	甲申	乙卯	癸未	甲寅	甲申	乙卯	乙酉	丙辰	丁亥	丁巳	戊子	戊午
10	乙酉	丙辰	甲申	乙卯	乙酉	丙辰	丙戌	丁巳	戊子	戊午	己丑	己未
11	丙戌	丁巳	乙酉	丙辰	丙戌	丁巳	丁亥	戊午	己丑	己未	庚寅	庚申
12	丁亥	戊午	丙戌	丁巳	丁亥	戊午	戊子	己未	庚寅	庚申	辛卯	辛酉
13	戊子	己未	丁亥	戊午	戊子	己未	己丑	庚申	辛卯	辛酉	壬辰	壬戌
14	己丑	庚申	戊子	己未	己丑	庚申	庚寅	辛酉	壬辰	壬戌	癸巳	癸亥
15	庚寅	辛酉	己丑	庚申	庚寅	辛酉	辛卯	壬戌	癸巳	癸亥	甲午	甲子
16	辛卯	壬戌	庚寅	辛酉	辛卯	壬戌	壬辰	癸亥	甲午	甲子	乙未	乙丑
17	壬辰	癸亥	辛卯	壬戌	壬辰	癸亥	癸巳	甲子	乙未	乙丑	丙申	丙寅
18	癸巳	甲子	壬辰	癸亥	癸巳	甲子	甲午	乙丑	丙申	丙寅	丁酉	丁卯
19	甲午	乙丑	癸巳	甲子	甲午	乙丑	乙未	丙寅	丁酉	丁卯	戊戌	戊辰
20	乙未	丙寅	甲午	乙丑	乙未	丙寅	丙申	丁卯	戊戌	戊辰	己亥	己巳
21	丙申	丁卯	乙未	丙寅	丙申	丁卯	丁酉	戊辰	己亥	己巳	庚子	庚午
22	丁酉	戊辰	丙申	丁卯	丁酉	戊辰	戊戌	己巳	庚子	庚午	辛丑	辛未
23	戊戌	己巳	丁酉	戊辰	戊戌	己巳	己亥	庚午	辛丑	辛未	壬寅	壬申
24	己亥	庚午	戊戌	己巳	己亥	庚午	庚子	辛未	壬寅	壬申	癸卯	癸酉
25	庚子	辛未	己亥	庚午	庚子	辛未	辛丑	壬申	癸卯	癸酉	甲辰	甲戌
26	辛丑	壬申	庚子	辛未	辛丑	壬申	壬寅	癸酉	甲辰	甲戌	乙巳	乙亥
27	壬寅	癸酉	辛丑	壬申	壬寅	癸酉	癸卯	甲戌	乙巳	乙亥	丙午	丙子
28	癸卯	甲戌	壬寅	癸酉	癸卯	甲戌	甲辰	乙亥	丙午	丙子	丁未	丁丑
29	甲辰		癸卯	甲戌	甲辰	乙亥	乙巳	丙子	丁未	丁丑	戊申	戊寅
30	乙巳		甲辰	乙亥	乙巳	丙子	丙午	丁丑	戊申	戊寅	己酉	己卯
31	丙午		乙巳		丙午		丁未	戊寅		己卯		庚辰

2050年【庚午】

	1月	2月	3月	4月	5月	6月	7月	8月	9月	10月	11月	12月
	丁丑	戊寅	己卯	庚辰	辛巳	壬午	癸未	甲申	乙酉	丙戌	丁亥	戊子
中節	20日 6:34	18日 20:35	20日 19:18	20日 6:01	21日 4:50	21日 12:33	22日 23:21	23日 6:32	23日 4:27	23日 14:11	22日 12:06	22日 1:39
1	辛巳	壬子	庚辰	辛亥	辛巳	壬子	壬午	癸丑	甲申	甲寅	乙酉	乙卯
2	壬午	癸丑	辛巳	壬子	壬午	癸丑	癸未	甲寅	乙酉	乙卯	丙戌	丙辰
3	癸未	甲寅	壬午	癸丑	癸未	甲寅	甲申	乙卯	丙戌	丙辰	丁亥	丁巳
4	甲申	乙卯	癸未	甲寅	甲申	乙卯	乙酉	丙辰	丁亥	丁巳	戊子	戊午
5	乙酉	丙辰	甲申	乙卯	乙酉	丙辰	丙戌	丁巳	戊子	戊午	己丑	己未
6	丙戌	丁巳	乙酉	丙辰	丙戌	丁巳	丁亥	戊午	己丑	己未	庚寅	庚申
7	丁亥	戊午	丙戌	丁巳	丁亥	戊午	戊子	己未	庚寅	庚申	辛卯	辛酉
8	戊子	己未	丁亥	戊午	戊子	己未	己丑	庚申	辛卯	辛酉	壬辰	壬戌
9	己丑	庚申	戊子	己未	己丑	庚申	庚寅	辛酉	壬辰	壬戌	癸巳	癸亥
10	庚寅	辛酉	己丑	庚申	庚寅	辛酉	辛卯	壬戌	癸巳	癸亥	甲午	甲子
11	辛卯	壬戌	庚寅	辛酉	辛卯	壬戌	壬辰	癸亥	甲午	甲子	乙未	乙丑
12	壬辰	癸亥	辛卯	壬戌	壬辰	癸亥	癸巳	甲子	乙未	乙丑	丙申	丙寅
13	癸巳	甲子	壬辰	癸亥	癸巳	甲子	甲午	乙丑	丙申	丙寅	丁酉	丁卯
14	甲午	乙丑	癸巳	甲子	甲午	乙丑	乙未	丙寅	丁酉	丁卯	戊戌	戊辰
15	乙未	丙寅	甲午	乙丑	乙未	丙寅	丙申	丁卯	戊戌	戊辰	己亥	己巳
16	丙申	丁卯	乙未	丙寅	丙申	丁卯	丁酉	戊辰	己亥	己巳	庚子	庚午
17	丁酉	戊辰	丙申	丁卯	丁酉	戊辰	戊戌	己巳	庚子	庚午	辛丑	辛未
18	戊戌	己巳	丁酉	戊辰	戊戌	己巳	己亥	庚午	辛丑	辛未	壬寅	壬申
19	己亥	庚午	戊戌	己巳	己亥	庚午	庚子	辛未	壬寅	壬申	癸卯	癸酉
20	庚子	辛未	己亥	庚午	庚子	辛未	辛丑	壬申	癸卯	癸酉	甲辰	甲戌
21	辛丑	壬申	庚子	辛未	辛丑	壬申	壬寅	癸酉	甲辰	甲戌	乙巳	乙亥
22	壬寅	癸酉	辛丑	壬申	壬寅	癸酉	癸卯	甲戌	乙巳	乙亥	丙午	丙子
23	癸卯	甲戌	壬寅	癸酉	癸卯	甲戌	甲辰	乙亥	丙午	丙子	丁未	丁丑
24	甲辰	乙亥	癸卯	甲戌	甲辰	乙亥	乙巳	丙子	丁未	丁丑	戊申	戊寅
25	乙巳	丙子	甲辰	乙亥	乙巳	丙子	丙午	丁丑	戊申	戊寅	己酉	己卯
26	丙午	丁丑	乙巳	丙子	丙午	丁丑	丁未	戊寅	己酉	己卯	庚戌	庚辰
27	丁未	戊寅	丙午	丁丑	丁未	戊寅	戊申	己卯	庚戌	庚辰	辛亥	辛巳
28	戊申	己卯	丁未	戊寅	戊申	己卯	己酉	庚辰	辛亥	辛巳	壬子	壬午
29	己酉		戊申	己卯	己酉	庚辰	庚戌	辛巳	壬子	壬午	癸丑	癸未
30	庚戌		己酉	庚辰	庚戌	辛巳	辛亥	壬午	癸丑	癸未	甲寅	甲申
31	辛亥		庚戌		辛亥		壬子	癸未		甲申		乙酉

2051年【辛未】

	1月	2月	3月	4月	5月	6月	7月	8月	9月	10月	11月	12月
	己丑	庚寅	辛卯	壬辰	癸巳	甲午	乙未	丙申	丁酉	戊戌	己亥	庚子
中節	20日 12:19	19日 2:17	21日 0:58	20日 11:39	21日 10:30	21日 18:18	23日 5:12	23日 12:28	23日 10:26	23日 20:09	22日 18:02	22日 7:34
1	丙戌	丁巳	乙酉	丙辰	丙戌	丁巳	丁亥	戊午	己丑	己未	庚寅	庚申
2	丁亥	戊午	丙戌	丁巳	丁亥	戊午	戊子	己未	庚寅	庚申	辛卯	辛酉
3	戊子	己未	丁亥	戊午	戊子	己未	己丑	庚申	辛卯	辛酉	壬辰	壬戌
4	己丑	庚申	戊子	己未	己丑	庚申	庚寅	辛酉	壬辰	壬戌	癸巳	癸亥
5	庚寅	辛酉	己丑	庚申	庚寅	辛酉	辛卯	壬戌	癸巳	癸亥	甲午	甲子
6	辛卯	壬戌	庚寅	辛酉	辛卯	壬戌	壬辰	癸亥	甲午	甲子	乙未	乙丑
7	壬辰	癸亥	辛卯	壬戌	壬辰	癸亥	癸巳	甲子	乙未	乙丑	丙申	丙寅
8	癸巳	甲子	壬辰	癸亥	癸巳	甲子	甲午	乙丑	丙申	丙寅	丁酉	丁卯
9	甲午	乙丑	癸巳	甲子	甲午	乙丑	乙未	丙寅	丁酉	丁卯	戊戌	戊辰
10	乙未	丙寅	甲午	乙丑	乙未	丙寅	丙申	丁卯	戊戌	戊辰	己亥	己巳
11	丙申	丁卯	乙未	丙寅	丙申	丁卯	丁酉	戊辰	己亥	己巳	庚子	庚午
12	丁酉	戊辰	丙申	丁卯	丁酉	戊辰	戊戌	己巳	庚子	庚午	辛丑	辛未
13	戊戌	己巳	丁酉	戊辰	戊戌	己巳	己亥	庚午	辛丑	辛未	壬寅	壬申
14	己亥	庚午	戊戌	己巳	己亥	庚午	庚子	辛未	壬寅	壬申	癸卯	癸酉
15	庚子	辛未	己亥	庚午	庚子	辛未	辛丑	壬申	癸卯	癸酉	甲辰	甲戌
16	辛丑	壬申	庚子	辛未	辛丑	壬申	壬寅	癸酉	甲辰	甲戌	乙巳	乙亥
17	壬寅	癸酉	辛丑	壬申	壬寅	癸酉	癸卯	甲戌	乙巳	乙亥	丙午	丙子
18	癸卯	甲戌	壬寅	癸酉	癸卯	甲戌	甲辰	乙亥	丙午	丙子	丁未	丁丑
19	甲辰	乙亥	癸卯	甲戌	甲辰	乙亥	乙巳	丙子	丁未	丁丑	戊申	戊寅
20	乙巳	丙子	甲辰	乙亥	乙巳	丙子	丙午	丁丑	戊申	戊寅	己酉	己卯
21	丙午	丁丑	乙巳	丙子	丙午	丁丑	丁未	戊寅	己酉	己卯	庚戌	庚辰
22	丁未	戊寅	丙午	丁丑	丁未	戊寅	戊申	己卯	庚戌	庚辰	辛亥	辛巳
23	戊申	己卯	丁未	戊寅	戊申	己卯	己酉	庚辰	辛亥	辛巳	壬子	壬午
24	己酉	庚辰	戊申	己卯	己酉	庚辰	庚戌	辛巳	壬子	壬午	癸丑	癸未
25	庚戌	辛巳	己酉	庚辰	庚戌	辛巳	辛亥	壬午	癸丑	癸未	甲寅	甲申
26	辛亥	壬午	庚戌	辛巳	辛亥	壬午	壬子	癸未	甲寅	甲申	乙卯	乙酉
27	壬子	癸未	辛亥	壬午	壬子	癸未	癸丑	甲申	乙卯	乙酉	丙辰	丙戌
28	癸丑	甲申	壬子	癸未	癸丑	甲申	甲寅	乙酉	丙辰	丙戌	丁巳	丁亥
29	甲寅		癸丑	甲申	甲寅	乙酉	乙卯	丙戌	丁巳	丁亥	戊午	戊子
30	乙卯		甲寅	乙酉	乙卯	丙戌	丙辰	丁亥	戊午	戊子	己未	己丑
31	丙辰		乙卯		丙辰		丁巳	戊子		己丑		庚寅

2052年【壬申】

	1月	2月	3月	4月	5月	6月	7月	8月	9月	10月	11月	12月
	辛丑	壬寅	癸卯	甲辰	乙巳	丙午	丁未	戊申	己酉	庚戌	辛亥	壬子
中節	20日 18:14	19日 8:13	20日 6:55	19日 17:37	20日 16:28	21日 0:15	22日 11:08	22日 18:21	22日 16:15	23日 1:55	21日 23:46	21日 13:17
1	辛卯	壬戌	辛卯	壬戌	壬辰	癸亥	癸巳	甲子	乙未	乙丑	丙申	丙寅
2	壬辰	癸亥	壬辰	癸亥	癸巳	甲子	甲午	乙丑	丙申	丙寅	丁酉	丁卯
3	癸巳	甲子	癸巳	甲子	甲午	乙丑	乙未	丙寅	丁酉	丁卯	戊戌	戊辰
4	甲午	乙丑	甲午	乙丑	乙未	丙寅	丙申	丁卯	戊戌	戊辰	己亥	己巳
5	乙未	丙寅	乙未	丙寅	丙申	丁卯	丁酉	戊辰	己亥	己巳	庚子	庚午
6	丙申	丁卯	丙申	丁卯	丁酉	戊辰	戊戌	己巳	庚子	庚午	辛丑	辛未
7	丁酉	戊辰	丁酉	戊辰	戊戌	己巳	己亥	庚午	辛丑	辛未	壬寅	壬申
8	戊戌	己巳	戊戌	己巳	己亥	庚午	庚子	辛未	壬寅	壬申	癸卯	癸酉
9	己亥	庚午	己亥	庚午	庚子	辛未	辛丑	壬申	癸卯	癸酉	甲辰	甲戌
10	庚子	辛未	庚子	辛未	辛丑	壬申	壬寅	癸酉	甲辰	甲戌	乙巳	乙亥
11	辛丑	壬申	辛丑	壬申	壬寅	癸酉	癸卯	甲戌	乙巳	乙亥	丙午	丙子
12	壬寅	癸酉	壬寅	癸酉	癸卯	甲戌	甲辰	乙亥	丙午	丙子	丁未	丁丑
13	癸卯	甲戌	癸卯	甲戌	甲辰	乙亥	乙巳	丙子	丁未	丁丑	戊申	戊寅
14	甲辰	乙亥	甲辰	乙亥	乙巳	丙子	丙午	丁丑	戊申	戊寅	己酉	己卯
15	乙巳	丙子	乙巳	丙子	丙午	丁丑	丁未	戊寅	己酉	己卯	庚戌	庚辰
16	丙午	丁丑	丙午	丁丑	丁未	戊寅	戊申	己卯	庚戌	庚辰	辛亥	辛巳
17	丁未	戊寅	丁未	戊寅	戊申	己卯	己酉	庚辰	辛亥	辛巳	壬子	壬午
18	戊申	己卯	戊申	己卯	己酉	庚辰	庚戌	辛巳	壬子	壬午	癸丑	癸未
19	己酉	庚辰	己酉	庚辰	庚戌	辛巳	辛亥	壬午	癸丑	癸未	甲寅	甲申
20	庚戌	辛巳	庚戌	辛巳	辛亥	壬午	壬子	癸未	甲寅	甲申	乙卯	乙酉
21	辛亥	壬午	辛亥	壬午	壬子	癸未	癸丑	甲申	乙卯	乙酉	丙辰	丙戌
22	壬子	癸未	壬子	癸未	癸丑	甲申	甲寅	乙酉	丙辰	丙戌	丁巳	丁亥
23	癸丑	甲申	癸丑	甲申	甲寅	乙酉	乙卯	丙戌	丁巳	丁亥	戊午	戊子
24	甲寅	乙酉	甲寅	乙酉	乙卯	丙戌	丙辰	丁亥	戊午	戊子	己未	己丑
25	乙卯	丙戌	乙卯	丙戌	丙辰	丁亥	丁巳	戊子	己未	己丑	庚申	庚寅
26	丙辰	丁亥	丙辰	丁亥	丁巳	戊子	戊午	己丑	庚申	庚寅	辛酉	辛卯
27	丁巳	戊子	丁巳	戊子	戊午	己丑	己未	庚寅	辛酉	辛卯	壬戌	壬辰
28	戊午	己丑	戊午	己丑	己未	庚寅	庚申	辛卯	壬戌	壬辰	癸亥	癸巳
29	己未	庚寅	己未	庚寅	庚申	辛卯	辛酉	壬辰	癸亥	癸巳	甲子	甲午
30	庚申		庚申	辛卯	辛酉	壬辰	壬戌	癸巳	甲子	甲午	乙丑	乙未
31	辛酉		辛酉		壬戌		癸亥	甲午		乙未		丙申

2053年【癸酉】

	1月	2月	3月	4月	5月	6月	7月	8月	9月	10月	11月	12月
	癸丑	甲寅	乙卯	丙辰	丁巳	戊午	己未	庚申	辛酉	壬戌	癸亥	甲子
中節	19日 23:59	18日 14:01	20日 12:47	19日 23:29	20日 22:19	21日 6:03	22日 16:55	23日 0:10	22日 22:06	23日 7:47	22日 5:38	21日 19:09
1	丁酉	戊辰	丙申	丁卯	丁酉	戊辰	戊戌	己巳	庚子	庚午	辛丑	辛未
2	戊戌	己巳	丁酉	戊辰	戊戌	己巳	己亥	庚午	辛丑	辛未	壬寅	壬申
3	己亥	庚午	戊戌	己巳	己亥	庚午	庚子	辛未	壬寅	壬申	癸卯	癸酉
4	庚子	辛未	己亥	庚午	庚子	辛未	辛丑	壬申	癸卯	癸酉	甲辰	甲戌
5	辛丑	壬申	庚子	辛未	辛丑	壬申	壬寅	癸酉	甲辰	甲戌	乙巳	乙亥
6	壬寅	癸酉	辛丑	壬申	壬寅	癸酉	癸卯	甲戌	乙巳	乙亥	丙午	丙子
7	癸卯	甲戌	壬寅	癸酉	癸卯	甲戌	甲辰	乙亥	丙午	丙子	丁未	丁丑
8	甲辰	乙亥	癸卯	甲戌	甲辰	乙亥	乙巳	丙子	丁未	丁丑	戊申	戊寅
9	乙巳	丙子	甲辰	乙亥	乙巳	丙子	丙午	丁丑	戊申	戊寅	己酉	己卯
10	丙午	丁丑	乙巳	丙子	丙午	丁丑	丁未	戊寅	己酉	己卯	庚戌	庚辰
11	丁未	戊寅	丙午	丁丑	丁未	戊寅	戊申	己卯	庚戌	庚辰	辛亥	辛巳
12	戊申	己卯	丁未	戊寅	戊申	己卯	己酉	庚辰	辛亥	辛巳	壬子	壬午
13	己酉	庚辰	戊申	己卯	己酉	庚辰	庚戌	辛巳	壬子	壬午	癸丑	癸未
14	庚戌	辛巳	己酉	庚辰	庚戌	辛巳	辛亥	壬午	癸丑	癸未	甲寅	甲申
15	辛亥	壬午	庚戌	辛巳	辛亥	壬午	壬子	癸未	甲寅	甲申	乙卯	乙酉
16	壬子	癸未	辛亥	壬午	壬子	癸未	癸丑	甲申	乙卯	乙酉	丙辰	丙戌
17	癸丑	甲申	壬子	癸未	癸丑	甲申	甲寅	乙酉	丙辰	丙戌	丁巳	丁亥
18	甲寅	乙酉	癸丑	甲申	甲寅	乙酉	乙卯	丙戌	丁巳	丁亥	戊午	戊子
19	乙卯	丙戌	甲寅	乙酉	乙卯	丙戌	丙辰	丁亥	戊午	戊子	己未	己丑
20	丙辰	丁亥	乙卯	丙戌	丙辰	丁亥	丁巳	戊子	己未	己丑	庚申	庚寅
21	丁巳	戊子	丙辰	丁亥	丁巳	戊子	戊午	己丑	庚申	庚寅	辛酉	辛卯
22	戊午	己丑	丁巳	戊子	戊午	己丑	己未	庚寅	辛酉	辛卯	壬戌	壬辰
23	己未	庚寅	戊午	己丑	己未	庚寅	庚申	辛卯	壬戌	壬辰	癸亥	癸巳
24	庚申	辛卯	己未	庚寅	庚申	辛卯	辛酉	壬辰	癸亥	癸巳	甲子	甲午
25	辛酉	壬辰	庚申	辛卯	辛酉	壬辰	壬戌	癸巳	甲子	甲午	乙丑	乙未
26	壬戌	癸巳	辛酉	壬辰	壬戌	癸巳	癸亥	甲午	乙丑	乙未	丙寅	丙申
27	癸亥	甲午	壬戌	癸巳	癸亥	甲午	甲子	乙未	丙寅	丙申	丁卯	丁酉
28	甲子	乙未	癸亥	甲午	甲子	乙未	乙丑	丙申	丁卯	丁酉	戊辰	戊戌
29	乙丑		甲子	乙未	乙丑	丙申	丙寅	丁酉	戊辰	戊戌	己巳	己亥
30	丙寅		乙丑	丙申	丙寅	丁酉	丁卯	戊戌	己巳	己亥	庚午	庚子
31	丁卯		丙寅		丁卯		戊辰	己亥		庚子		辛丑

2054年【甲戌】

	1月	2月	3月	4月	5月	6月	7月	8月	9月	10月	11月	12月
	乙丑	丙寅	丁卯	戊辰	己巳	庚午	辛未	壬申	癸酉	甲戌	乙亥	丙子
中節	20日 5:50	18日 19:51	20日 18:34	20日 5:14	21日 4:02	21日 11:46	22日 22:40	23日 5:58	23日 3:59	23日 13:44	22日 11:38	22日 1:09
1	壬寅	癸酉	辛丑	壬申	壬寅	癸酉	癸卯	甲戌	乙巳	乙亥	丙午	丙子
2	癸卯	甲戌	壬寅	癸酉	癸卯	甲戌	甲辰	乙亥	丙午	丙子	丁未	丁丑
3	甲辰	乙亥	癸卯	甲戌	甲辰	乙亥	乙巳	丙子	丁未	丁丑	戊申	戊寅
4	乙巳	丙子	甲辰	乙亥	乙巳	丙子	丙午	丁丑	戊申	戊寅	己酉	己卯
5	丙午	丁丑	乙巳	丙子	丙午	丁丑	丁未	戊寅	己酉	己卯	庚戌	庚辰
6	丁未	戊寅	丙午	丁丑	丁未	戊寅	戊申	己卯	庚戌	庚辰	辛亥	辛巳
7	戊申	己卯	丁未	戊寅	戊申	己卯	己酉	庚辰	辛亥	辛巳	壬子	壬午
8	己酉	庚辰	戊申	己卯	己酉	庚辰	庚戌	辛巳	壬子	壬午	癸丑	癸未
9	庚戌	辛巳	己酉	庚辰	庚戌	辛巳	辛亥	壬午	癸丑	癸未	甲寅	甲申
10	辛亥	壬午	庚戌	辛巳	辛亥	壬午	壬子	癸未	甲寅	甲申	乙卯	乙酉
11	壬子	癸未	辛亥	壬午	壬子	癸未	癸丑	甲申	乙卯	乙酉	丙辰	丙戌
12	癸丑	甲申	壬子	癸未	癸丑	甲申	甲寅	乙酉	丙辰	丙戌	丁巳	丁亥
13	甲寅	乙酉	癸丑	甲申	甲寅	乙酉	乙卯	丙戌	丁巳	丁亥	戊午	戊子
14	乙卯	丙戌	甲寅	乙酉	乙卯	丙戌	丙辰	丁亥	戊午	戊子	己未	己丑
15	丙辰	丁亥	乙卯	丙戌	丙辰	丁亥	丁巳	戊子	己未	己丑	庚申	庚寅
16	丁巳	戊子	丙辰	丁亥	丁巳	戊子	戊午	己丑	庚申	庚寅	辛酉	辛卯
17	戊午	己丑	丁巳	戊子	戊午	己丑	己未	庚寅	辛酉	辛卯	壬戌	壬辰
18	己未	庚寅	戊午	己丑	己未	庚寅	庚申	辛卯	壬戌	壬辰	癸亥	癸巳
19	庚申	辛卯	己未	庚寅	庚申	辛卯	辛酉	壬辰	癸亥	癸巳	甲子	甲午
20	辛酉	壬辰	庚申	辛卯	辛酉	壬辰	壬戌	癸巳	甲子	甲午	乙丑	乙未
21	壬戌	癸巳	辛酉	壬辰	壬戌	癸巳	癸亥	甲午	乙丑	乙未	丙寅	丙申
22	癸亥	甲午	壬戌	癸巳	癸亥	甲午	甲子	乙未	丙寅	丙申	丁卯	丁酉
23	甲子	乙未	癸亥	甲午	甲子	乙未	乙丑	丙申	丁卯	丁酉	戊辰	戊戌
24	乙丑	丙申	甲子	乙未	乙丑	丙申	丙寅	丁酉	戊辰	戊戌	己巳	己亥
25	丙寅	丁酉	乙丑	丙申	丙寅	丁酉	丁卯	戊戌	己巳	己亥	庚午	庚子
26	丁卯	戊戌	丙寅	丁酉	丁卯	戊戌	戊辰	己亥	庚午	庚子	辛未	辛丑
27	戊辰	己亥	丁卯	戊戌	戊辰	己亥	己巳	庚子	辛未	辛丑	壬申	壬寅
28	己巳	庚子	戊辰	己亥	己巳	庚子	庚午	辛丑	壬申	壬寅	癸酉	癸卯
29	庚午		己巳	庚子	庚午	辛丑	辛未	壬寅	癸酉	癸卯	甲戌	甲辰
30	辛未		庚午	辛丑	辛未	壬寅	壬申	癸卯	甲戌	甲辰	乙亥	乙巳
31	壬申		辛未		壬申		癸酉	甲辰		乙巳		丙午

2055年【乙亥】

	1月	2月	3月	4月	5月	6月	7月	8月	9月	10月	11月	12月
	丁丑	戊寅	己卯	庚辰	辛巳	壬午	癸未	甲申	乙酉	丙戌	丁亥	戊子
中節	20日 11:49	19日 1:47	21日 0:29	20日 11:08	21日 9:55	21日 17:38	23日 4:32	23日 11:49	23日 9:49	23日 19:32	22日 17:25	22日 6:55
1	丁未	戊寅	丙午	丁丑	丁未	戊寅	戊申	己卯	庚戌	庚辰	辛亥	辛巳
2	戊申	己卯	丁未	戊寅	戊申	己卯	己酉	庚辰	辛亥	辛巳	壬子	壬午
3	己酉	庚辰	戊申	己卯	己酉	庚辰	庚戌	辛巳	壬子	壬午	癸丑	癸未
4	庚戌	辛巳	己酉	庚辰	庚戌	辛巳	辛亥	壬午	癸丑	癸未	甲寅	甲申
5	辛亥	壬午	庚戌	辛巳	辛亥	壬午	壬子	癸未	甲寅	甲申	乙卯	乙酉
6	壬子	癸未	辛亥	壬午	壬子	癸未	癸丑	甲申	乙卯	乙酉	丙辰	丙戌
7	癸丑	甲申	壬子	癸未	癸丑	甲申	甲寅	乙酉	丙辰	丙戌	丁巳	丁亥
8	甲寅	乙酉	癸丑	甲申	甲寅	乙酉	乙卯	丙戌	丁巳	丁亥	戊午	戊子
9	乙卯	丙戌	甲寅	乙酉	乙卯	丙戌	丙辰	丁亥	戊午	戊子	己未	己丑
10	丙辰	丁亥	乙卯	丙戌	丙辰	丁亥	丁巳	戊子	己未	己丑	庚申	庚寅
11	丁巳	戊子	丙辰	丁亥	丁巳	戊子	戊午	己丑	庚申	庚寅	辛酉	辛卯
12	戊午	己丑	丁巳	戊子	戊午	己丑	己未	庚寅	辛酉	辛卯	壬戌	壬辰
13	己未	庚寅	戊午	己丑	己未	庚寅	庚申	辛卯	壬戌	壬辰	癸亥	癸巳
14	庚申	辛卯	己未	庚寅	庚申	辛卯	辛酉	壬辰	癸亥	癸巳	甲子	甲午
15	辛酉	壬辰	庚申	辛卯	辛酉	壬辰	壬戌	癸巳	甲子	甲午	乙丑	乙未
16	壬戌	癸巳	辛酉	壬辰	壬戌	癸巳	癸亥	甲午	乙丑	乙未	丙寅	丙申
17	癸亥	甲午	壬戌	癸巳	癸亥	甲午	甲子	乙未	丙寅	丙申	丁卯	丁酉
18	甲子	乙未	癸亥	甲午	甲子	乙未	乙丑	丙申	丁卯	丁酉	戊辰	戊戌
19	乙丑	丙申	甲子	乙未	乙丑	丙申	丙寅	丁酉	戊辰	戊戌	己巳	己亥
20	丙寅	丁酉	乙丑	丙申	丙寅	丁酉	丁卯	戊戌	己巳	己亥	庚午	庚子
21	丁卯	戊戌	丙寅	丁酉	丁卯	戊戌	戊辰	己亥	庚午	庚子	辛未	辛丑
22	戊辰	己亥	丁卯	戊戌	戊辰	己亥	己巳	庚子	辛未	辛丑	壬申	壬寅
23	己巳	庚子	戊辰	己亥	己巳	庚子	庚午	辛丑	壬申	壬寅	癸酉	癸卯
24	庚午	辛丑	己巳	庚子	庚午	辛丑	辛未	壬寅	癸酉	癸卯	甲戌	甲辰
25	辛未	壬寅	庚午	辛丑	辛未	壬寅	壬申	癸卯	甲戌	甲辰	乙亥	乙巳
26	壬申	癸卯	辛未	壬寅	壬申	癸卯	癸酉	甲辰	乙亥	乙巳	丙子	丙午
27	癸酉	甲辰	壬申	癸卯	癸酉	甲辰	甲戌	乙巳	丙子	丙午	丁丑	丁未
28	甲戌	乙巳	癸酉	甲辰	甲戌	乙巳	乙亥	丙午	丁丑	丁未	戊寅	戊申
29	乙亥		甲戌	乙巳	乙亥	丙午	丙子	丁未	戊寅	戊申	己卯	己酉
30	丙子		乙亥	丙午	丙子	丁未	丁丑	戊申	己卯	己酉	庚辰	庚戌
31	丁丑		丙子		丁丑		戊寅	己酉		庚戌		辛亥

2056年【丙子】

	1月	2月	3月	4月	5月	6月	7月	8月	9月	10月	11月	12月
	己丑	庚寅	辛卯	壬辰	癸巳	甲午	乙未	丙申	丁酉	戊戌	己亥	庚子
中節	20日 17:33	19日 7:30	20日 6:11	19日 16:51	20日 15:40	20日 23:27	22日 10:22	22日 17:39	22日 15:39	23日 1:24	21日 23:19	21日 12:51
1	壬子	癸未	壬子	癸未	癸丑	甲申	甲寅	乙酉	丙辰	丙戌	丁巳	丁亥
2	癸丑	甲申	癸丑	甲申	甲寅	乙酉	乙卯	丙戌	丁巳	丁亥	戊午	戊子
3	甲寅	乙酉	甲寅	乙酉	乙卯	丙戌	丙辰	丁亥	戊午	戊子	己未	己丑
4	乙卯	丙戌	乙卯	丙戌	丙辰	丁亥	丁巳	戊子	己未	己丑	庚申	庚寅
5	丙辰	丁亥	丙辰	丁亥	丁巳	戊子	戊午	己丑	庚申	庚寅	辛酉	辛卯
6	丁巳	戊子	丁巳	戊子	戊午	己丑	己未	庚寅	辛酉	辛卯	壬戌	壬辰
7	戊午	己丑	戊午	己丑	己未	庚寅	庚申	辛卯	壬戌	壬辰	癸亥	癸巳
8	己未	庚寅	己未	庚寅	庚申	辛卯	辛酉	壬辰	癸亥	癸巳	甲子	甲午
9	庚申	辛卯	庚申	辛卯	辛酉	壬辰	壬戌	癸巳	甲子	甲午	乙丑	乙未
10	辛酉	壬辰	辛酉	壬辰	壬戌	癸巳	癸亥	甲午	乙丑	乙未	丙寅	丙申
11	壬戌	癸巳	壬戌	癸巳	癸亥	甲午	甲子	乙未	丙寅	丙申	丁卯	丁酉
12	癸亥	甲午	癸亥	甲午	甲子	乙未	乙丑	丙申	丁卯	丁酉	戊辰	戊戌
13	甲子	乙未	甲子	乙未	乙丑	丙申	丙寅	丁酉	戊辰	戊戌	己巳	己亥
14	乙丑	丙申	乙丑	丙申	丙寅	丁酉	丁卯	戊戌	己巳	己亥	庚午	庚子
15	丙寅	丁酉	丙寅	丁酉	丁卯	戊戌	戊辰	己亥	庚午	庚子	辛未	辛丑
16	丁卯	戊戌	丁卯	戊戌	戊辰	己亥	己巳	庚子	辛未	辛丑	壬申	壬寅
17	戊辰	己亥	戊辰	己亥	己巳	庚子	庚午	辛丑	壬申	壬寅	癸酉	癸卯
18	己巳	庚子	己巳	庚子	庚午	辛丑	辛未	壬寅	癸酉	癸卯	甲戌	甲辰
19	庚午	辛丑	庚午	辛丑	辛未	壬寅	壬申	癸卯	甲戌	甲辰	乙亥	乙巳
20	辛未	壬寅	辛未	壬寅	壬申	癸卯	癸酉	甲辰	乙亥	乙巳	丙子	丙午
21	壬申	癸卯	壬申	癸卯	癸酉	甲辰	甲戌	乙巳	丙子	丙午	丁丑	丁未
22	癸酉	甲辰	癸酉	甲辰	甲戌	乙巳	乙亥	丙午	丁丑	丁未	戊寅	戊申
23	甲戌	乙巳	甲戌	乙巳	乙亥	丙午	丙子	丁未	戊寅	戊申	己卯	己酉
24	乙亥	丙午	乙亥	丙午	丙子	丁未	丁丑	戊申	己卯	己酉	庚辰	庚戌
25	丙子	丁未	丙子	丁未	丁丑	戊申	戊寅	己酉	庚辰	庚戌	辛巳	辛亥
26	丁丑	戊申	丁丑	戊申	戊寅	己酉	己卯	庚戌	辛巳	辛亥	壬午	壬子
27	戊寅	己酉	戊寅	己酉	己卯	庚戌	庚辰	辛亥	壬午	壬子	癸未	癸丑
28	己卯	庚戌	己卯	庚戌	庚辰	辛亥	辛巳	壬子	癸未	癸丑	甲申	甲寅
29	庚辰	辛亥	庚辰	辛亥	辛巳	壬子	壬午	癸丑	甲申	甲寅	乙酉	乙卯
30	辛巳		辛巳	壬子	壬午	癸丑	癸未	甲寅	乙酉	乙卯	丙戌	丙辰
31	壬午		壬午		癸未		甲申	乙卯		丙辰		丁巳

2057年【丁丑】

	1月	2月	3月	4月	5月	6月	7月	8月	9月	10月	11月	12月
	辛丑	壬寅	癸卯	甲辰	乙巳	丙午	丁未	戊申	己酉	庚戌	辛亥	壬子
中節	19日 23:31	18日 13:28	20日 12:08	19日 22:46	20日 21:34	21日 5:18	22日 16:11	22日 23:25	22日 21:23	23日 7:08	22日 5:06	21日 18:43
1	戊午	己丑	丁巳	戊子	戊午	己丑	己未	庚寅	辛酉	辛卯	壬戌	壬辰
2	己未	庚寅	戊午	己丑	己未	庚寅	庚申	辛卯	壬戌	壬辰	癸亥	癸巳
3	庚申	辛卯	己未	庚寅	庚申	辛卯	辛酉	壬辰	癸亥	癸巳	甲子	甲午
4	辛酉	壬辰	庚申	辛卯	辛酉	壬辰	壬戌	癸巳	甲子	甲午	乙丑	乙未
5	壬戌	癸巳	辛酉	壬辰	壬戌	癸巳	癸亥	甲午	乙丑	乙未	丙寅	丙申
6	癸亥	甲午	壬戌	癸巳	癸亥	甲午	甲子	乙未	丙寅	丙申	丁卯	丁酉
7	甲子	乙未	癸亥	甲午	甲子	乙未	乙丑	丙申	丁卯	丁酉	戊辰	戊戌
8	乙丑	丙申	甲子	乙未	乙丑	丙申	丙寅	丁酉	戊辰	戊戌	己巳	己亥
9	丙寅	丁酉	乙丑	丙申	丙寅	丁酉	丁卯	戊戌	己巳	己亥	庚午	庚子
10	丁卯	戊戌	丙寅	丁酉	丁卯	戊戌	戊辰	己亥	庚午	庚子	辛未	辛丑
11	戊辰	己亥	丁卯	戊戌	戊辰	己亥	己巳	庚子	辛未	辛丑	壬申	壬寅
12	己巳	庚子	戊辰	己亥	己巳	庚子	庚午	辛丑	壬申	壬寅	癸酉	癸卯
13	庚午	辛丑	己巳	庚子	庚午	辛丑	辛未	壬寅	癸酉	癸卯	甲戌	甲辰
14	辛未	壬寅	庚午	辛丑	辛未	壬寅	壬申	癸卯	甲戌	甲辰	乙亥	乙巳
15	壬申	癸卯	辛未	壬寅	壬申	癸卯	癸酉	甲辰	乙亥	乙巳	丙子	丙午
16	癸酉	甲辰	壬申	癸卯	癸酉	甲辰	甲戌	乙巳	丙子	丙午	丁丑	丁未
17	甲戌	乙巳	癸酉	甲辰	甲戌	乙巳	乙亥	丙午	丁丑	丁未	戊寅	戊申
18	乙亥	丙午	甲戌	乙巳	乙亥	丙午	丙子	丁未	戊寅	戊申	己卯	己酉
19	丙子	丁未	乙亥	丙午	丙子	丁未	丁丑	戊申	己卯	己酉	庚辰	庚戌
20	丁丑	戊申	丙子	丁未	丁丑	戊申	戊寅	己酉	庚辰	庚戌	辛巳	辛亥
21	戊寅	己酉	丁丑	戊申	戊寅	己酉	己卯	庚戌	辛巳	辛亥	壬午	壬子
22	己卯	庚戌	戊寅	己酉	己卯	庚戌	庚辰	辛亥	壬午	壬子	癸未	癸丑
23	庚辰	辛亥	己卯	庚戌	庚辰	辛亥	辛巳	壬子	癸未	癸丑	甲申	甲寅
24	辛巳	壬子	庚辰	辛亥	辛巳	壬子	壬午	癸丑	甲申	甲寅	乙酉	乙卯
25	壬午	癸丑	辛巳	壬子	壬午	癸丑	癸未	甲寅	乙酉	乙卯	丙戌	丙辰
26	癸未	甲寅	壬午	癸丑	癸未	甲寅	甲申	乙卯	丙戌	丙辰	丁亥	丁巳
27	甲申	乙卯	癸未	甲寅	甲申	乙卯	乙酉	丙辰	丁亥	丁巳	戊子	戊午
28	乙酉	丙辰	甲申	乙卯	乙酉	丙辰	丙戌	丁巳	戊子	戊午	己丑	己未
29	丙戌		乙酉	丙辰	丙戌	丁巳	丁亥	戊午	己丑	己未	庚寅	庚申
30	丁亥		丙戌	丁巳	丁亥	戊午	戊子	己未	庚寅	庚申	辛卯	辛酉
31	戊子		丁亥		戊子		己丑	庚申		辛酉		壬戌

2058年【戊寅】

	1月	2月	3月	4月	5月	6月	7月	8月	9月	10月	11月	12月
	癸丑	甲寅	乙卯	丙辰	丁巳	戊午	己未	庚申	辛酉	壬戌	癸亥	甲子
中節	20日 5:27	18日 19:26	20日 18:04	20日 4:39	21日 3:23	21日 11:04	22日 21:54	23日 5:09	23日 3:07	23日 12:53	22日 10:50	22日 0:25
1	癸亥	甲午	壬戌	癸巳	癸亥	甲午	甲子	乙未	丙寅	丙申	丁卯	丁酉
2	甲子	乙未	癸亥	甲午	甲子	乙未	乙丑	丙申	丁卯	丁酉	戊辰	戊戌
3	乙丑	丙申	甲子	乙未	乙丑	丙申	丙寅	丁酉	戊辰	戊戌	己巳	己亥
4	丙寅	丁酉	乙丑	丙申	丙寅	丁酉	丁卯	戊戌	己巳	己亥	庚午	庚子
5	丁卯	戊戌	丙寅	丁酉	丁卯	戊戌	戊辰	己亥	庚午	庚子	辛未	辛丑
6	戊辰	己亥	丁卯	戊戌	戊辰	己亥	己巳	庚子	辛未	辛丑	壬申	壬寅
7	己巳	庚子	戊辰	己亥	己巳	庚子	庚午	辛丑	壬申	壬寅	癸酉	癸卯
8	庚午	辛丑	己巳	庚子	庚午	辛丑	辛未	壬寅	癸酉	癸卯	甲戌	甲辰
9	辛未	壬寅	庚午	辛丑	辛未	壬寅	壬申	癸卯	甲戌	甲辰	乙亥	乙巳
10	壬申	癸卯	辛未	壬寅	壬申	癸卯	癸酉	甲辰	乙亥	乙巳	丙子	丙午
11	癸酉	甲辰	壬申	癸卯	癸酉	甲辰	甲戌	乙巳	丙子	丙午	丁丑	丁未
12	甲戌	乙巳	癸酉	甲辰	甲戌	乙巳	乙亥	丙午	丁丑	丁未	戊寅	戊申
13	乙亥	丙午	甲戌	乙巳	乙亥	丙午	丙子	丁未	戊寅	戊申	己卯	己酉
14	丙子	丁未	乙亥	丙午	丙子	丁未	丁丑	戊申	己卯	己酉	庚辰	庚戌
15	丁丑	戊申	丙子	丁未	丁丑	戊申	戊寅	己酉	庚辰	庚戌	辛巳	辛亥
16	戊寅	己酉	丁丑	戊申	戊寅	己酉	己卯	庚戌	辛巳	辛亥	壬午	壬子
17	己卯	庚戌	戊寅	己酉	己卯	庚戌	庚辰	辛亥	壬午	壬子	癸未	癸丑
18	庚辰	辛亥	己卯	庚戌	庚辰	辛亥	辛巳	壬子	癸未	癸丑	甲申	甲寅
19	辛巳	壬子	庚辰	辛亥	辛巳	壬子	壬午	癸丑	甲申	甲寅	乙酉	乙卯
20	壬午	癸丑	辛巳	壬子	壬午	癸丑	癸未	甲寅	乙酉	乙卯	丙戌	丙辰
21	癸未	甲寅	壬午	癸丑	癸未	甲寅	甲申	乙卯	丙戌	丙辰	丁亥	丁巳
22	甲申	乙卯	癸未	甲寅	甲申	乙卯	乙酉	丙辰	丁亥	丁巳	戊子	戊午
23	乙酉	丙辰	甲申	乙卯	乙酉	丙辰	丙戌	丁巳	戊子	戊午	己丑	己未
24	丙戌	丁巳	乙酉	丙辰	丙戌	丁巳	丁亥	戊午	己丑	己未	庚寅	庚申
25	丁亥	戊午	丙戌	丁巳	丁亥	戊午	戊子	己未	庚寅	庚申	辛卯	辛酉
26	戊子	己未	丁亥	戊午	戊子	己未	己丑	庚申	辛卯	辛酉	壬辰	壬戌
27	己丑	庚申	戊子	己未	己丑	庚申	庚寅	辛酉	壬辰	壬戌	癸巳	癸亥
28	庚寅	辛酉	己丑	庚申	庚寅	辛酉	辛卯	壬戌	癸巳	癸亥	甲午	甲子
29	辛卯		庚寅	辛酉	辛卯	壬戌	壬辰	癸亥	甲午	甲子	乙未	乙丑
30	壬辰		辛卯	壬戌	壬辰	癸亥	癸巳	甲子	乙未	乙丑	丙申	丙寅
31	癸巳		壬辰		癸巳		甲午	乙丑		丙寅		丁卯

2059年【己卯】

	1月	2月	3月	4月	5月	6月	7月	8月	9月	10月	11月	12月
	乙丑	丙寅	丁卯	戊辰	己巳	庚午	辛未	壬申	癸酉	甲戌	乙亥	丙子
中節	20日 11:07	19日 1:05	20日 23:43	20日 10:19	21日 9:03	21日 16:47	23日 3:41	23日 11:00	23日 9:02	23日 18:50	22日 16:45	22日 6:18
1	戊辰	己亥	丁卯	戊戌	戊辰	己亥	己巳	庚子	辛未	辛丑	壬申	壬寅
2	己巳	庚子	戊辰	己亥	己巳	庚子	庚午	辛丑	壬申	壬寅	癸酉	癸卯
3	庚午	辛丑	己巳	庚子	庚午	辛丑	辛未	壬寅	癸酉	癸卯	甲戌	甲辰
4	辛未	壬寅	庚午	辛丑	辛未	壬寅	壬申	癸卯	甲戌	甲辰	乙亥	乙巳
5	壬申	癸卯	辛未	壬寅	壬申	癸卯	癸酉	甲辰	乙亥	乙巳	丙子	丙午
6	癸酉	甲辰	壬申	癸卯	癸酉	甲辰	甲戌	乙巳	丙子	丙午	丁丑	丁未
7	甲戌	乙巳	癸酉	甲辰	甲戌	乙巳	乙亥	丙午	丁丑	丁未	戊寅	戊申
8	乙亥	丙午	甲戌	乙巳	乙亥	丙午	丙子	丁未	戊寅	戊申	己卯	己酉
9	丙子	丁未	乙亥	丙午	丙子	丁未	丁丑	戊申	己卯	己酉	庚辰	庚戌
10	丁丑	戊申	丙子	丁未	丁丑	戊申	戊寅	己酉	庚辰	庚戌	辛巳	辛亥
11	戊寅	己酉	丁丑	戊申	戊寅	己酉	己卯	庚戌	辛巳	辛亥	壬午	壬子
12	己卯	庚戌	戊寅	己酉	己卯	庚戌	庚辰	辛亥	壬午	壬子	癸未	癸丑
13	庚辰	辛亥	己卯	庚戌	庚辰	辛亥	辛巳	壬子	癸未	癸丑	甲申	甲寅
14	辛巳	壬子	庚辰	辛亥	辛巳	壬子	壬午	癸丑	甲申	甲寅	乙酉	乙卯
15	壬午	癸丑	辛巳	壬子	壬午	癸丑	癸未	甲寅	乙酉	乙卯	丙戌	丙辰
16	癸未	甲寅	壬午	癸丑	癸未	甲寅	甲申	乙卯	丙戌	丙辰	丁亥	丁巳
17	甲申	乙卯	癸未	甲寅	甲申	乙卯	乙酉	丙辰	丁亥	丁巳	戊子	戊午
18	乙酉	丙辰	甲申	乙卯	乙酉	丙辰	丙戌	丁巳	戊子	戊午	己丑	己未
19	丙戌	丁巳	乙酉	丙辰	丙戌	丁巳	丁亥	戊午	己丑	己未	庚寅	庚申
20	丁亥	戊午	丙戌	丁巳	丁亥	戊午	戊子	己未	庚寅	庚申	辛卯	辛酉
21	戊子	己未	丁亥	戊午	戊子	己未	己丑	庚申	辛卯	辛酉	壬辰	壬戌
22	己丑	庚申	戊子	己未	己丑	庚申	庚寅	辛酉	壬辰	壬戌	癸巳	癸亥
23	庚寅	辛酉	己丑	庚申	庚寅	辛酉	辛卯	壬戌	癸巳	癸亥	甲午	甲子
24	辛卯	壬戌	庚寅	辛酉	辛卯	壬戌	壬辰	癸亥	甲午	甲子	乙未	乙丑
25	壬辰	癸亥	辛卯	壬戌	壬辰	癸亥	癸巳	甲子	乙未	乙丑	丙申	丙寅
26	癸巳	甲子	壬辰	癸亥	癸巳	甲子	甲午	乙丑	丙申	丙寅	丁酉	丁卯
27	甲午	乙丑	癸巳	甲子	甲午	乙丑	乙未	丙寅	丁酉	丁卯	戊戌	戊辰
28	乙未	丙寅	甲午	乙丑	乙未	丙寅	丙申	丁卯	戊戌	戊辰	己亥	己巳
29	丙申		乙未	丙寅	丙申	丁卯	丁酉	戊辰	己亥	己巳	庚子	庚午
30	丁酉		丙申	丁卯	丁酉	戊辰	戊戌	己巳	庚子	庚午	辛丑	辛未
31	戊戌		丁酉		戊戌		己亥	庚午		辛未		壬申

2060年【庚辰】

	1月	2月	3月	4月	5月	6月	7月	8月	9月	10月	11月	12月
	丁丑	戊寅	己卯	庚辰	辛巳	壬午	癸未	甲申	乙酉	丙戌	丁亥	戊子
中節	20日 16:58	19日 6:57	20日 5:37	19日 16:16	20日 15:03	20日 22:45	22日 9:36	22日 16:49	22日 14:47	23日 0:33	21日 22:28	21日 12:02
1	癸酉	甲辰	癸酉	甲辰	甲戌	乙巳	乙亥	丙午	丁丑	丁未	戊寅	戊申
2	甲戌	乙巳	甲戌	乙巳	乙亥	丙午	丙子	丁未	戊寅	戊申	己卯	己酉
3	乙亥	丙午	乙亥	丙午	丙子	丁未	丁丑	戊申	己卯	己酉	庚辰	庚戌
4	丙子	丁未	丙子	丁未	丁丑	戊申	戊寅	己酉	庚辰	庚戌	辛巳	辛亥
5	丁丑	戊申	丁丑	戊申	戊寅	己酉	己卯	庚戌	辛巳	辛亥	壬午	壬子
6	戊寅	己酉	戊寅	己酉	己卯	庚戌	庚辰	辛亥	壬午	壬子	癸未	癸丑
7	己卯	庚戌	己卯	庚戌	庚辰	辛亥	辛巳	壬子	癸未	癸丑	甲申	甲寅
8	庚辰	辛亥	庚辰	辛亥	辛巳	壬子	壬午	癸丑	甲申	甲寅	乙酉	乙卯
9	辛巳	壬子	辛巳	壬子	壬午	癸丑	癸未	甲寅	乙酉	乙卯	丙戌	丙辰
10	壬午	癸丑	壬午	癸丑	癸未	甲寅	甲申	乙卯	丙戌	丙辰	丁亥	丁巳
11	癸未	甲寅	癸未	甲寅	甲申	乙卯	乙酉	丙辰	丁亥	丁巳	戊子	戊午
12	甲申	乙卯	甲申	乙卯	乙酉	丙辰	丙戌	丁巳	戊子	戊午	己丑	己未
13	乙酉	丙辰	乙酉	丙辰	丙戌	丁巳	丁亥	戊午	己丑	己未	庚寅	庚申
14	丙戌	丁巳	丙戌	丁巳	丁亥	戊午	戊子	己未	庚寅	庚申	辛卯	辛酉
15	丁亥	戊午	丁亥	戊午	戊子	己未	己丑	庚申	辛卯	辛酉	壬辰	壬戌
16	戊子	己未	戊子	己未	己丑	庚申	庚寅	辛酉	壬辰	壬戌	癸巳	癸亥
17	己丑	庚申	己丑	庚申	庚寅	辛酉	辛卯	壬戌	癸巳	癸亥	甲午	甲子
18	庚寅	辛酉	庚寅	辛酉	辛卯	壬戌	壬辰	癸亥	甲午	甲子	乙未	乙丑
19	辛卯	壬戌	辛卯	壬戌	壬辰	癸亥	癸巳	甲子	乙未	乙丑	丙申	丙寅
20	壬辰	癸亥	壬辰	癸亥	癸巳	甲子	甲午	乙丑	丙申	丙寅	丁酉	丁卯
21	癸巳	甲子	癸巳	甲子	甲午	乙丑	乙未	丙寅	丁酉	丁卯	戊戌	戊辰
22	甲午	乙丑	甲午	乙丑	乙未	丙寅	丙申	丁卯	戊戌	戊辰	己亥	己巳
23	乙未	丙寅	乙未	丙寅	丙申	丁卯	丁酉	戊辰	己亥	己巳	庚子	庚午
24	丙申	丁卯	丙申	丁卯	丁酉	戊辰	戊戌	己巳	庚子	庚午	辛丑	辛未
25	丁酉	戊辰	丁酉	戊辰	戊戌	己巳	己亥	庚午	辛丑	辛未	壬寅	壬申
26	戊戌	己巳	戊戌	己巳	己亥	庚午	庚子	辛未	壬寅	壬申	癸卯	癸酉
27	己亥	庚午	己亥	庚午	庚子	辛未	辛丑	壬申	癸卯	癸酉	甲辰	甲戌
28	庚子	辛未	庚子	辛未	辛丑	壬申	壬寅	癸酉	甲辰	甲戌	乙巳	乙亥
29	辛丑	壬申	辛丑	壬申	壬寅	癸酉	癸卯	甲戌	乙巳	乙亥	丙午	丙子
30	壬寅		壬寅	癸酉	癸卯	甲戌	甲辰	乙亥	丙午	丙子	丁未	丁丑
31	癸卯		癸卯		甲辰		乙巳	丙子		丁丑		戊寅

三伝表

※知一課は比用課と類似していると私は判断しています。

日干 乙丑日

干上神	初伝	中伝	末伝	課
子	巳	丑	酉	元首
丑	丑	戌	未	重審
寅	亥	酉	未	重審
卯	子	亥	戌	重審
辰	辰	丑	戌	伏吟
巳	寅	卯	辰	元首
午	申	戌	子	重審
未	未	戌	丑	重審
申	酉	丑	巳	重審
酉	寅	未	子	重審
戌	戌	辰	戌	返吟
亥	卯	戌	巳	比用

日干 甲子日

干上神	初伝	中伝	末伝	課
子	戌	申	午	元首
丑	子	亥	戌	比用
寅	寅	巳	申	伏吟
卯	辰	巳	午	重審
辰	辰	午	申	重審
巳	申	亥	寅	重審
午	辰	申	子	元首
未	子	巳	戌	比用
申	寅	申	寅	返吟
酉	寅	酉	辰	知一
戌	戌	午	寅	重審
亥	午	卯	子	元首

日干 丁卯日

干上神	初伝	中伝	末伝	課
子	巳	戌	卯	重審
丑	卯	酉	卯	返吟
寅	戌	巳	子	重審
卯	未	卯	亥	元首
辰	子	酉	午	遙剋
巳	亥	酉	未	渉害
午	丑	子	亥	重審
未	卯	子	午	伏吟
申	辰	巳	午	渉害
酉	酉	亥	丑	重審
戌	酉	子	卯	重審
亥	未	亥	卯	渉害

日干 丙寅日

干上神	初伝	中伝	末伝	課
子	子	未	寅	知一
丑	戌	午	寅	重審
寅	亥	申	巳	遙剋
卯	丑	亥	酉	重審
辰	子	亥	戌	比用
巳	巳	申	寅	伏吟
午	辰	巳	午	重審
未	辰	午	申	重審
申	申	亥	寅	重審
酉	酉	丑	巳	重審
戌	子	巳	戌	比用
亥	寅	申	寅	返吟

日干 己巳日

干上神	初伝	中伝	末伝	課
子	巳	戌	卯	比用
丑	巳	亥	巳	返吟
寅	酉	辰	亥	渉害
卯	卯	亥	未	元首
辰	寅	亥	申	遙剋
巳	丑	亥	酉	重審
午	卯	寅	丑	元首
未	巳	申	寅	伏吟
申	申	申	午	昴星
酉	亥	丑	卯	遙剋
戌	申	亥	寅	重審
亥	酉	丑	巳	渉害

日干 戊辰日

干上神	初伝	中伝	末伝	課
子	子	未	寅	渉害
丑	子	申	辰	重審
寅	寅	亥	申	元首
卯	丑	亥	酉	重審
辰	卯	寅	丑	元首
巳	巳	申	寅	伏吟
午	寅	午	午	別責
未	申	戌	子	重審
申	亥	寅	巳	遙剋
酉	子	辰	申	遙剋
戌	寅	未	子	重審
亥	巳	亥	巳	返吟

日干 辛未日

干上神	初伝	中伝	末伝	課
子	寅	辰	午	遙剋
丑	亥	丑	丑	別責
寅	亥	卯	未	比用
卯	巳	戌	卯	渉害
辰	巳	丑	辰	返吟
巳	酉	辰	亥	渉害
午	卯	亥	未	知一
未	亥	未	未	別責
申	午	辰	寅	元首
酉	巳	辰	卯	遙剋
戌	未	丑	戌	伏吟
亥	申	亥	申	昴星

日干 庚午日

干上神	初伝	中伝	末伝	課
子	辰	申	子	渉害
丑	辰	酉	寅	知一
寅	寅	申	寅	返吟
卯	戌	巳	子	比用
辰	戌	午	寅	渉害
巳	巳	寅	亥	元首
午	午	辰	寅	渉害
未	午	巳	辰	遙剋
申	申	寅	巳	伏吟
酉	戌	未	酉	昴星
戌	申	戌	子	渉害
亥	酉	子	卯	重審

日干 癸酉日

干上神	初伝	中伝	末伝	課
子	未	午	巳	遙剋
丑	丑	戌	未	伏吟
寅	亥	子	丑	重審
卯	丑	卯	巳	元首
辰	辰	未	戌	元首
巳	酉	丑	巳	渉害
午	未	子	巳	比用
未	卯	酉	卯	返吟
申	卯	戌	巳	渉害
酉	巳	丑	酉	元首
戌	午	卯	子	渉害
亥	未	巳	卯	遙剋

日干 壬申日

干上神	初伝	中伝	末伝	課
子	丑	寅	卯	元首
丑	子	寅	辰	重審
寅	巳	申	亥	遙剋
卯	未	亥	卯	重審
辰	辰	酉	寅	元首
巳	寅	申	寅	返吟
午	午	丑	申	渉害
未	子	申	辰	重審
申	巳	寅	亥	元首
酉	午	辰	寅	元首
戌	戌	酉	申	元首
亥	亥	申	寅	伏吟

日干 乙亥日

干上神	初伝	中伝	末伝	課
子	未	卯	亥	渉害
丑	丑	戌	未	重審
寅	酉	未	巳	遙剋
卯	戌	酉	申	元首
辰	辰	亥	巳	伏吟
巳	丑	寅	卯	元首
午	申	戌	子	重審
未	未	戌	丑	重審
申	未	亥	卯	重審
酉	寅	未	子	重審
戌	巳	亥	巳	返吟
亥	午	丑	申	重審

日干 甲戌日

干上神	初伝	中伝	末伝	課
子	午	辰	寅	渉害
丑	子	亥	戌	比用
寅	寅	巳	申	伏吟
卯	辰	巳	午	比用
辰	辰	午	申	渉害
巳	申	亥	寅	重審
午	寅	午	戌	元首
未	子	巳	戌	比用
申	寅	申	寅	返吟
酉	子	未	寅	知一
戌	戌	午	寅	重審
亥	申	巳	寅	遙剋

日干 丁丑日

干上神	初伝	中伝	末伝	課
子	巳	戌	卯	重審
丑	亥	未	丑	返吟
寅	卯	戌	巳	重審
卯	巳	丑	酉	元首
辰	子	辰	戌	昴星
巳	亥	酉	未	重審
午	子	亥	戌	重審
未	丑	戌	未	伏吟
申	申	酉	戌	重審
酉	酉	亥	丑	重審
戌	午	戌	辰	昴星
亥	酉	丑	巳	重審

日干 丙子日

干上神	初伝	中伝	末伝	課
子	子	未	寅	涉害
丑	申	辰	子	遙剋
寅	午	卯	子	元首
卯	丑	亥	酉	重審
辰	戌	酉	申	知一
巳	巳	申	寅	伏吟
午	寅	卯	辰	知一
未	辰	午	申	重審
申	申	亥	寅	重審
酉	酉	丑	巳	重審
戌	巳	戌	卯	重審
亥	午	子	午	返吟

日干 己卯日

干上神	初伝	中伝	末伝	課
子	巳	戌	卯	比用
丑	卯	酉	卯	返吟
寅	戌	巳	子	重審
卯	未	卯	亥	涉害
辰	子	酉	午	遙剋
巳	亥	酉	未	涉害
午	丑	子	亥	重審
未	卯	子	午	伏吟
申	辰	巳	午	重審
酉	亥	丑	卯	遙剋
戌	酉	子	卯	重審
亥	未	亥	卯	涉害

日干 戊寅日

干上神	初伝	中伝	末伝	課
子	子	未	寅	重審
丑	戌	午	寅	重審
寅	寅	亥	申	元首
卯	丑	亥	酉	重審
辰	子	亥	戌	比用
巳	巳	申	寅	伏吟
午	辰	巳	午	重審
未	辰	午	申	重審
申	申	亥	寅	重審
酉	丑	午	酉	昴星
戌	子	巳	戌	比用
亥	寅	申	寅	返吟

日干 辛巳日

干上神	初伝	中伝	末伝	課
子	寅	辰	午	遙剋
丑	申	亥	寅	重審
寅	酉	丑	巳	比用
卯	卯	申	丑	重審
辰	巳	亥	巳	返吟
巳	未	寅	酉	渉害
午	午	寅	戌	元首
未	寅	亥	申	遙剋
申	丑	亥	酉	重審
酉	卯	寅	丑	元首
戌	巳	申	寅	返吟
亥	午	未	申	遙剋

日干 庚辰日

干上神	初伝	中伝	末伝	課
子	辰	申	子	元首
丑	寅	未	子	重審
寅	寅	申	寅	返吟
卯	午	丑	申	渉害
辰	子	申	辰	重審
巳	巳	寅	亥	元首
午	寅	子	戌	渉害
未	卯	寅	丑	元首
申	申	寅	丑	元首
酉	午	未	申	遙剋
戌	申	戌	子	渉害
亥	寅	巳	申	遙剋

日干 癸未日

干上神	初伝	中伝	末伝	課
子	巳	辰	卯	遙剋
丑	丑	戌	未	伏吟
寅	申	寅	申	昴星
卯	巳	未	酉	遙剋
辰	辰	未	戌	元首
巳	酉	丑	巳	渉害
午	巳	戌	卯	比用
未	未	丑	未	返吟
申	卯	戌	巳	重審
酉	巳	丑	酉	渉害
戌	戌	未	辰	元首
亥	巳	卯	丑	遙剋

日干 壬午日

干上神	初伝	中伝	末伝	課
子	丑	寅	卯	元首
丑	申	戌	子	重審
寅	酉	子	卯	重審
卯	未	亥	卯	重審
辰	辰	酉	寅	知一
巳	午	子	午	返吟
午	午	丑	申	重審
未	戌	午	寅	重審
申	巳	寅	亥	元首
酉	寅	子	戌	元首
戌	戌	酉	申	元首
亥	亥	午	子	伏吟

日干 乙酉日

干上神	初伝	中伝	末伝	課
子	巳	丑	酉	元首
丑	丑	戌	未	重審
寅	未	巳	卯	遙剋
卯	申	未	午	遙剋
辰	辰	酉	卯	伏吟
巳	亥	子	丑	重審
午	申	戌	子	重審
未	未	戌	丑	重審
申	申	子	辰	元首
酉	未	子	巳	比用
戌	卯	酉	卯	返吟
亥	亥	午	丑	比用

日干 甲申日

干上神	初伝	中伝	末伝	課
子	午	辰	寅	渉害
丑	子	亥	戌	比用
寅	寅	巳	申	伏吟
卯	辰	巳	午	重審
辰	辰	午	申	渉害
巳	申	亥	寅	重審
午	辰	申	子	元首
未	子	巳	戌	比用
申	寅	申	寅	返吟
酉	戌	巳	子	比用
戌	戌	午	寅	渉害
亥	巳	寅	亥	元首

日干 丁亥日

干上神	初伝	中伝	末伝	課
子	巳	戌	卯	重審
丑	巳	亥	巳	返吟
寅	午	丑	申	重審
卯	未	丑	亥	渉害
辰	巳	寅	亥	元首
巳	酉	未	巳	遙剋
午	戌	酉	申	元首
未	亥	未	丑	伏吟
申	申	酉	戌	重審
酉	酉	戌	丑	重審
戌	午	戌	寅	昴星
亥	未	戌	卯	重審

日干 丙戌日

干上神	初伝	中伝	末伝	課
子	子	未	寅	知一
丑	酉	巳	丑	遙剋
寅	亥	申	巳	遙剋
卯	丑	亥	酉	重審
辰	卯	寅	丑	元首
巳	巳	申	寅	伏吟
午	亥	子	丑	重審
未	子	寅	辰	重審
申	申	亥	寅	重審
酉	酉	丑	巳	重審
戌	申	丑	午	知一
亥	巳	亥	巳	返吟

日干 己丑日

干上神	初伝	中伝	末伝	課
子	巳	戌	卯	比用
丑	亥	未	丑	返吟
寅	卯	戌	巳	重審
卯	巳	丑	酉	渉害
辰	子	辰	戌	昴星
巳	亥	酉	未	重審
午	子	亥	戌	重審
未	丑	戌	未	伏吟
申	寅	卯	辰	元首
酉	卯	巳	未	元首
戌	午	戌	辰	昴星
亥	酉	丑	巳	渉害

日干 戊子日

干上神	初伝	中伝	末伝	課
子	子	未	寅	重審
丑	巳	申	丑	昴星
寅	寅	亥	申	渉害
卯	丑	亥	酉	重審
辰	戌	酉	申	知一
巳	巳	申	寅	伏吟
午	寅	卯	辰	知一
未	辰	午	申	重審
申	卯	午	酉	遙剋
酉	辰	申	子	元首
戌	巳	戌	卯	重審
亥	午	子	午	返吟

日干 辛卯日

干上神	初伝	中伝	末伝	課
子	巳	未	酉	遙剋
丑	酉	子	卯	重審
寅	未	亥	卯	渉害
卯	卯	申	丑	重審
辰	卯	酉	卯	返吟
巳	戌	巳	子	重審
午	未	卯	亥	知一
未	子	未	子	昴星
申	亥	酉	未	渉害
酉	丑	子	亥	重審
戌	卯	子	午	伏吟
亥	辰	巳	午	重審

日干 庚寅日

干上神	初伝	中伝	末伝	課
子	辰	申	子	元首
丑	子	巳	戌	比用
寅	寅	申	寅	返吟
卯	戌	巳	子	比用
辰	戌	午	寅	渉害
巳	巳	寅	亥	元首
午	午	辰	寅	渉害
未	子	亥	戌	比用
申	申	寅	巳	伏吟
酉	辰	巳	午	重審
戌	辰	午	申	渉害
亥	申	亥	寅	重審

日干 癸巳日

干上神	初伝	中伝	末伝	課
子	卯	寅	丑	元首
丑	酉	戌	未	伏吟
寅	未	申	酉	遙剋
卯	未	酉	亥	遙剋
辰	申	亥	寅	重審
巳	酉	丑	巳	涉害
午	午	亥	辰	重審
未	巳	亥	巳	返吟
申	卯	戌	巳	重審
酉	巳	丑	酉	元首
戌	戌	未	辰	元首
亥	丑	亥	酉	重審

日干 壬辰日

干上神	初伝	中伝	末伝	課
子	丑	寅	卯	元首
丑	申	戌	子	重審
寅	戌	丑	辰	遙剋
卯	未	亥	卯	重審
辰	寅	未	子	重審
巳	巳	亥	巳	返吟
午	午	丑	申	比用
未	子	申	辰	重審
申	巳	寅	亥	元首
酉	寅	子	戌	元首
戌	戌	酉	申	知一
亥	亥	辰	戌	伏吟

日干 乙未日

干上神	初伝	中伝	末伝	課
子	卯	亥	未	元首
丑	丑	戌	未	重審
寅	亥	寅	巳	昴星
卯	戌	卯	午	昴星
辰	辰	未	丑	伏吟
巳	酉	戌	亥	遙剋
午	申	戌	子	重審
未	未	戌	丑	重審
申	亥	卯	未	重審
酉	巳	戌	卯	比用
戌	戌	辰	戌	返吟
亥	午	丑	申	重審

日干 甲午日

干上神	初伝	中伝	末伝	課
子	戌	申	午	渉害
丑	子	亥	戌	比用
寅	寅	巳	申	伏吟
卯	辰	巳	午	重審
辰	辰	午	申	渉害
巳	申	亥	寅	比用
午	寅	午	戌	元首
未	子	巳	戌	比用
申	寅	申	寅	返吟
酉	酉	辰	亥	元首
戌	戌	午	寅	重審
亥	申	巳	寅	遙剋

日干 丁酉日

干上神	初伝	中伝	末伝	課
子	未	子	巳	渉害
丑	卯	酉	卯	返吟
寅	亥	午	丑	重審
卯	巳	丑	酉	元首
辰	午	卯	子	元首
巳	丑	巳	巳	別責
午	申	未	午	遙剋
未	酉	未	丑	伏吟
申	丑	子	丑	比用
酉	酉	亥	丑	重審
戌	子	卯	午	遙剋
亥	亥	卯	未	元首

日干 丙申日

干上神	初伝	中伝	末伝	課
子	戌	巳	子	比用
丑	子	申	辰	重審
寅	巳	寅	亥	元首
卯	丑	亥	酉	重審
辰	卯	寅	丑	元首
巳	巳	申	寅	伏吟
午	酉	戌	亥	遙剋
未	子	寅	辰	重審
申	申	亥	寅	重審
酉	酉	丑	巳	重審
戌	卯	申	丑	元首
亥	寅	申	寅	返吟

日干 己亥日

干上神	初伝	中伝	末伝	課
子	巳	戌	卯	比用
丑	巳	亥	巳	返吟
寅	午	丑	申	重審
卯	未	卯	亥	涉害
辰	巳	寅	亥	元首
巳	卯	丑	亥	遙剋
午	戌	酉	申	元首
未	亥	未	丑	伏吟
申	丑	寅	卯	元首
酉	丑	卯	巳	涉害
戌	寅	巳	申	遙剋
亥	未	亥	卯	涉害

日干 戊戌日

干上神	初伝	中伝	末伝	課
子	子	未	寅	重審
丑	寅	戌	午	遙剋
寅	寅	亥	申	元首
卯	丑	亥	酉	重審
辰	卯	寅	丑	元首
巳	巳	申	寅	伏吟
午	亥	子	丑	重審
未	子	寅	辰	重審
申	亥	寅	巳	遙剋
酉	寅	午	戌	元首
戌	申	丑	午	知一
亥	巳	亥	巳	返吟

日干 辛丑日

干上神	初伝	中伝	末伝	課
子	卯	巳	未	元首
丑	巳	丑	丑	別責
寅	酉	丑	巳	比用
卯	卯	申	丑	重審
辰	亥	未	辰	返吟
巳	卯	戌	巳	重審
午	巳	丑	酉	知一
未	巳	未	未	別責
申	亥	酉	未	重審
酉	子	亥	戌	重審
戌	丑	戌	未	伏吟
亥	寅	卯	辰	元首

日干 庚子日

干上神	初伝	中伝	末伝	課
子	辰	申	子	元首
丑	巳	戌	卯	重審
寅	寅	申	寅	返吟
卯	戌	巳	子	比用
辰	子	申	辰	重審
巳	午	卯	子	知一
午	午	辰	寅	渉害
未	戌	酉	申	元首
申	申	寅	巳	伏吟
酉	寅	卯	辰	知一
戌	辰	午	申	渉害
亥	午	酉	子	遙剋

日干 癸卯日

干上神	初伝	中伝	末伝	課
子	丑	子	亥	重審
丑	丑	戌	未	伏吟
寅	辰	巳	午	重審
卯	未	酉	亥	遙剋
辰	酉	子	卯	重審
巳	酉	丑	巳	涉害
午	午	亥	辰	重審
未	卯	酉	卯	返吟
申	卯	戌	巳	比用
酉	未	卯	亥	涉害
戌	戌	未	辰	元首
亥	丑	亥	酉	涉害

日干 壬寅日

干上神	初伝	中伝	末伝	課
子	辰	巳	午	重審
丑	辰	午	申	重審
寅	申	亥	寅	重審
卯	未	亥	寅	重審
辰	子	巳	戌	比用
巳	寅	申	寅	伏吟
午	午	丑	申	重審
未	戌	午	寅	重審
申	巳	寅	亥	元首
酉	戌	申	子	元首
戌	子	亥	戌	比用
亥	亥	寅	巳	伏吟

日干 乙巳日

干上神	初伝	中伝	末伝	課
子	酉	巳	丑	遙剋
丑	丑	戌	未	重審
寅	丑	亥	酉	重審
卯	卯	寅	丑	元首
辰	辰	巳	申	伏吟
巳	未	申	酉	遙剋
午	申	戌	子	重審
未	未	戌	丑	比用
申	酉	丑	巳	重審
酉	寅	未	子	重審
戌	巳	亥	巳	返吟
亥	午	丑	申	重審

日干 甲辰日

干上神	初伝	中伝	末伝	課
子	戌	申	子	渉害
丑	子	亥	戌	比用
寅	寅	巳	申	伏吟
卯	辰	巳	午	重審
辰	辰	午	申	渉害
巳	申	亥	寅	重審
午	申	子	辰	遙剋
未	寅	未	子	渉害
申	寅	申	寅	返吟
酉	午	丑	申	比用
戌	戌	午	寅	渉害
亥	申	巳	寅	遙剋

日干 丁未日

干上神	初伝	中伝	末伝	課
子	巳	戌	卯	比用
丑	巳	丑	丑	返吟
寅	酉	辰	亥	知一
卯	卯	亥	未	元首
辰	亥	辰	辰	八専
巳	丑	巳	巳	八専
午	卯	午	午	八専
未	未	丑	戌	伏吟
申	申	酉	戌	重審
酉	酉	亥	丑	重審
戌	亥	戌	戌	八専
亥	亥	卯	未	重審

日干 丙午日

干上神	初伝	中伝	末伝	課
子	子	未	寅	知一
丑	戌	午	寅	重審
寅	子	酉	午	遙剋
卯	丑	亥	酉	重審
辰	卯	寅	丑	元首
巳	巳	申	寅	伏吟
午	申	酉	戌	遙剋
未	申	戌	子	重審
申	申	亥	寅	比用
酉	酉	丑	巳	重審
戌	辰	酉	寅	知一
亥	午	子	午	返吟

日干 己酉日

干上神	初伝	中伝	末伝	課
子	未	子	巳	涉害
丑	卯	酉	卯	返吟
寅	亥	午	丑	重審
卯	巳	丑	酉	涉害
辰	午	卯	子	元首
巳	卯	丑	亥	遙剋
午	戌	午	申	昴星
未	酉	未	丑	伏吟
申	亥	子	丑	重審
酉	丑	卯	巳	元首
戌	卯	午	酉	遙剋
亥	亥	卯	未	重審

日干 戊申日

干上神	初伝	中伝	末伝	課
子	子	未	寅	涉害
丑	子	申	辰	重審
寅	寅	亥	申	知一
卯	丑	亥	酉	重審
辰	卯	寅	丑	元首
巳	巳	申	寅	伏吟
午	戌	酉	午	昴星
未	子	寅	辰	重審
申	寅	巳	申	遙剋
酉	辰	申	子	元首
戌	卯	申	丑	元首
亥	寅	申	寅	返吟

日干 辛亥日

干上神	初伝	中伝	末伝	課
子	丑	卯	巳	渉害
丑	巳	申	亥	遙剋
寅	巳	亥	卯	比用
卯	卯	申	丑	重審
辰	巳	亥	巳	返吟
巳	午	丑	申	重審
午	未	卯	亥	渉害
未	巳	寅	亥	元首
申	午	辰	寅	元首
酉	戌	酉	申	元首
戌	亥	戌	午	伏吟
亥	丑	寅	卯	元首

日干 庚戌日

干上神	初伝	中伝	末伝	課
子	辰	申	子	渉害
丑	申	丑	午	知一
寅	寅	申	寅	返吟
卯	戌	巳	子	比用
辰	子	申	辰	重審
巳	巳	寅	亥	元首
午	午	辰	寅	元首
未	午	巳	辰	遙剋
申	申	寅	巳	伏吟
酉	亥	子	丑	重審
戌	子	寅	辰	重審
亥	寅	巳	申	遙剋

日干 癸丑日

干上神	初伝	中伝	末伝	課
子	子	亥	戌	重審
丑	丑	戌	未	伏吟
寅	寅	卯	辰	元首
卯	卯	巳	未	元首
辰	辰	未	戌	元首
巳	酉	丑	巳	渉害
午	午	亥	辰	重審
未	未	丑	未	返吟
申	卯	戌	巳	重審
酉	巳	丑	酉	元首
戌	戌	未	辰	元首
亥	亥	酉	未	重審

日干 壬子日

干上神	初伝	中伝	末伝	課
子	寅	卯	辰	知一
丑	辰	午	申	重審
寅	午	酉	子	遙剋
卯	未	亥	卯	重審
辰	巳	戌	卯	重審
巳	午	子	午	返吟
午	午	丑	申	重審
未	未	卯	亥	渉害
申	午	卯	子	知一
酉	戌	申	子	元首
戌	戌	酉	申	元首
亥	亥	子	卯	伏吟

日干 甲寅日

干上神	初伝	中伝	末伝	課
子	戌	申	午	元首
丑	子	亥	戌	比用
寅	寅	巳	申	伏吟
卯	辰	巳	午	重審
辰	辰	午	申	重審
巳	申	亥	寅	重審
午	申	午	午	八専
未	子	巳	戌	比用
申	寅	申	寅	返吟
酉	酉	辰	亥	元首
戌	戌	午	寅	重審
亥	丑	亥	亥	八専

日干 乙卯日

干上神	初伝	中伝	末伝	課
子	未	卯	亥	元首
丑	丑	戌	未	重審
寅	亥	酉	未	涉害
卯	丑	子	亥	重審
辰	辰	卯	子	伏吟
巳	辰	巳	午	重審
午	申	戌	子	重審
未	酉	子	卯	涉害
申	未	亥	卯	涉害
酉	寅	未	子	重審
戌	卯	酉	卯	返吟
亥	午	丑	申	涉害

日干 丁巳日

干上神	初伝	中伝	末伝	課
子	巳	戌	卯	重審
丑	巳	亥	巳	返吟
寅	酉	辰	亥	渉害
卯	亥	未	卯	遙剋
辰	亥	申	巳	遙剋
巳	丑	亥	酉	重審
午	卯	寅	丑	元首
未	巳	申	寅	伏吟
申	申	酉	戌	重審
酉	酉	亥	丑	重審
戌	申	亥	寅	重審
亥	酉	丑	巳	重審

日干 丙辰日

干上神	初伝	中伝	末伝	課
子	午	丑	申	比用
丑	子	申	辰	重審
寅	亥	申	巳	遙剋
卯	丑	亥	酉	重審
辰	卯	寅	丑	元首
巳	巳	申	寅	伏吟
午	亥	午	午	別責
未	申	戌	子	重審
申	申	亥	寅	重審
酉	酉	丑	巳	重審
戌	寅	未	子	重審
亥	巳	亥	巳	返吟

日干 己未日

干上神	初伝	中伝	末伝	課
子	巳	戌	卯	比用
丑	巳	丑	丑	返吟
寅	酉	辰	亥	知一
卯	卯	亥	未	元首
辰	亥	辰	辰	八専
巳	丑	巳	巳	八専
午	卯	午	午	八専
未	未	丑	戌	伏吟
申	未	申	申	八専
酉	酉	酉	酉	獨足
戌	亥	戌	戌	八専
亥	亥	卯	未	重審

日干 戊午日

干上神	初伝	中伝	末伝	課
子	子	未	寅	重審
丑	戌	午	寅	重審
寅	寅	亥	申	元首
卯	丑	亥	酉	重審
辰	卯	寅	丑	元首
巳	巳	申	寅	伏吟
午	寅	午	午	別責
未	申	戌	子	重審
申	酉	子	卯	重審
酉	寅	午	戌	元首
戌	辰	酉	寅	知一
亥	午	子	午	返吟

日干 辛酉日

干上神	初伝	中伝	末伝	課
子	丑	卯	巳	元首
丑	卯	午	酉	遙剋
寅	寅	午	戌	重審
卯	未	子	巳	渉害
辰	卯	酉	卯	返吟
巳	亥	午	丑	重審
午	巳	丑	酉	知一
未	午	卯	子	元首
申	午	辰	寅	元首
酉	丑	酉	酉	別責
戌	酉	戌	未	伏吟
亥	亥	子	丑	重審

日干 庚申日

干上神	初伝	中伝	末伝	課
子	辰	申	子	元首
丑	卯	丑	丑	八専
寅	寅	申	寅	返吟
卯	戌	巳	子	比用
辰	子	申	辰	重審
巳	巳	寅	亥	元首
午	午	辰	寅	元首
未	酉	未	未	八専
申	申	寅	巳	伏吟
酉	亥	酉	酉	八専
戌	子	寅	辰	重審
亥	丑	亥	亥	八専

日干 癸亥日

干上神	初伝	中伝	末伝	課
子	戌	酉	申	元首
丑	丑	戌	未	伏吟
寅	丑	寅	卯	元首
卯	丑	卯	巳	渉害
辰	辰	巳	戌	元首
巳	酉	丑	巳	渉害
午	午	亥	辰	重審
未	巳	亥	巳	返吟
申	卯	戌	巳	比用
酉	未	卯	亥	渉害
戌	巳	寅	亥	知一
亥	未	巳	卯	遙剋

日干 壬戌日

干上神	初伝	中伝	末伝	課
子	亥	子	丑	重審
丑	子	寅	辰	重審
寅	辰	未	戌	遙剋
卯	未	亥	卯	重審
辰	辰	酉	寅	渉害
巳	巳	亥	巳	返吟
午	午	丑	申	重審
未	未	卯	亥	渉害
申	巳	寅	亥	元首
酉	午	辰	寅	元首
戌	戌	酉	申	元首
亥	亥	戌	未	伏吟

行年表

干支		年齢	干支		年齢	干支		年齢
男命	女命		男命	女命		男命	女命	
丙寅	壬申	1才	丙戌	壬子	21才	丙午	壬辰	41才
丁卯	辛未	2才	丁亥	辛亥	22才	丁未	辛卯	42才
戊辰	庚午	3才	戊子	庚戌	23才	戊申	庚寅	43才
己巳	己巳	4才	己丑	己酉	24才	己酉	己丑	44才
庚午	戊辰	5才	庚寅	戊申	25才	庚戌	戊子	45才
辛未	丁卯	6才	辛卯	丁未	26才	辛亥	丁亥	46才
壬申	丙寅	7才	壬辰	丙午	27才	壬子	丙戌	47才
癸酉	乙丑	8才	癸巳	乙巳	28才	癸丑	乙酉	48才
甲戌	甲子	9才	甲午	甲辰	29才	甲寅	甲申	49才
乙亥	癸亥	10才	乙未	癸卯	30才	乙卯	癸未	50才
丙子	壬戌	11才	丙申	壬寅	31才	丙辰	壬午	51才
丁丑	辛酉	12才	丁酉	辛丑	32才	丁巳	辛巳	52才
戊寅	庚申	13才	戊戌	庚子	33才	戊午	庚辰	53才
己卯	己未	14才	己亥	己亥	34才	己未	己卯	54才
庚辰	戊午	15才	庚子	戊戌	35才	庚申	戊寅	55才
辛巳	丁巳	16才	辛丑	丁酉	36才	辛酉	丁丑	56才
壬午	丙辰	17才	壬寅	丙申	37才	壬戌	丙子	57才
癸未	乙卯	18才	癸卯	乙未	38才	癸亥	乙亥	58才
甲申	甲寅	19才	甲辰	甲午	39才	甲子	甲戌	59才
乙酉	癸丑	20才	乙巳	癸巳	40才	乙丑	癸酉	60才

※年齢は数え年です。61才以降はまた1才に戻ります。

世尊妙相具　我今重問彼　仏子何因縁　名為観世音
具足妙相尊　偈答無盡意　汝聴観音行　善応諸方所
弘誓深如海　歴劫不思議　侍多千億仏　発大清浄願
我為汝略説　聞名及見身　心念不空過　能滅諸有苦
仮使興害意　推落大火坑　念彼観音力　火坑変成池
或漂流巨海　龍魚諸鬼難　念彼観音力　波浪不能没
或在須弥峰　為人所推堕　念彼観音力　如日虚空住
或被悪人逐　堕落金剛山　念彼観音力　不能損一毛
或値怨賊繞　各執刀加害　念彼観音力　咸即起慈心
或遭王難苦　臨刑欲寿終　念彼観音力　刀尋段段壊
或囚禁枷鎖　手足被杻械　念彼観音力　釈然得解脱
呪詛諸毒薬　所欲害身者　念彼観音力　還著於本人
或遇悪羅刹　毒龍諸鬼等　念彼観音力　時悉不敢害

若悪獣囲繞　利牙爪可怖　念彼観音力　疾走無辺方
蚖蛇及蝮蝎　気毒煙火燃　念彼観音力　尋声自回去
雲雷鼓掣電　降雹澍大雨　念彼観音力　応時得消散
衆生被困厄　無量苦逼身　観音妙智力　能救世間苦
具足神通力　廣修智方便　十方諸国土　無刹不現身
種種諸悪趣　地獄鬼畜生　生老病死苦　以漸悉令滅
真観清浄観　広大智慧観　悲観及慈観　常願常瞻仰
無垢清浄光　慧日破諸闇　能伏災風火　普明照世間
悲体戒雷震　慈意妙大雲　澍甘露法雨　滅除煩悩燄
諍訟経官処　怖畏軍陣中　念彼観音力　衆怨悉退散
妙音観世音　梵音海潮音　勝彼世間音　是故須常念
念念勿生疑　観世音浄聖　於苦悩死厄　能為作依怙
具一切功徳　慈眼視衆生　福聚海無量　是故応頂礼

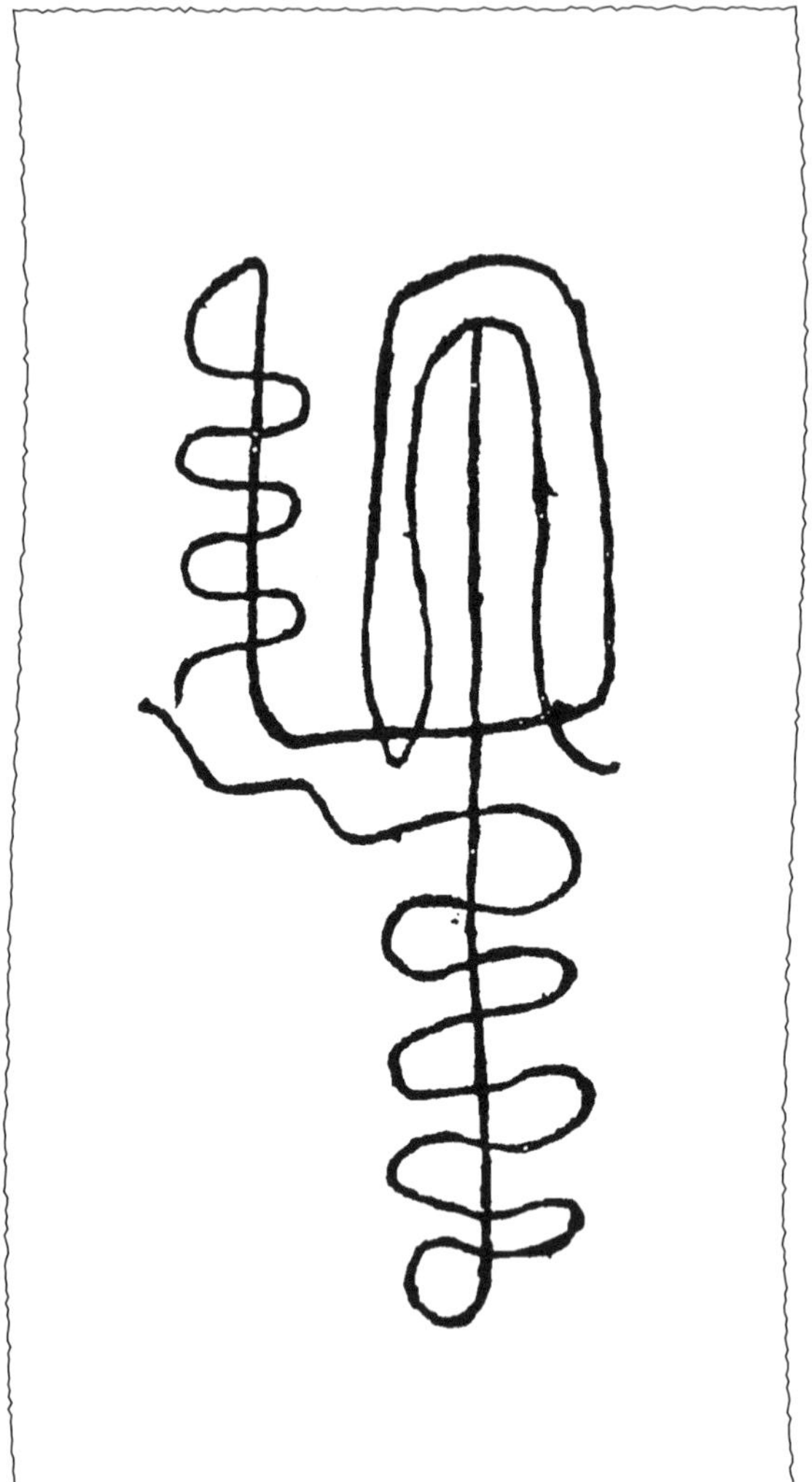

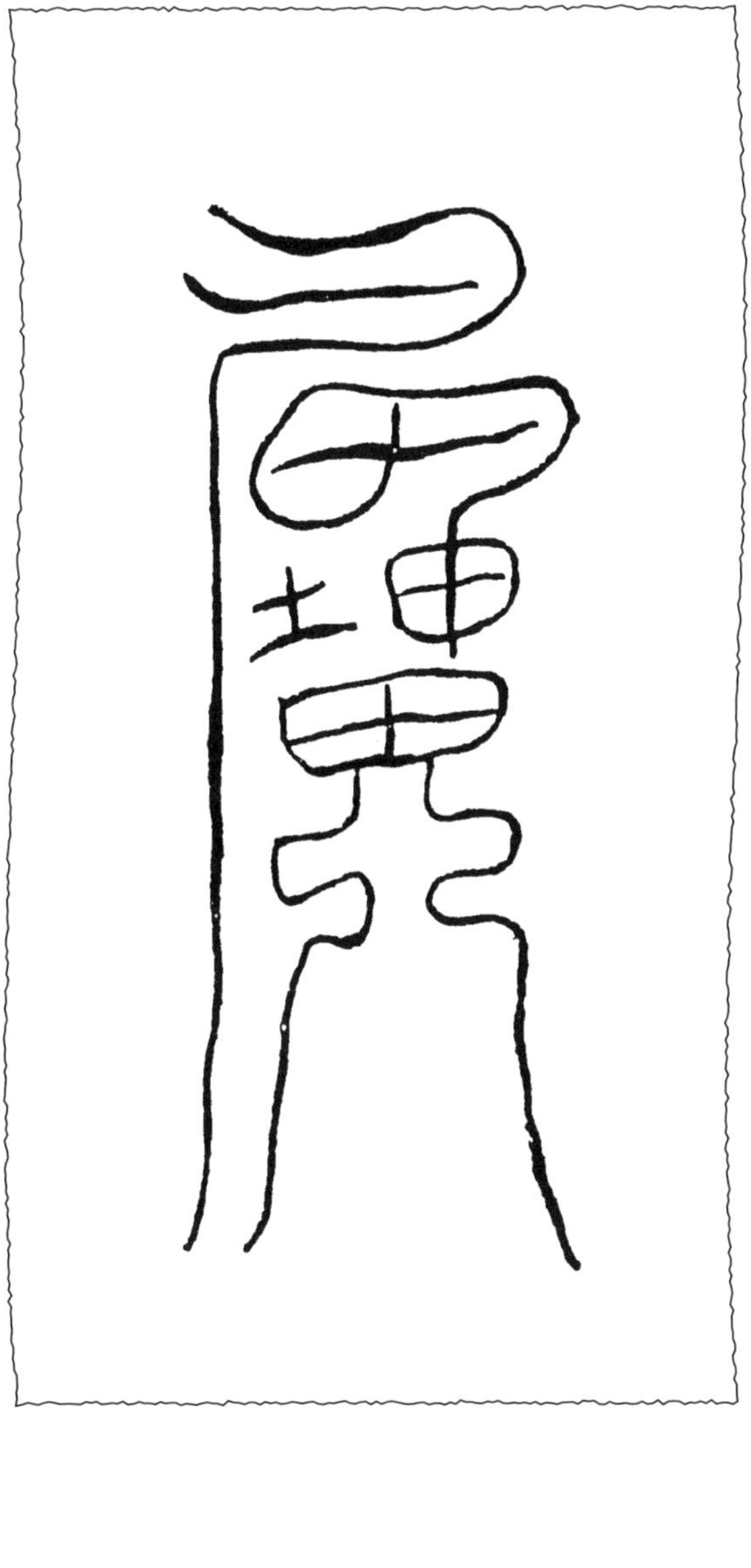

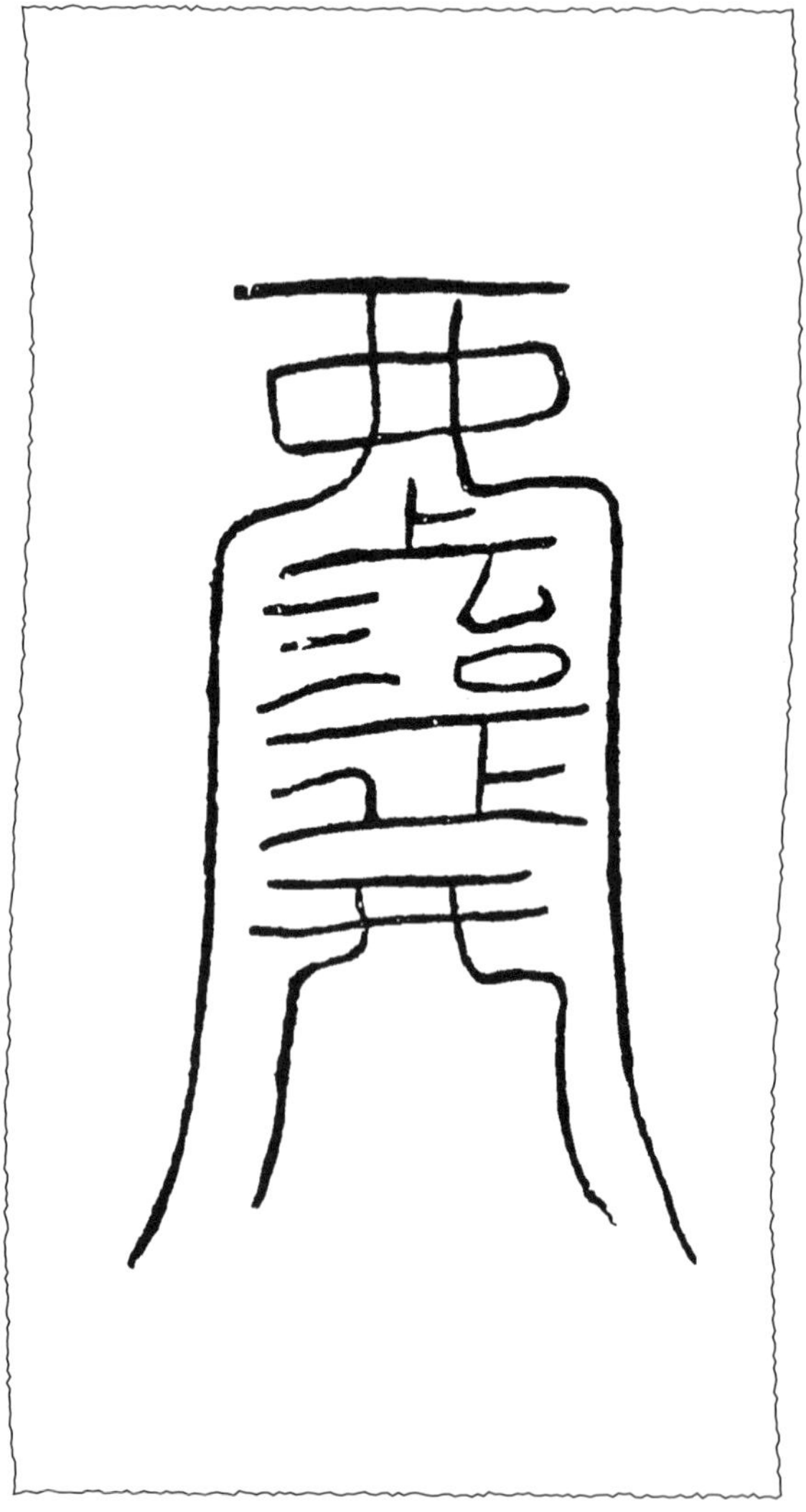

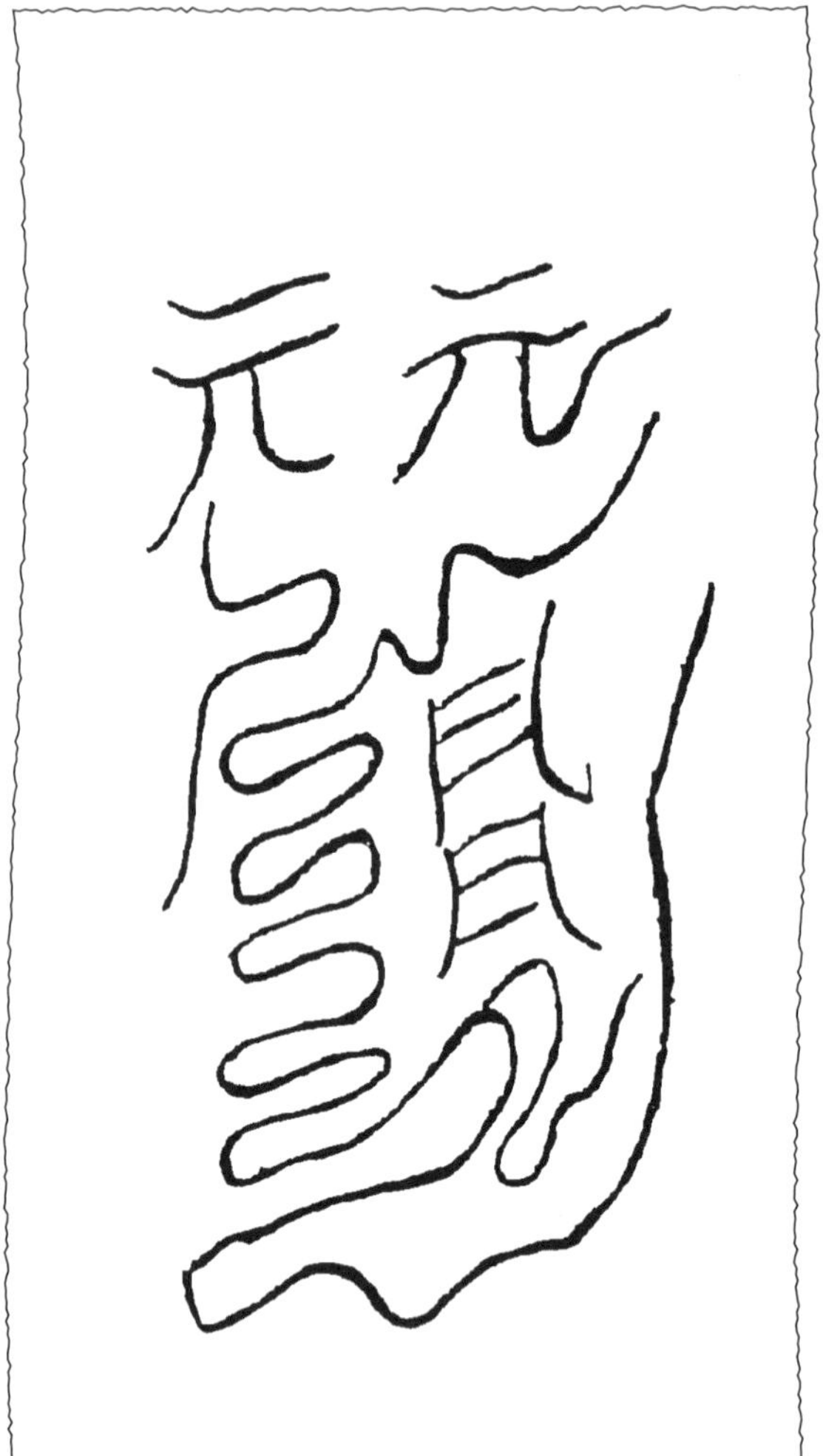

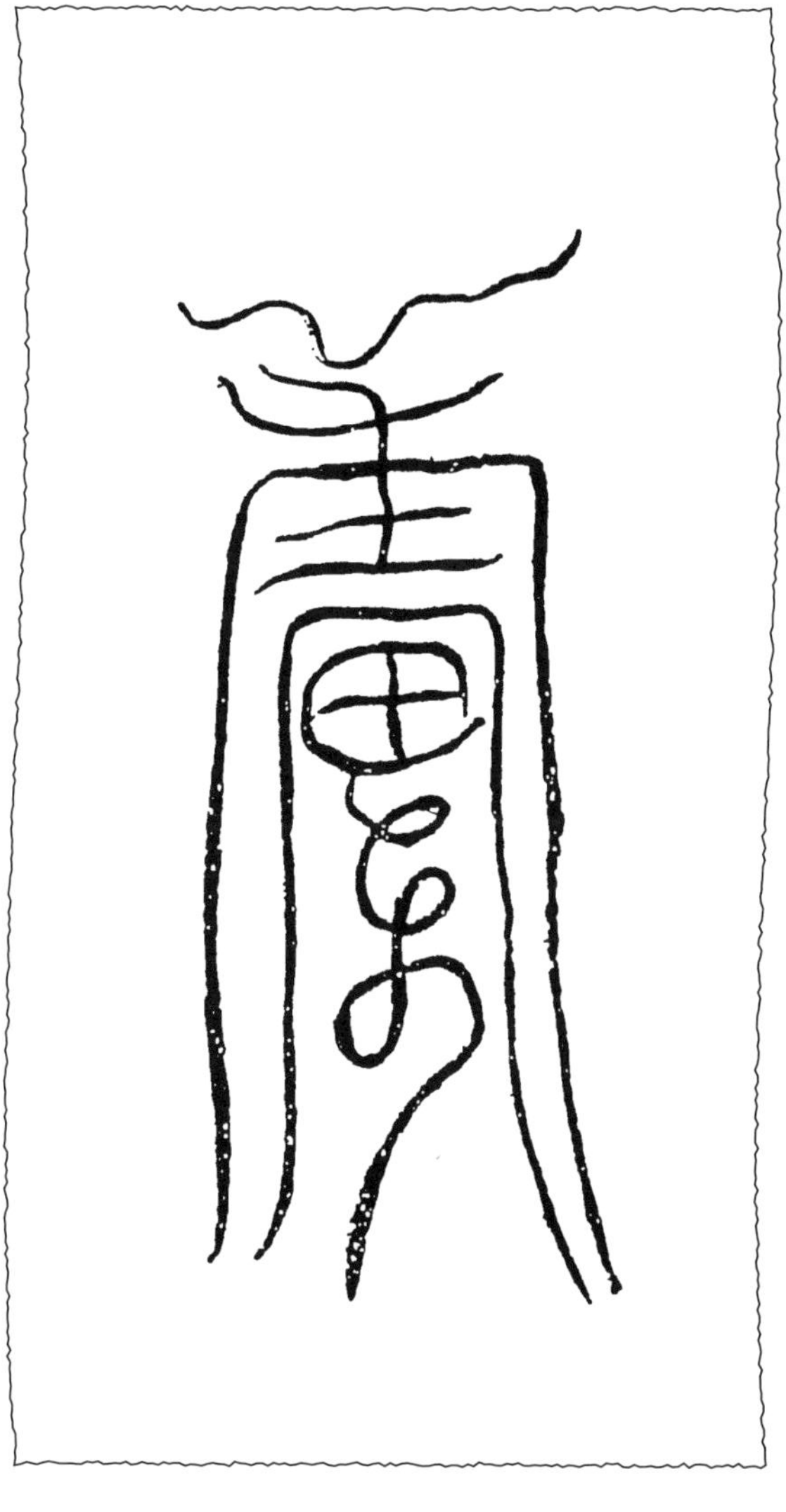

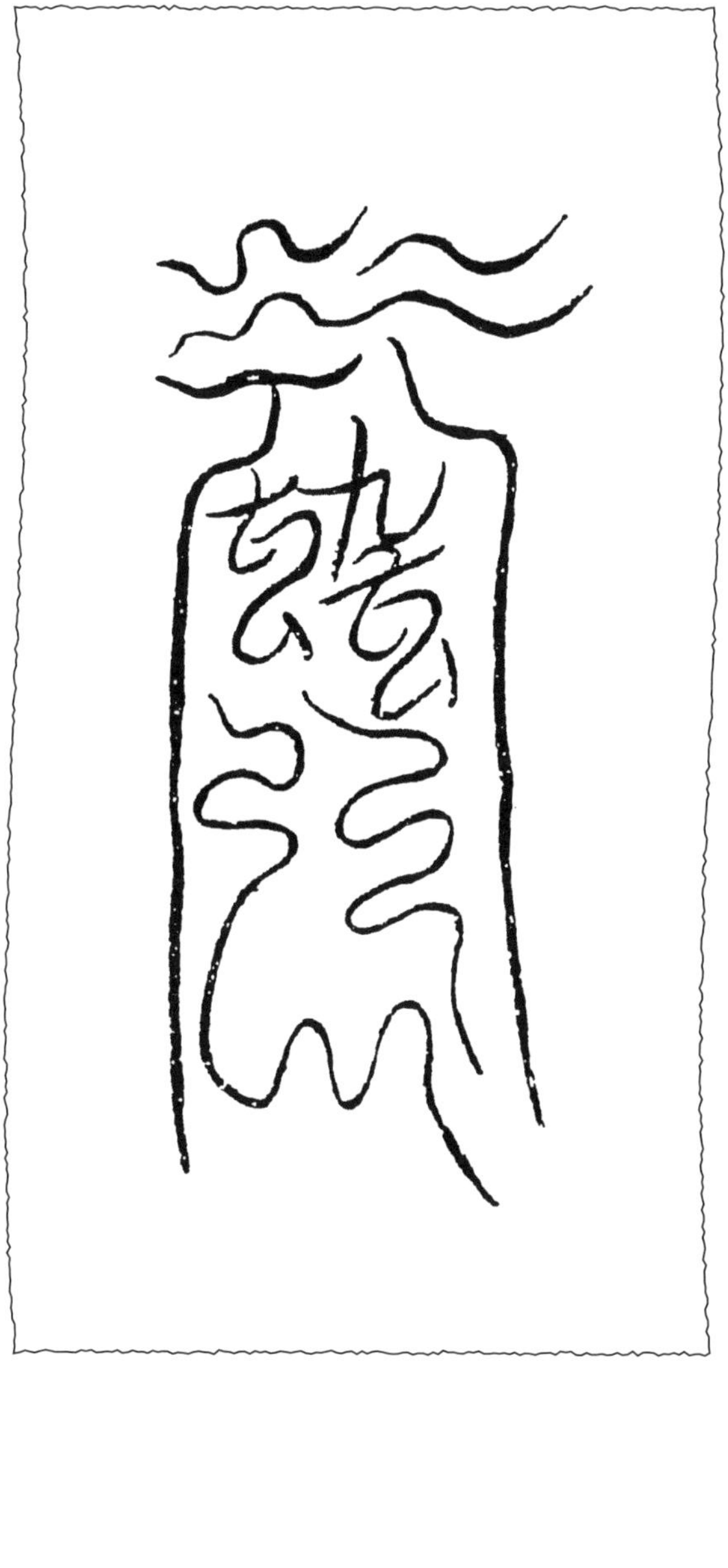

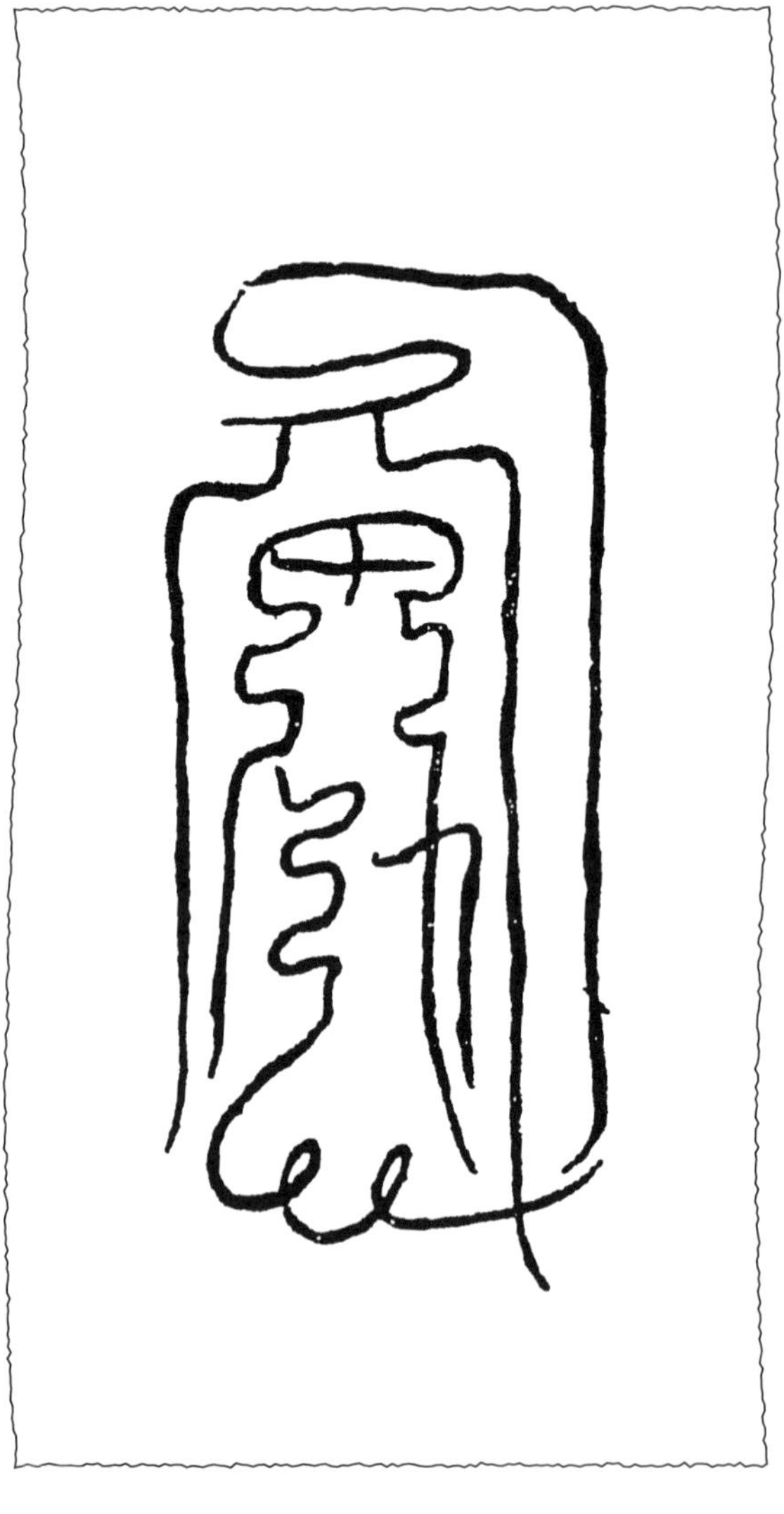

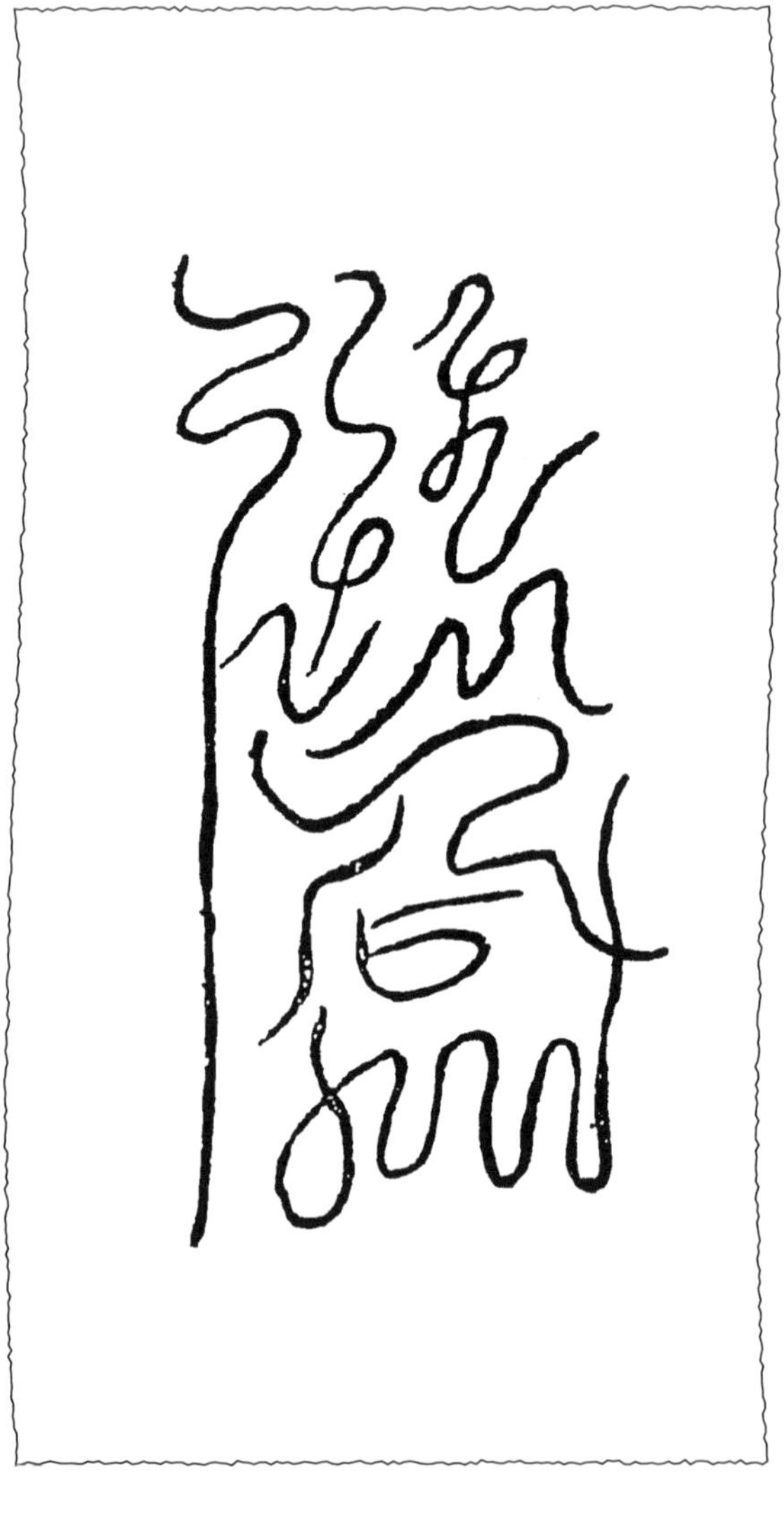

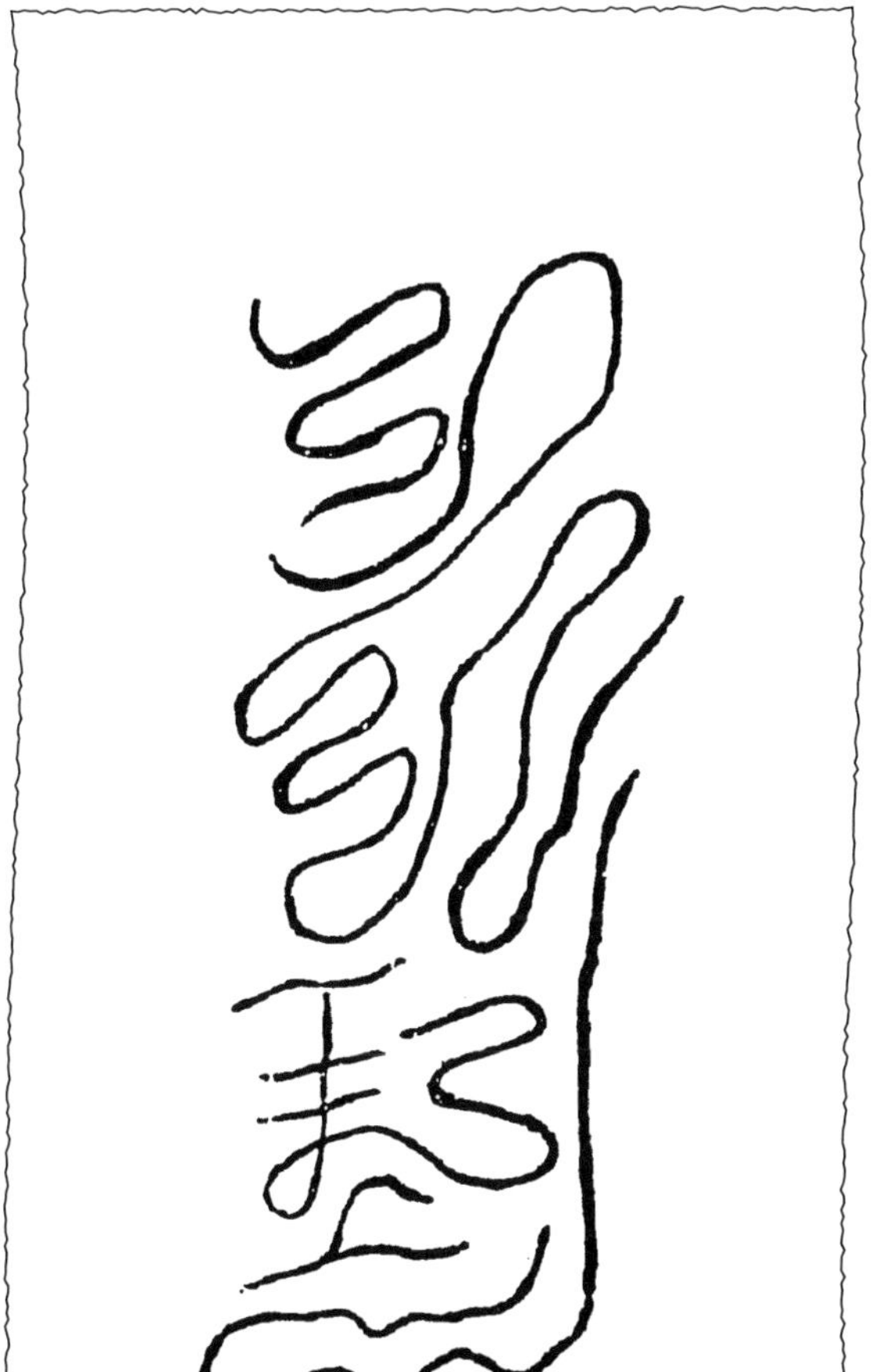

六壬神課盤フォーマット

課

遁干	三伝		
	十二天将 六親星		初伝
			中伝
			末伝

四課	三課	二課	一課
8	6 支上神	4	2 干上神
7	5 日支	3	1 日干
			十二天将
			六親星

十二天将			
十二支			
	天盤（時計回り）		

年	月	日	時

中節

寄宮	月将	空亡	局数

夜貴人	昼貴人

↑ 順（時計回り）
↓ 逆（反時計回り）

①貴人 ○
②螣蛇 ×
③朱雀 ×
④六合 ○
⑤勾陳 ×
⑥青龍 ○
⑦天空 ×
⑧白虎 ×
⑨太常 ○
⑩玄武 ×
⑪太陰 ○
⑫天后 ○

巳	午	未	申
辰	地盤（不変）		酉
卯			戌
寅	丑	子	亥

男　女
年　月　日　時
場所

六壬神課盤簡易フォーマット

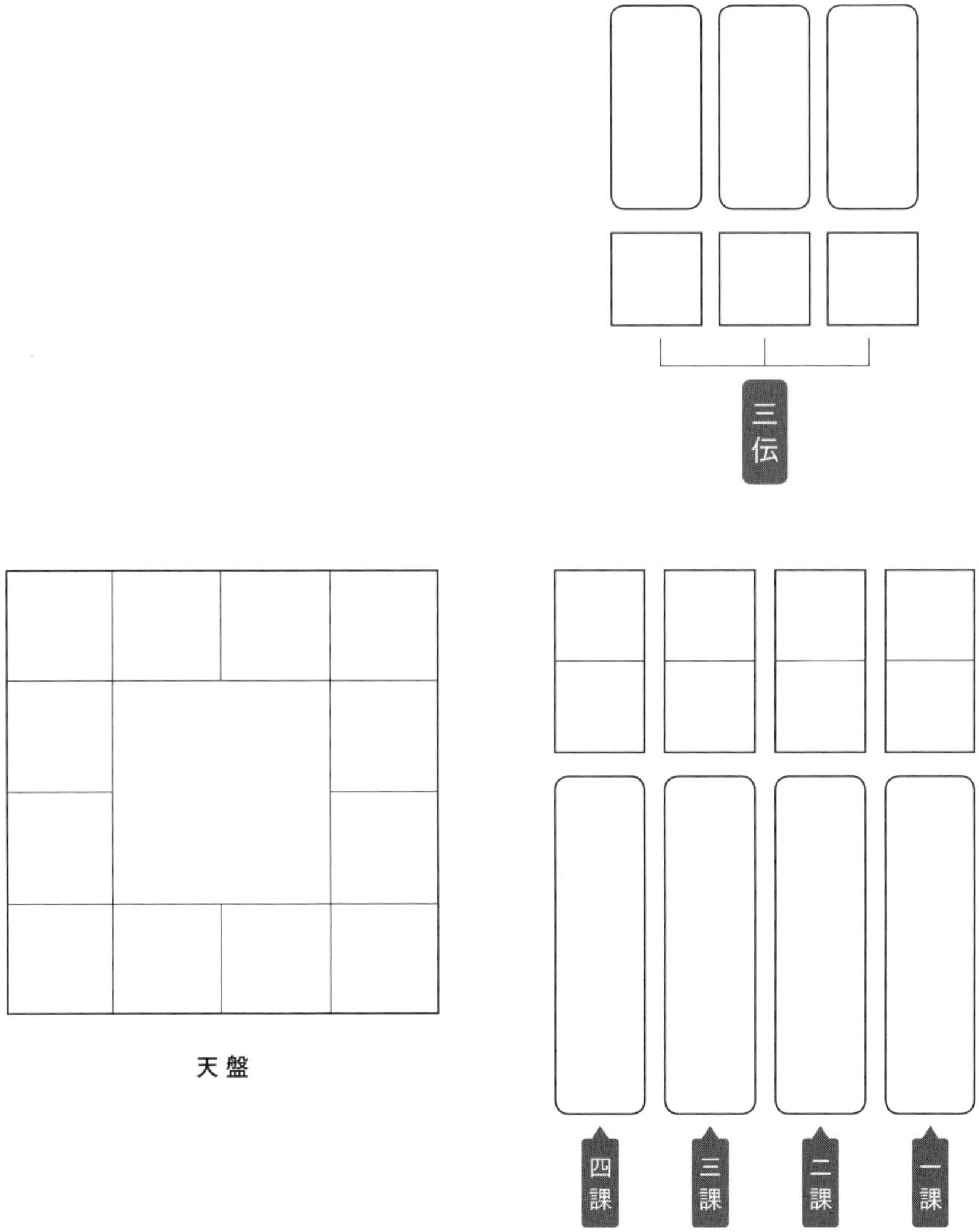

参考文献

『天文易学六壬神課　初学詳解』阿部泰山（京都書院）
『天文易学六壬神課　実践鑑定法』阿部泰山（京都書院）
『六壬神課要訳』伊藤泰苑（京都書院）
『天文易学六壬神課詳解』萩野泰茂（雄鶏社）
『六壬神課講義』韋千里（武陵出版・中華民国）
『安倍晴明公』晴明神社編（講談社）
『大六壬占術』中井瑛祐（中尾書店）

おわりに

本書の目的として、入門初伝の内容ながらプロやセミプロの占術を業とする方達にもある程度満足していただける書籍として世に問うものです。

今、改めて読み直してみると、あれも入れておけばよかったなどと後悔することしきりです。

しかし六壬易（神課）は他の占術に較べてやや難解な部分がありますので、しかたがないかもしれません。また、いつか機会があれば、上級奥義をご伝授いたしましょう。

本書は小著ですが、読者の方の人生行路に何かお役に立てれば幸いです。

東海林秀樹

著者紹介：**東海林秀樹**（しょうじ・ひでき）

昭和32年（1957年）東京生まれ。10代より、運命学の研究に入り、伊藤泰苑先生に手ほどきを受ける。斎藤擁道・富久純光・鮑黎明先生他、占い界の大御所に秘伝を伝授される。青年期より現在に至るまで、台湾を訪ね、貴重な資料を渉猟する。占い界の技術向上の為、中国占術の極意を綴った本を、多数出版。後輩の育成に務め現在に至る。著書に『決定版　紫微斗数占星術奥義』（学研）、『最強の中国占星法』（PHP研究所）、『符呪奇門遁甲占法要義』（東洋書院）、『完全マスター紫微斗数占い』（説話社）など多数。

――

「三毛猫占術学園」
〈 http://www.mikeneko-uranai.com 〉

六《りく》壬《じん》神《しん》課《か》　陰陽師安倍晴明の秘伝占法

2018 年 7 月 11 日　初版発行
2021 年 7 月 5 日　第 3 刷発行

著者　東海林秀樹
発行者　酒井文人
発行所　株式会社　説話社
〒169-8077　東京都新宿区西早稲田 1-1-6
電話　03-3204-8288（販売）　03-3204-5185（編集）
振替口座　00160-8-69378
URL　http://www.setsuwasha.com/

六壬神課盤作成協力　照葉桜子
デザイン　遠藤亜矢子
編集担当　高木利幸
印刷・製本　日経印刷株式会社

ISBN 978-4-906828-44-9 C2011

本書は『陰陽道千里眼　六壬神課占法要義　招吉避凶の必勝占法』（東洋書院）に
加筆修正を加えて再編集したものです。

東海林秀樹の本

完全マスター 紫微斗数占い

「紫《し》微《び》斗《と》数《すう》占い」とは、中国、とりわけ台湾で人気のある、その人の旧暦変換した生年月日時をもとに運命や運勢などを判断する占いです。

命盤は12の宮に区分され、そこに紫微星（北極星）を中心とした100を超える数多くの星を用いて運勢吉凶などを見ていきます。

本書は、長い歴史と高い的中率を誇る紫微斗数占いを歴史的変遷から基本的な占い方、各宮や星が示す意味、さらには今までは秘伝とされてきた技法など、日本における紫微斗数占いの泰斗である著者による、長年の研究成果の集大成ともいえる1冊となっております。

A5判・函入り上製・328頁
本体価格 5800円（税別）